本项目由深圳市宣传文化事业发展专项基金资助

深圳学派建设丛书（第八辑）

深圳先行示范与核心动能再造

Rebuilding Pilot Demonstration and
Core Driving Forces of Shenzhen

裴 茜　魏达志　著

中国社会科学出版社

图书在版编目（CIP）数据

深圳先行示范与核心动能再造／裴茜，魏达志著 .—北京：中国社会科学出版社，2021.7

（深圳学派建设丛书. 第八辑）

ISBN 978 – 7 – 5203 – 8730 – 9

Ⅰ.①深… Ⅱ.①裴…②魏… Ⅲ.①科学技术—作用—区域经济发展—研究—深圳 Ⅳ.①F127.653

中国版本图书馆 CIP 数据核字（2021）第 137854 号

出 版 人	赵剑英
责任编辑	马　明
责任校对	任晓晓
责任印制	王　超
出　　版	中国社会科学出版社
社　　址	北京鼓楼西大街甲 158 号
邮　　编	100720
网　　址	http://www.csspw.cn
发 行 部	010 – 84083685
门 市 部	010 – 84029450
经　　销	新华书店及其他书店
印　　刷	北京明恒达印务有限公司
装　　订	廊坊市广阳区广增装订厂
版　　次	2021 年 7 月第 1 版
印　　次	2021 年 7 月第 1 次印刷
开　　本	710×1000　1/16
印　　张	23.5
字　　数	349 千字
定　　价	119.00 元

凡购买中国社会科学出版社图书，如有质量问题请与本社营销中心联系调换
电话：010 – 84083683
版权所有　侵权必究

《深圳学派建设丛书》
编委会

顾　　问：王京生　李小甘

主　　任：王　强　张　华

执行主任：陈金海　吴定海

主　　编：吴定海

总序：学派的魅力

王京生[*]

学派的星空

在世界学术思想史上，曾经出现过浩如繁星的学派，它们的光芒都不同程度地照亮人类思想的天空，像米利都学派、弗莱堡学派、法兰克福学派等，其人格精神、道德风范一直为后世所景仰，其学识与思想一直成为后人引以为据的经典。就中国学术史而言，不断崛起的学派连绵而成群山之势，并标志着不同时代的思想所能达到的高度。自晚明至晚清，是中国学术尤为昌盛的时代，而正是在这个时代，学派性的存在也尤为活跃，像陆王学派、吴学、皖学、扬州学派等。但是，学派辈出的时期还应该首推古希腊和春秋战国时期，古希腊出现的主要学派就有米利都学派、毕达哥拉斯学派、埃利亚学派、犬儒学派；而儒家学派、黄老学派、法家学派、墨家学派、稷下学派等，则是春秋战国时代学派鼎盛的表现，百家之中几乎每家就是一个学派。

综观世界学术思想史，学派一般都具有如下的特征：

其一，有核心的代表人物，以及围绕着这些核心人物所形成的特定时空的学术思想群体。德国19世纪著名的历史学家兰克既是影响深远的兰克学派的创立者，也是该学派的精神领袖，他在柏林大学长期任教期间培养了大量的杰出学者，形成了声势浩大的学术势力，兰克本人也一度被尊为欧洲史学界的泰斗。

其二，拥有近似的学术精神与信仰，在此基础上形成某种特定的学术风气。清代的吴学、皖学、扬学等乾嘉诸派学术，以考据为

---

[*] 王京生：国务院参事。

治学方法，继承古文经学的训诂方法而加以条理发明，用于古籍整理和语言文字研究，以客观求证、科学求真为旨归，这一学术风气也因此成为清代朴学最为基本的精神特征。

其三，由学术精神衍生出相应的学术方法，给人们提供了观照世界的新的视野和新的认知可能。产生于20世纪60年代、代表着一种新型文化研究范式的英国伯明翰学派，对当代文化、边缘文化、青年亚文化的关注，尤其是对影视、广告、报刊等大众文化的有力分析，对意识形态、阶级、种族、性别等关键词的深入阐释，无不为我们认识瞬息万变的世界提供了丰富的分析手段与观照角度。

其四，由上述三点所产生的经典理论文献，体现其核心主张的著作是一个学派所必需的构成因素。作为精神分析学派的创始人，弗洛伊德所写的《梦的解析》等，不仅成为精神分析理论的经典著作，而且影响广泛并波及人文社科研究的众多领域。

其五，学派一般都有一定的依托空间，或是某个地域，或是像大学这样的研究机构，甚至是有着自身学术传统的家族。

学派的历史呈现出交替嬗变的特征，形成了自身发展规律：

其一，学派出现往往暗合了一定时代的历史语境及其"要求"，其学术思想主张因而也具有非常明显的时代性特征。一旦历史条件发生变化，学派的内部分化甚至衰落将不可避免，尽管其思想遗产的影响还会存在相当长的时间。

其二，学派出现与不同学术群体的争论、抗衡及其所形成的思想张力紧密相关，它们之间的"势力"此消彼长，共同勾勒出人类思想史波澜壮阔的画面。某一学派在某一历史时段"得势"，完全可能在另一历史时段"失势"。各领风骚若干年，既是学派本身的宿命，也是人类思想史发展的"大幸"：只有新的学派不断涌现，人类思想才会不断获得更为丰富、多元的发展。

其三，某一学派的形成，其思想主张都不是空穴来风，而有其内在理路。例如，宋明时期陆王心学的出现是对程朱理学的反动，但其思想来源却正是前者；清代乾嘉学派主张朴学，是为了反对陆王心学的空疏无物，但二者之间也建立了内在关联。古希腊思想作为欧洲思想发展的源头，使后来西方思想史的演进，几乎都可看作是对它的解释与演绎，"西方哲学史都是对柏拉图思想的演绎"的极端说法，却也说出了部分的真实。

其四，强调内在理路，并不意味着对学派出现的外部条件重要性的否定；恰恰相反，外部条件有时对于学派的出现是至关重要的。政治的开明、社会经济的发展、科学技术的进步、交通的发达、移民的汇聚等，都是促成学派产生的重要因素。名震一时的扬州学派，就直接得益于富甲一方的扬州经济与悠久而发达的文化传统。综观中国学派出现最多的明清时期，无论是程朱理学、陆王心学，还是清代的吴学、皖学、扬州学派、浙东学派，无一例外都是地处江南（尤其是江浙地区）经济、文化、交通异常发达之地，这构成了学术流派得以出现的外部环境。

学派有大小之分，一些大学派又分为许多派别。学派影响越大分支也就越多，使得派中有派，形成一个学派内部、学派之间相互切磋与抗衡的学术群落，这可以说是纷纭繁复的学派现象的一个基本特点。尽管学派有大小之分，但在人类文明进程中发挥的作用却各不相同，有积极作用，也有消极作用。如，法国百科全书派破除中世纪以来的宗教迷信和教会黑暗势力的统治，成为启蒙主义的前沿阵地与坚强堡垒；罗马俱乐部提出的"增长的极限""零增长"等理论，对后来的可持续发展、协调发展、绿色发展等理论与实践，以及联合国通过的一些决议，都产生了积极影响；而德国人文地理学家弗里德里希·拉采尔所创立的人类地理学理论，宣称国家为了生存必须不断扩充地域、争夺生存空间，后来为法西斯主义所利用，起了相当大的消极作用。

学派的出现与繁荣，预示着一个国家进入思想活跃的文化大发展时期。被司马迁盛赞为"盛处士之游，壮学者之居"的稷下学宫，之所以能成为著名的稷下学派之诞生地、战国时期百家争鸣的主要场所与最负盛名的文化中心，重要原因就是众多学术流派都活跃在稷门之下，各自的理论背景和学术主张尽管各有不同，却相映成趣，从而造就了稷下学派思想多元化的格局。这种"百氏争鸣、九流并列、各尊所闻、各行所知"的包容、宽松、自由的学术气氛，不仅推动了社会文化的进步，而且也引发了后世学者争论不休的话题，中国古代思想在这里得到了极大发展，迎来了中国思想文化史上的黄金时代。而从秦朝的"焚书坑儒"到汉代的"独尊儒术"，百家争鸣局面便不复存在，思想禁锢必然导致学派衰落，国家文化发展也必将受到极大的制约与影响。

深圳的追求

在中国打破思想的禁锢和改革开放40多年，面对百年未有之大变局的历史背景下，随着中国经济的高速发展以及在国际上的和平崛起，中华民族伟大复兴的中国梦正在进行。文化是立国之根本，伟大的复兴需要伟大的文化。树立高度的文化自觉，促进文化大发展大繁荣，加快建设文化强国，中华文化的伟大复兴梦想正在逐步实现。可以预期的是，中国的学术文化走向进一步繁荣的过程中，将逐步构建中国特色哲学社会科学学科体系、学术体系和话语体系，在世界舞台上展现"学术中的中国"。

从20世纪70年代末真理标准问题的大讨论，到人生观、文化观的大讨论，再到90年代以来的人文精神大讨论，以及近年来各种思潮的争论，凡此种种新思想、新文化，已然展现出这个时代在百家争鸣中的思想解放历程。在与日俱新的文化转型中，探索与矫正的交替进行和反复推进，使学风日盛、文化昌明，在很多学科领域都出现了彼此论争和公开对话，促成着各有特色的学术阵营的形成与发展。

一个文化强国的崛起离不开学术文化建设，一座高品位文化城市的打造同样也离不开学术文化发展。学术文化是一座城市最内在的精神生活，是城市智慧的积淀，是城市理性发展的向导，是文化创造力的基础和源泉。学术是不是昌明和发达，决定了城市的定位、影响力和辐射力，甚至决定了城市的发展走向和后劲。城市因文化而有内涵，文化因学术而有品位，学术文化已成为现代城市智慧、思想和精神高度的标志和"灯塔"。

凡工商发达之处，必文化兴盛之地。深圳作为我国改革开放的"窗口"和"排头兵"，是一个商业极为发达、市场化程度很高的城市，移民社会特征突出、创新包容氛围浓厚、民主平等思想活跃、信息交流的"桥头堡"地位明显，形成了开放多元、兼容并蓄、创新创意、现代时尚的城市文化特征，具备形成学派的社会条件。在创造工业化、城市化、现代化发展奇迹的同时，深圳也创造了文化跨越式发展的奇迹。文化的发展既引领着深圳的改革开放和现代化进程，激励着特区建设者艰苦创业，也丰富了广大市民的生活，提升了城市品位。

如果说之前的城市文化还处于自发性的积累期，那么进入新世纪以来，深圳文化发展则日益进入文化自觉的新阶段：创新文化发展理念，实施"文化立市"战略，推动"文化强市"建设，提升文化软实力，争当全国文化改革发展"领头羊"。自2003年以来，深圳文化发展亮点纷呈、硕果累累：荣获联合国教科文组织"设计之都""全球全民阅读典范城市"称号，被国际知识界评为"杰出的发展中的知识城市"，连续多次荣获"全国文明城市"称号，屡次被评为"全国文化体制改革先进地区"，"深圳十大观念""新时代深圳精神"影响全国，《走向复兴》《我们的信念》《中国之梦》《永远的小平》《迎风飘扬的旗》《命运》等精品走向全国，深圳读书月、市民文化大讲堂、关爱行动、创意十二月、文化惠民等品牌引导市民追求真善美，图书馆之城、钢琴之城、设计之都等"两城一都"高品位文化城市正成为现实。

城市的最终意义在于文化。在特区发展中，"文化"的地位正发生着巨大而悄然的变化。这种变化不仅在于大批文化设施的兴建、各类文化活动的开展与文化消费市场的繁荣，还在于整个城市文化地理和文化态度的改变，城市发展思路由"经济深圳"向"文化深圳"转变。这一切都源于文化自觉意识的逐渐苏醒与复活。文化自觉意味着文化上的成熟，未来深圳的发展，将因文化自觉意识的强化而获得新的发展路径与可能。

与国内外一些城市比起来，历史文化底蕴不够深厚、文化生态不够完善等仍是深圳文化发展中的弱点，特别是学术文化的滞后。近年来，深圳在学术文化上的反思与追求，从另一个层面构成了文化自觉的逻辑起点与外在表征。显然，文化自觉是学术反思的扩展与深化，从学术反思到文化自觉，再到文化自信、自强，无疑是文化主体意识不断深化乃至确立的过程。大到一个国家和小到一座城市的文化发展皆是如此。

从世界范围看，伦敦、巴黎、纽约等先进城市不仅云集大师级的学术人才，而且有活跃的学术机构、富有影响的学术成果和浓烈的学术氛围，正是学术文化的繁盛才使它们成为世界性文化中心。可以说，学术文化发达与否，是国际化城市不可或缺的指标，并将最终决定一个城市在全球化浪潮中的文化地位。城市发展必须在学术文化层面有所积累和突破，否则就缺少根基，缺少理念层面的影响，缺少自我反省的能力，就不会有强大的辐射力，即使有一定的辐射力，其影响也只是停留于表面。强大而繁荣的学术文化，将最终确立一种文化类型的主导地位和城市的文化声誉。

深圳正在抢抓粤港澳大湾区和先行示范区"双区"驱动，经济特区和先行示范区"双区"叠加的历史机遇，努力塑造社会主义文化繁荣兴盛的现代城市文明。近年来，深圳在实施"文化立市"战略、建设"文化强市"过程中鲜明提出：大力倡导和建设创新型、智慧型、包容型城市主流文化，并将其作为城市精神的主轴以及未来文化发展的明确导向和基本定位。其中，智慧型城市文化就是以追求知识和理性为旨归，人文气息浓郁，学术文化繁荣，智慧产出能力较强，学习型、知识型城市建设成效卓著。深圳要大力弘扬粤港澳大湾区人文精神，建设区域文化中心城市和彰显国家文化软实力的现代文明之城，建成有国际影响力的智慧之城，学术文化建设是其最坚硬的内核。

经过40多年的积累，深圳学术文化建设初具气象，一批重要学科确立，大批学术成果问世，众多学科带头人涌现。在中国特色社会主义理论、先行示范区和经济特区研究、粤港澳大湾区、文化发展、城市化等研究领域产生了一定影响；学术文化氛围已然形成，在国内较早创办以城市命名的"深圳学术年会"，举办了"世界知识城市峰会"等一系列理论研讨会。尤其是《深圳十大观念》等著作的出版，更是对城市人文精神的高度总结和提升，彰显和深化了深圳学术文化和理论创新的价值意义。这些创新成果为坚定文化自信贡献了学术力量。

而"深圳学派"的鲜明提出,更是寄托了深圳学人的学术理想和学术追求。1996年最早提出"深圳学派"的构想;2010年《深圳市委市政府关于全面提升文化软实力的意见》将"推动'深圳学派'建设"载入官方文件;2012年《关于深入实施文化立市战略建设文化强市的决定》明确提出"积极打造'深圳学派'";2013年出台实施《"深圳学派"建设推进方案》。一个开风气之先、引领思想潮流的"深圳学派"正在酝酿、构建之中,学术文化的春天正向这座城市走来。

"深圳学派"概念的提出,是中华文化伟大复兴和深圳高质量发展的重要组成部分。树起这面旗帜,目的是激励深圳学人为自己的学术梦想而努力,昭示这座城市尊重学人、尊重学术创作的成果、尊重所有的文化创意。这是深圳40多年发展文化自觉和文化自信的表现,更是深圳文化流动的结果。因为只有各种文化充分流动碰撞,形成争鸣局面,才能形成丰富的思想土壤,为"深圳学派"形成创造条件。

深圳学派的宗旨

构建"深圳学派",表明深圳不甘于成为一般性城市,也不甘于仅在世俗文化层面上做点影响,而是要面向未来中华文明复兴的伟大理想,提升对中国文化转型的理论阐释能力。"深圳学派"从名称上看,是地域性的,体现城市个性和地缘特征;从内涵上看,是问题性的,反映深圳在前沿探索中遇到的主要问题;从来源上看,"深圳学派"没有明确的师承关系,易形成兼容并蓄、开放择优的学术风格。因而,"深圳学派"建设的宗旨是"全球视野,民族立场,时代精神,深圳表达"。它浓缩了深圳学术文化建设的时空定位,反映了对学界自身经纬坐标的全面审视和深入理解,体现了城市学术文化建设的总体要求和基本特色。

一是"全球视野":反映了文化流动、文化选择的内在要求,体现了深圳学术文化的开放、流动、包容特色。它强调要树立世界眼光,尊重学术文化发展内在规律,贯彻学术文化转型、流动与选择辩证统一的内在要求，坚持"走出去"与"请进来"相结合，推动深圳与国内外先进学术文化不断交流、碰撞、融合，保持旺盛活力，构建开放、包容、创新的深圳学术文化。

文化的生命力在于流动，任何兴旺发达的城市和地区一定是流动文化最活跃、最激烈碰撞的地区，而没有流动文化或流动文化很少光顾的地区，一定是落后的地区。文化的流动不断催生着文化的分解和融合，推动着文化新旧形式的转换。在文化探索过程中，唯一需要坚持的就是敞开眼界、兼容并蓄、海纳百川，尊重不同文化的存在和发展，推动多元文化的融合发展。中国近现代史的经验反复证明，闭关锁国的文化是窒息的文化，对外开放的文化才是充满生机活力的文化。学术文化也是如此，只有体现"全球视野"，才能融入全球思想和话语体系。因此，"深圳学派"的研究对象不是局限于一国、一城、一地，而是在全球化背景下，密切关注国际学术前沿问题，并把中国尤其是深圳的改革发展置于人类社会变革和文化变迁的大背景下加以研究，具有宽广的国际视野和鲜明的民族特色，体现开放性甚至是国际化特色，融合跨学科的交叉和开放，提高深圳改革创新思想的国际影响力，向世界传播中国思想。

二是"民族立场"：反映了深圳学术文化的代表性，体现了深圳在国家战略中的重要地位。它强调要从国家和民族未来发展的战略出发，树立深圳维护国家和民族文化主权的高度责任感、使命感、紧迫感。加快发展和繁荣学术文化，融通马克思主义、中华优秀传统文化和国外学术文化资源，尽快使深圳在学术文化领域跻身全球先进城市行列，早日占领学术文化制高点。推动国家民族文化昌盛，助力中华民族早日实现伟大复兴。

任何一个大国的崛起，不仅伴随经济的强盛，而且伴随文化的昌盛。文化昌盛的一个核心就是学术思想的精彩绽放。学术的制高点，是民族尊严的标杆，是国家文化主权的脊梁骨；只有占领学术制高点，才能有效抵抗文化霸权。当前，中国的和平崛起已成为世界的最热门话题之一，中国已经成为世界第二大经济体，发展速度为世界刮目相看。但我们必须清醒地看到，在学术上，我们还远未进入世界前列，特别是还没有实现与第二大经济体相称的世界文化强国的地位。这样的学术境地不禁使我们扪心自问，如果思想学术得不到世界仰慕，中华民族何以实现伟大复兴？在这个意义上，深圳和全国其他地方一样，学术都是短板，理论研究不能很好地解读实践、总结经验。而深圳作为"全国改革开放的一面旗帜"，肩负了为国家、为民族文化发展探路的光荣使命，尤感责任重大。深圳这块沃土孕育了许多前沿、新生事物，为学术研究提供了丰富的现实素材，但是学派的学术立场不能仅限于一隅，而应站在全国、全民族的高度，探索新理论解读这些新实践、新经验，为繁荣中国学术、发展中国理论贡献深圳篇章。

三是"时代精神"：反映了深圳学术文化的基本品格，体现了深圳学术发展的主要优势。它强调要发扬深圳一贯的"敢为天下先"的精神，突出创新性，强化学术攻关意识，按照解放思想、实事求是、求真务实、开拓创新的总要求，着眼人类发展重大前沿问题，聚焦新时代新发展阶段的重大理论和实践问题，特别是重大战略问题、复杂问题、疑难问题，着力创造学术文化新成果，以新思想、新观点、新理论、新方法、新体系引领时代学术文化思潮，打造具有深圳风格的理论学派。

党的十八大提出了完整的社会主义核心价值观，这是当今中国时代精神的最权威、最凝练表达，是中华民族走向复兴的兴国之魂，是中国梦的核心和鲜明底色，也应该成为"深圳学派"进行研究和探索的价值准则和奋斗方向。其所熔铸的中华民族生生不息的家国情怀，无数仁人志士为之奋斗的伟大目标和每个中国人对幸福生活的向往，是"深圳学派"的思想之源和动力之源。

创新，是时代精神的集中表现，也是深圳这座先锋城市的第一标志。深圳的文化创新包含了观念创新，利用移民城市的优势，激发思想的力量，产生了一批引领时代发展的深圳观念；手段创新，通过技术手段创新文化发展模式，形成了"文化+科技""文化+金融""文化+旅游""文化+创意"等新型文化业态；内容创新，以"内容为王"提升文化产品和服务的价值，诞生了华强文化科技、腾讯、华侨城等一大批具有强大生命力的文化企业，形成了文博会、读书月等一大批文化品牌；制度创新，充分发挥市场的作用，不断创新体制机制，激发全社会的文化创造活力，从根本上提升城市文化的竞争力。"深圳学派"建设也应体现出强烈的时代精神，在学术课题、学术群体、学术资源、学术机制、学术环境方面迸发出崇尚创新、提倡包容、敢于担当的活力。"深圳学派"需要阐述和回答的是中国改革发展的现实问题，要为改革开放的伟大实践立论、立言，对时代发展作出富有特色的理论阐述。它以弘扬和表达时代精神为己任，以理论创新、知识创新、方法创新为基本追求，有着明确的文化理念和价值追求，不局限于某一学科领域的考据和论证，而要充分发挥深圳创新文化的客观优势，多视角、多维度、全方位地研究改革发展中的现实问题。

四是"深圳表达"：反映了深圳学术文化的个性和原创性，体现了深圳使命的文化担当。它强调关注现实需要和问题，立足深圳实际，着眼思想解放、提倡学术争鸣，注重学术个性、鼓励学术原创，在坚持马克思主义的指导下，敢于并善于用深圳视角研究重大前沿问题，用深圳话语表达原创性学术思想，用深圳体系发表个性化学术理论，构建具有深圳风格和气派的话语体系，形成具有创造性、开放性和发展活力的理论。

称为"学派"就必然有自己的个性、原创性，成一家之言，勇于创新、大胆超越，切忌人云亦云、没有反响。一般来说，学派的诞生都伴随着论争，在论争中学派的观点才能凸显出来，才能划出自己的阵营和边际，形成独此一家、与众不同的影响。"深圳学派"依托的是改革开放前沿，有着得天独厚的文化环境和文化氛围，因此不是一般地标新立异，也不会跟在别人后面，重复别人的研究课题和学术话语，而是要以改革创新实践中的现实问题研究作为理论创新的立足点，作出特色鲜明的理论表述，发出与众不同的声音，充分展现深圳学者的理论勇气和思想活力。当然，"深圳学派"要把深圳的物质文明、精神文明和制度文明作为重要的研究对象，但不等于言必深圳，只囿于深圳的格局。思想无禁区、学术无边界，"深圳学派"应以开放心态面对所有学人，严谨执着，放胆争鸣，穷通真理。

狭义的"深圳学派"属于学术派别，当然要以学术研究为重要内容;而广义的"深圳学派"可看成"文化派别",体现深圳作为改革开放前沿阵地的地域文化特色,因此除了学术研究,还包含文学、美术、音乐、设计创意等各种流派。从这个意义上说,"深圳学派"尊重所有的学术创作成果,尊重所有的文化创意,不仅是哲学社会科学,还包括自然科学、文学艺术等,应涵盖多种学科,形成丰富的学派学科体系,用学术续写更多"春天的故事"。

"寄言燕雀莫相唣,自有云霄万里高。"学术文化是文化的核心,决定着文化的质量、厚度和发言权。我们坚信,在建设文化强国、实现文化复兴的进程中,植根于中华文明深厚沃土、立足于特区改革开放伟大实践、融汇于时代潮流的"深圳学派",一定能早日结出硕果,绽放出盎然生机!

作于 2016 年 3 月
更于 2021 年 6 月

前　言

让历史昭示未来

——深圳40年的发展基础与"先行示范区"的突破趋向*

魏达志

改革开放40年来,深圳经历了摧枯拉朽、波澜壮阔的深刻变化,取得了翻天覆地、举世瞩目的发展成就,在构建国家创新性城市方面进行了一系列的有益探索,正在形成一个全新的路径、结构、模式与样板。其40年的发展进程、基础与经验,值得研究、总结与推广。与此同时,2019年8月18日《中共中央　国务院关于支持深圳建设中国特色社会主义先行示范区的意见》出台,"先行示范区"成为国家的战略性目标。再加上《粤港澳大湾区发展规划纲要》布局下的"双区驱动"目标,深圳还需要推出若干重大的战略性与策略性的措施,并有所突破,才不辜负国家民族的重托与大国崛起的期待。

深圳作为国家战略指引下的"先行示范区",必须强化两大视角。

一是全球视角。中国作为发展中大国的崛起,必须将深圳建设成能够媲美纽约、伦敦这样的全球性中心城市。通过全球城市建设,既可以适应世界越来越激烈的竞争环境,又可以通过经济极核带动区域甚至国家的发展,还可以对人类的整体发展做出中国的贡献。

二是国家视角。"先行示范区"的战略价值首先是为实现中华

---

* 本文为庆祝深圳经济特区建立40周年而作,多家媒体刊载或转发。

民族伟大复兴梦想示范一条符合国情并可普及的强国新路径与新模式。与此同时，深圳还需要在国家"两个一百年"的追寻中，分阶段地展示能够代表国家的世界一流、世界领先与世界标杆城市的成就。"先行示范区"既是党中央、国务院赋予深圳的战略性安排，更是国家崛起与民族复兴伟大目标指引下的战略性重托。

离开这两大视角，深圳将会在建设成为"先行示范区"的过程中出现迷茫和困惑。因此，深圳不仅要增强自身的时代责任感和历史使命感，在发展具有全球性竞争价值的核心技术、提升产业中发挥作用，更要不断聚集与强化粤港澳大湾区核心引擎功能，从而实现对粤港澳大湾区整体建设发展，甚至对全国发挥先行与引领作用，对持续提升国家全球性竞争力与影响力提供强有力的支撑和贡献。

一　凝练紧跟时代、旗帜鲜明的"深圳精神"——实现城市行为导向向价值导向的精神升华

研究深圳的发展路径，无论如何都回避不了深圳城市精神的凝练与城市文化的积淀。城市精神是城市的灵魂，是城市的思想、哲学、方向与标识；也是城市的旗帜，是城市的特色、形象、动力与源泉；更是城市的独特使命、核心理念、家国情怀与竭诚奉献。

马克思说过："理论在一个国家实现的程度，决定于理论满足这个国家需要的程度"，"真正的哲学是这个时代的精华"。深圳在经典理论的引领下，有必要重新思考"深圳精神"的过去与未来。

1990年，中共深圳市委先于全国提出"开拓、创新、团结、奉献"的城市精神，鼓舞了人们的斗志，凝聚了城市的力量，并产生了深刻的影响。

2002年，深圳经过集思广益，最后确定其城市精神为"开拓创新、诚信守法、务实高效、团结奉献"。这对于城市的发展，同样起到了鼓舞人心的巨大作用。

2020年，在深圳纪念特区创建40周年的时候，情况已经发生重大的变化。深圳从第一次确立城市精神到第二次修订经历了12年，从第二次确立城市精神到2020年则经历了18年。时过境迁，深圳已经发生巨大的变化，城市精神的凝练、科学定位愈来愈需要

强调地域的特色与鲜明的国家作用。以往的城市精神概括虽然精彩，但与诸多城市雷同，缺乏深圳这座城市独特的气质与风格。

根据深圳市统计局公开报道：深圳本地生产总值由1979年的1.96亿元提升到2019年的26927.09亿元，按不变价计算，40年增长13738倍，年均增长26.9%，高于同期全国和全省的平均水平，经济总量居全国内地城市第三位。

因此，深圳应在"先行示范区"旗帜与目标的指导下，重新凝练"深圳精神"，实现从过去"深圳精神"的行为引导上升为精神与价值引导的突破，继续引领特区攀登更高的全球性高峰。建议凝练当代"深圳精神"，应在社会主义核心价值观的全面指导下，更加强调城市特色，更加具有特区神韵，更加能够表达深圳人的精神面貌，更加能够体现深圳经济特区的先行与国家崛起的关系。谨对"深圳精神"做如下初步概括："国家道路与特区探路的使命；国家崛起与特区担当的抱负；国家转型与特区先行的责任；国家梦想与特区模式的奉献。"

深圳是中国工业化与城市化的奇迹，也是发展中国家城市崛起的典范。整个深圳特区的成长历史，都是为国家探路、承载使命、责任担当、竭诚贡献的过程，是创建全新发展模式的努力。这既取决于深圳发展的特区基因、城市灵魂与成长根基，又体现了深圳拥有的全球视野、国家立场、特区特色和使命担当，充分表达出经济特区对于大国崛起的意义和价值。

二 构建高屋建瓴、与时俱进的战略定位——实现特区窗口城市向全球标杆城市的飞跃

战略定位是城市引领要素集聚、资源配置的导向与信号，也是明示城市当前与未来一定时段的战略性走向。不同的城市定位，吸引不同的要素聚集，存在不同的资源配置。缺乏城市的战略定位，就是缺乏城市的发展目标与发展方向。

深圳经济特区，从摸着石头过河，杀出一条血路，到"特区是个窗口，是技术的窗口、管理的窗口、知识的窗口，也是对外政策的窗口"……深圳城市的战略定位一直在不断优化与提升。

深圳的科学定位与发展模式，是中央对特区的最大冀望。因此，深圳既需要提供"更具改革开放引领作用的经济特区"的全新发展模式、"更高水平的国家自主创新示范区"的全新发展动力、"更具辐射力、带动力的全国经济中心城市"的规模经济总量、"更具竞争力、影响力的国际化城市"的全球创新与资本高地，还需要提供"更高质量的民生幸福城市"建设引才聚才、创新创业的好环境，从而实现对国家发展的战略支撑、创新支撑、模式支撑与路径引领。这些战略性定位已经跳开城市本位思维，更多地体现为全球视野、国家胸怀和特区担当。

作为世界第二大经济体的中国，必须铸造拥有核心引擎功能的全球性顶尖城市。其城市战略定位至少考虑以下四大因素：一是对标全球最发达城市的竞争与参照关系，勇于面对世界强国的挑战；二是工业文明向科技文明时代转型与持续发展的关系，在积极提升工业文明内涵的同时，热情拥抱欣欣向荣的科技文明；三是自身城市以及城市群未来创新与引领的关系，真正成为粤港澳大湾区的核心引擎城市；四是对国家重大战略性目标支撑与贡献的关系，将城市的战略性定位与功能性定位结合起来，向世界一流城市、领先城市与标杆城市前行。

深圳必须实现中共中央和国务院将其设为"先行示范区"的三大战略性时段目标。新的战略定位将引领深圳，如2025年实现产业研发投入与创新能力的单体突破，2035年实现城市综合经济竞争力的突破，21世纪中叶实现经济、金融、科技、文化、海洋、艺术、教育、医疗等各领域的全面突破，成为竞争力、创新力、影响力卓著的全球性城市。这不仅是党中央、国务院的战略性要求，也是国家崛起、民族复兴的期待，已经成为深圳市委、市政府和全体市民必须面对与承载以及不容回避的战略性使命与担当。

三 激发引领时代、统揽全局的改革智慧——实现特区试验区向国家示范区的跨越

深圳的发展史，实际上是一部改革史、一部"敢闯"史，闯了不合时宜政策法规的"禁区"，闯了前人未曾涉足的"盲区"，闯了

矛盾错综复杂的"难区"。深圳改革开放的最大意义，在于为全国的改革开放探路，对计划经济体制的突破和社会主义市场经济体制的建立做出较大贡献，并初步形成适应经济全球化发展、全方位对外开放的新格局。

改革依然是未来特区建设"先行示范区"的关键，是未来粤港澳大湾区发展的关键。深圳的改革，不仅需要问题导向，还需要战略导向，并将战略引领和问题导向作为改革的前提与基础，以率先行动形成可传播、可复制的改革示范。如果深圳的改革不能继续引领未来发展，不能在"先行示范区"建设以及增强核心引擎功能方面进一步发挥市场对资源配置的决定性作用，其作为粤港澳大湾区改革领头羊的地位将丧失，作为"先行示范区"的战略性功能亦将弱化。

毫无疑问，深化改革应当从政府做起。深圳应以全球视野对政府现行政策体系实施伤筋动骨的深刻变革，推进自身乃至整个大湾区的科学发展和高速发展；应强势实现外向型政策体系向开放型政策体系的改革与突破，大胆改革那些当前依然捆绑深圳手脚、束缚深圳前行的监管政策，特别是对科研人员来说烦琐的财务制度，以及不适应开放型经济时代的封闭性政策条款、不利于建设经济主体公平公正竞争的环境政策、吸引企业围着政府转且易产生腐败的财政政策、因政府资源垄断而约束市场发展的自我膨胀政策、不适应国际规范和国际惯例的政策体系，从而使能够让政府伤筋动骨的深刻变革得以实现。

在外向型经济时代，有很多似是而非的政策，深圳都习以为常、见怪不怪。如何以既大胆又理性的思维对改革遇到的痼疾进行判断，时代呼唤改革的勇气与智慧，包括由过去的倾向型政策向普惠型政策转变，由扶持性政策向鼓励型政策转变，由刺激型政策向常态型政策转变，由杠杆型政策向稳定型政策转变，由随机型政策向战略型政策转变，由应急型政策向系统型、长期型政策转变，由内向型政策向开放型政策转变，由依赖型政策向创新型政策转变，由单一型政策向协同型政策转变。通过政策体系的创新、改造与提升，提高效率、避免腐败、创造公平，从而更好地为建设"先行示范区"保驾护航。

作为"先行示范区"的深圳，必须通过深化改革解决改革与发展中的问题，引领未来时代的前行，形成国家发展所需的路径与模式。改革应从政府做起，而能否形成具有引领时代、统揽全局的改革智慧，是对"先行示范区"能否与时俱进的考验。

四 形成科学配置全球资源的开放格局——实现单纯引资向配置全球优质资源的制度突破

深圳从创建之初就拉开"饥不择食"招商引资的大幕，因为它穷怕了，太渴望摆脱贫困了，非常想摆脱国民经济几乎达到崩溃边缘的境地，需要开始进入投资驱动的工业化进程。改革促开放，开放推改革。无论是"三点一线"的战略，还是"两个扇面"的辐射，改革开放都给深圳带来经济特区的第一桶金，让深圳尝到改革开放带来的经济成果。

深圳开始面对复杂的世界。一方面，深圳正在谋求进一步的国际化，以全球视野开展更大范畴的国际经济与科技合作，强化城市与产业的国际竞争力，不断根据国家战略走向世界市场。2019年年底，深圳企业和科研机构在全球已经建成250多家研发机构，省级新型研发机构42家，70家集科学发现、技术发明、产业发展为一体的新型研究机构。另一方面，需要进一步深化深港澳合作，共同打造具有世界影响力的城市群和粤港澳大湾区。如何更好地贯彻执行"一国两制"方针，以更加开放、包容、豁达的心胸与方式维护香港的繁荣稳定，形成经济、科技、金融、文化等的紧密协同与一体化发展，是深圳应该思考的重大命题。

关于构建开放新格局，深圳市人民政府曾经提出以大湾区发展规划建设为契机，争取推动深圳更多项目纳入粤港澳大湾区科技创新、基础设施等专项实施方案，推进深港澳在经贸、金融、教育、科技、人才等各领域更加紧密合作，对标国际化高标准投资贸易规则，发展更具国际竞争力的开放型经济。如果开放型经济首先在深圳形成气候，将对整个粤港澳大湾区的发展与增强核心引擎功能形成示范带动作用。如何构建"先行示范区"的开放格局，深圳市委、市政府亦是踌躇满志、胸怀壮烈、出手不凡。

深圳在实现自主配置全球性优质资源方面已经较全国先行一步，但在形成配置全球优质资源的制度方面依然没有重大突破。全球性优质资源，包括自然禀赋和人力资本。在当今世界，自然资源虽然重要，但拥有科学技术、人才优势和人力资本则显得更为重要。所以，深圳一定要通过改革创新，形成有利于配置全球性优质资源，特别是吸引不同类型科学家的体制与制度优势，从而在更加开放的格局、更加广泛的范畴实现对世界科技资源及优质资源配置的制度性竞争优势。如果作为"先行示范区"的深圳不能创造配置全球优质资源的制度突破和全新的开放格局，将会丧失未来发展的重大优势。

五 重构创新驱动、科学发现的动力因素——实现技术创新向知识创新与科学发现的冲刺

特区建立之初，亦实行国内改革开放初期普遍行使的"以市场换技术"战略，主要是通过开放国内市场，引进外商直接投资，引导国外的技术转移，获取国际先进技术，试图通过消化吸收，形成自己的研发能力，提高创新水平。但在"以市场换技术"的实践中，深圳收效甚微。除了国际社会需要出让的扩散技术与过剩技术外，深圳根本引进不了世界市场经济竞争需要的关键技术与核心技术。长此以往，深圳构建助推国家崛起、高端发展与现代化的制造业体系，面临一系列的制约瓶颈与发展短板。

深圳之所以能够创造出创新发展模式，就是因为其摆脱对发达国家科学技术的路径依赖。在创新发展的新时代，深圳作为一线城市中最年轻且最具活力的城市之一，在5G技术、石墨烯太赫兹芯片、3D显示、新能源汽车、特种计算机、柔性显示等多个科技领域的创新能力处于世界前沿，正从应用技术创新向基础技术、核心技术、前沿技术创新转变，从跟随模仿式创新向源头创新、引领式创新跃升，并加快向全球科技创新高地迈进。

根据深圳市统计局的公开报道，深圳R&D支出占GDP比重居世界前列。2013—2019年，深圳R&D支出年均增长14.9%，占

GDP比重由2012年的3.67%提升到2019年的4.35%，居世界前列。专利申请量和授权量继续居全国前列。2019年，深圳专利申请量261502件，占全国专利申请总量的6.23%，占全省专利申请量的32.38%，在全国大中城市排名第一；同比增长14.39%，比全国平均水平高13.22%，增速低于上海（15.54%），高于北京（7.05%）、广州（2.37%）。2019年，深圳全市PCT专利申请量17459件，同比下降3.44%，降幅较去年大幅收窄8.17%。同期，全市PCT专利申请量占全国总量的30.74%，占全省总量的70.61%，连续16年居全国大中城市第一位。

深圳被誉为中国的"硅谷"，其创新最深沉的动力来自企业。深圳的"六个90%"，即90%的创新型企业为本土企业、90%的研发人员在企业、90%的研发投入源自企业、90%的专利产生于企业、90%的研发机构建在企业、90%的重大科技项目由龙头企业承担，预示深圳全新的创新动力最有可能成为具备核心引擎功能的全球性中心城市。

深圳建设"先行示范区"，应继续保持"六个90%"的创新方式，一方面通过激励制度加强企业的基础研究和应用基础研究，加大研发投入的强度，创新企业既从事技术开发又从事科技发现、技术发明的全新模式；另一方面，迅速补充城市知识创新体系的缺陷与不足，加速形成高规格的知识创新支撑体系，在强化技术创新体系与知识创新体系进一步结合的同时，加快科学发现、技术发明、产业发展一体化的关联效应，以实现科学化的布局，促进未来持续、长远的战略性发展，弥补深圳在科学发现方面的短板与缺陷。

六 强化集约配置稀缺资源的虹吸效应——实现本土集约发展向虹吸效应更优模式的转型

改革开放40年来，深圳形成了集约发展模式。深圳的土地有1996.85平方千米，仅仅是上海的30%、广州的26%、北京的12%，而且有一半属于生态保护和绿化用地。在这种背景下，深圳2016年的产出为9.7亿元/平方千米，是上海的2.24倍、广州的3.68倍、北京的6.42倍。深圳2017年的产出为11.01亿元/平方千米。在中国由经济大国向经济强国崛起的过程中,深圳创造的集约发展模式,不仅是中国城市发展史上的奇迹,而且将成为世界城市发展史的奇迹,成为证明中国改革开放是发展中国家走向未来的正确道路的典型范例。

在深圳城市的集约发展模式下,在各种稀缺资源的集约配置下,国家高新技术企业和创新载体依然在深圳密集布局。至2019年年底,深圳国家级高新技术企业总数达到20943家,是2012年的5.4倍。深圳市重点实验室、工程实验室、工程中心、技术中心、公共技术服务平台等创新载体2260家,比2012年增加1500家,是2012年的2.97倍,年均增长16.8%。其中,国家级创新载体118家,省级创新载体605家。作为深圳设立研发机构主力的规模以上工业企业,截至2019年年底,拥有研发机构4296个,比2012年增加3688个,增长7.1倍,年均增长47.9%。

深圳在继续坚持集约化发展的同时,要举全省之力,尽快将惠州大亚湾与东莞临深片区划归"先行示范区"统筹安排,或进行行政区划调整和土地划拨,或安排三地合作示范区,实现深圳与深汕合作区的无缝链接,推进整个片区重大科研项目与重要产业集群的布局和发展,实现"先行示范区"对周边城市以及城市群发展的示范带动作用。

七 优化高质成长、全球领先的产业结构——实现优化产业结构向提升全球分工地位的突破

深圳40年来拥有的产业结构高度优化,既是其发展的优长结构,也是历届深圳市委、市政府常抓不懈的战略性结构。目前,深圳拥有高新技术、物流、金融和文化四大支柱产业,拥有生物、互联网、新能源、新材料、文化创意、新一代信息技术、节能环保七大战略性新兴产业,已经成为国内战略性新兴产业规模最大、集聚性最强的城市。深圳拥有航空航天、生命健康、机器人、可穿戴设备和智能装备五大高成长的未来产业,还拥有十类左右的文化创意产业。再加上服装、家具、钟表、黄金珠宝等若干优势传统产业,深圳已经形成在全国大中城市最具高端引领、快速发展、持续发展、滚动发展特色的"最优产业结构",并打造出"结构优于规模"的竞争性优势。

以深圳高新技术产业跨越式发展为例,深圳市统计局的数据表明,深圳高新技术产业产值从1979年零起步到2010年突破1万亿元大关,用了32年;从2010年的1万亿元迈向2017年的2万亿元,用了7年。党的十八大以来,深圳高新技术产业产值由2012年的12931.82亿元提升到2017年的21378.78亿元,年均增长10.6%;增加值由2012年的4135.24亿元提升到2017年的7359.69亿元,年均增长12.2%,占GDP的比重提升至32.8%。

深圳作为"先行示范区",应当持续不断地培育新动能,促进5G、新一代人工智能、网络空间科技、生命信息与生物医药、集成电路产业的发展,推动人工智能的规模化应用,推动大科学装置的尽快落地,规划建设石墨烯产业基地,培育最新一代半导体、新材料、新能源、生命科学、生物制药等创新型产业,发展海洋产业及其跨域型新兴产业,并占领世界制高点。"结构优于规模",深圳不断完善与优化的经济结构与产业结构,将在粤港澳大湾区未来的发展中进一步强化核心引擎功能,产生势不可当的先行优势,为创建"先行示范区"冲刺世界标杆城市奠基,改变中国现有世界产业分工格局,改变发达国家在核心、上游、高端而深圳在边缘、下游、低端并受制于人的被动局面,为提升中国在全球产业分工中的应有地位做出有效支撑和杰出贡献。

八 优化发展环境,孕育有活力的市场主体——实现培育市场主体向形成法律制度保障突破

深圳之所以能够形成全国瞩目的企业成长模式,是因为它已经成为全国创新型企业、战略性企业、高科技企业、高成长企业、知名品牌企业最集中的城市,拥有不断优化的商业模式与产业业态。因此,深圳形成了全国最好的所有制结构。

目前,深圳商事主体总量继续稳居全国大中城市首位,创业密度最高。同时,大力发展民营高科技企业。在城市创新体系中,发现企业在技术创新、知识创新的价值,确认其在产业技术链条的位

置，从而掌握若干核心技术，提高核心竞争力。这样的企业案例在深圳屡见不鲜。民营企业的大量存在，是深圳提升市场活力的重要动力。其创造的良好企业成长环境、企业成长模式，是深圳源源不断产生500强企业与品牌企业和大批优秀企业家的重要基础。

深圳不断推动商事登记制度改革，简化登记程序，让市场主体准入门槛大大降低，激发其市场活力。目前，深圳商事主体增至360多万家，居全国城市首位。深圳从2013年3月1日启动商事登记制度改革以来，新登记商事主体大增，平均每月新增3.8万户左右，每10人拥有商事主体2.4户左右，无论是创业密度还是商事主体增长速度，均居全国首位。2019年10月，深圳推广商事登记"秒批"，是深圳推进"互联网+政务服务"、建设数字政府的举措之一。通过自动上传、自动比对、自动审批等流程，实现企业办理业务的"秒批"。深圳充满活力、颇具规模的市场经济主体，将成为"先行示范区"对国家、粤港澳大湾区未来发展最具生命力的活跃因子。

深圳必须继续发挥聚集市场经济高端主体的优势，加大支持力度。目前，深圳拥有320万家市场经济主体，并以更加宽松的经济环境、大气的政府政策，不断孕育、培育并集聚具有核心竞争力的市场经济主体。特别是占比超过90%的民营企业，特别需要坚实的法律保障与制度保障。他们不仅是深圳辉煌40年的行为主体，更是实现"先行示范区"战略性目标的行为主体。如果忽略、弱化甚至缺失这些行为主体，将必然贻误国家建设"先行示范区"的战略性目标，其后果非常严重。

九 促进政府和市场有形无形的相向发力——实现政府配置资源向市场起决定作用的方向突破

在现代市场经济体系中，政府和市场是相互关联的重要组成部分。其中，政府是经济管理和调控的主体，市场是配置各类资源的基础平台和基本路径。政府和市场的关系，决定着市场与经济社会的基本走向和运行质量。理顺政府与市场关系，是深化经济体制改革的关键。党的十八届三中全会指出：经济体制改革是全面深化改革的重点，核心问题是处理好政府和市场的关系，使市场在资源配置中起决定性作用，更好地发挥政府作用。

深圳40年的发展历程，得出的一个重大经验就是，不断实现政府机制与市场机制的协同、政府与市场的相向发力。这需要政府不断面对市场、研究市场、分析市场、认识市场、调控市场并实现与市场的同步、引领和协同，包括政府出台的产业政策和重大举措，因为充分认识市场规律后出台的政策，将起到事半功倍的引领作用，让深圳在实现市场配置资源过程中更加得心应手。

深圳需要继续发挥市场经济对资源配置的重大作用，实现政府要素与市场需求的相向发力，即政府有形之手与市场无形之手的完美结合。能否继续创造适宜市场主体生存与发展的社会环境，能否继续保持吸引世界优质要素的城市魅力，能否继续培育市场经济的微观主体和前赴后继的市场力量，是深圳面临的新考验与新突破。

深圳亦可将其归纳为特别注重市场配置资源决定性作用的"政府市场协同模式"。这一发展模式的形成，有利于深圳在探索中国特色社会主义市场经济的过程中，践行"先行示范区"的引领与带动作用。

十 超前认识持续布局的新兴经济形态——实现从被动招商向主动布局新兴经济形态的转变

深圳经济特区40年的辉煌历程，就是不断探索、不断思考、不断总结、不断奋进的艰辛历程，也是深圳由模糊走向清晰、由感性走向理性、由当前走向未来、由一域而察全局的心路历程，这样才有了深圳建设"先行示范区"的发展基础和新时代的发展起点。

评价区域或者城市的经济发展能力与滚动发展能力，关键在于城市未来发展的产业增量、质量及其现代化高端产业布局的突破口，所以必须考察其在历史发展周期中拥有的新兴经济形态及产业内涵的创新性、特色性和领先性。

比如，在深圳有大家耳熟能详的经济形态，包括城市群经济、都市圈经济、总部经济、湾区经济、智能经济、海洋经济、标准经济、质量经济、网络经济、数字经济、智慧经济、循环经济、生态经济、绿色经济、能源经济、材料经济、艺术经济、自贸区经济和开放型经济等前沿性的经济形态。经济发展的重大表现是经济形态的演变和交替。经济现代化的表现就是一种或多种新的经济形态的转换，并逐步促成新的创新投入，因为每种经济形态都具有独特的时代理念、主导产业、科学内涵、发展模式、内部结构和运行制度等。这些恰恰是深圳未来能够实现经济高端引领与结构转型的重要内涵。创新性的经济形态更加容易产生各种优势叠加的新型发展模式和创新范畴，是培育创新优势、增强核心引擎动能和持续发展后劲的新兴领域，也是为粤港澳大湾区未来发展不断注入的源源动力。

深圳是中国作为发展中大国崛起的"先行示范区"，也是粤港澳大湾区的先行先试城市，其良性发展有利于抢占世界新的经济与科技制高点。因此，深圳应当进一步大胆地建设并形成更具规模和质量的全球性经济中心、科创中心、金融中心、制造中心、海洋中心和文化艺术中心融合发展的全新格局，进一步促进广州、深圳、香港、澳门等若干中心城市的融合发展，在全球性竞争格局中实现对国家发展越来越重要的战略支撑和引领作用。

目　　录

上篇　深圳40年来核心动能的培育路径

第一章　充满活力市场主体的鼎力支撑 …………………（3）
　　第一节　培育市场导向企业主体的经济体系与发展动力 ……（4）
　　第二节　认真对待国企改革与现代企业制度的建设发展 ……（7）
　　第三节　支持社区股份制经济转型升级，
　　　　　　提升经济活力 ……………………………………（23）
　　第四节　发展多样化的社会中介组织，
　　　　　　协调经济社会发展 ………………………………（30）

第二章　政府市场相向发力的体制优势 …………………（33）
　　第一节　通过深化改革提升政府的
　　　　　　决策效率和竞争能力 ……………………………（33）
　　第二节　强化政府的市场认知，优化科学协调
　　　　　　市场引领 ……………………………………（37）
　　第三节　引进外资企业促进本土企业
　　　　　　提升国际竞争能力 …………………………（42）
　　第四节　实现国内外各类优质要素的
　　　　　　科学配置与市场选择 ……………………………（45）

第三章　创新引领经济科技的动能构造 …………………（49）
　　第一节　聚集拥有创新精神、高端科技的产业集群 ………（49）
　　第二节　致力完善高效转化的技术创新市场环境 …………（51）
　　第三节　发展具有高新科技含量的智慧城市经济 …………（60）

第四节　加快提升现代金融与优化高端服务体系 ………… （64）

第四章　持续优化升级的产业结构体系 ……………………… （69）
　　第一节　高科技产业从集聚到提升的发展路径 ……………… （69）
　　第二节　国内外高端人才聚集深圳的溢出效应 ……………… （77）
　　第三节　实现科技金融产业融合到提升的突破 ……………… （81）
　　第四节　建设文化创意产业与品牌引领型城市 ……………… （85）
　　第五节　推进深港现代服务业合作区建设进程 ……………… （89）

第五章　新生经济形态的不断培育与发展 ……………………… （93）
　　第一节　深圳新生经济市场规模将突破 2 万亿元 …………… （93）
　　第二节　形成蓬勃发展的数字市场经济 ……………………… （96）
　　第三节　形成高质量、高标准的新型创意经济 ……………… （104）
　　第四节　形成开放、包容、合作的知识共享经济 …………… （107）
　　第五节　形成环境舒适、宜居的绿色低碳经济 ……………… （112）

第六章　稀缺资源配置的集约发展模式 ………………………… （114）
　　第一节　经济结构持续优化，提升资源效率 ………………… （114）
　　第二节　平均每平方千米产生的集约效应 …………………… （119）
　　第三节　追求高效配置国土资源和灵活市场效应 …………… （122）
　　第四节　形成与国际市场融通的开放型经济体制 …………… （126）

下篇　深圳未来核心功能强化的趋向探索

第七章　创新研发形式、内容，加快国际国内
　　　　　科技合作步伐 ………………………………………… （135）
　　第一节　支持拥有自主知识产权高端创新平台建设 ………… （135）
　　第二节　探索多样化区域科技合作，形成新的
　　　　　　创新模式 ………………………………………… （145）
　　第三节　探索新时代国际科技合作的新方式与新路径 ……… （147）
　　第四节　跟踪世界科技动态创造全球科技合作新范式 ……… （149）

第八章　聚焦现代化智能方向，实现产业体系的整体提升 ……………………………………………（155）

第一节　打破国际封锁，稳步实现核心技术的突破 ………（155）
第二节　突出重点打造智慧智能产业的先发优势 …………（159）
第三节　围绕科技产业主体培育产业链配套体系 …………（168）
第四节　倡导协同创新，共同布局开放型产业集聚 ………（174）

第九章　突出高质量，实现全球科技制高点的战略占领 ……（182）

第一节　加强培育创新主体超前部署全球性科技研发布局 …………………………………………（182）
第二节　选择若干关键领域，实现对全球产业制高点的抢占 ………………………………………（184）
第三节　重点发力高端制造业，实施前沿性高科技产业布局 …………………………………………（201）
第四节　坚持市场引领，维护企业主体，形成特区创新优势 …………………………………………（203）

第十章　构建现代经济体系，实现全球分工状态的新格局 …………………………………………………（206）

第一节　深圳创新企业薄弱环节引发的历史性教训 ………（206）
第二节　促进新兴产业聚集，支持供给侧结构性改革 ……（215）
第三节　通过科技创新促进战略产业全球市场布局 ………（217）
第四节　有效改变全球分工体系不合理状态与规制 ………（223）
第五节　增强核心引擎功能，建设开放型经济政策体系 ……………………………………………………（224）

第十一章　构建基础科研体系，促成科学发现的重大突破 …………………………………………………（229）

第一节　形成实施重大专项基础科研的目标型项目管理体系 ……………………………………………（229）

第二节 提升基础研究与技术研发协同的融合型
科研组织体系……………………………………（234）
第三节 布局建设重大科技基础设施的高效型
实验室体系………………………………………（236）
第四节 建立支持科技人员潜心基础研究的成长型
激励体系…………………………………………（240）

第十二章 配置全球创新要素，促进创新动能的
全面提高…………………………………………（244）
第一节 继续发力核心科技，突破受制于
人的核心技术……………………………………（244）
第二节 设计提高配置全球性高端创新资源的
制度安排…………………………………………（246）
第三节 致力培育促成新兴大学集群的战略性贡献 ………（248）
第四节 科研院所集群与大科学装置铸造创新动能 ………（251）

第十三章 推进金融与科技创新融合，实现创新生态的
形成………………………………………………（254）
第一节 打造可持续发展的金融科技创新生态链 …………（254）
第二节 完善提升深圳证券交易所为核心的资本市场 ……（263）
第三节 深度对接香港资本市场，打造跨境
金融合作区………………………………………（265）
第四节 疏导金融科技秩序，加强主题信用体系建设 ……（268）
第五节 创设有利强化核心引擎的系列金融科技平台 ……（271）

第十四章 加快深圳先行先试进程，实现科技创新模式的
再铸造……………………………………………（277）
第一节 加快推进独具特色的深港前海现代产业合作 ……（277）
第二节 加强深港合作，实现现代服务产业集群
新布局……………………………………………（280）
第三节 提升前海深港现代服务业合作区的创新功能 ……（284）

第四节　建设粤港澳大湾区的大数据平台与共享中心 …… (292)

第十五章　通过引擎辐射带动建成全球创新型中心城市 …… (296)
　　第一节　发挥核心引擎功能，提升企业主体创新能级 …… (296)
　　第二节　共建广深科创走廊，崛起湾区创新的脊梁 …… (298)
　　第三节　根据战略目标实现科技创新的跨越式突破 …… (301)
　　第四节　按先行示范阶段部署建设全球性创新中心 …… (304)

第十六章　强化先行引领作用，实现对粤港澳大湾区的带动 …… (310)
　　第一节　致力于参与深穗港澳科技创新的融合性发展 …… (310)
　　第二节　以重大项目深化与粤港澳科技合作关系形成 …… (314)
　　第三节　强化核心引擎功能，推动优势产业的内外循环 …… (326)
　　第四节　强化创新动能，实现对大湾区的全面带动辐射 …… (328)

参考文献 …… (331)

上 篇

深圳40年来核心动能的培育路径

第一章

充满活力市场主体的鼎力支撑

建区40年，深圳有了深刻的变化，取得了翻天覆地、举世瞩目的发展成就，在培育核心经济动能方面进行了一系列有益探索，逐步形成全新的路径、结构与模式。诺贝尔经济学奖获得者威廉·诺德豪斯（William Nordhaus）和保罗·罗默（Paul Romer）的"新增长理论"强调，经济增长不是外部力量，而是经济体系内部力量作用的产物，重视对知识外溢、人力资本投入、研究和开发、收益递增、劳动分工和专业化、边干边学、开放经济和垄断化等问题的研究，重新阐释了经济增长率。深圳从建区初始依靠投资、劳动、收入的外生增长模式，发展到现在重塑内生增长模式，以技术、知识、制度提升经济发展功能。新经济增长理论为深圳强化核心引擎功能提供了新的框架。

"新增长理论"提出四要素三部门模型，探讨通过人力资本增长、技术进步、知识溢出效益来突破在边际收益递减和资源稀缺为特征的环境中维持经济的增长。本书上篇通过"新增长理论"探讨深圳核心经济动能的培育路径，从多种市场主体、政府与市场相互促进两方面梳理深圳在人力资本提升方面的经验，从创新引领科技经济、持续产业结构优化和可持续新生经济培育三个方面探讨深圳技术进步经验，从稀缺资源集约配置方面探讨深圳如何通过集约模式形成知识溢出效应（见图1—1）。

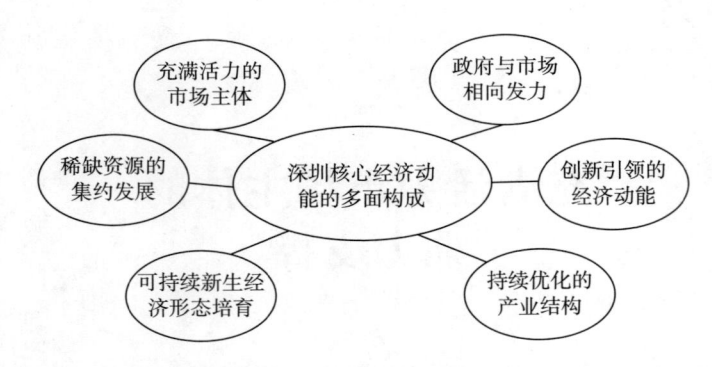

图1—1 "新增长理论"下深圳核心经济动能的构成分解

（图中节点：充满活力的市场主体；政府与市场相向发力；稀缺资源的集约发展；深圳核心经济动能的多面构成；创新引领的经济动能；可持续新生经济形态培育；持续优化的产业结构）

第一节 培育市场导向企业主体的经济体系与发展动力

一 勇当尖兵的企业主体

1979—2019 年，深圳全年生产总值从 1.96 亿元增长到 26927.09 万亿元，翻了 13738 倍，2019 年的 GDP 总量已位居全国城市第三。华为、平安、腾讯、万科、招商银行、中集、华星光电、比亚迪、大疆创新等深圳企业成为全球知名企业，成为深圳改革开放、自主创新的骄傲。地方创新型企业集群的崛起，离不开深圳勇于尝试、勇于创新的决心。深圳建设了"战略性新兴产业+未来产业+现代服务业+优势传统产业"的四向柱，从"三个主体，三个补充"发展，初期产业结构单一，实现现代产业体系的梯度跳跃。

根据世界知识产权组织发布的《2019 年全球创新指数报告》，全球创新指数基于 80 项指标对 129 个经济体进行排名。它既有研发投资、专利和商标国际申请量等传统的衡量指标，也有移动应用开发和高科技出口等较新的指标。中国在全球创新指数排名中是第 14 位，比 2018 年再提升 3 位。在全球热点创新集群排名中，日本的东京＆横滨、中国的深圳＆香港位列前 2。2019 年，研发社会投资总额超过 1000 亿元，占国内生产总值的 4.2%，基础研究投资超过 40 亿元。2019 年前三季度，深圳 PCT 国际专利申请数量约为 11110

件，继续获得全国冠军；国家级高新技术企业达到14400家，居全国第二位，其次是北京；拥有创新载体和平台1877个，基础研究和核心技术研究能力明显提高，技术创新由跟跑向并跑、领跑转变。

深圳参与制定的国际标准数量居国内城市前列，标准国际化水平不断提高。至2019年，深圳全市企事业单位共参与研制国际国内标准6105项，73家国际国内标准工作机构落户深圳；标准创新和实施走在前列，12家企业成为首批全国企业标准领跑者，45项标准研制项目获得"中国标准创新贡献奖;"标准+"经济社会亮点纷呈，在经济社会发展重点领域建立国家级标准化试点示范项目20余个，在关键环节累计制定实施深圳地方标准500余项。智能手机、无人机、机器人和许多深圳品牌的产品在世界各地很受欢迎。

二 民营经济挑起经济活力大梁

由于尊重市场，企业成为深圳创新的最大主体。深圳成为民营经济发展最快的地区，其民营经济实力强大，产业链条完备，对深圳GDP的贡献率超过90%，税收占比约为94.6%。世界型大企业集聚的创新引领态势，正在深圳形成。华为、平安、腾讯、万科、招商银行、中集、华星光电、比亚迪、大疆创新等深圳企业成为全球知名企业，成为深圳自主创新的骄傲和高质量发展的标杆。深圳民营创新经济呈现出强劲的对外辐射能力，以及稳定的内生型带动效应，在建设现代化经济体系中发挥出重要作用。

2019年《财富》世界500强排行榜中，7家企业总部位于深圳，即中国平安（第29位）、华为（第61位）、正威国际（第119位）、中国恒大（第138位）、招商银行（第188位）、腾讯（第236名）、万科（第254位）①。除正威国际排名下滑8名、中国平安持平以外，其余5家企业名次均大幅上升，中国平安、华为公司、正威国际成为中国最大的3家民营企业。世界500强企业在深

---

① 《2019年财富世界500强排行榜》，2019年7月22日，财富中文网。

圳扎堆，苹果、IBM、微软等在深圳设立研发机构和中心，目前，300家世界500强企业进驻深圳。

2019年，深圳新注册的商业实体超过50万个，总计超过320万个。日益优化的商业环境不断增强深圳的创新和创业活力，吸引更多的外资来到这座"最具硅谷特色"的城市。2019年1—11月，深圳实际利用外资488.8亿元人民币，同比上升1.59%，规模在全国大中城市中排名第三位。深圳外资企业正在从制造业向金融业、服务业集中，制造业也从基础制造业向高端制造业发展。

三 信息化建设助力市场监管

深圳创新市场监管方式，切实推进贸易便利化环境建设，是区域产业创新的重要前提和转型升级的关键保障。加快城市域信息化建设，构建信息统筹机制，有助于提升市场监管智能化和协同化水平，促进市内企业手续简化、成本降低和效率提升，开创可持续的开放型经济发展新格局。

围绕城市功能定位升级和科技产业创新的新趋势、新需求，需要在优化政府与关检合作体制机制的基础上，深入、全面、快速地推进区域信息化建设，健全信息统筹机制，按照"强化基础支撑、拓展监管功能、便利数据共享"的任务导向，加快构建以信息化、智能化为支撑的贸易投资便利化环境，为企业减负提速增效，开创可持续、开放型的经济发展新格局。

基于日益完善的信息化运行环境，全面建立全国领先的"一线放开、二线管住、区内自由"的作业制度和监管模式，推动前海湾保税港区完成按货物状态分类——"分类监管""账册互转""先入区后报关""分送集报""无纸化市场""跨境快速市场"等试点措施磨合并向保税区域全复制，更好地满足新兴业态的试点和贸易业态的创新需要。

第一，强化信息化基础支撑。全面完善海关信息化监管的实施条件。深圳市重点推动完成福田保税区和出口加工区监管场站、卡口的智能化改造升级，制订切实可行的实施计划，协调推动海关全面推广电子账册手册管理，促进企业内部信息系统与海关辅助系统实现全联网，加快企业自用运输车辆 GPS/北斗定位的全覆盖，打造统一信息管理系统、统一账册管理体系、统一卡口管理模式、统一场站管理模式的硬件支撑系统。

第二，拓展监管信息化功能。加强直属海关等口岸部门对保税区域信息化辅助管理系统顶层架构设计和具体功能开发的业务指导。围绕科技创新产业布局和现有新业态发展需求，拓展应用功能，打造新业态，涵盖更全面的园区信息化辅助管理系统，构建开放式、前瞻性、弹性化的监管功能拓展机制。规范和统一贸易单证格式、数据标准和身份认证，与国家层面的"单一窗口"标准规范融合对接，推动国际贸易"单一窗口"拓展至科技研发、服务外包等领域。

第三，促进数据便利化共享。打造信息交互、数据共享、互联互通的智慧保税平台，逐步与园区信息化辅助管理系统、南方电子口岸、各部门管理系统、企业与政府数据系统、省级信息化平台无缝对接，加快保税区域之间、海关关区之间、区域与口岸之间的信息互联互通，实现申报数据、企业征信信息"一次性递交、跨系统共享、多部门共用"。推动智慧保税平台统一反馈监管指令，实现"一张大表、一键申报"和"一次放行"，全面提升监管效能和服务水平。

第二节　认真对待国企改革与现代企业制度的建设发展

一　改革工资决定机制，激发国企活力

深圳作为中国经济最活跃的地区，一直是国有企业深化改革、先行先试的重点地区，建立和完善了与劳动力市场基本适应、与企业经济效益和劳动生产率挂钩的工资决定与正常增长机制，有效增强国有企业的活力和动力，促进国有企业的优质发展，不断推动国有资本的壮大。深圳有 5 家国企入选国家国企改革"双百行动"，422 家市属二级企业功能界定与分类精准完成，16 家企业混合所有

制改革完成立项，国资国企改革呈现全面发力、多点突破、纵深推进态势。2019年，深圳市属国企资产、营收、利润、税收"四个翻倍"，市区两级国企、国有文化企业总资产3.9万亿元，营业收入7507亿元，总利润1326亿元。①

随着顶层设计及配套文件的逐步出台与实施，以"一适应、两挂钩"为原则的工资决定机制和以"效益决定、效率调整、水平调控"为主线的工资总额改革思路逐步清晰明确。根据改革的重点方向，深圳市国有资产监督机构和国有企业根据自身发展特点，设计并推进工资决定机制改革方案的实施，调动企业改革发展的积极性、主动性和创造性。

（一）国企工资机制改革背景

新时代下，为保持经济持续健康发展，需要按照高质量发展要求深化市场化改革，激发国有企业活力，为国企工资决定机制改革提供重要机遇。深圳作为国内经济发展最活跃地区，国有企业规模较大，业务经营市场化、规范化程度较高，工资决定机制改革为国有企业进一步优化升级、创新发展提供支撑和保障（见图1—2）。

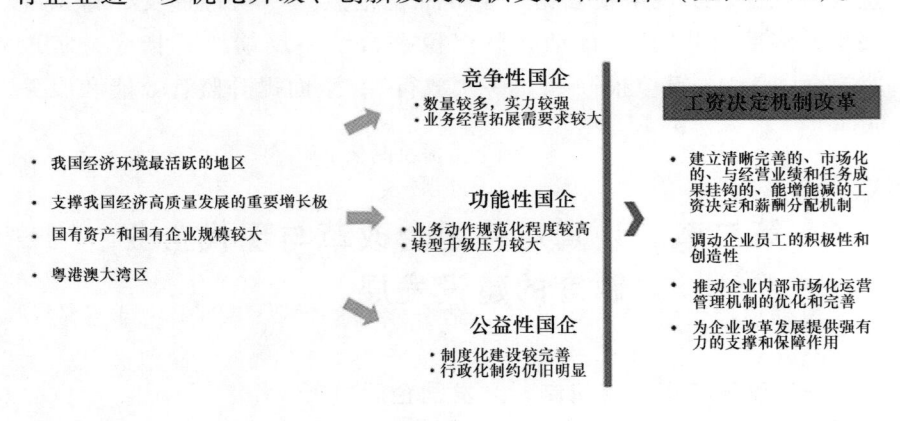

图1—2 国企工资决定机制改革

资料来源：综合研究院（深圳·中国）。

---

① 《深圳国企奋力探索综合改革！5家入选国企改革"双百企业"，16家完成混改立项》，《深圳特区报》2019年3月11日。

(二) 国企工资机制顶层设计

改变传统单一联动建立与经济效益的联动机制，建立职工工资决定、劳动力市场增长与供求、国有企业经济效益与劳动生产率的联动机制，提高国有企业效率，激发创造力和市场竞争力。

在"一适应、两挂钩"原则的指导下，目前，深圳国有企业的工资总额已按照"效益决定、效率调整、水平调控"的思路进行设计和调整。其中，经济效益始终是决定工资分配的核心因素（见图1—3）。

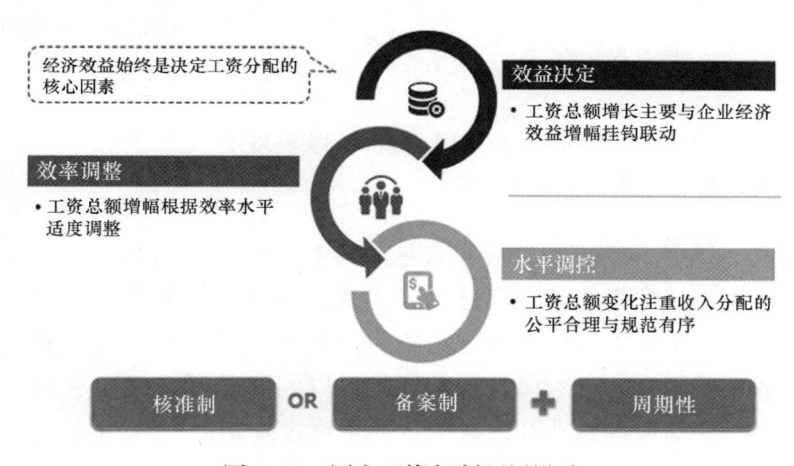

图1—3 国企工资机制顶层设计

资料来源：综合研究院（深圳·中国）。

(三) 实施路径

根据顶层设计要求和导向，结合实践经验，深圳国有企业在设计工资决定机制改革方案和工资总额管理办法时，注重把握三大关键环节（见图1—4）。

1. 分类选取工资联动指标：从行政化控编控包到市场化效益联动

根据深圳国有企业的职能定位和行业特点，要科学设置与市场挂钩的指标，合理确定岗位考核目标，突出不同岗位的考核重点，加强工资与福利的匹配力度（见表1—1）。第一，经济效益导向。

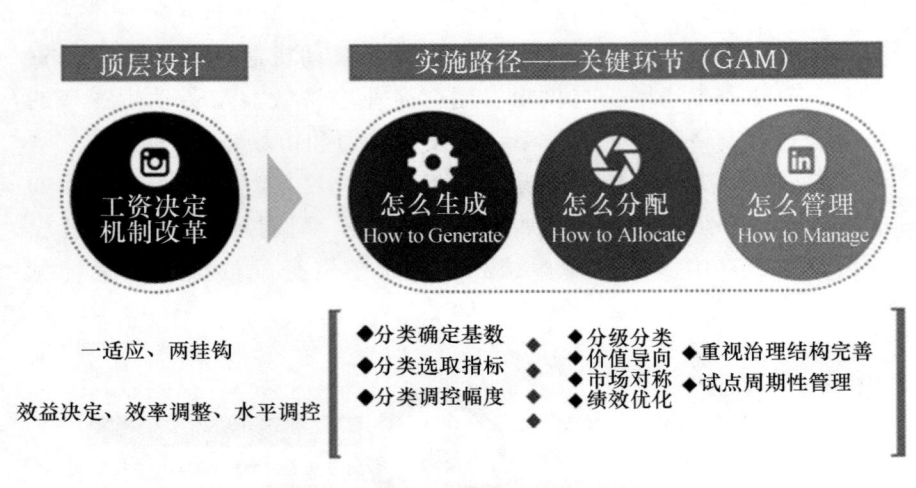

图1—4　国企工资机制实施路径

顶层设计：工资决定机制改革
- 一适应、两挂钩
- 效益决定、效率调整、水平调控

实施路径——关键环节（GAM）：

- **怎么生成 How to Generate**
  - ◆分类确定基数
  - ◆分类选取指标
  - ◆分类调控幅度

- **怎么分配 How to Allocate**
  - ◆分级分类
  - ◆价值导向
  - ◆市场对称
  - ◆绩效优化

- **怎么管理 How to Manage**
  - ◆重视治理结构完善
  - ◆试点周期性管理

资料来源：综合研究院（深圳·中国）。

在国家文件中，经济效益指标只是一些类别的辅助指标，但在深圳的文件中，这些指标被专门分为经济效益指标和其他联动指标（见图1—5）。在深圳，有许多有竞争力的企业，经济利益是国有企业追求的重要目标之一；第二，考核指标以利润总额（或净利润）为主；第三，功能类企业和公益类企业指标设置相似。

表1—1　深圳国有企业效益联动指标汇总

企业功能性质定位	行业特点	国家层面效益联动指标	深圳层面效益联动指标
商业一类/竞争类国有企业	主业处于充分竞争行业和领域	反映经济效益、国有资本保值增值，以市场竞争能力指标为主	·经济效益指标主要选取利润总额或净利润、经济增加等 ·其他联动指标主要选取劳动生产率、人工成本利润率等

续表

企业功能性质定位	行业特点	国家层面效益联动指标	深圳层面效益联动指标
商业二类/功能类国有企业	主业处于关系国家安全、国民经济命脉的重要行业和关键领域，主要承担重大专项任务	反映经济效益和国有资本保值增值指标为主，辅以特殊任务指标	·经济效益指标主要选取营业收入、利润总额（或净利润）、任务完成率等 ·其他联动指标主要选取成本控制率、人事费用率等
公益类国有企业	主业以保障民生、服务社会、提供公共产品和服务为主	以反映成本控制、产品服务质量、营运效率和保障能力等情况的指标为主，兼顾体现经济效益和国有资本保值增值的指标	
金融类国有企业	开发性、政策性	以体现服务国家战略和风险控制的指标为主，兼顾反映经济效益的指标	·经济效益指标主要选取利润总额或净利润、任务完成率等 ·其他联动指标主要选取人工成本利润率、风险控制类指标等
	商业性	以反映经济效益、资产质量和偿付能力的指标为主	
文化类国有企业	——	以反映社会效益和经济效益、国有资本保值增值的指标为主	·社会效益指标主要选取文化任务完成率 ·经济效益指标主要选取营业收入、利润总额或净利润等 ·其他联动指标主要选取国有资本保值增值率、人事费用率等

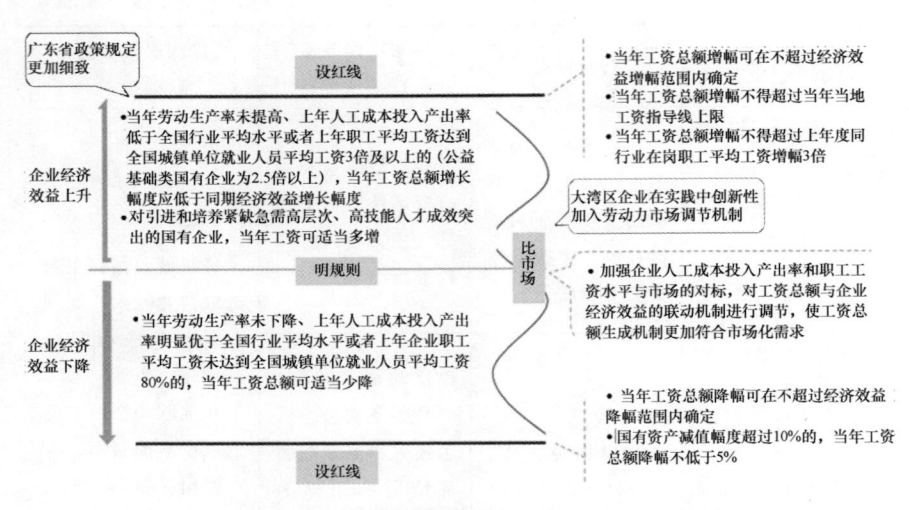

图 1—5　国企工资机制改革市场化效益联动机制

2. 分类调控工资总额增减幅度：从粗放整合、统一调控到精细分类、市场倾斜

深圳国有企业明确工资总额与企业经济效益的联动关系，合理设定工资总额增幅限制，适当嵌入市场对标机制，使工资总额生成机制更符合市场化需求。例如，大湾区某金控集团以子公司当年经济效益增幅为基础，通过区分是依托集团资源还是市场化方式创造的经济效益，降低经济效益中非市场化部分的影响，根据工资浮动系数确定工资总额增长率，使工资总额生成机制更加合理化、市场化（见图1—6）。

3. 分级分类——从管理一刀切到分类差异化

从统一的工资总额管控及分配机制向差异化转变，综合考虑企业类型、管控模式等因素，差异化地进行薪酬分配机制顶层设计（见图1—7）。

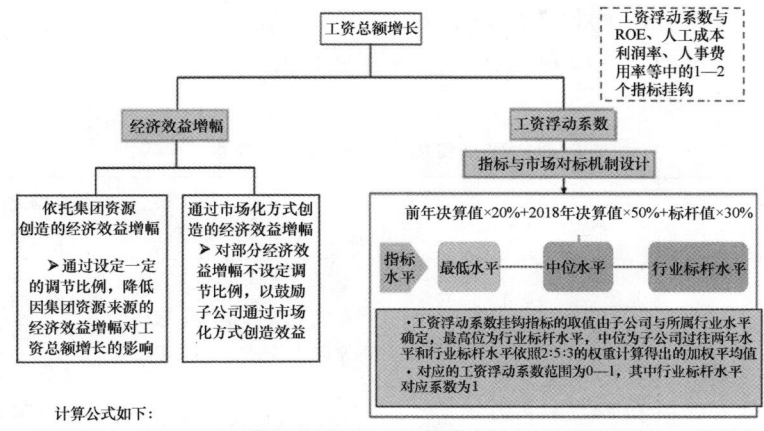

图1—6　国企工资机制改革市场化精细分类

资料来源：综合研究院（深圳·中国）。

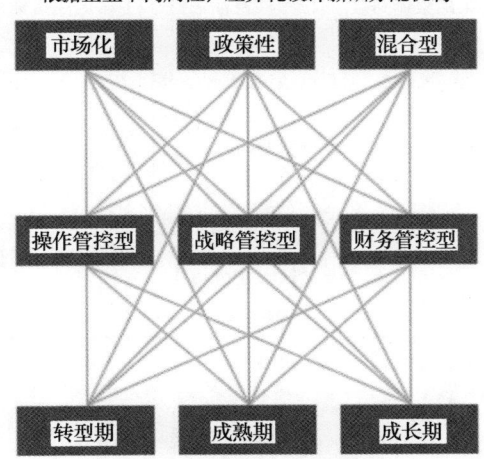

图1—7　国企工资机制改革差异化薪酬分配机制

资料来源：综合研究院（深圳·中国）。

深圳某国有企业集团以分级分类为前提，针对性建立集团人力资源改革模型，支撑集团转型升级，见表1—2。

表1—2　　针对性建立集团人力资源改革模型

项目模块	分级项目 集团总部	政策型业务子公司	产业型业务子公司	孵化型业务子公司
岗位体系设计	集团总部为职能支撑部门和业务管理部门，以部门核心职能优化岗位设置	对标国有资本投资运营公司等标杆企业设置岗位体系	参考物业开发、资源经营等标杆企业，综合子公司发展阶段，设置动态调整岗位体系	基于行业特点和人才特性，设计扁平化、灵活性强的岗位体系
薪酬绩效设计	目标导向、协作配合 •实行年薪制，年度考核工资占比高，捆绑员工与集团整体利益	简单、直接、透明、有效。 •实行岗位工资制，固定工资占比高，简化考核指标，对上级单位考核目标进行分解	业绩导向、多劳多得 •实行提成工资制，固定工资占比低于50%，考核指标量化为主，定性指标不与工资挂钩	市场化、差异化、契约化 •实行协议工资制，依据市场谈判确定，对员工工作成果进行考核，绩效薪酬可高达80%
中长期激励	超目标奖励	项目制激励	超额收益分享、项目跟投	持股、虚拟股票、期股期权等多种形式
市场化选聘	试行核心骨干人员市场化选聘	专业类、技术类紧缺人才市场化选聘	试行高管市场化选聘	全员试点市场化选聘

资料来源：综合研究院（深圳·中国）。

4. 价值导向：从注重规模到注重功能战略

深圳国有企业工资管控及分配机制以价值导向为基础，在业务层面从注重规模体量向注重功能价值转变，对人才从平均主义向差异化激励转变（见图1—8）。

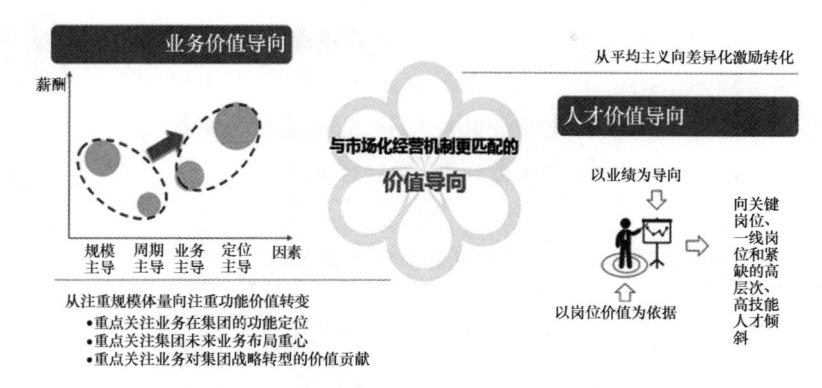

图 1—8　国有企业市场化经营机制更匹配的价值导向

资料来源：综合研究院（深圳·中国）。

5. 市场对标：从对标国资和系统到对标市场和业绩

从对标国资向对标市场转变，以"四同"原则为基础，以增量业绩决定增量薪酬为导向。市场化程度较高的企业，其负责人及关键岗位应充分对标市场，设计具有激励性的薪酬水平和结构（见图1—9）。

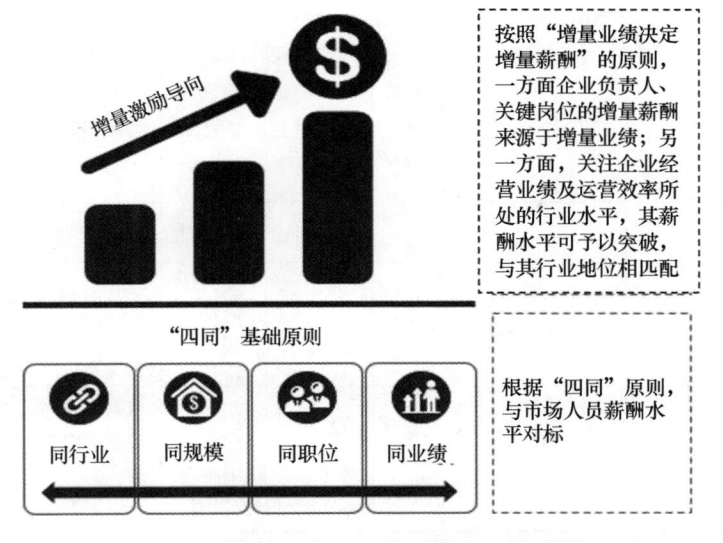

图 1—9　国有企业市场化经营机制更匹配的薪酬结构

资料来源：综合研究院（深圳·中国）。

深圳某国有集团子公司负责人的基本薪酬以集团职能部门负责人的基本薪酬为依据，市场化程度较高的子公司负责人目标薪酬充分对标市场，通过设置市场化业务的业绩达成情况与薪酬挂钩的机制，引导负责人积极开拓市场化业务（见表1—3）。

表1—3　市场化业务的业绩达成情况与薪酬的挂钩机制设计

子公司类型	目标薪酬决定机制	薪酬结构	确定方式	说明
市场化程度较高	通过对标子公司所处行业地位，匹配相应的负责人薪酬定位，确定目标薪酬	基本薪酬	在集团本部职能部门负责人基本薪酬的基础上，根据子公司组织规模、经营难度、战略地位等因素进行额定	·基本薪酬+绩效薪酬<目标薪酬 ·负责人实际兑付的薪酬由绩效考核结果和超额业绩激励最终额定 ·只有通过市场化方式创造了超额的净利润，负责人的薪酬才能等于或大于目标薪酬，以鼓励他们开展更多的市场化业务
		绩效薪酬	低于目标薪酬中除基本薪酬外的部分	
		超额业绩激励	当超额完成市场化方式创造的净利润预算目标时，计提超额业绩激励	
市场化程度较低	根据基本薪酬和一定的固浮比额定；目标薪酬=基本薪酬+基薪比例	基本薪酬	在集团本部职能部门负责人基本薪酬的基础上，根据子公司组织规模、经营难度、战略地位等因素进行额定	·基本薪酬+绩效薪酬=目标薪酬 ·负责人实际兑付的薪酬由绩效考核结果最终确定
		绩效薪酬	等于目标薪酬中除基本薪酬外的部分	

资料来源：综合研究院（深圳·中国）。

6. 绩效优化：从短期单一经营性指标到长期复合经营性＋结构性指标

绩效考核是实现收入分配能增能减的重要工具，考核指标应从单一经营类指标（财务指标）向"经营类＋结构类"指标转变。考核目标的设定不仅要对照自身，更要对标行业、市场。

深圳某集团薪酬水平以明确事业部及各家子公司的薪酬总额分配机制为基础，体现了集团对薪酬总额管控的要求，也体现了事业部内部各子公司所有制及当年绩效考核表现的差异（见图1—10）。

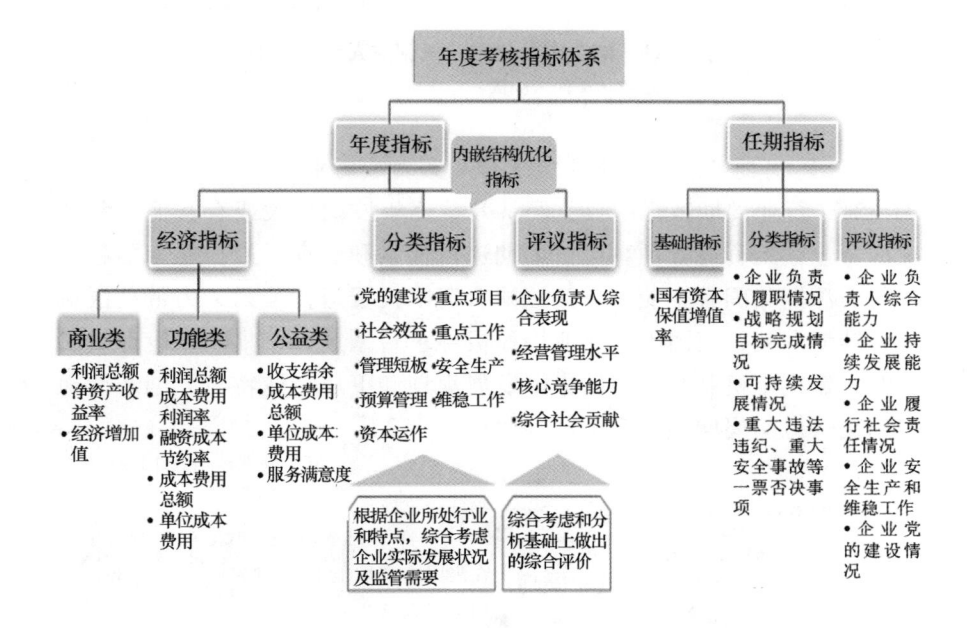

图1—10 国企市场化经营机制年度考核指标体系

资料来源：综合研究院（深圳·中国）。

（四）完善的法人治理结构是备案制的基本前提

建立健全国有企业法人治理结构是实现工资总额备案制管理的前提条件和基础。国有企业应规范建立权责清晰、有效制衡的法人治理结构，充分释放董事会的自主决策权（见图1—11）。

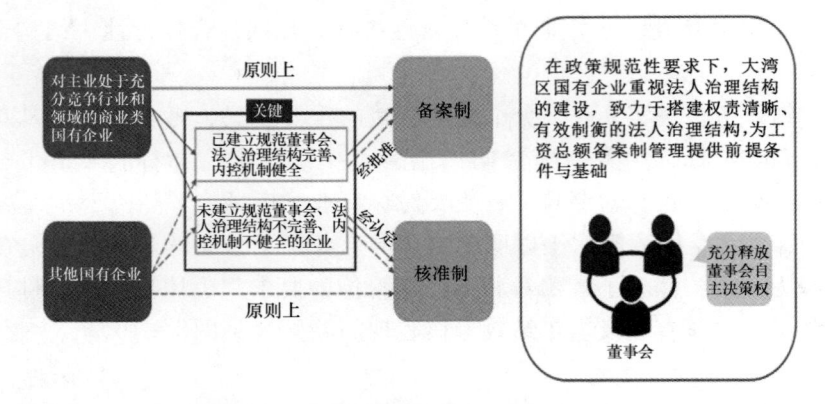

图 1—11　国企市场化经营机制法人治理结构

资料来源：综合研究院（深圳·中国）。

（五）周期性管理是企业实现跨越式发展的重要抓手

对于行业周期特征明显、经济效益逐年波动较大或有其他特殊情况的企业，工资总额预算可按周期进行探索和管理，最长周期不超过三年。深圳某国有企业属于区域国有资本投资运营公司，为带动区域产业转型发展，集团下属企业均积极寻求转型突破。集团在设计下属企业工资决定机制时，根据集团发展规划和下属企业特点，创新性地采用工资总额周期性管理机制（见图1—12）。

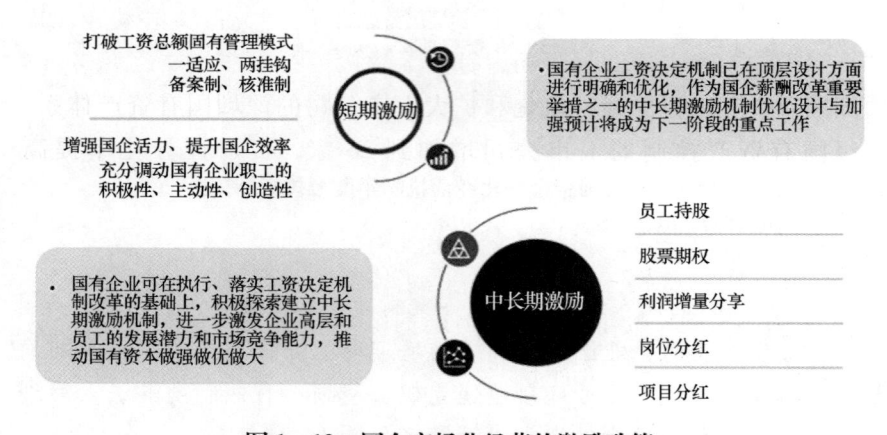

图 1—12　国企市场化经营的激励政策

资料来源：综合研究院（深圳·中国）。

二 国企改革加速企业效率提升

深圳国企改革正在积极推进落实包括"双百行动"在内的一系列具体举措和行动。此次改革是为全国的探索迈出先试先行的一步,接下来国企在管理、用人和薪酬等体制机制上都将有更多的改变,在混改上也可能出现更多具体的举措。

深圳市属国资早在1994年就开始推动公司制和混合所有制改革。最近,当地国企改革更是动作频频。2014年10月,深圳市政府在《关于进一步深化深圳市国有企业国有资产改革的总体规划》中提出四大改革任务,发布18项重点举措,构建了深圳"2+N"运营体系。85%以上的国有资本集聚到"一体两翼"产业体系,混合所有制比重从75%上升到85%。

2016年12月,深圳市国资委公布深圳"1+12"深化国有企业改革系列制度文件,进一步加速深圳国资改革进程。其中,"1"即《关于深化市属国有企业改革促进发展的实施方案》,"12"即12项配套制度。

2017年,地方国有企业改革继续深化,这是由深圳国有资产监督管理委员会在"资源整合年",为促进内部资源的重组和外部资源的并购在深圳创建的一个对接渠道实体经济、科技行业和资本市场的企业集团。2017—2018年,深圳国资在混改上进行了很多大动作。比如,深投控参股收购几家公司,都是大手笔的投资。资本运营方面,深圳国有企业正在加强、优化和扩大上市公司的深圳国有资产体系。市级国有资产控制的上市公司增加到26家,资产证券化率提高到54.7%。

2018年,深圳国有企业综合改革方案经国务院国有企业改革领导小组审议通过,坚持市属国有企业以改革促发展、以改革促效益。2018年,深圳国有企业的质量和效率创历史新高。深圳市区国有企业总资产达到3.3万亿元,净资产达到1.2万亿元;年收入5189亿元,利润总额1109亿元。其中,市属企业规模经济突破"三个重点",总资产超过3万亿元,同比增长19.2%;净资产超过1万亿元,比年初增长13.7%;利润总额超过1000亿元,同比增长16.4%。

至2019年年底,深圳国有企业和国有文化企业总资产为3.9万亿元,增长18.18%;净资产为1.6万亿元,年营业收入7507亿元,利润总额1326亿元。深圳市属国有企业的资产规模、营业收入、利润总额和上缴税金翻两番,达4倍。

三 国有资产和国有企业综合改革

2019年是深圳市国资国企"综合改革攻坚年",11项主要改革任务全面落实。依靠上市公司和国有基金集团,实现上市公司"+"的策略,提高国有资本投资的功能操作平台,加强系统化和标准化操作,大力促进资源资本化、资产资本化和资本证券化。

（一）确保实现所有业务目标,发挥"稳定器"的作用

确保各项经营目标的完成,为深圳市的经济稳定增长做出贡献。抓好预算执行,全年深圳市属企业要实现营业收入、利润总额高位求进。抓好投资拉动,做好全年投资预算执行,高质量、高标准推进地铁三四期、机场卫星厅、香蜜湖片区改造等重大项目建设,争取更多优质项目纳入省、市重大项目储备库。抓好风险防控,坚决守住不发生重大风险底线,构建高质量发展统计监测体系,完善全面风险管控体系。

（二）强化城市运营保障,彰显"城之重器"功能

全面贯彻深圳市委、市政府"城市质量提升年"部署,助力深圳建成高质量发展先行示范区。提升城市服务品质,打造城市基础设施精品工程,大力提升水电气、海空港、地铁公交、菜篮子、米袋子等公共产品和服务供给质量与供给效率。提高城市创新水平,关注核心竞争力。提高深圳城市科技创新水平,加快在深圳湾建立一个新一代的科技公园,推广"深圳标准"。持续加大全系统科技研发投入,提升区域发展平衡性、协调性,全面服务特区一体化均衡发展,落实"东进、西协、南联、北拓、中优"发展战略,加快推动与各区（新区）合作全覆盖。坚持服务"两个大局",融入广东"一核一带一区"建设,深化与山西、河北战略合作,做好河源对口帮扶,广西百色、河池对口扶贫协作以及援疆和哈尔滨对口合作。

（三）打造全国改革标杆和制度高地，实现综合改革全覆盖

坚持综合改革理念，强化改革攻坚机制，推动5家"双百企业"全面深化改革，当好全国"双百企业"的领跑者。20家直管企业抓紧出台实施企业改革方案，实现全面改革全覆盖。稳步推进混合所有制改革，积极探索引进优质民营企业在深圳开展混合所有制改革，实现强企结合、优势互补。目前深圳已经完成16家获批企业的混合所有制改革，力争完成所有合格商业企业的混合改革。深化市场化选人用人改革，配合市委组织部，全面启动市管商业类企业市场化选人用人改革，力争完成十余家企业经营班子整体市场化选聘和契约化管理工作。全面推进市场化激励约束机制改革，同步建立与经营班子市场化选聘相配套的薪酬激励机制，持续推进长效激励约束机制建设。

（四）出台服务大湾区建设实施方案，重点推进八大领域建设

全力服务粤港澳大湾区建设，在构建全面开放新格局中发挥骨干作用。构建"1+4+8"框架，制订深圳市国有企业服务大湾区的实施方案，并将其作为总体工作方案。按照"实施国家规划纲要、承担国家和省级试点、创新自主选择、引领和促进社会参与的行为特征"四条路径，并且重点推进基础设施互联互通，搭建战略合作平台，深入服务更大的海湾地区，强化战略性和前瞻性产业布局，打造高水平科技创新载体，加强跨区域民生工程建设，提升区域合作发展水平，打造宜居宜游的优质生活圈这八大领域。

（五）打造优势企业集团，聚力板块资源整合

优化国有经济战略布局，打造与城市地位相匹配的优势企业集团，实施资源整合"头雁"战略，完善国有资产资源配置"战略地图"和重组整合"1+N"方案，推动优质资源向"头雁"企业集中，重点推进科技金控、环境水务、食品安全等板块资源整合和企业组建重组工作，加快建设市级人才网筹建管理平台、全产业链基础设施投资平台、要素交易平台、物流产业综合运营平台，打造面向市场、对接政府的国企航母舰队。实施金融能级提升战略，强化金融服务实体经济能级。实施新兴产业聚变战略，加快实施深圳市属国资国企战略性新兴产业发展规划。

（六）强化协同发展效能，提升深圳国资的整体竞争力

着力提升全系统协同发展的层次、水平和效能，发挥集群优势和规模效应，努力取得"1+1>2"的协同效果。完善协同发展顶层设计，出台鼓励市属国资国企加强协同发展、促进互利共赢的指导意见，系统解决制约协同发展的体制机制问题。坚持"遵循市场规律、企业自主决策"原则，鼓励企业结合自身发展战略和实际需要，通过平等协商等方式，加强与系统内企业的协同合作。拓展协同发展领域，优化协同发展环境，探索建立市国资委年度协同发展重点项目清单。

（七）实施卓越品牌战略，擦亮"深圳国资"金字招牌

坚持"质量第一"的原则，加强国有优质企业、国有品牌企业和国有诚信企业建设，不断提升深圳国有企业的知名度和美誉度。创建国有品牌集群，引导直属企业全面制定品牌战略，建立健全品牌培训和评价体系，促进资源优势品牌企业集聚，在深圳建立国有企业集群品牌，加快形成众多知名品牌。科技园、新能源汽车与轨道交通、能源与环境保护、农产品贸易等现有优势领域在国内外享有较高声誉。

（八）实施人才优先发展战略，打造高素质干部队伍

按照"市国资委机关干部队伍要突出效率、企业领导人员队伍要突出效益、党员团员先锋队伍要突出效用"的要求，加强国资国企干部队伍、人才队伍建设，积极面向市场培养人才，为系统外部输送人才。

（九）全面加强党的领导、党的建设，强化国企改革发展"红色引擎"

继续将2019年定为"国企党建质量提升年"，坚持国企党建与生产经营同谋划、同部署、同推进、同考核，以"组织力提升"为核心，突出抓好基本组织、基本队伍、基本制度建设，切实解决企业党建与生产经营"两张皮"问题。完善国企党建"1+N"制度体系，推进党的领导与公司治理深度融合。探索建立涵盖企业战略决策、生产经营、选人用人、纪检监察、企业文化等领域的"党建+"模式，全面落实加强党的基层组织建设三年行动计划，"一

企一品"创建更多党建特色品牌，以高质量党建引领高质量发展。

（十）完善深圳特色的国资大监督体系，大力提升监督效能

落实深圳市"作风建设深化年"各项任务，高质量开展"改革开放再出发、作风建设再深化"纪律作风整顿活动，不断完善集中统一、全面覆盖、权威高效的监督体制，"惩防并举"筑牢廉政防线。把准"抓监督促改革"职责定位，把服务改革、支持改革放在头等重要位置，研究出台保障和服务国资国企的综合改革指导意见。抓好市属企业"六位一体"监督体系建设落实，全面推进纪委书记兼监事会主席新模式向二、三级企业的延伸，打造引领型纪检监督体制。时刻防范"四风"隐性变异新动向，坚决破除形式主义、官僚主义。推动巡察常态化、制度化，开展深圳市国资委、党委第三轮巡察。紧盯混合所有制改革、招标采购、工程变更等重点领域腐败问题，加大职务违法和职务犯罪查处力度。

第三节　支持社区股份制经济转型升级，提升经济活力

社区股份合作经济是在深圳城市化进程中产生的，它起源于农村集体经济，对富农、改善基础设施、巩固基层政权、维护社会稳定发挥了基础性作用。然而，社区股份合作公司也存在产权模糊、所有权过户等局限性，再加上复杂的家庭关系，董事、经理的选举和资产管理都存在一些问题。改革激发活力，社区型股份合作公司改革是一个复杂的系统工程。深圳在扶持发展、政企分开、监督管理、股权改革等方面进行探索，如逐步取消集体股、将部分合作股转为风险股、全面推行募集股制度、赋予个人股份完整产权、选拔职业经理人、尝试向外发展、引入独立董事制度和建立股东诉讼制度。

一　推进社区股份公司改革

理论上说，深圳是中国唯一实现土地全部国有化的城市。社区

股份合作公司占据300平方千米的土地资源，拥有土地的"潜在产权"。然而，土地的"潜在产权"引发诸多问题。

一是土地的利用主要集中在工厂和住宅，效率较低，突出表现为原特区外的土地产出明显低于原特区内。二是土地布局混乱，工业、统一建筑、私人住宅、交通、公共配套等土地混用，建筑密度高，占用大量绿地，且与周边城市不协调。三是土地利用比例不平衡。工商业用地、住宅（私人住宅）用地和公共配套用地比例巨大，公共配套用地严重不足。

深圳为加快社区股份公司制度建设，制定颁布了31项管理制度，规范了社区股份合作公司的法人治理结构。2014年年初，区筹资办试点建设"三个基金"社区监管体系。2016年，区域性国有集体产权交易中心成立，建立社区股份合作公司综合监管体系，全面加强对社区"三大资产"的监管和服务。

深圳市修订了《股份合作公司转型发展专项扶持资金管理暂行办法》《股份合作公司物业管理发展扶持暂行办法》《股份合作公司人才引进扶持暂行办法》，并以修订《深圳经济特区条例》为契机，规范股份合作公司内部监督，制定了《股份合作公司集体资产管理委员会管理暂行办法》《社区股份合作公司监事会工作制度》。为规范社区股份合作公司股权管理，保护股东合法权益，区筹资办还研究起草了《社区股份合作公司股权管理指引》，广泛征求相关单位和社区股份合作公司的意见，为下一步政策制定提供参考。

随着经济的快速增长，剩余建设用地出现短缺。如何抓住土地二次开发机遇，促进集体经济快速发展，是亟待解决的问题。深圳市通过加强"四个平台"建设，不断提高社区股份制企业信息化管理水平，完成综合监管服务系统服务器、银行前端处理器等硬件设备的检查与维护，进行综合监管服务系统服务器安全策略部署、各类数据的日常备份，全面提高系统的运行水平和性能。

深圳市还加强综合监理服务申请体系建设，及时监控综合监理服务体系合同到期模块，监控各模块数据输入的实时综合监管服务系统，推动股份合作制企业内部管理公开、透明、科学与规范，全面优化和升级综合监管服务体系。深圳社区股份合作公司的三级管理体系进一步发挥区、街道和社区的作用,并形成社区"三资"监管服务一张网的模型,严格控制社区股份合作公司的系统风险,深化改革,加大对股份制企业的支持力度,加强监管。

（一）社区股份公司财务信息改革

深圳率先实现对社区股份公司的实时在线财务监控。2018年,根据"政策稳定、权责对等、效率优先、集体资产保值增值、公开公平公正"等修订原则,龙岗区对社区股份合作公司集体土地开发贸易监管实施细则进行优化,进一步明确集体土地开发和建设、城市更新、资产处置等重大事项必须履行决策过程,新建、交易在开放平台公示等职责。同时,积极推动交易的标准化社区"三资"管理,制定和发布龙岗公共租赁社区股份合作公司集体资产操作规则和龙岗社区股份合作公司产品（服务）公共采购程序,规范产权交易行为,确保股份合作公司被纳入集体企业产权交易列表。

通过社区"三资"监管服务系统,登录"租金管理"页面,对辖区内所有社区作坊的相关数据进行监控。根据承租人未能支付租金的情况,软件将判断是否存在风险,自动给出红色警告。街道办事处将填写意见并发送到街道,街道填写意见并发送到社区。社区需要解释为什么公司三个月没有交房租,以及在规定的期限内如何处理这种情况。整个监督过程在线完成。充分利用"互联网+",是龙岗社区股份合作公司综合监管服务体系的重大创新。

（二）社区股份公司土地盘活改革

2013年9月,深圳市出台《关于推进股份制合作公司改革试点的指导意见》。2013年10月,深圳股份合作公司改革试点正式启动,股份合作公司改革在深圳悄然展开。为了建立现代企业制度,构建和谐社会,深圳65家股份合作公司参与了试点项目。在深圳市总体规划改革的推动下,各区都出台了政策。

作为拥有股份合作制公司最多的宝安区,出台《宝安区股份合作制公司改革试点实施方案》,8家股份合作制公司量身定制"一公司一政策"的改革方案。由于股份合作公司"三大资产"（资本、资产、资源）易滋生腐败,深圳加快建设股份合作公司集体资产交易平台、集体资产监管平台、在线实时金融监控平台、股份合作公司牌照管理平台等四大平台。

（三）社区股份公司激发改革活力

探索支持发展、政企分开、监督管理、产权改革等方式。第一，逐步取消集团股份。取消集团股份后，为保证社区管理资金和社区公益建设资金的正常运行，可以通过合理确定年终收入分配中公积金和公益金的比例妥善解决，也可通过财政负担的方式解决。在对集团股份承担的经济负担进行分解和置换后，一部分集团股份可以量化为原股东的个人股份，另一部分可以根据公司发展需要规范为智力股份，引进公司所需的管理和技术人才。

第二，把一些合作股份变成风险股份。将50%的合作股份转换为风险股份。风险股份根据股东持有的合作股份数量进行分配。如果没有利润或损失，将不支付股息，损失将按照相应的比例弥补。剩余的50%股份将被转让给股份发行公司，通过补偿的方式获得。对于老股东，可以采取优先认购和从年度分红中扣除若干年的方式。对于新人来说，无一例外地将采用股票发行的形式，配股将不再采用股权分配的形式，从而打破福利待遇。

第三，全面实施股票发行制度。减少后的集体股份必须通过募集股份的方式出售给原股东，形成一批股份较大的股东，并为公司募集发展基金。这能有效地吸引外部资本、人才、技术、管理等生产要素进入企业，扩大企业规模，增强市场竞争力。

第四，给予个股完整的产权。股份被赋予所有的产权（所有权、使用权、用益物权和转让权），这些权利由股东按照已发行股票的价值交易。股份发行实施后，个股不仅拥有了收益权，还具有了集体资产的可计量价值。这使得股份流通具有价值基础，股份合作公司的倒闭困局也可能被打破。

二 推进城中村规模化统租改造

深圳为推进城中村规模化统租改造，出台《深圳市城中村综合整治总体规划（2019—2025）》，通过微改造方式增加城中村必要的公共空间与配套设施，引导各区规范推进城中村住房规模化统租有序改造（见图1—13）。综合整治总用地约99平方千米，福田区、

罗湖区、南山区不低于75%，其余区不低于54%。

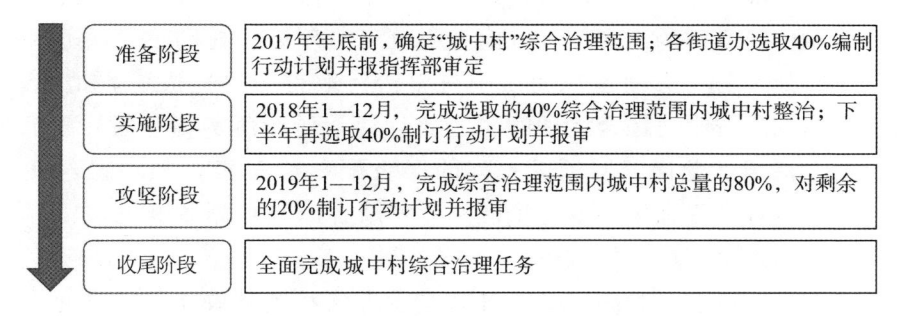

准备阶段	2017年年底前，确定"城中村"综合治理范围；各街道办选取40%编制行动计划并报指挥部审定
实施阶段	2018年1—12月，完成选取的40%综合治理范围内城中村整治；下半年再选取40%制订行动计划并报审
攻坚阶段	2019年1—12月，完成综合治理范围内城中村总量的80%，对剩余的20%制订行动计划并报审
收尾阶段	全面完成城中村综合治理任务

图1—13　深圳市城中村改革四阶段

（一）加强对城中村租赁市场的监管

政府相关部门应加强城中村的租赁管理，要求企业控制改造成本，根据引导租赁标准制定合理价格。改造后，租户应优先满足原租户的租赁需求，有效保证城中村低成本居住空间的供给。强化市场秩序，严厉打击城中村租赁市场违法行为，将违法信息纳入信用信息共享平台。

（二）指导城中村存量房大规模租赁

政府有关部门应该明确需求和大规模改造村庄的程序，指导所有地区以有序的方式促进大规模租赁方式改造城市村庄通过规划指导、计划协调、价格指导和其他手段全面改造，区域内符合要求的存量房可以被纳入政策性住房保障体系。城中村中经政府统一租赁改造后的住宅，纳入政策性住房保障制度，给予全面管理。

针对城中村现状，2017年11月8日发布《深圳市"城中村"综合治理行动计划（2018—2020年）》重要文件，提出到2020年7月底完成1600多个城中村的综合治理，消除城中村各种安全隐患。2018年3月9日，深圳市规划国土发展研究中心主任规划师缪春胜在城市更新协会新春论坛"深圳城市更新发展形势与政策浅析"的主题演讲中指出，深圳城中村启动全面整治，相关政府部门正在编制城中村总体规划纲要。必须划定综合整治的空间范围或城中村的保护范围，这是城中村拆迁改造向有机更新和综合开发的重大转变。

制定城中村总体规划纲要是深圳城中村改造的重要标志。专门针对城中村文件的出台，一方面表明政府治理城中村的重大决心和实践路径，另一方面也说明城中村整治将取得历史性进展。此外，深圳制订的城中村综合治理的"三年计划"已经落实到各区。截至目前，福田、龙岗、罗湖、大鹏的区级配套"三年计划"已经出台，其他各区正在编制或者将已有计划结合原来规划和新的政策融合在一起，落实城中村改造。

总体规划中，考虑到城中村的建设现状和经济效益，通过允许就地建设、降低进入门槛、更新单位计划使用的合法土地比例、设立专项扶持基金等方式，政府要求区政府合并原农村集体经济组织或鼓励有社会责任和实力的大型企业，对追求利润、不积极参与城中村综合整治的物业管理将综合整治，确保城中村可持续发展。

三 深圳城中村燃气攻坚改造

2018年是深圳市"城市质量提升年"。深圳市政府工作报告提出，要着力加强精细化管理，提升城市治理现代化水平，全面改善城中村环境。深圳市发布《深圳市"城中村"综合治理行动计划（2018—2020年）》，明确将燃气安全治理作为城中村十大治理任务之一。"十三五"期间，到2020年实现城中村天然气惠民100万户，使深圳居民规模达到260万户以上，管道天然气普及率达到61.5%。改造完成后，不再向城中村居民配送瓶装气，实现城中村"清瓶"。

（一）百万家庭受益

作为深圳第一个城中村管道燃气改造项目，深圳水圩社区天然气改造工程创造了深圳管道燃气进入城中村的历史。深圳第一个试点项目的成功经验已经传遍全市乃至全国。城中村存在燃气安全隐患，已引起社会各界的关注。据不完全统计，深圳市有1800多个城中村和旧住宅区没有接入天然气管道，涉及332万户。近年来，深圳市85%以上的燃气事故是由瓶装液化石油气引起的。

为响应市政府"十三五"建设民生幸福城市的发展规划，在市住建局的协调推动下，在燃气集团的积极配合下，深圳市加快城中村天然气改造进程。按照"政府主导、社区主导型和企业合作"的原则和"三分"的投资模式，政府将天然气供应企业和居民用户进行试点。2018年，深圳城中村完成约9万户的燃气改造，实现跨越式发展，为"十三五"城中村改造奠定了坚实基础。现在，深圳市1836个城中村中，除了纳入拆除重建类城市更新计划外，1691个城中村纳入环境综合治理十大品质提升计划，燃气改造是其中一项重要任务。

（二）质量与安全并重，制订项目推进计划，多方合力提效率

为推进城中村综合治理行动计划，深圳市政府成立市城市环境品质提升行动总指挥部，各区（新区）成立城市环境品质提升分指挥部，并印发了深圳市城中村综合治理标准指引，建立常态联络沟通机制。

深圳市住房和建设局的总体规划为深圳各区的工作提供了切实可行的参考。通过完善建设单位备案管理制度，燃气集团继续开展"持证上岗"和"施工实名制"工作，采取措施规范工程设计和施工环节，提高供气安全。

深圳市纳入改造计划的所有城中村项目均制定了工期推进计划表，通过滚动计划编排确保项目进度。由市住建局牵头，深圳近期还准备出台城中村管道燃气进村入户工作方案，统一推进入户的模式、路径和标准。城中村改造需要多方共同协作形成合力，才能让改造有序、高效推进。

光明新区已明确"十三五"期间城中村天然气改造清单，每周召开工作例会及时协调解决改造问题。在"概预算"批复环节，经过区住建局积极与发展和财政局沟通协调，光明新区的预算批复时间由一般需要1—2个月直接缩短为20天。

出台的天然气进村入户工作方案明确了多种模式，以推进与落实城中村管道燃气改造。对于通过统租运营、项目总承包等模式实施城中村综合治理的，将管道燃气进村入户工作纳入综合治理一并实施。对单独实施管道天然气进村入户的城中村，委托具体单位代建实施，按照国家标准收取代建费。目前，深圳部分区（新区）制

订了有关城中村管道天然气改造方案。其中,福田区 2018 年计划改造 4.5 万户,力争明年完成全区城中村天然气改造;宝安区 2018 年计划改造 8.5 万户;光明新区 2018 年计划改造 2 万户,"十三五"期间将改造 12 万户;大鹏新区 2018 年计划改造 1 万户;坪山新区 2018 年计划改造 3.4 万户。

(三)新项目投产后燃气应急储备量将满足深圳市 7 天要求

天然气作为安全、经济、清洁、便捷的能源在深圳得到迅速普及,对优化深圳市能源消费结构、改善大气环境具有重要作用。深圳已连续 4 年在全国 GDP 排名前 20 位的城市中空气质量排名第一,"深圳蓝"成为一道亮丽的风景线,这其中天然气功不可没。

深圳燃气集团在保障燃气供应上不断创新举措,大力推进"智慧燃气"的发展。它已于 2016 年年初建成求雨岭天然气安全储备库,拥有一座 2 万立方米的液化天然气储罐,能保证深圳市城市燃气用户 4—5 天的用气要求。

为进一步提升市天然气应急储备能力,深圳市从 2011 年启动市天然气储备与调峰库项目。该项目建有一座 8 万立方米的液化天然气储罐。项目投产后,深圳市将成为国内继上海之后第二个拥有大型液化天然气应急储备库的城市,其燃气应急储备量可以满足深圳市 7 天的需求。

依据《深圳能源生产与消费革命战略(2016—2030 年)》的布局,天然气将成为能源利用的重要方式,也是进一步构建能源互联网的基础。深圳燃气集团已于 2013 年建成市首个天然气分布式能源项目——深燃大厦分布式能源项目。

第四节 发展多样化的社会中介组织,协调经济社会发展

一 社会中介组织机构亮点多

在深圳这片创新沃土上,活跃着一群新型研发机构,没有任何行政级别,没有事业编制,也没有专门的人头费。这种"四不像"

属性丝毫不影响其成长壮大。"四不像"研发机构将单位、高校、企业、科研机构的优势相结合，从体制上解决经济、科技"两张皮"的问题，遵循市场经济规律和科技创新规律，创新科技成果转化途径，开创产学研一体化的新模式，即以企业为主体，以市场为导向，对高科技成果进行深度加工，成为市场趋势的"守望者"、企业的"孵化器"、科研机构的"捐赠者"。它们致力于将科学发现、技术发明和产业发展结合起来，将产、学、研、资、商融合在一起，实现研发平台、投资孵化、科技金融、园区基地、人才培养和国际合作六大板块互动融合发展，探索出高等院校科研成果产业化转换的发展新路。

这种新型研发机构以深圳光启高等理工研究院、华大基因研究院等为代表，凭借卓越的创新能力和巨大的增长潜力，其已成为引领源头创新和新兴产业发展的重要力量。作为中国成功的新研发平台之一，深圳清华研究院形成一套完整的技术股权投资体系，以孵化技术项目。

它们以灵活创新的机制培育社会机构和群体，加强科技创新社会机构、研发团队和第三方机构的培育，发展具有国际视野和服务能力的科技中介机构，提升科技创新专业服务能力。

二 "产学研"结合重实效

深圳率先在全国建立"以企业为主导，以市场为导向，政府、高校和科研基金相结合"的创新型综合生态系统。深圳政府充分发挥企业在技术创新决策、研发投入、科研组织和成果转化中的核心作用，推动形成由国内外著名高科技企业为引领、一大批创新企业为中坚力量、创客空间以及各类创业创客建立的企业为重要补充的大、中、小、微企业间的阶梯式企业创新版图。

"6个90%"成为深圳协同创新体系建设的主要亮点，即90%以上的创新企业是地方企业，90%以上的R&D机构是在企业中设立的，90%以上的R&D人员集中在企业中，90%以上的R&D资金来自企业，90%以上的服务发明专利来自企业，90%以上的重大科技项目发明专利来自龙头企业。

深圳创新科研机构扶持模式，建立民办非企业类新型研发机构。民非研发机构组织架构灵活，给予研究人员更多自由发挥的空间，能最大限度地避免体制性束缚，大大增强研发主体的独立性和自主性，既不需要政府主管部门审批，也不需要专家评审，可以自主选择科研方向、制定研发战略、从事研发活动，也可自主组建科研团队，不受编制所限。

深圳近70%的金融科技资金投资于企业。企业承担的科技计划项目数量占每年批准项目总数的50%，70%以上的创新载体分布在企业。以深圳光启理工研究院为例，它从几乎空白的超材料领域崛起，迅速跻身相关专利数量世界第一。此外，深圳会在引进创新人才团队、创建各级重点实验室、牵头国家重大项目、成立全国首个专注超材料研发与产业化的企业博士后科研工作站等方面给予支持。

第二章

政府市场相向发力的体制优势

自深圳经济特区成立起,探路就是它的原生使命和任务。作为试验田的深圳,理应做好该做的探索。深圳首先在体制机制改革上发力,若干次的行政体制改革逐步完成"小政府大市场"的构想。同时,力推供给侧结构性改革,深化科技体制改革,打造综合创新生态体系,营造创新创业良好环境。

第一节 通过深化改革提升政府的决策效率和竞争能力

深圳认真贯彻习近平总书记"率先加大营商环境改革力度"的重要指示,市政府出台了《关于以更大力度支持民营经济发展的若干措施》(深府规〔2018〕23号)。仅2018年,深圳出台营商环境改革"20条",推出40余项"秒批"、300项"不见面审批"、建设投资项目审批"深圳90"等重要举措,商事主体增至311万户,其中企业197万户,增长11.6%,创业密度保持全国第一。《深圳市2019年优化营商环境改革工作要点》(深营商组〔2019〕1号)要求加强各部门联合服务中小企业的工作部署,进一步深化"放管服"改革,优化营商环境,打通惠企政策落地"最后一公里"。

一 "一门集中一窗受理",提升50%的效率

现代化的政务服务大厅不仅是对外服务的窗口,更是智慧政务

的管理中枢。自开展"互联网+政务服务"改革以来,深入推进"一门集中、一窗受理",罗湖区撤并区财政局、区人力资源局、区卫生监督所3个专业办事大厅,完成21个区属部门及4个驻区单位的进驻工作,共计减少36个服务专窗,服务效率则提升50%以上。

(一)推进服务事项全区"通办通取",探索服务成效用大数据说话

在政务服务提质增效改革方面,在深圳市事项标准化的基础上,区政务办(法制办)与业务部门共同进行事项梳理,在法律允许的范围内,进一步精简业务申请材料,逐步摒弃非必要性证明材料。压缩办理时限,各部门对行政审批事项在法定时限基础上压缩办理时限,承诺时限一律压缩50%以上,并在网上办事大厅公示,便于群众轻松办事,享受高效的政务服务。

推出商事服务直通车改革,由投资推广局向区政务办(法制办)提供区直通车企业名单。凡是纳入直通车的企业或重点企业,均可在区行政服务大厅享受直通车服务。区政务办(法制办)安排专项服务团队为直通车及重点企业提供一站式、全过程陪同服务,包括免预约服务、业务申办引导、申请材料核查、免费复印打印、专享VIP商务休息区等。对于不涉及公共安全、生产安全、重大公共利益等事项的,在具备基本审批条件且申请材料主体材料齐全的情况下,可依法依规按照先受理后补证的方式提供服务。

探索三级通办改革,通过推动业务下沉的方式,提高政务服务便捷性。区政务办(法制办)梳理各业务部门可下沉事项,在实现自然人事项全面下沉街道、社区的基础上,推动法人业务下沉,梳理优化企业办事、项目审批推进流程,同步发力政务服务事项全城的通办通取,为法人提供业务便利,提高政务服务便捷性。目前,罗湖区残联36个业务事项已实现全区通办。

开展问题导向大数据分析改革,服务短板在哪里,服务成效好不好,用大数据来说话。通过引入第三方评估机构,加强对政务工作的监督力度。通过商事合作,引入第三方评估平台,全面调查大厅政务服务情况、群众意见与建议等,通过数据分析查找政务服务的短板,对优化服务提出可行性建议,根据问题导向反推需要改进提升的事项,部门优化办事流程,窗口工作人员提升业务素养。

（二）建设"环境最美""服务最优"的服务大厅

深圳行政服务大厅不仅要有高智商与高效率，还要拥有"高颜值"，让每个来到服务大厅办事的市民都如沐春风，更便民、更温馨，更加人性化，是功能完善、舒适度强的现代化服务场所。例如，罗湖区行政大厅以山水长轴为背景墙，将罗湖一半山水一半城的风貌、极具代表性的地标建筑和未来重点规划片区——大梧桐新兴产业带、红岭金融创新产业带、口岸经济带展现得淋漓尽致。

在全面梳理2017年区级大厅扩容升级工作的基础上，罗湖以大厅移址为契机，用发展的眼光将大厅升级与政务改革任务相结合，力争一步到位。它加强与各进驻单位沟通，特别是专业分厅，强力推动专业分厅与区级大厅的整合，做好各相关单位办公需求的摸底工作。同时，合理设计布局，打造"最美"服务大厅。在明确需求基础上，做好功能分区、立面设计、室内装修等工作，借力科技公司的先进经验，提出对大厅设备设施升级改造新要求，借机推动区级行政服务大厅由现代化服务场所向数字化服务场所转变。

在打造"服务最优"方面，区级行政服务大厅推出专业导办领办代办服务改革。一是导办，进一步完善导办领办代办服务。通过设置厅内引导指示牌、工作人员主动提供导引服务等方式，引导前来大厅办事的群众取号或者提供各种业务咨询、疑难解答等服务。二是领办，对于需要长时间办理业务或因其他原因经营困难的群众，可向服务台申请牵头。工作人员将在整个过程中跟踪和指导群众，协助他们处理业务。三是代办，为重点项目、重点企业、特殊服务对象等开通"绿色通道"优先办理，在符合法律法规且办事群众给予充分授权的情况下，工作人员全程协调相关窗口办理业务或提供上门办理业务。工作人员将着统一制服并佩戴统一标志。

二 深圳保税区行政利益双统筹

保税区域作为承载特殊功能政策、由海关实施封闭监管的特殊经济园区，其发展转型涉及的主体较一般产业园区更多，打造国际一流投资环境涉及的事务更加综合复杂。因此，建立高效的管理体制需要因时因地而为。构建推动开放经济高质量发展的管理体制机制,是当下促进深圳保税区域转型升级的重要攻坚突破点。

(一) 管理体制的变迁基本适应发展阶段演进需要

为适应保税区域初期阶段大开发大建设和构建外向型经济体系的需要,深圳市建立了集中、精简、高效的政府派出机构管理体制。20世纪90年代,深圳市政府批准在沙保、福保、盐保分别设立保税区管理局。2001年,3个管理局合并为深圳市保税区管理局,统一代表市政府管理福保、盐综保的开发、建设、运营及各项行政事务。2000年,深圳市政府出台《深圳出口加工区若干规定》,并设立加工区管理委员会,负责管理出口加工区的行政事务。

伴随保税区域逐步融入主城发展,产业集聚带动城市治理、社会管理事务增加,过去相对精简的管理体制难以适应发展需要。为此,顺应全国开发区体制机制改革总体趋向,深圳市与时俱进地探索建立行政区和法定机构管理体制,在2009年大部制改革中撤销市保税区管理局,将福保、盐综保的产业主管部门转为深圳市经贸信息委保税经济处;园区城市和社会管理事务按照事权划分,由相关市直部门和辖区政府分别负责。出口加工区转由坪山新区(2016年设立坪山区)管理。国务院批复设立前海湾保税港区后,深圳市政府根据批复要求和《深圳经济特区前海深港现代服务业合作区条例》,设立了全国首个法定机构——前海湾保税港区管理局,对园区行使法定管理权限。

(二) 现有管理体制已难以适应担当新时代尖兵要求

现在,全国已步入推动高质量发展的新时代。以新一轮开放参与全球合作与竞争、引领人类命运共同体建设和应对全球贸易保护主义挑战,成为新时期的重大国家战略。全面加快粤港澳大湾区建设,要求全面、准确、落实"一国两制"方针,充分发挥粤港澳综合优势,加快构建与国际接轨的开放型经济新体制,建设"广州—深圳—香港—澳门"科技创新走廊。深圳保税区域作为深港合作前沿和独特功能载体,在提升开放经济能级、推动深港深度合作、"走出去"、探索国际经贸新规则和建设自由贸易港(区)等领域责无旁贷地要承担尖兵角色。这对区域发展的战略性、协同性和工作统筹性提出更高要求。

（三）构建行政统筹与利益统筹相结合的管理体制

构建适应新发展阶段的保税区域管理体制，实质上是一场优化政府与市场关系的攻坚战。在现行市区财税体制下，辖区政府是独立的利益主体，有自身的考核目标和利益诉求。保税区域是一个准公共品，由于其全封闭性和业态特点，在辖区布局发展上客观造成区政府打造高品质产城融合环境、提升城市治理水平的难点，区政府承担了放弃更高土地利用价值项目的较大机会成本。这些在现行管理体制下尚未得到合理考虑。作为部级机构直属的属地联检单位，作为央企代表的招商局集团，作为深圳市属国企的盐田港集团等，均有相对独立的上级考核和业务发展诉求。若将市政府作为"政府"，将辖区政府、海关、相关核心企业统视为"市场"主体，实际存在由保税区域不同层次、不同性质管理服务机构组成的"政府"与"市场"关系。

与一些领域市场化过度、市场化不当不同，保税区域管理体制的问题更多的是市场化不足所致。妥善处理政府与市场的关系，不仅需要加强行政统筹，更需要遵循市场化导向，构建相关方紧密协作参与的利益统筹机制，否则难以真正取得实效，支撑新的发展目标。从兄弟城市经验看，既有管理体制行政统筹的实践，更有利益统筹的探索。2009年成立的上海综合保税区管理委员会（后更名为自贸试验区管委会），作为市政府的派出机构，与浦东新区合署办公。上海市政府委托上海浦东新区管理委员会的数个副主任兼任浦东新区的副区长，形成助推上海市自贸片区一盘棋发展的行政统筹和特色化利益统筹体制。厦门市政府于2015年主导组建由厦门港务控股集团、厦门信息集团、厦门海关、厦门国检等单位共同出资的自贸试验区电子口岸有限公司，以资本纽带建立政府与关检合作的利益共同体，助力创造国际一流的营商环境。

第二节　强化政府的市场认知，优化科学协调市场引领

从体制机制改革开始，不仅仅是营商环境和数字政府，深圳在

被内地城市学习的同时,更要警惕自身的"内地化"。"小政府大市场"的模式给深圳的发展带来了不可忽视的力量。

一 科学规划促进贴心化服务创新

高起点严要求、科学合理的规划和悉心服务,使深圳通产新材料产业园形成强烈的聚集效应。园区物业出租率达到92%,在宏观经济环境趋紧的情况下,众多企业仍然保持较好的发展势头。例如,多家规模以上企业稳健成长,进入所在行业的第一梯队,如新材料及新能源企业——上能电气、矩阵科技、斯诺实业和库博能源,工业级无人机领航者——洲际通航,全球最大基因研究中心——华大基因,中国绿色生态农业先行者——夸克生物等。

(一)做好企业生产环境整治

通产新材料产业园原为华晶玻璃瓶厂址,房屋和设施陈旧。2011年,通产集团淘汰落后产能,关停外迁玻璃瓶生产线。同时,为充分利用更新开发的过渡期来丰富产业项目并提升物业收益,通产集团着力打造通产新材料产业园,实施多项环境提升整治工程,加强绿化改善园区环境,改造建设园区篮球场、园区食堂、停车场,升级安保监控系统。为了更好地为园区企业服务,还引进了无人超市及休闲水吧,受到入驻企业的一致好评。

(二)合理规划发展三大产业集群

通产新材料产业园着力打造具有战略性新兴产业特征以及独特创业氛围的新材料产业园和"创客社区",引入符合园区产业定位,即以新材料、智能硬件、生物信息技术和生命健康科学、机器人产业、互联网及软件硬件产业作为主导发展方向,以创新产品研发、电子商务、创意设计等作为辅助发展方向,引进优秀的创客项目、企业及专业的孵化器运营机构,充实园区产业实力。

经过多年努力,园区初步形成三大产业集群雏形,运营能力逐步培育,新材料、机器人及智能硬件、生物信息技术与生命健康等园区主导产业氛围持续增强。目前,典型的新材料产业园共有49家企业,其中服务平台项目12个,新材料和新能源项目6个,智能设备和机器人项目13个,新兴信息产业项目6个,生命、健康和生物技术项目6个，高端设备制造业1个，节能环保项目4个，家具制造业1个。根据园区升级改造进度，未来将继续引进新材料、智能制造等先进产业，形成特色鲜明的新材料产业集聚高地。

（三）多种形式提供贴心服务

深圳通产新材料产业园突破传统孵化器模式，建立智能创新创业一体化生态平台，包含创客空间、创业孵化器、创业投资功能的一体化创新生态服务体系。为更好地为园区企业提供服务支持，还搭建了公共服务平台，引入长江财税、超凡知识产权、仕通优途、凌雄租赁、瀛尊律师事务所等专业机构，并与金融担保企业建立合作关系，为企业全方位解决创业过程中遇到的难题。

产业园采用小型交流会的模式举办了多场服务活动，切实为企业排忧解难。"高新技术企业认证规范与税务筹划"活动，为企业深入解读高新认定政策、申报技巧及研发费用使用申请；"知识产权的布局和挖掘"活动，加强园区企业知识产权意识，协助开展知识产权设计和布局；"科技企业融资担保业务及南山区政府政策专题活动"，帮助园区企业了解政策，清楚自身企业达标情况，并知道如何正确使用优惠政策；"科技保险"专题活动，指导企业如何运用保险作为分散风险的手段，降低经营过程中面临的各种损失……还有让人热血沸腾的园区微型马拉松比赛和免费笔记本电脑清洗等惠民活动。

二　减负降税为经济注入强劲动力

实体经济是推动深圳持续高质量发展的核心引擎。2019年，深圳全年减负超过2万亿元，占全国GDP比重超过2%，其中为企业新增减负超过1100亿元，占深圳GDP的4%左右，为其实体经济注入强劲动力。

（一）扩大减税降费覆盖面

一是因深化增值税改革等减税900多亿元。深圳落实深化增值税改革、小微企业的普惠性减税、个人所得税专项附加扣除等政策，2019年减税900多亿元。

二是社会保险降费170亿元。深圳的基本养老保险缴费基数上限调整、工伤保险费总体下浮和失业保险费率下调等政策，为用人单位和个人减负134亿元；基本医疗保险一档的用人单位（企业）费率下调减负36亿元。

三是行政事业性收费和政府性基金降费16亿元。深圳减免不动产登记费、公民出入境证件费等10项行政事业性收费，对教育费附加、地方教育附加、文化事业建设费3项政府性基金减半征收，为企业和社会减负超过16亿元。

四是工商业用电降低成本29亿元。深圳继续对规模以上工业、限额以上批发和零售、物流企业等每度电补贴5.5分钱，对先进高技术制造企业每度电补贴8.5分钱的政策。

（二）减税增长引人注目，私营企业已成为分红主体

2018年，以制造业、信息服务业、软件业和运输业为代表的实体经济的减税和免税增速远远超过该行业的增税增速。深圳市第二、第三产业减免税分别为551.7亿元和759.1亿元，同比分别增长5.4%和13.6%。第三产业的减免税占76.1%，与深圳市的工业增税和税收结构基本一致。制造业减免税493.4亿元，同比增长9.2%；信息服务和软件行业红包减免税规模进一步扩大，全年减免税261.4亿元，增长43.9%；交通运输业减税101.4亿元，增长28%。

2018年，深圳民营企业（主要是股份制企业和私营企业）减免税1638.7亿元，同比增长10.1%，占比70.9%。其中，支持金融资本市场的税收减免656.5亿元，同比下降12%。鼓励高新技术减税免税516.2亿元，增长57.4%。民营企业在技术转让、自主创新和高新技术领域将享受80%以上的税收减免。此外，在改善民生、促进中小微企业发展、节能环保、支持文化和教育以及体育等领域，民营企业占减免税的90%以上，成为享受减免税的主体。

2018年，深圳市政府出台《关于以更大力度支持民营经济发展的若干措施》，以更大力度、更优政策、更好服务支持民营企业发展。市税务局以减税降负优服为抓手，全面精准落实各项优惠政策和改革红利，持续优化营商环境，为企业带来切实优惠。2018年1—11月，深圳市税务局为纳税人办理减免税2310.8亿元，其中以

股份公司和私营企业为主的民营企业减免税收 1638.7 亿元，占减免税总额的 70.9%。为有效缓解民企融资难、融资贵等问题，深圳市税务局联合多家银行打造创新服务项目"金融超市"，借助企业纳税信用数据，为银行向企业授信提供支持。通过减税鼓励高新技术产业税收优惠政策减免企业所得税 566.63 亿元，同比增长 62.6%；单是研发费用加计扣除这一政策，全市全年有 1.46 万户纳税人享受优惠，同比增长 222.5%，加计扣除金额达 712.69 亿元，同比增长 64.59%，为企业减轻税负超过 178 亿元。围绕纳税人反映强烈的办税"堵点""痛点""难点"，精准推出 108 项举措，分三年逐步实施到位，积极营造稳定、公平、透明的营商环境。

（三）强化精准落地，加速深圳制造业创新

为了支持实体经济发展，国务院出台重要的减税和减负措施。从 2018 年 5 月 1 日起，增值税税率将下调 1%，部分行业将实行增值税退税政策。根据国家税务总局部署，深圳将在第一时间准确实施分红政策。2018 年 11 月，深圳市纳税人负担减少 48.1 亿元，其中制造业 18.4 亿元，批发零售业 21.4 亿元，有效促进实体经济转型升级，出行更加便捷，释放了更多的社会创造力。2018 年 7 月至 2018 年底，深圳市 660 名纳税人办理退税 43.3 亿元，平均每户退税 656 万元。

2018 年 1—11 月，深圳市共有 205 户免税超过 1 亿元的纳税人，比 2017 年同期增加 55 个；免税超过 10 亿元的纳税人有 22 个，比 2017 年同期增加 6 个。华为技术有限公司、平安人寿保险有限公司、招商银行股份有限公司、顺丰快递、DJI 科技有限公司等民生领域的企业，均为大型减税免税企业。

科学研发有一定的风险，科研成本不是一笔小开支，而是企业发展过程中的持续压力。国家税收扶持政策的及时出台，有效减轻了企业的税收负担，使企业有资金聘请优秀人才从事技术研发，提高竞争力。在过去的三年，DJI 科技从科研费用中扣除 3.8 亿元，平均每年增长近一倍。高速审批效率和退税效率带来更快、更高效的服务，并且可以放心研发、自由创新，帮助深圳企业飞得更高、更远。

三 定向扶助计划为民营经济纾困

2019年中美贸易战对深圳这个开放型经济城市的冲击巨大。针对优质民营企业上市公司遭遇的股权质押危机,深圳市果断率先通过基金、市场运作,投入150亿元帮助企业度过艰难时刻。同时,以更大力度支持民营经济发展,推出"四个千亿"计划,用"真金白银"为民营企业纾困。此外,实施工商业用电降成本等系列措施,全年为企业减负超过1500亿元。

优化营商环境,尊重市场主体,尊重企业,尊重企业家,尊重市场规则,贯穿深圳创新发展实践。仅在2018年,取消和分散175个市级行政职权,清理和标准化24个具有中介服务项目行政职权的市政部门,大大降低企业税收负担,并推出企业援助行动,为企业降低成本1369亿元。这进一步提升了营商服务水平,使得深圳具有更加充分的市场活力和创新活力。

第三节 引进外资企业促进本土企业提升国际竞争能力

一 外资企业占深圳经济的重要位置

作为改革开放的前沿,深圳是最早利用外资的窗口之一,在吸引外资和利用外资方面一直有非常亮眼的表现。良好的营商环境和创新的发展战略吸引了更多外资企业前来深圳。目前,深圳外资企业登记数量超过6万户,占全深圳商事主体的2%,但是产出却是深圳GDP的约1/5,40%的进出口贸易及近三成税收成为经济社会发展的重要组成部分。

深圳经济特区建立40年来,外商投资企业既是深圳改革开放的建设者,也是改革开放的见证者,成为推动深圳发展的重要力量。2020年上半年,在深圳设立的外商投资企业接近2000家,吸收合同外资近80亿美元,实际使用外资超过40亿美元,同比增长5%。截至2020年6月底,深圳已累计批准外商直接投资项目9.4万个,累计吸收合同外资2960亿美元，累计实际使用外资金额1178亿美元。

2020年上半年，深圳设立的近2000个外商投资企业中，以服务业为主，租赁和商务服务业，交通运输、仓储和邮政业，科学研究和技术服务业位居前三。香港作为深圳招商引资最重要的区域之一，目前在深投资的港企超过1万家，港资占全市实际使用外资80%左右。截至2020年5月底，深圳累计批准外商直接投资项目94168个，累计吸收合同外资2944.41亿美元，累计实际利用外资1159.91亿美元。世界500强企业中，已有290家在深投资。

二 外商投资呈高端化趋势

深圳20世纪80年代从开始实施"三来一补"外资利用模式，到进一步扩大招商引资，发展出口贸易，再到转型发展战略性新兴产业。随着深圳40年高速发展，外资进深步伐加快，形式也发生了翻天覆地的变化，呈现高端化趋势：从最初的加工贸易、来料加工，逐渐向更高一级的ODM到设立研发中心转变。

（一）深圳的科技创新活力和产业链集聚优势明显

目前，国际众多IT产业巨头在深圳投资研发中心。其中，苹果公司看中深圳鼓励和支持创新创业的产业环境与完备的产业链，在深圳设立研发中心。跨国企业尤其是研发中心的存在，正改变深圳及中国IT产业的格局和商业机会。深圳早已是中国及全球IT产业重镇，众多的国际产业巨头促进本土企业的飞速成长。华为、腾讯、中兴、比亚迪、大疆创新、华星光电等深圳本土企业成为中国乃至全球IT巨头。

世界500强企业之一瑞士ABB集团在2015年年底就与深圳签下合作框架协议，在新能源、电力保护和绿色交通领域开展深入合作。2017年，ABB深圳新能源技术中心正式启动，这是该集团在中国设立的第一个面向太阳能和电动汽车充电设施的全球电力电子研发中心，2019年年底又启动ABB开放创新中心。该中心将重点开发包括人工智能、云服务、网络安全、智能建筑等核心领域的业务，推动全球智能建筑解决方案的开发和应用。

（二）第三产业是吸收外资的主要领域

市商务局有关负责人表示，在利用外资水平上，深圳呈现出三个显著特点：一是利用外资的各项指标表现突出，深圳已连续多年在广东省各地市中实际使用外资增量和总量排名第一；二是制造业利用外资增长速度明显，部分大型项目的资金到位迅速；三是利用外资以现代服务业为主，第三产业已成为深圳市吸收外资的主要领域。

2019年，不少重量级外资高新技术项目相继落地，外商在深投资更具科技范。欧洲航空航天巨头空中客车2019年2月在深正式启用亚洲首个创新中心，由空中客车、深圳市商务局及一批本土企业联合研发的空中城市交通服务将正式启动。另一家世界500强企业埃森哲则在2019年4月底在深正式启动全球创新研发中心，这是该公司在我国设立的首座全球创新中心。此外，美国波士顿咨询公司亚太数字化中心、德国英飞凌中国创新中心、德国欧绿保集团深圳运营中心等多个高端项目纷纷于近期签约。

这些深圳本土企业在与国际产业巨头近距离的同台比拼中，不断壮大，并通过良性的市场竞争，以高质量的产品和服务进入更加广阔的国际市场，提升深圳及中国企业的全球影响力。

三 出台提升外资质量专项政策

2017年以来，深圳出台扩大外资专项措施，制定印发了《深圳市关于进一步扩大利用外资规模 提升利用外资质量的若干措施》，围绕降低外资准入门槛、精准扩大招商合作、提升外资发展质量、创造公平竞争环境等方面提出27条具体措施。

同时，深圳大力实施改革创新，降低准入门槛，优化营商环境，探索事中事后管理"深圳模式"，吸引更多外资来深。深圳市经贸信息委对《外商投资产业指导目录（2017年修订）》"限制外商投资产业目录"中的35个限制类领域逐个行业进行分析、逐个条目进行梳理，形成外资准入审批前置许可目录。同时，结合深圳"强区放权"改革，将5000万美元以下外商投资许可事项放至区级商务主管部门实施。

自2020年1月1日起，《中华人民共和国外商投资法》和《中华人民共和国外商投资法实施条例》的相继实施，释放出我国进一步扩大开放、加强外商投资促进、提高外商投资保护水平的积极信号。2020年，深圳市政府印发了《深圳市2020年稳外资促发展若干措施》（深府函〔2020〕180号），按照"精准服务""扩大开放""稳定经营""简政放权""加强保障"的思路，提出5个方面21条具体措施，进一步推动利用外资高质量发展。

目前正在开展《深圳经济特区外商投资促进保护条例》立法调研，以期进一步创新深圳市外商投资企业权益保护机制，为外商投资企业提供更好的权益保障。同时，提振外商投资信心，通过举办日本、中国香港、欧美企业专项投资促进活动，加强深圳营商环境的国际国内推介力度，统筹全市项目资源，开展市区联合招商行动，力求实现外商投资项目数量、质量的双提升。

扩大开放方面，深圳将落实外商投资企业国民待遇，严格执行外资准入负面清单，进一步扩大服务业开放举措；聚焦促进制造业高质量发展，引导外商更多投向先进制造业、新兴产业、高新技术等领域；促进公平参与政府采购，畅通供应商质疑投诉渠道，为供应商提供标准统一高效便捷的维权服务；推进服务业开放，提升自贸区建设水平。

稳定经营方面，深圳将进一步积极指导外商投资企业申报相关财政支持政策，鼓励各区在省市奖励的基础上出台政策，推动外商投资企业加大投资、增资扩产；稳定企业用地用房预期，鼓励各类持有物业主体对外商投资企业加大租金减免力度；鼓励外商投资企业加大生产所需的重点原材料和元器件的储备，确保供应链稳定安全；引导金融机构加大信贷投放力度；支持外商投资加工贸易企业发展，积极开拓国内市场；优化企业用工，加大援企稳岗力度。

第四节　实现国内外各类优质要素的科学配置与市场选择

一　深圳正在打造人才引入热潮

2018年，深圳通过《关于加强党对新时代人才工作全面领导进一步落实党管人才原则的意见》《关于实施"鹏城英才计划"的意见》《关于实施"鹏城孔雀计划"的意见》。

深圳加入引才热潮的消息,让外界再次关注到它发展的短板。缺乏高校的深圳到底靠什么吸引外地大学生前来就业?近年来,深圳在留住人才方面打出一套"组合拳",包括就业补贴、人才住房、子女入学等解决方案。但是深圳不管在高房价调控,还是人才后续发展上,都没能展现出一个创新型城市应有的作为。部分与海外人才对接的活动形式大于内容,缺乏有效对接手段。2018年就业质量报告显示,深圳是北京大学毕业生除北京外就业分布最多的城市(见图2—1)。

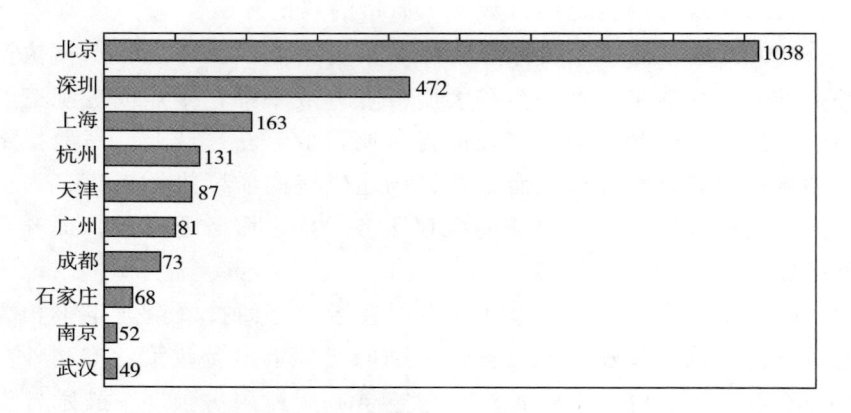

城市	人数
北京	1038
深圳	472
上海	163
杭州	131
天津	87
广州	81
成都	73
石家庄	68
南京	52
武汉	49

图2—1 2018年北京大学应届毕业生就业意向调查

二 世界500强企业总部扎根深圳

根据2019年《财富》世界500强企业榜单:7家世界500强企业总部位于深圳,即中国平安(第29名)、华为(第61名)、正威国际(第119名)、中国恒大(第138名)、招商银行(第188名)、腾讯(第237名)、万科(第254名)。中国平安、华为公司、正威国际是中国最大的3家民营企业。深圳这座城市的创新力、人才吸引力、市场管理能力正吸引着企业"用脚投票",总部经济强势崛起。创造一流营商环境"筑巢引凤",适合民营企业特别是大型民营企业的发展,这是越来越多企业将总部迁至深圳的重要原因。

(一) 经济鼓励总部经济落户

深圳在总部经济方面可谓不遗余力。2008 年，深圳出台《关于加快总部经济发展的若干意见》，提出积极引进国内外大型企业在深圳设立总部或地区总部，敲响大力发展总部经济的钟声。2012 年，《深圳市鼓励总部企业发展暂行办法》提出：新设立或从原注册地迁来的企业，符合一定条件的，认定为总部企业，直接给予经济鼓励。此外，对总部企业提供自用办公用房补贴，并通过对大型企业提供便利直通车服务以及引导金融机构加大对总部企业的信贷投放等方式，为总部企业创造良好的投资和发展环境。

为了营造良好的商业环境，深圳市政府加大对企业减税降费、知识产权保护的支持力度。2019 年，深圳减负 1100 亿元以上，占深圳 GDP 的 4% 左右，包括深化增值税改革等减税 900 多亿元、社会保险降费 170 亿元、行政事业性收费和政府性基金降费 16 亿元、工商业用电降低成本 29 亿元。

(二) 深圳湾超级总部基地

中投顾问发布的《2016—2020 年中国总部经济产业深度分析及发展规划咨询建议报告》指出：2013 年发行的"深圳湾超级总部基地规划"中，深圳提出超级总部基地是一个典型的代表全球经济最终位置的城市和工业链，是一个功能中心，体现城市的未来。除深圳湾外，深圳的主要总部基地还包括福田中心区、后海中心区、龙华核心区和留仙洞区。

(三) 谋划价值链高端企业布局

深圳现今具备高新制造能力，汇集物联网、未来智慧制造的全产业链需求。深圳总部集聚效应带来的是实打实的经济效益。目前，约 300 家世界 500 强企业在深设立总部机构，包括腾讯集团新总部、深圳阿里中心、微软亚太研发集团南方总部、IBM 全球采购中心、沃尔玛中国总部、手机芯片"一哥"高通、甲骨文中国研发中心、UPS 亚太航空转运中心等跨国公司。2016 年，深圳 138 家总部企业贡献税收 573 亿元，增长 29%，占深圳市地方财政收入的 18%。2016 年，苹果原 CEO 库克到访深圳宣布在深设立研发中心，深圳工人的工艺水平遥遥领先于世界其他地方。对于苹果公司的制造而言，深圳仍然是非常重要的城市，2018年，苹果在深圳已雇用10万名工人。跨国企业在深圳设立创新中心，更看重深圳及其周边地区乃至整个中国科技业、制造业的创新能力。

（四）总部集群凸显城市引力

企业总部在深抱团或将形成良性的示范效应。不少企业往深圳赶，已逐渐形成趋势，未来还会有不少企业加入深圳。不只有IT互联网，还有房地产、金融业等领域内的大企业，可见深圳总部经济发展势头良好。

总部经济发展带来了产业的腾挪。从2016年开始，深圳越来越多的传统企业转型升级为高端制造业。目前，在深设立总部的企业大部分为IT产业。一方面，说明它们看中深圳在IT产业的城市地位；另一方面，因为深圳是对外开放的高地，开放的营商环境有利于这些企业走出去，走向国际化。2013年，乐信集团在深圳南山区成立，公司的智能金融应用已经领先全国，目前发展成为继腾讯集团之后的深圳第二大互联网公司，并成为中国最快实现年销售额破百亿的互联网公司，也是广东十大互联网创新企业之一。这些成就离不开深圳发展环境的支持。

第三章

创新引领经济科技的动能构造

第一节 聚集拥有创新精神、高端科技的产业集群

一 创新载体聚集

超常布局创新载体是深圳发展"后来居上"的主要原因。截至2019年年底,深圳共有创新载体2260个,包括国家、省、市重点实验室、工程实验室、工程(技术)研究中心和企业技术中心,其中国家级118个,省部级605个。深圳已成为汇聚创新人才、创造创新成果的重要平台。

在搭建平台的同时,深圳正在加快集聚全球创新资源,打造一条"欧美技术、周边资源、广东成本、国内市场"的可复制、可传播的创新路径,形成吸纳全球资源的创新集群。

长期以来,深圳的对外投资存量在中国大中型城市一直处于领先地位,如建设"深港创新圈"、粤港澳科技合作、深港两地研发设施和检测平台等创新资源共享。同时,整合全球创新资源,吸引一大批跨国公司、国际研究机构在深圳设立研发中心。

二 创业企业密度居首

深圳正式实施商事登记制度改革以来,新登记商事主体持续增加,2020年受疫情影响略有调整。2018年,新登记商事主体存量超过214.3万户,是商改前商事主体总量(99.4万户)的2.16倍。2018年,深圳企业在商事主体总量中的占比由2017年同期的

58.6%上升到61.9%，个体户占到38.1%。

据深圳市企业登记局发布的《深圳市商业主体统计分析报告》，截至2019年6月，深圳市商业主体（企业和个体工商户）总数为313.9万。深圳市共有企业194.2万家，其中内资（含民营）企业187.6万家，外商投资企业6.6万家；个体工商户119.7万户。

2020年1—6月，深圳市新登记商事主体237209户，同比增长1.3%。新登记商事主体中，包括企业151144户，占比63.7%，同比增加14.9%；个体户86065户，占比36.3%，同比减少16.1%（见图3—1）。深圳市2020年1—6月新登记商事主体主要分布在5个区，按新登记主体数量从高到低依次为：宝安（52123户）、龙岗（49628户）、福田（33604户）、龙华（33590户）、南山（29735户），5区贡献了全市83.8%的新登记主体量。新登记个体户主要分布在4个区，按新登记数量从高到低依次为：宝安（23318户）、龙岗（20518户）、福田（9189户）、龙华（8997户），4区贡献了全市72.1%的新登记个体户。

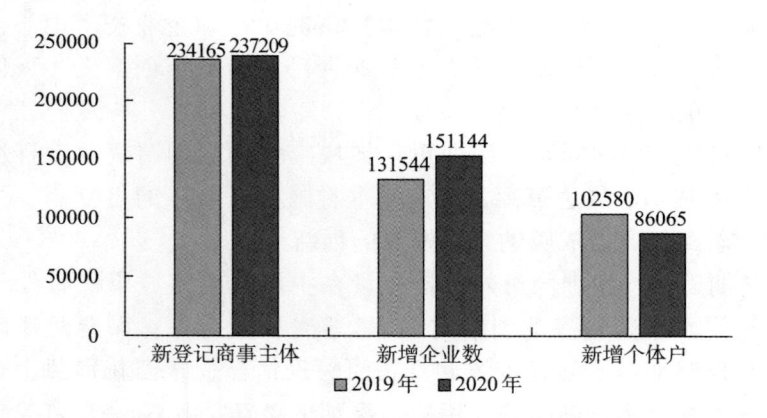

图3—1 2019年和2020年上半年新增商事主体数

2020年上半年，深圳各区的新登记商事主体数量较去年同期有增有减。其中，福田、罗湖、盐田、宝安、龙华、大鹏呈现同比上涨，涨幅从宝安的1.1%到盐田的86.5%；南山、光明、龙岗、坪山的新登记数量呈现同比下降，下降幅度从南山的0.6%到龙岗的

20.1%。深圳各区的新登记个体户数量较去年同期有增有减。其中，罗湖、福田、南山、大鹏的新登记个体户数量呈现同比增长，增长幅度从罗湖的1.0%到盐田的138.6%。福田、宝安、光明、龙岗、龙华、坪山的新登记个体户数量呈现同比下降，降幅从福田的4.2%到龙岗的30.2%。

深圳市2020年1—6月新登记商事主体集中在第三产业，新登记内资企业、外资企业和个体户中第三产业占比均超过90%。第一产业和第三产业的企业新登记数量均呈现同比增长，幅度分别为9.3%和16.6%；第二产业企业新登记数量较去年同期下降3.4%，降幅较第一季度有所收窄（第一季度第二产业企业新登记数量同比下降16.4%）。

第二节 致力完善高效转化的技术创新市场环境

一 深圳市技术转移市场情况

（一）技术合同数量和交易额稳步增长

2019年，深圳市技术合同认定登记数量共10217项，同比增长4.78%；合同成交总额705.02亿元，同比增长21.01%，占广东省合同成交总额的31.02%；平均单项技术合同成交额达690.95万元，同比增长15.49%（见图3—2）。

2020年上半年，深圳市技术交易市场持续活跃，全市技术交易市场规模和交易质量稳步攀升。在当前疫情防控常态化形势下，市场持续发挥技术创新引领作用，为深圳的疫情防控提供有力的技术供给和科技支撑，为推动深圳经济高质量发展、创建社会主义现代化强国的城市范例做出重要贡献。2020年上半年，深圳市技术合同认定登记数量稳步增长，合同成交额同比呈现快速增长态势：共认定登记技术合同4597项，同比增长6.88%，占广东省认定登记技术合同总量的38.77%；合同成交总额589.05亿元，同比增长51.54%，占广东省合同成交总额的63.76%；核定技术交易额

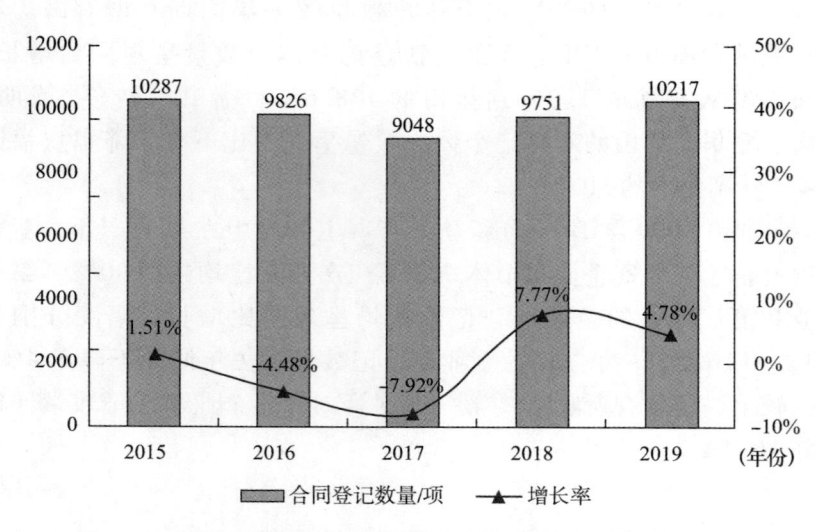

图 3—2 2015—2019 年深圳市技术合同登记数量增长趋势

581.14 亿元，同比增长 49.87%，占广东省核定技术交易总额的 67.72%；平均单项技术合同成交额达 1281.38 万元，同比增长 41.78%（见图 3—3）。

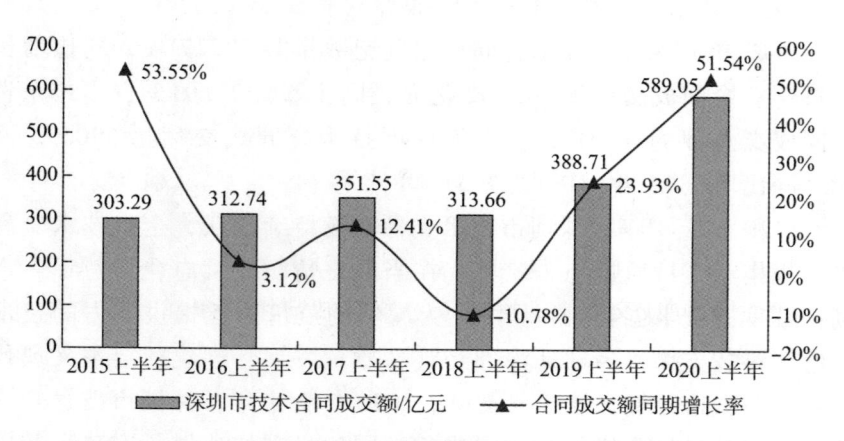

图 3—3 2015—2020 年上半年深圳市技术合同成交额增长趋势

（二）各区技术交易情况

2019 年，全市除了福田和大鹏的合同数量有所下降外，其他各区均有不同程度增长,全年整体技术交易市场活跃。南山区仍是技术交易的核心区,不论是技术合同数量还是合同成交额,均领先于其他各区:全年合同数量 6042 项,占全市合同总量的 59.14%;合同成交额 310.85 亿元,占全市合同成交总额的 44.09%(见图 3—4)。

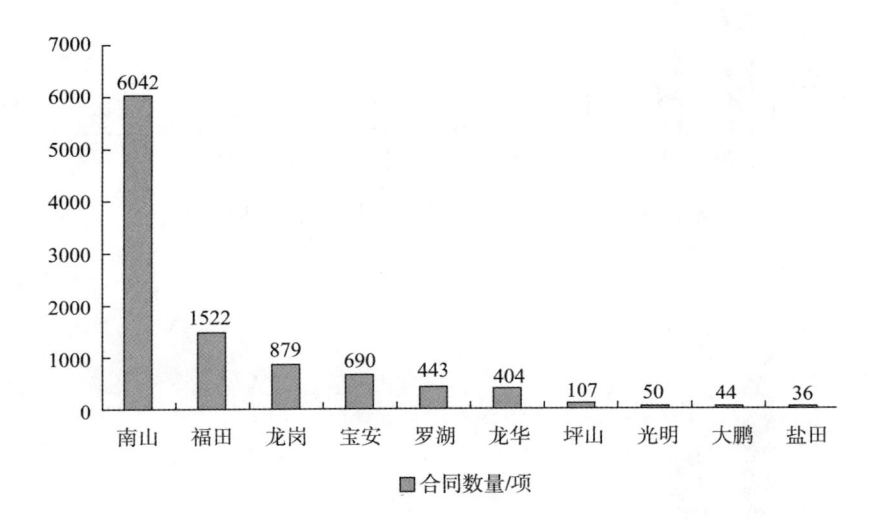

图 3—4　2019 年深圳市各辖区技术合同数量分布

资料来源:深圳市科技创新委员会官网整理。

2020 年上半年,深圳各区技术交易市场活跃。合同数量上,除龙岗、龙华和盐田三个区有所下降外,其他各区均有不同程度增长,其中南山区技术合同数量达到 2804 项,占全市总量的 61.00%。合同成交额上,除宝安、罗湖和盐田三个区有所下降外,其他各区均有不同程度增长,其中龙岗区成交额达 302.32 亿元,同比增长 92.78%,超越南山,跃居全市第一,占全市合同成交总额的 51.32%;南山区合同成交额达 221.38 亿元,占全市合同成交总额的 37.58%,位居第二;福田区合同成交额为 33.40 亿元,位居第三(见图 3—5 和图 3—6)。

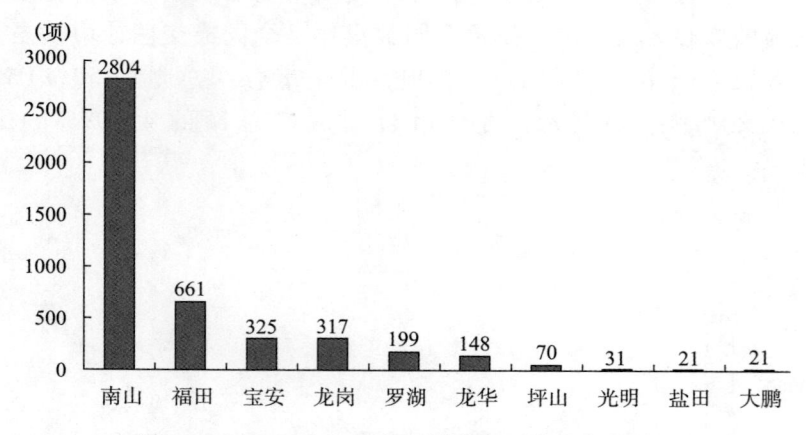

图 3—5 2020 年上半年深圳市各区技术合同数量

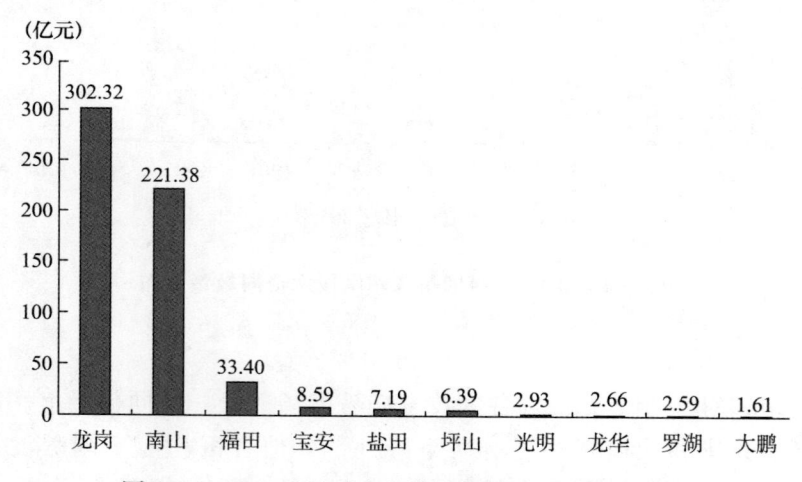

数据（项）：南山 2804、福田 661、宝安 325、龙岗 317、罗湖 199、龙华 148、坪山 70、光明 31、盐田 21、大鹏 21

图 3—6 2020 年上半年深圳市各区技术合同成交额

数据（亿元）：龙岗 302.32、南山 221.38、福田 33.40、宝安 8.59、盐田 7.19、坪山 6.39、光明 2.93、龙华 2.66、罗湖 2.59、大鹏 1.61

二 创新驱动助力经济结构优化

深圳三次产业结构日趋合理，2019 年三次产业结构之比为 0.1∶39.0∶60.9，现代服务业的 GDP 占比逐年提升，第二产业也从对外出口加工转向含金量更高的高新技术产业、新兴产业。

产业转型助推经济质量全面提升。几年前还是一片旧工业区和旧村的南山智园，已成为新兴产业争相入驻的高科技产业园。位于光明新区的高端平板显示产业基地,现已培育出华星光电这类全球先进制造业标杆企业。这是深圳产业转型升级的缩影。深圳创新产业政策推动传统产业转型升级,逐步淘汰低水平落后产能,鼓励和支持高端重大项目,特别是培育和引进创新机制的新兴产业与高端项目,以及产业和价值链中的缺失环节,使深圳成为投资热点。一批高端重大项目相继落地并投入运营,丰富了深圳高科技现代产业体系的内涵。新的加速经济增长,深圳新产业布局,规模再上新台阶。

(一)高精尖技术市场活跃,数字技术与科技创新相融合

2020年上半年,全市电子信息技术领域的合同成交额居各类技术领域市场首位,成交额达330.36亿元,为全市经济发展转换发展动力和转变发展方式提供重要的支撑作用;先进制造领域合同成交额20.71亿元,同比增长15.47%;以卫星导航遥感、无人机和航天电子等为代表的航天航空领域的技术交易增长也十分明显,技术合同数量同比增长392.31%,成交额增长95.03%。各类新兴产业、新技术和新成果正在不断涌现,为深圳打造科技创新高地、推动全市高质量发展奠定了坚实的基础。

(二)粤港澳大湾区协同创新发展成效初显

2019年,大湾区内部技术交易活跃。深圳输出到大湾区的技术合同1207项,合同成交额74.50亿元,同比增长9.97%,占全市技术合同成交总额的10.57%,充分发挥粤港澳大湾区科技创新核心引擎功能作用。同时,依托电子信息技术产业优势,带动电子信息领域技术交易合同快速增长,促进大湾区产业的有机协同和创新发展。

2020年上半年,深圳市输出到大湾区的技术合同呈稳步增长态势,为558项,相比同期增长14.11%,占全市技术合同总量的12.14%;合同成交额116.25亿元,同比增幅达126.70%,占全市技术合同成交总额的19.73%;平均单项技术输出合同成交额突破2000万元。

(三)技术交易为工商业发展提供强劲动力

2019年,深圳市技术交易合同中,不论是从技术合同数量还是

从成交额来看，服务工商业发展领域的技术合同在全市技术交易总量中都占据绝对主导地位。其中，服务工商业的技术合同数量有8054项，占全市合同总量近八成；合同成交额为639.72亿元，占全市合同成交总额超过九成，为深圳的工商业发展提供了强劲的驱动力。

三 深圳市技术转移体系的差异化特征

2019年，深圳市新增《深圳市技术转移和成果转化资助项目管理办法》《深圳创业项目管理办法》两个科技成果转化类科技计划项目管理办法，2020年将资助73个项目，共计3698.57万元。同时，实施科技金融计划，累计对银政企入库企业予以5600多万元贴息支持，合作银行发放贷款总额近60亿元，有效缓解企业的融资压力。

（一）更具竞争力的政策环境

深圳加强顶层设计，结合国际科技、产业创新中心和现代国际创新型城市的发展定位，出台一系列与时俱进的促进技术转移的战略规划和政策，完成《科技创新促进条例》和《技术转移条例》的立法，发布《前海深港现代服务业合作区总体发展规划》《深圳知识产权发展白皮书》，制订《深圳市科技成果转化推进实施方案》，进一步优化了科技发展环境。

（二）优越的技术转移开发环境

深圳是华南地区的技术转移中心。近年来，政府积极开展政策引导和环境建设，规范和促进技术市场健康发展。例如，制定《深圳经济特区科技创新促进条例》《技术转让条例》，以规范市场秩序，鼓励市场有序发展。先后出台《支持中小企业改制上市的若干办法》，通过中小企业板推动中小企业的上市活动；为探索知识产权质押融资新模式，制定《促进知识产权质押融资办法》。深圳技术转移的法律、法规和文件涉及综合性、技术市场、产业化和技术引进，为改善和完善技术市场发展环境提供强有力的支持。

（三）3+2技术转移服务体系

深圳以高新技术产业为基础，以市场需求为导向，着力构建知识产权服务体系、全球创新网络服务体系和新技术转移服务体系。同时，构建了创新人才高地和科技金融体系，形成从技术研发到产业化的"3+2"技术转移服务体系。

（四）多元化、现代化的组织结构

截至 2018 年年底，深圳市已注册技术转让机构 70 家，其中国家技术转让示范机构 13 家，市级技术转让机构 57 家，建立了以市场为导向、企业为主体的创新载体体系和基础研究，形成以"基础研究体系"为核心的重点实验室，"技术开发创新体系"的工程实验室、工程中心和技术中心，以及由"创新服务支撑体系"构成的科技创新服务平台和产业公共技术服务平台，共同构成深圳科技创新体系的三个支点。

（五）技术转移平台建设成效显著

实行服务机构准入制、服务对象开放制、网络连锁服务、系列化专业服务和品牌特色服务的"两制三服务"模式。根据创新型企业的需求，提供技术孵化和二次开发、技术投融资、知识产权服务、技术经纪和信息服务等办公模式和定制化服务。同时，举办了一系列品牌展览，如中国高新技术博览会、中国文化贸易博览会、中国国际人才交流大会、中国（深圳）信息技术领导人峰会、深圳国际制造商周等，为技术转移搭建国际化、市场化、专业化的平台。

（六）不断深化深港科技合作

截至 2018 年年底，香港的大学和学院在深圳设立了近 100 个研究所。香港中文大学、香港科技大学、香港城市大学等在深圳高新区南区设立了生产、教育和科研基地，总建筑面积 6.6 万平方米，大多数重点实验室已经投入运行。深港技术转移合作空间不断拓展，科技产业创新开放深入实践。

四 深圳市技术转移机构的特点

（一）运营成效显著

技术卖方机构数量保持稳定，成交额显著增长。2019 年，在深圳市技术市场认定登记的技术合同中，共有卖方机构 1288 家，比 2018 年新增 18 家，同比上涨 1.42%。活跃的技术交易机构约九成来自企业，内资企业技术交易规模以绝对性优势居深圳市前列。国内企业有 1135 家，新增 48 家，占注册总数的 88.12%。5 家新注册的技术转让机构已经登记备案。深圳的成果产业化服务体系已初步建成，现已培育发展了 72 家独立法人或法人内设的技术转移服务机构。2019 年，获批建设鹏城实验室、生命信息与生物医药两个广东省实验室。至 2020 年上半年，深圳市已登记备案的技术转移服务机构共 77 家，其中国家技术转移示范机构 11 家、市级技术转移机构 66 家；独立运作的企业法人或其内设机构有 43 家（其中国家级 4 家）、事业法人及社团法人有 33 家（其中国家级 7 家）、民办非企业机构 1 家。

（二）推动关键核心技术自主可控

按照需求出发、目标导向、精准发力、主动布局的总体思路，破除关键零部件、核心技术、重大装备受制于人的发展瓶颈，2019 年组织实施重点技术攻关项目 16 项，资助额达 1.4 亿元。同时，由深圳 18 家高校、科研机构及企业主持或参与完成的 16 个项目获国家科技奖。近 10 年来，深圳已累计获国家科技大奖达 115 项。

（三）发展国内外转移平台

在国家顶层设计的支撑下，深圳出现了大量的区域技术转移平台。自 2013 年 9 月在北京成立国家技术转移集群和 2014 年 11 月国家技术转移南方中心在深圳落地以来，全国已建立 11 个国家技术转移区域中心。其发展呈现出资源集聚化、服务专业化、链接国际化、功能资本化的主要特征。

许多国外知识转移服务机构已经将其服务转向互联网，美国 YET 2.com、英国科技集团 BTG、史太白技术转移中心 STC、欧洲企业网等大型在线技术转移服务平台相继出现。近年来，深圳市科技服务业发展迅速，规模不断扩大，但仍缺失一个全链、全环节的在线技术转移服务平台。

2009 年以来，深创赛已连续举办 11 届，现已成为全国创新创业大赛的重要组成部分和深圳促进技术转移及成果产业化的重要平台。它已累计吸引 2.97 万个项目参赛，共培育出 7 家上市企业、60 家新三板企业、812 家国家高科技企业，涌现出大疆科技、创鑫激光、迈测科技、码隆科技等优质企业，树立了创新创业榜样，不断激发社会创新创业热情。

（四）构建成果产业化全程服务体系

2014年，部市共建的国家技术转移南方中心落户深圳，目前已完成建设1300平方米的展示厅和1700平方米的小型技术转移服务机构集聚区。其中，展示厅可展示技术转移成果，举办交流、培训等活动；集聚区已引进博士科技、中科院知识产权投资、对接平台科技发展有限公司等机构，其中国家级技术转移机构占50%以上，现已逐步开展基础技术转移服务工作，成果产业化全程服务体系已具雏形。

（五）灵活的运营方式

深圳市已登记备案的技术转移机构中，由独立运作的企业法人或其内设机构设立的技术转移机构最多。很多企业根据自身生产经营需要，设立技术转移专业部门，承担企业的技术转移和推广工作。

除了提供技术信息收集、筛选、处理和分析、技术咨询和评估、技术集成和运行、中间试验、工业试验、技术转让和技术代理等服务外，深圳所有技术转让机构积极提供技术交流和培训、知识产权、定制研发、企业孵化、跨国技术转让、法律和诉讼等服务。

（六）专业化的服务能力

深圳技术转移服务机构积极探索与创新服务模式。除了技术贸易的基本活动外，技术转让服务还涉及大量高度复杂和专业的技术支持服务，如技术评估、知识产权法和技术筛选，为技术转让的专业性提供保障。

深圳市技术转移机构从业人员共计4175人，其中专职工作人员3004人、技术经纪人233人，均有不同程度的增长。技术转移从业人员尤其是专职工作人员的稳步增长，为深圳市的创新创业和科技成果转移转化发挥了重要作用。2020年，深圳市启动《深圳科技悬赏项目管理办法》的编制工作，推动建立全市科技创新悬赏机制。

围绕现代化、国际化、创新型城市和国际科技、产业创新中心建设的技术转移人才需求，深圳提出并建立了技术转移专员培训体系。截至2019年，已累计培育997名技术转移专员，使之成为高校、企业、政府成果产业化"内部专家"，破除三者之间的"技术信息壁垒",为深圳市促进创新创业和加速科技成果转移转化发挥了重要作用。

第三节　发展具有高新科技含量的智慧城市经济

深圳在智慧城市建设方面的成就得到广泛认可。德勤(Deloitte)2018年发布的《超级智慧城市报告》显示,深圳在中国智慧城市建设中排名第一。目前,深圳也在加快出台智慧城市建设总体规划和工作计划。

一　深圳市新型智慧城市建设总体方案

(一)工作思路和总体目标

根据中国共产党第十九次全国代表大会关于建设网络强国、数字中国、智慧社会的战略部署,围绕深圳现代化、国际化、创新型城市的发展定位,着力提升民生服务和城市治理能力,坚持"一盘棋"和"融合"的建设原则,大力推进新型智慧城市建设。到2020年,通过建设深圳新智慧城市项目,"一图全面感知+一号走遍深圳+一键可知全局+一体运行联动+一站创新创业+一屏智享生活"[①](见图3—7),构建从支撑、平台到应用的新型智慧城市一体化格局,建成国家新型智慧城市标杆。

(二)总体框架

深圳将在充分利用现有资源的基础上,构建由支撑、平台到应用的新型智慧城市一体化建设模式,如图3—8所示。

1. 建立统一的支持

构建覆盖综合传感网络、通信网络和计算存储资源的集约化智慧城市支撑体系,为智慧新城建设提供统一的计算、存储、网络、物联网感知等资源服务。

---

① 深圳市人民政府:《深圳市新型智慧城市建设总体方案》(深府〔2018〕47号),2019年8月5日。

第三章 创新引领经济科技的动能构造

深圳新型智慧城市建设：

- **一图全面感知**：建成全面感知城市安全、交通、环境、网络空间的感知网络体系，用信息化手段感知物理空间和虚拟空间的社会运行
- **一屏智享生活**：整合政府、企业和社会组织提供的与市民生活相关的各类服务，建设一体化市民服务平台，市民通过手机等移动终端可方便快捷获得高品质生活服务
- **一站创新创业**：通过数据开放平台和大数据交易平台，释放数据红利，打造基于开源数据的创新创业服务平台，提升数字化产业经济活力
- **一号走遍深圳**：建成电子公共服务体系，个人通过身份证号+生物识别、企业通过社会信用代码+数字证书可办理各类公共服务事项
- **一键可知全局**：建成基于大数据、信息共享和人工智能的决策辅助体系，操作鼠标即可获取所需的来自全市各部门、各系统的所有数据，以及各类定制化的决策支撑报告
- **一体运行联动**：在公共安全、城市运行管理的各领域，通过信息化手段建成反应快速、预测预判、综合协调的一体化城市运行管理体系，实现市区联动、部门联动、军地联动

图3—7 深圳建设新型智慧城市框架

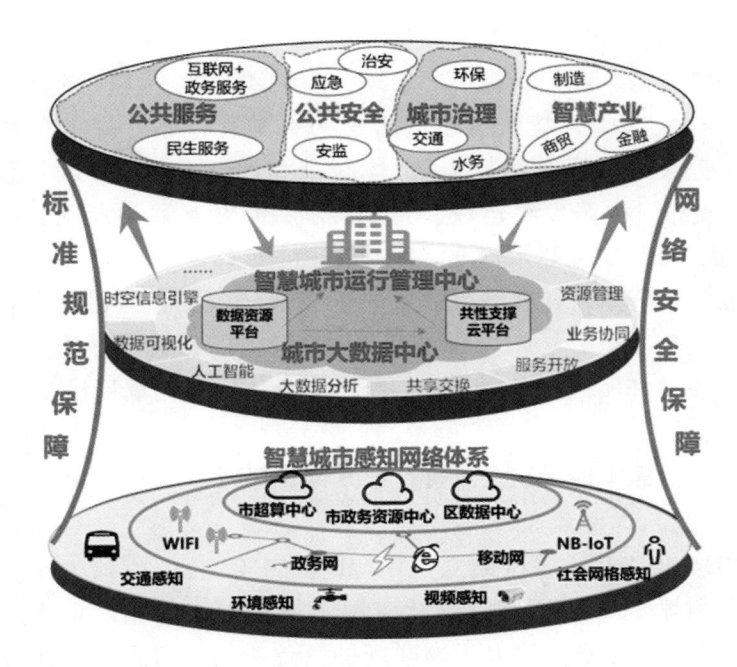

图3—8 深圳新型智慧城市一体化建设格局

2. 建设"2"个中心

建设城市大数据中心和智慧城市运营管理中心，其中城市大数

据中心包括城市数据资源系统、数据共享开放服务和公共支持功能服务，智慧城市运营管理中心包括城市运营态势展示、跨领域业务协作和决策支持服务。通过两个中心的建设，打造智慧城市的大脑和枢纽，构建开放的信息集成环境，支持应用系统集成和跨部门集成、跨领域信息共享和业务协作。

3. 实现"4"个应用

统一基础支持系统和城市大型数据中心，推进①公共服务（包括政府服务、医疗保健、教育、社区服务），②公共安全（包括公共安全应急、安全生产）等，③城市治理（包括交通、环境保护、水、城市管理等），④智能工业园（包括智能、智慧、工厂、创新服务平台和大数据产业、中心城区）四个应用工程建设、运行管理、智能联动。

4. 强化"2"个保障

构建防御、监控、打击、治理、评估"五位一体"的网络安全体系，建立适应智慧城市建设需求的标准化体系。城市总体规划中，要建设统一的信息支撑、技术标准和评价指标，各区（包括新区）、各部门按照集约建设、共建共享、互联互通的原则，按照统一规划，分步实施技术标准。

数字政府是新智慧城市的重要组成部分，二者的建设内容交织在一起，密不可分。新智慧城市和数字政府的建设应该作为整体来规划、设计和实施，其领导部门要协调合作，避免重复建设。

二 依靠本地科技企业打造全方位智慧城市

（一）人工智能领域

2016年4月，腾讯成立"AILab智能实验室"，致力于人工智能基础科学的开放研究，以及应用领域的深入探索。英飞拓发展"人物互联"战略，致力于物联网的落地应用，打造当时全球最大的人脸识别系统上海宝山项目和湖南"智慧中方"智慧城市项目。华为则在深圳组建了100多人的技术团队，开发语音技术。雄厚的科技创新实力让深圳足以担当粤港澳大湾区智慧城市建设的科技与创新"引擎"。

深圳拥有一大批科技创新型企业，英飞拓就是参与粤港澳大湾区智慧城市建设的科技企业代表之一。目前，英飞拓利用自身在科技、互联网领域的经验和创新活力，大力推进区域智慧交通、智慧建筑、智慧公园、智慧家园等领域的深度融合，为大湾区智慧城市建设贡献智慧。

深圳市投资控股有限公司打造了深圳湾科技生态园、深圳市软件产业基地、深圳市生物医药创新产业园等世界一流的智慧园区；建设了深圳大剧院、深圳会展中心、五洲宾馆等城市标志建筑物，担当深圳智慧城市建设的"领头羊"角色。

2018年，深圳市投资控股有限公司加快资源整合，收购港资基建上市公司和公路基建，战略入股行业领先的智慧城市运营服务商英飞拓。2019年1月，投控公司、特区建发集团、创新投集团3家市属国企共同出资成立深圳市基础设施投资基金，助力深圳现代化、国际化创新型智慧城市建设。

（二）打造图像识别

2018年6月，英飞拓与腾讯合作成立"优图实验室"，致力于人工智能、物联网、大数据等前沿技术领域的研究合作，探索智能视频新服务，提升视频行业解决方案的竞争力。双方在智能新零售、智能园区等领域开展了深入合作，并将人工智能算法应用于视频前端设备和后台管理平台，打造以科技创新为基础的国际科技产业创新中心。

2018年，投资控股公司对英飞拓进行了两次战略投资，以改善其在智慧城市安全建设和运营方面的不足，构建集开发、建设、运营和服务于一体的智慧城市平台。基于自身的资源优势和技术优势，2019年1月，英飞拓收购深圳市仁用电子系统有限公司，主要看中其工程资质、设计和施工团队。通过收购仁用电子，英飞拓已集成智慧城市建设的全资质。

三 通过在线订票实现传统公交企业的转型

国有公交公司领导的在线公交车正在全国一些城市悄然兴起。当国有企业提出互联网思维时，当传统产业拥抱"互联网＋"时，当实体经济和虚拟经济的优势相结合时，公交企业供给模式的创新进一步满足乘客多层次、差异化的出行需求。

e–Bus 公共巴士项目主要针对通勤人流市场。与传统的城市公共交通相比，电子公交具有以下特点：分析需求，定制路线；预订旅行，每人一次；随时随地买票；安全可靠，经济舒适；智能调度，站少快捷；集约共享，节能环保。

事实上，在东方巴士进入网络巴士领域之前，深圳市场已经出现很多以互联网公司为主体的网络巴士。互联网公司提供的网络巴士缺乏严格监管，对公民出行存在一定的安全隐患。总线公司采用互联网技术，做网络总线更有利。所有网络公交线路在交通管理部门备案，接受政府监管。与此同时，还享受政府补贴，像普通公交线路一样实行公交票价。

自 e–Bus 公共巴士项目启动以来，东部公共交通行业采用资产轻载模式，项目投资少，但经济效益和社会效益显著。由于 e 公交项目车辆均为纯电动车辆，在稳定的政府补贴支持下，实现零排放的目标，减少汽车出行次数、能源消耗和二氧化碳排放等。目前，该项目吸引了约 9500 名私家车主选择每天乘坐电动公交车出行，每天减少二氧化碳排放量约 250.1 吨。同时，纯电动公交车收费价格与常规电动公交车燃油价格的差价以及电动公交车的门票收入，也使企业获得了经济效益。

第四节　加快提升现代金融与优化高端服务体系

一　成立首家市级供应链金融行业协会

2019 年 7 月 3 日，深圳市供应链金融协会成立大会举行并正式揭牌。这是粤港澳大湾区首个市级供应链金融协会。作为国内供应链金融的发源地和集聚地，深圳已经发展成为国内供应链金融最发达的地区之一，要将其打造成为深圳新的"城市名片"。深圳市供应链金融协会将利用金融科技，有效解决中小微企业融资难、融资贵、融资慢等问题，促进深圳供应链金融行业规范化、健康化、专业化发展。

（一）供应链金融为中小企业发展保驾护航

供应链金融是以核心企业为核心、以核心企业信用为基础、以真实交易为背景、为产业链上下游企业提供的金融服务，有助于缓解中小企业融资难的问题。国内供应链金融的实践最早由深圳发展银行（现平安银行）于1998年在深圳首创。2002年，供应链金融和贸易金融组合的概念被系统提出，并在全国推广。

深圳实体经济发达，金融创新活跃，不仅拥有一大批积极开展供应链金融的金融机构，还有全国80%以上的供应链管理服务企业总部，以及数量众多、类型丰富的供应链实体企业。各类供应链金融市场主体在深圳已经形成生态集聚，具备供应链金融发展的产业基础和强劲需求。长期以来，平安银行、招商银行、工商银行等一批知名金融机构围绕供应链建立起完整的供应链金融产品和服务体系，为深圳中小企业发展保驾护航。

为助力粤港澳大湾区经济建设，深圳市地方金融监督管理局在2019年1月14日印发实施《关于促进深圳市供应链金融发展的意见》，保障供应链金融的健康有序发展。由深圳市地方金融监督管理局主导，平安银行、腾讯、怡亚通、深圳中核集团等38家深圳极具代表性和影响力的银行、金融机构、供应链核心企业发起的深圳市供应链金融协会应运而生，吸引深圳众多银行机构、非银行金融机构和供应链企业单位加入其中。

（二）创新供应链金融，吸引更多优质企业落户深圳

随着大数据、云计算、区块链、人工智能、5G通信及物联网等技术突破多重驱动，新一代供应链管理和供应链金融得以高效能落地。未来5年，中国供应链金融市场规模年均复合增长率将超过20%。创新供应链金融融资方式，将成为解决中小企业融资难的重要突破口，要加大对制造业核心企业、供应链金融配套服务机构的投资力度，服务实体经济。

深圳市供应链金融协会致力于制定供应链金融标准，加强行业自律，维护会员合法权益，推进人才培育，建设公共服务平台，同

时将作为政府助手,向企业解读政策,建设行业交流机制,引导设立行业基金,助推供应链金融企业对接资本市场,打造5A社会组织。

深圳市供应链金融协会将于近期打造全球供应链金融论坛高端创新发展峰会,也将重点维护供应链金融科技平台和创业创新金融服务两大平台,使供应链金融资源得以普惠共享。

二 金融创新助力实体产业持续发展

金融是实体经济的命脉,是国家重要的核心竞争力。根据宏观经济新常态和产业结构调整中的产业发展规律,深圳商业银行适时优化信贷资源配置,积极调整信贷产业结构,以广东大湾地区信贷业务建设为目标,围绕城镇化、物流业、高端制造业等相关实体加大金融支持力度。

(一)科技和金融促进科技创新

科技创新离不开金融支持,金融创新是科技创新的动力。深圳商业银行通过支持科技金融,助力科技创新。2012年以来,深圳商业银行已将科技创新企业及其他行业作为分行信贷投向政策中的重点发展行业,并在2013年制定相应的行业营销指引,对上述行业在授信政策上予以倾斜,提高审批效率,在投放额度紧张时予以优先投放。

服务方面,深圳商业银行积极支持科技创新企业发展,在授信过程中开辟绿色通道,对企业的授信申请提高审批效率,在利率、手续费方面向企业提供优惠,节省企业财务成本。此外,深圳商业银行积极把握产业大势,在业内以较高的敏锐度对科技创新中的标杆企业进行介入营销,集中信贷资源投放,积极对科技创新企业给予大力支持。

(二)跨境互联打造"前海模式"

在全球经济一体化的背景下,企业的跨境经济活动日益活跃,对跨境金融服务的需求更加强烈。以跨境人民币业务为核心的深圳前海跨境金融合作,已成为中国金融业对外开放的试点和示范窗口,形成资本账户开放、人民币国际化、深港合作、金融业开放创新等多种"前海模式"。

为助力前海自贸区建设,光大银行深圳分行加强跨境金融市场互联互通。至 2018 年 11 月底,光大银行深圳分行的前海蛇口自贸区企业开户数超过 2000 户,存款余额、贷款余额规模可观,微粒贷、联合贷已初见规模。此外,光大银行深圳分行在跨境、电子银行、贸金、同业、托管等方面全方位地开展自贸业务,不断开拓创新、积极突破,实现自贸区业务全面发展。

以跨境人民币资产转让业务为例,2017 年 5 月,通过对国家金融政策的学习和研究,获得监管机构支持。光大银行深圳分行在自贸体系项下备案成功,办理跨境人民币资产转让卖出业务,为深圳商业银行灵活配置资产及境外资金提供更多元的渠道。2018 年,深圳商业银行再次抓住市场机会,成功完成首笔跨境人民币资产转让买入业务。该业务的落地标志着深圳商业银行成功打通跨境人民币资产转让的双向流动。这不仅是光大银行系统内此类创新业务的首笔,也是深圳前海自贸区此类创新业务的首笔。

(三)深入了解民企融资需求

民营企业是深圳经济中非常重要的活跃力量。深圳高度重视实体经济发展,出台一系列改善营商环境的政策措施,大力支持深圳民营企业创新创业发展。深圳商业银行通过对民营企业金融服务需求的深入了解,采取多种措施支持民营经济优质发展,努力将社会责任融入民营企业经营发展的方方面面。

深圳商业银行与一大批民营企业保持紧密合作关系,有效解决这些企业"融资难""融资贵"的问题,业务合作由最初的流动资金贷款扩展到包括流动资金贷款、全程通三方、银行承兑汇票等业务在内的多方面、多层次合作,为企业及其产业链上下游等民营企业解决融资困难等问题。

要解决融资难、融资贵的问题,深圳需要深化金融领域的供给方结构改革,继续落实新的发展观,强化金融服务功能,明确金融服务重点领域,着力服务实体经济和人民生活。例如,国内粮食流通市场存在四大风险,缺乏履约担保、套期保值套利手段、在途商品价格风险和流动资金等。针对行业痛点,西门子报警系统 FDNET

提供了"履约担保交易/结算模式＋风险管理交易工具＋现代大型物流＋供应链融资"的解决方案。

深圳商业银行多次调研客户情况，学习同业的先进经验，进一步优化"异地开户""四分类""异地报备"业务流程，开通专用渠道，开设专项审批流程。在客户递交齐全资料后，深圳商业银行基本保证3天内走完一般风险审批流程，进一步优化异地核保、线上签约、提款的业务流程，实现线上自主提款、随借随还，成为民营企业与小微企业的"阳光伙伴"。

第四章

持续优化升级的产业结构体系

第一节 高科技产业从集聚到提升的发展路径

一 新兴产业的"黑科技"火爆

1983年,深圳工业总产值7.2亿元,社会零售商品总额为12.5亿元,社会消费品零售总额倒挂工业总产值。深圳发展依赖买进卖出中的微薄差价,没有实体经济给予支撑。2019年,深圳生产总值26927.09亿元,社会消费品零售总额6582.85亿元,增长6.7%,实现以工业为主体的综合经济模式。社会消费品零售总额拉动经济的模式,已告别历史舞台。

近年来,深圳在科技创新领域上的成绩,一直被外界津津乐道。深圳着力推进5G、AI等战略性新兴产业、无人驾驶公交车、第三代基因测序仪、华为5G芯片,因新兴研发的"黑科技"而频频登上头条。这些"黑科技"的背后,都是深圳大力培育发展的战略性新兴产业力量。

二 深圳市技术市场持续增长

(一)技术转移对地区科技投入及经济增长贡献稳中有升

近年来,深圳全市的技术合同成交额占全社会R&D经费支出的比重始终保持同步增长态势,从2011年占比26.74%,迅速扩增到2015年的50.81%,并连续5年保持在50%以上,2019年达到63.39%。技术市场对地区经济发展的贡献仍保持稳中有升的态势。

2019年，技术合同成交额占深圳地区生产总值的比重达到2.62%，与去年同期相比平稳增长（见图4—1和图4—2）。

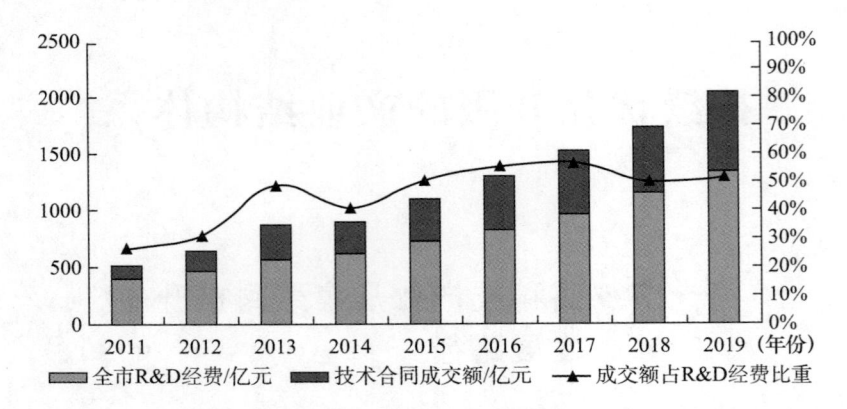

图4—1　2011—2019年深圳技术合同交易额占全市R&D经费的比重趋势

注：2019年全市R&D经费为预测值，增速取2011—2018年的年均复合增长率15.82%。

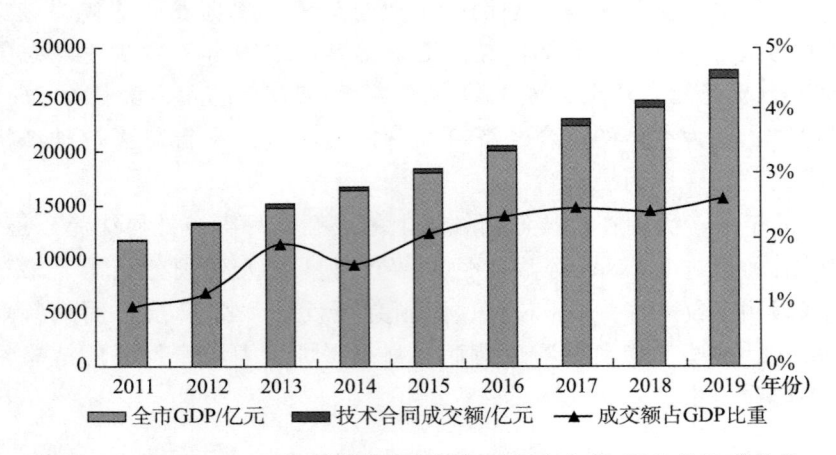

图4—2　2011—2019年深圳技术合同交易额占全市GDP的比重趋势

2020年上半年，全市技术合同成交额589.05亿元，单项技术合同成交额达1281.38万元，同比增幅明显，技术交易质量持续快速提升。技术合同成交额占地区生产总值的比重达4.66%，同比创历年新高（见图4—3）。

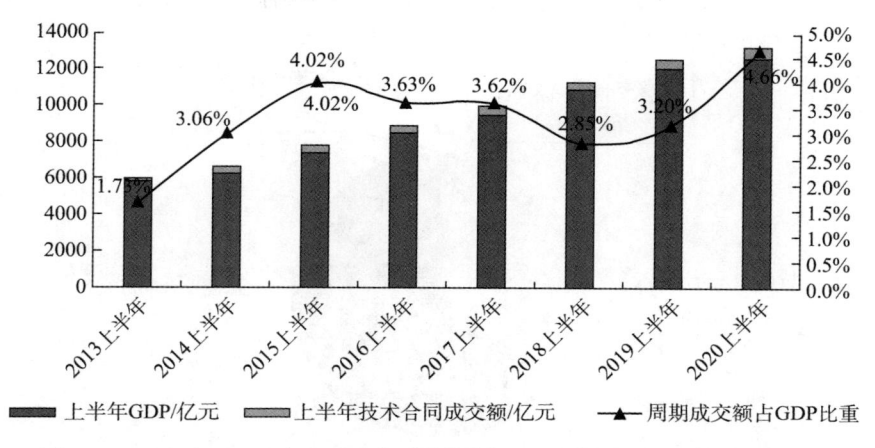

图4—3 2013—2020年上半年深圳技术合同成交额占GDP的比重趋势

(二)技术开发和技术转让合同占据主流

2019年,从技术合同登记目的来看,免税登记合同仍占主导地位,合同数达7729项,占全市总量的75.65%;合同成交额398.88亿元,占全市成交总额的56.58%。从技术合同类别构成来看,技术合同包括技术开发、技术转让、技术咨询和技术服务四类。2019年,深圳技术开发合同不论是数量还是成交额均高居首位,呈现持续稳步增长态势。全年合同数达8031项,平稳增长2.19%,占全市合同总量的78.60%;合同成交额457.52亿元,快速增长25.65%,占全市合同成交总额的64.89%。技术转让合同数达650项,同比小幅下降4.27%;合同成交额同比增长10.76%,达232.33亿元,占全市合同成交总额的32.95%(见图4—4)。

2020年上半年,技术开发合同数量和成交额均持续增长,合同数达3662项,占全市合同总量的79.66%;合同成交额456.31亿元,同比增长60.23%,占全市合同成交总额的77.47%。技术转让合同数达333项,同比增长24.72%;合同成交额127.41亿元,同比增长28.14%。技术服务合同583项,同比增长37.18%;合同成交额4.99亿元,同比增长12.45%。技术咨询合同数由去年同期的 7 项增长至 19 项，合同成交额达 0.34 亿元（见图 4—5）。

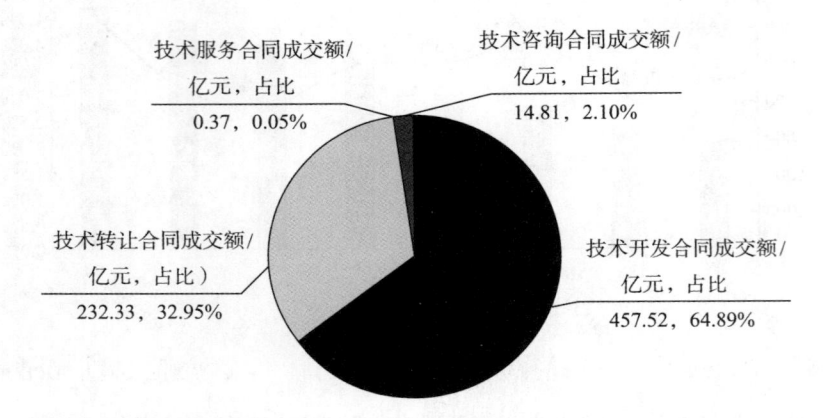

图 4—4　2019 年深圳市技术合同类别构成

- 技术服务合同成交额/亿元，占比　0.37，0.05%
- 技术咨询合同成交额/亿元，占比　14.81，2.10%
- 技术转让合同成交额/亿元，占比）　232.33，32.95%
- 技术开发合同成交额/亿元，占比　457.52，64.89%

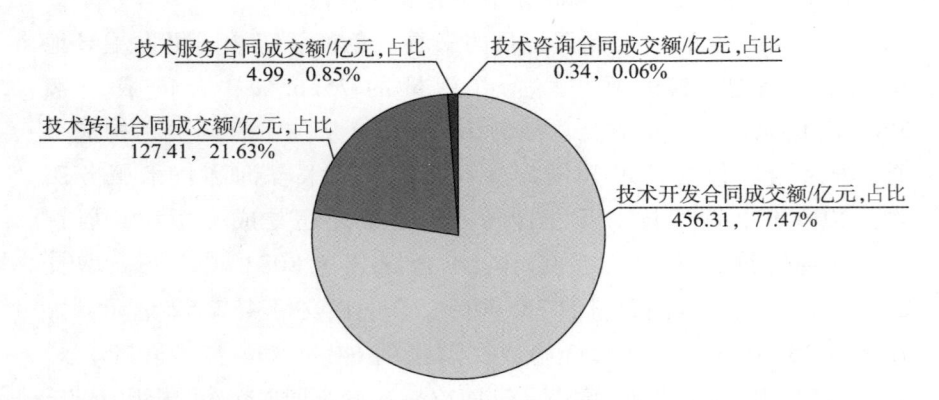

图 4—5　2020 年上半年深圳市技术合同类别构成

- 技术服务合同成交额/亿元，占比　4.99，0.85%
- 技术咨询合同成交额/亿元，占比　0.34，0.06%
- 技术转让合同成交额/亿元，占比　127.41，21.63%
- 技术开发合同成交额/亿元，占比　456.31，77.47%

（三）各类规模技术合同呈基本增长趋势

输出的技术合同中，大额交易与小额交易项数均有所增长，100 万—1000 万元的各类规模技术交易数量增长明显；大额技术交易（1000 万元以上）的成交额有所下降，中小规模技术交易成交额增长明显。吸纳的技术合同中，各类规模技术交易合同的项数及成交额均显示相似的增长率，呈现出健康均衡的发展态势，为技术市场增添活力（见表 4—1）。

表4—1　　2018年深圳吸纳及输出各类规模技术合同增长率

交易规模	吸纳技术合同		输出技术合同	
	合同份数增长率	合同成交额增长率	合同份数增长率	合同成交额增长率
10万元及以下	－10.51%	－3.91%	3.05%	14.41%
10万—100万元（含）	14.22%	14.65%	0.05%	0.64%
100万—500万元（含）	34.64%	40.46%	8.50%	12.06%
500万—1000万元（含）	32.26%	30.58%	28.98%	28.50%
1000万元以上	48.85%	36.00%	37.66%	－16.76%

资料来源：深圳市技术转移促进中心官网，2019年4月。

（四）重大技术合同占总成交额八成

2019年，全市大额技术合同数量和交易额均明显增长，小额合同数量和交易额均有不同程度的下降。其中，重大技术合同成交额占比超过八成，成交额达1000万元及以上的重大技术合同有574项，合同成交额584.91亿元，同比增长20.34%，占全市合同成交总额的82.96%。其他500万元以上的合同数量和交易额也大幅上涨，为技术市场增添活力。

2020年上半年，深圳市技术交易市场中，大额技术合同数量和交易额均增长明显。在所有技术交易中，重大技术合同成交额占比超过九成，成交额达1000万元及以上的重大技术合同有370项，同比增长31.21%，合同成交额535亿元，同比增长58.20%，占全市合同成交总额的90.82%。随着千万级重大技术合同的大幅增长，上半年技术合同质量得以大幅提升，为技术市场的持续发展提供强劲的驱动力。

（五）技术合同进出口持续增长

2019年，深圳技术进出口合同数量和成交金额稳步增长，整体呈现技术进口量增价跌、技术进口价值下降而技术出口量跌价增的发展趋势，技术出口质量大幅增长。全年进出口合同数共计942项，同比增长7.90%，占全市合同总量的9.22%；合同成交额达

274.08亿元，同比增长4.54%，占全市合同成交总额的38.88%。

2020年上半年，深圳技术进出口合同数量和成交金额总体上呈量减价增态势，合同质量稳步提升。进出口合同403项，同比下降19.64%，占全市总量的8.77%；合同成交额197.54亿元，同比增长69.04%，占全市总额的33.54%。其中，技术进口合同324项，占进出口合同数量的76.75%，同比下降17.97%，合同成交额183.14亿元，占进出口成交额的92.71%，同比增长75.37%；技术出口合同79项，占进出口合同数的23.25%，同比下降24.04%，合同成交额14.41亿元，占进出口成交额的7.29%，同比增长15.93%。

（六）电子信息技术交易领跑战略新兴产业

技术交易在电子信息技术领域仍占据主导地位，说明以电子信息技术为代表的深圳高新技术产业具有较强的技术竞争力，在全球价值链中的影响力逐渐显现。新技术革命和产业变革加剧，互联网、大数据、云计算、人工智能等新一代信息技术快速发展，与实体经济深度融合，激发全市实体经济新动能。2019年，电子信息领域技术合同成交额居各类技术领域第一位，达572.31亿元，同比增长31.08%，占全市技术合同成交总额的81.18%；先进制造领域的技术合同成交额39.20亿元，同比实现成倍增长；新能源与高效节能领域的技术合同成交额24.65亿元，同比增速最快，达到348.11%，增速位居第一。

三　中国科技开发院有限公司打造全球"科创高地"

《粤港澳大湾区发展规划纲要》指出，将在粤港澳大湾区全力打造科技创新引擎，促进区域融通和创新要素流动。深圳市属国企投控公司下属企业中国科技开发院有限公司（以下简称中开院）是从事高新技术产业开发和科技企业孵化的专业机构，在近30年的发展历程中，紧抓科技成果转化、科技企业孵化和科技产业培育三个环节，已创建成熟的"企业孵化＋股权投资"创业孵化模式。中开院作为深圳市属国有企业，肩负践行国家战略的责任，将立足大湾区，以推进深圳高新技术成果的商品化、产业化、国际化为己任，充分发挥粤港澳在科研开发和产业创新方面的优势,增强科技成果转化和新兴产业培育能力,帮助构筑全球科技创新高地。

(一) 打造科技创新载体,完善孵化服务链条

为促进人才、资本、信息、技术等创新要素的流动,国家发展研究院深入实施创新驱动发展战略,不断提升科技服务能力,加强高水平科技创新载体平台建设。粤港澳大湾区汇集了东莞松山湖加速器和江门"中科创新广场",并建立佛山分公司,形成一连串创新孵化体系的"创业苗圃+孵化器+加速器+工业园区",以期实现创建的孵化生态环境能够满足中小科技企业创新和创业服务在不同发展阶段的需求,有效提高科技型中小企业的孵化成功率和孵化服务效率。

中开院已经初步建立以粤港澳大湾区、长三角、京津冀等经济发达和创新活跃地区为重点的全国性创新创业孵化载体网络体系,目前已投入运营的载体孵化面积超过50万平方米,在孵企业超过1000家。未来,中开院将打造粤港澳青年创业就业基地,为港澳青年创新创业提供更多机遇。

(二) 加强产学研深度融合,建设产学研创新联盟

为了加强前端项目源导入能力,中开院与中国生产力促进中心协会合作,成立中开院生产力促进中心,计划建立国家工程技术中心联盟南方中心并落地深圳,开展"中国好技术"项目评选,为深圳持续导入前沿科技项目。

中开院还联合国家科技部高技术研究发展中心、核九院、航天十院、北京自动化研究所、沈阳自动化研究所、华东光电所、清华大学、南方科技大学、中美研究院、中科金朗等十余个产学研平台单位,建立产学研创新联盟,对细分科技领域和未来前沿技术进行专题研究,重点引入前沿科技成果,目前已经成功导入中科天航、中科领航、中科鲲鹏、中科超临等十余个科技项目。中开院通过孵化培育和股权投资,加速推进科研成果转化,全面扶持科技企业发展,目前企业发展已经取得一定的成果。

中国发展研究院将深化与科技企业、科研院所和大学开展合作,提供创业孵化、技术和金融、成果转化、国际技术转让等科技服

务，联合举办科技创新活动，分享创新和创业资源，提高创新和创业生态水平，共建高水平协同创新平台，助力科技成果转化。

（三）推行"持股孵化"模式，着力培育新兴产业

中开院不仅为孵化企业提供良好的孵化生态环境，还提供早期风险投资服务，化解孵化企业融资难的问题。经过不断探索与尝试，中开院已经重点投资布局了50余家孵化企业，通过孵化培育、资源对接，帮助企业快速做强做优做大。目前，已经成功孵化爱能森科技集团、正业玖坤、威富通科技等科技企业，获得丰厚的回报。通过开展早期天使投资，对在孵企业实行"持股孵化"模式，中开院在新能源、先进制造、新一代信息技术等战略性新兴产业领域培育了一批高精尖的科技企业，打造了一批新兴产业集群。

为了增加早期天使投资，中国发展研究院还成立天使投资基金，并与奈纳资本合作成立中科奈纳美国早期投资基金，为中国发展研究院的孵化企业开展风险投资业务。中国发展研究院还建立了"定向推荐+自组织+专项对接"的三位一体投融资服务平台，与银行建立了战略合作伙伴关系。同时，积极发展早期投资基金业务，为中小微技术创新企业提供全方位服务，如风险资本、融资规划和其他服务。

（四）积极承接国家重大项目，推进科技成果产业化

国家开发研究院受投资控制公司委托，全面负责国家重点专项"深海潜水"项目的组织实施，包括配套资金的使用和后续产业化相关工作。"深海潜水"项目密切关注海洋高新技术和产业化需求，重点突破深海潜水器的发展，提高深海潜水器的操作应用能力，促进近海石油和天然气工程设备的产业化以及发掘海底矿产资源的过程中海洋勘探和实验开发，加快建设"透明的海洋"技术系统，在中国深海资源的开发和利用方面提供科技支持。

项目科研成果转化将为大湾区发展海洋产业提供强力支撑，对汇聚海洋产业创新资源、提升海洋产业创新能力、打造海洋产业聚集区具有深刻的意义。

经过近30年的实践和探索，中开院形成特色鲜明的科技企业孵化、高新技术成果转移及产业化的市场运作模式。在粤港澳大湾区建设的风口上，中开院将深化粤港澳创新合作，集聚国际创新资

源，不断提升科技成果转化能力，孵化高新技术企业，培育战略性新兴产业，为将粤港澳大湾区打造成全球科技创新高地和新兴产业重要策源地做出贡献。

第二节　国内外高端人才聚集深圳的溢出效应

一　广聚英才助力高端产业

深圳正经历着从工业经济向知识经济的转变。政府应重视新型科研机构建设和人才政策创新，从引进海外人才2.0向引进国际高端人才3.0转变。在2003年大学生就业意向调查中，上海和北京是大学生心中最具吸引力的城市，32.37%的大学生将上海作为他们的第一就业目标，北京以27.67%位居第二，深圳以12.13%位居第三。2019年，全国有860万大学毕业生，比2018年多40万人，这使得全国各大城市都在争夺人才。对比来看，自2018年以来，包括武汉、成都、杭州和郑州在内的20多个城市都出台了新的人才政策，从大幅放宽城市户口登记要求到为顶尖人才提供1亿元补贴，以最大限度地吸引人才。这一直是新一线城市之间的竞争。

深圳作为中国人才引入计划实施最早的城市之一，长期以来，对高层次人才求贤若渴，聚焦发展重点领域，积极拓展引智平台，创新人才招募策略，简化人才引进程序，并将人才引进工作延伸到海外，宽松落户和停居留政策，解决人才就业创业的后顾之忧，让人才引得来、用得上、留得住。

深圳正在经历从工业经济向知识经济的转变。政府应重视新型科研机构的建设和人才政策的创新，从海归2.0时代到国际高端人才3.0时代，"汇聚世界人才，用好世界人才"。

深圳坚持优先发展高端产业，以创新驱动为优先战略，支持企业发展，提升创新项目孵化能力，为吸引人才、留住人才奠定了坚实的产业基础。同时，提高基础设施、教育、医疗等公共服务供给能力，避免人才忧患。

二 广聚英才建人才特区

2018年6月以来，深圳高校应届毕业生引进落户"秒批"受到全社会的广泛关注。"秒批"背后是深圳一直高度重视人才工作，优化吸引、留住人才的制度和文化环境，在理念、政策、行动方面均走在全国前列。近年来，从高层次人才的"1+6"政策到人才"81"新政策和人才工作法规，人才政策的"四梁八柱"不断完善。

自2013年以来，深圳市同级人才专项资金规模不断扩大。财政预算从2013年的14.15亿元增加到2019年的76.7亿元，增长442%。人才补贴项目和层级、范围和时长、前期补贴和后期补贴、货币补贴和非货币补贴标准、补贴个人和补贴单位等政策设计相对合理，财政资金使用效率较高。

三 修订境外人才个税补贴政策

前海是特区中的特区。为了支持前海发展，国家在多个方面对前海进行试点，包括对高端人才和海外紧缺人才的个人所得税财政补贴政策（以下简称"海外优秀人才税收补贴政策"）。2012年，国务院发布《关于支持深圳前海深港现代服务业合作区发展开放政策的批复》，为前海实施特殊财税优惠政策提供了依据。《关于支持深圳前海深港现代服务业合作区开发开放相关政策的批复》规定，对于在前海工作并满足前海规划产业发展需要的海外高端人才和紧缺人才，深圳市人民政府将根据内地与境外个人所得税的负差给予补贴，并免征个人所得税。自2013年起，前海对海外高端人才和紧缺人才实行个人所得税财政补贴政策。在本地区工作的海外高端人才和紧缺人才的工资与薪金的个人所得税超过应纳税所得额的15%部分，由深圳市政府代为缴纳。

（一）前海已发放超过1.73亿元的税收补贴

2018年，前海某公司海外高端人才的应纳税工资收入为80万元，缴纳税款为20万元。简单应用"财政补贴＝已缴纳个人所得税－应纳税所得额×15%"的公式，可以得到8万元的补贴。同时，该人才还可以从前海的乙公司获得20万元的劳动报酬，缴纳4万元的税款。根据"财政补贴＝个人所得税实缴额－应纳税所得额×15%"的公式，将获得1万元的补贴。该人才2018年财政补贴为上述两项补贴之和，共计9万元。

前海海外优秀人才税收补贴政策是前海乃至深圳吸引海外高端人才和紧缺人才的有力起点。实施过程中，它受到企业和人才的高度重视。前海管理局按照"行业认可、社会认可"的市场化原则，在不坚持学历、职称、工作经历、户籍等人才评价体系固有指标的前提下，有效促进上市公司高级管理人员、技术专家、专业服务人员等高端人才聚集在深圳前海。

前海通过对海外人才的税收补贴政策，创造了类似香港的税收环境。前海海外优秀人才税收补贴政策的核心内容是指香港的"15%标准税率"标准，是对"类港"税制的借鉴和试验。在推进深港合作和人才交流的同时，它对探索新一轮税制改革的方向和路径具有重要意义。

自实施海外人才税收补贴政策以来，前海已认定海外高端人才和紧缺人才453人，给予税收补贴1.73亿元以上，逐年稳步增长，主要集中在前海金融产业、科技服务业、专业服务业和现代物流业等重点发展产业。其中，有278名香港人才，约占50%。

前海对海外人才的税收补贴政策显著提高前海企业吸引国际人才的吸引力。一方面，企业通过优惠政策达到吸引和稳定人才的目的；另一方面，总部企业、科研机构、新要素交易平台等单位在前海落地或设立分支机构，通过税收优惠补贴等政策优势吸引国际人才，让前海"先行先试政策"的溢出效应得以发挥。

（二）修改完善政策，让更多海外人才受益

前海的海外优秀人才税收补贴政策在吸引海外人才方面取得了一定成效。海外人才要充分发挥前海税收补贴政策的作用，使政策更具可操作性。深圳市财政局、市人力资源和社会保障局等部门联合发布了《深圳深临港现代服务业区境外人才和紧缺人才个人所得税补贴办法》和《深临港现代服务业区境外高端人才和紧缺人才认定办法》，并对相关问题进行修订。

1. 可享受补贴的个人收入项目由仅限于"工资收入"，增加了"营业收入""劳动报酬收入""报酬收入""特许权使用费收入"4

项个人收入。此次修订将充分利用优惠政策,扩大政策优惠,对鼓励海外仲裁员、深港联合律师事务所律师、文化创意产业从业人员等相关人才就业、执业、创业起到重要作用。

2. 扩大补贴的受益范围,将两类香港居民,即"已获得香港入境计划的香港居民(人才、专业人士和企业家)和已在香港和澳门定居的内地居民",纳入认可和补贴的人才范围,突出前海以香港为依托、服务香港、吸纳人才的定位。

3. 在前海提供独立个人服务属于人才识别范畴。

4. 享受补贴期间,从原来只接受"上一年度财政补贴申请"增加"两年内补充申报",解决部分人员一年内没有补贴或漏申报的问题。申请年度也将在前海连续工作一年的限制放宽至连续 90 天,以支持人才的合理流动。

5. 明确规定,必要时前海局可要求已获得长期(或永久)境外居留权的华侨和归侨学生提供长期(或永久)居留公证书及中国驻中国使领馆出具的公证书或中国驻中国使领馆出具的公证书及在中国的居留记录,从而阻断恶意利用政策的风险。

6. 明确将财政补贴直接转入人才个人账户,避免过去一些企业未能及时将补贴转入个人账户的情况,有效保护了人才权益。

(三)对海外人才的税收补贴政策已经延伸到粤港澳大湾区

前海的开创性试验为粤港澳大湾区实施海外高端人才、人才短缺和税收补贴政策提供了可以借鉴、复制和推广的经验模式。2018年 3 月,财政部、国家税务总局发布了《关于粤港澳大湾区个人所得税优惠政策的通知》,规定"广东省和深圳市将根据内地和香港个人所得税负担的差异,在大湾区境外(包括港澳台)工作,高端人才和紧缺人才享受补贴,部分补贴免征个人所得税"。

粤港澳大湾区将实施税收优惠政策。《广东、深圳高端人才和海外紧缺人才认定和资助办法》颁布后,粤港澳大湾区将实施税收优惠政策。为了做好政策衔接,根据人才认定办法,前海在 2018年 12 月 31 日前接受并确认税收补贴。前海管理局于 2018 年正式启动海外高端人才和紧缺人才个人所得税财政补贴申报工作,现已举办三年,超过 100 家前海企业为员工申请了该项补贴。

第三节 实现科技金融产业融合到
提升的突破

一 率先探索金融科技垂直孵化平台

金融业是前海最重要的主导产业。前海聚集了一大批创新型金融企业，金融技术产生巨大的应用需求。前海还系统发布了 30 多个与金融技术密切相关的案例，涉及大数据、云计算、人工智能、区块链、移动互联网等领域。前海将大力支持粤港澳青年创新创业和金融技术创新发展，积极为金融机构提供新的金融技术产品测试平台，促进前海金融技术产业高质量发展。

2019 年 1 月 10 日，深圳金融科技垂直孵化平台启动仪式在深圳前海深港青年梦工场"金融支持青年创新发展基地"举行。在中国人民银行共青团、中国人民银行深圳市分行、深圳市团委和前海管理局的指导下，深圳经济特区金融协会、深圳市青年科技人才协会和深港青年梦工场率先行动。通过平台对接创业创新企业和项目，按照市场化运作模式纵向孵化，一方面解决金融机构对金融技术产品的需求，另一方面促进对青年创业创新的金融支持，帮助高素质创业团队加快发展。

深圳每年产生一大批科技创新项目。与此同时，传统金融机构亟须吸收新的科技成果，但金融机构与创新企业的对接渠道还不够畅通。金融技术纵向孵化平台则可借鉴国外金融机构开发金融技术项目的先进经验，让金融机构根据自身技术创新和业务发展需求，利用市场创新团队的先进科技和创新理念，共同开展金融领域先进科技项目开发的深度合作，培育创新型金融科技项目，推动金融机构垂直孵化金融科技项目模式的形成。

深圳作为中国领先的金融中心城市，依托粤港澳大湾区框架下的国内外市场，拥有广泛的跨境金融业务类型和金融技术应用场景。2016 年，中国人民银行的青年团在深圳成立"金融支持青年创新和发展基地"——前海香港青年梦工场，旨在充分发挥深圳年轻人才的优势，尝试和探索金融创新，让发展和金融技术服务于实体经济。近年来，深圳金融业找到一条利用金融技术更好地服务实体经济、促进普惠金融发展、做好风险防控的路子，各项金融技术创新走在全国前列。未来，深圳首批试点金融机构利用平台各方资源，积极探索金融技术纵向孵化的有效路径。

在2016年启动仪式上，中国建设银行深圳分行、网银、国信证券、招商证券作为首批试点金融机构，发布金融科技项目要求，并通过"垂直孵化沙龙""加速成长营""项目推广日"等方式与科技创新团队进行深入合作。建行梳理出18项金融技术进行纵向孵化，涵盖人工智能、大数据、区块链、物联网、生物识别等领域，包括金融情景应用、大数据营销和风险管理。深圳与各创新团队进行深度孵化和对接，推出促进业务发展的科技金融项目。

二　金融科技孵化平台助力初创企业

金融科技正以前所未有的速度和广度改变金融业的格局。然而，在初创金融科技企业发展过程中，普遍存在创新型企业科技与金融机构供需之间对接渠道不畅通的问题。

构建金融技术垂直孵化平台，对于充分发挥金融对创新创业的支持，促进金融技术落地具有重要意义。为了克服金融机构和企业家之间的障碍，促进金融技术发展，在人民银行青联、人民银行深圳中支、深圳团市委、前海管理局指导下，由深圳经济特区金融学会、深圳青年科技人才协会、深圳前海深港青年梦工场和其他机构带头在深圳建立一个垂直孵化金融技术的平台。深圳建行分支旨在实现深度合作，对接技术创新，在金融机构与企业之间建立全国性的开创性的探索平台。

过去，创新型企业由于自身发展问题和相对空白的对接机制，被排除在传统商业银行创新合作的视野之外。金融技术垂直孵化平台模式在中国尚属首次。金融机构根据自身技术创新和业务发展提出需求，利用创新型企业的先进技术和创新理念，纵向孵化和深度打磨，这为创新型企业与银行的深度合作打开大门，是初创企业的"及时雨"。金融科技垂直孵化平台将采用"垂直孵化沙龙""项目推广日"等一系列垂直孵化活动,满足银行和企业需求,优化潜在的金融技术创新企业。

2018年,中国建设银行深圳市分行实现计提前利润209.7亿元,日平均存款额6266亿元,各类贷款余额5873亿元,主要经营指标多年位居深圳同行前列,转型发展深入。建设银行发布了21个金融科技创新企业纵向孵化需求及优惠措施,涵盖人工智能、大数据、区块链、物联网、生物识别等领域,包括金融场景应用、大数据营销、风险管理等。针对初创企业,中国建设银行利用金融整合,打造开放的国际化垂直技术创新孵化平台,创新推出包容性的投融资支持、企业加速服务等"一揽子"产品和服务,提供全面的公益创业教育,覆盖小微企业的整个生命周期,帮助企业家实现创业梦想。

三 与时俱进,金融科技引领未来

2018年,金融科技创新已经全面展开,以"发展科技金融"为优先发展战略,坚持探索独立品牌发展模式,进行独立的风险控制和独立操作,努力使金融科技创新积累"星火燎原"的潜力,打造规模经济新发展特色和增长极,不断深化服务,以科技金融发展和多样化服务手段为深圳经济腾飞贡献力量。

(一)金融技术赋权实践普惠金融模式

银行业和科技是时代的新社区,技术促进增长,成为银行业转型的突破口。深圳商业银行抓住金融技术在银行业转型发展中的重要机遇,制定并实施了金融技术战略、机制、技术应用、创新研发等,以便在技术和金融时代创造新的核心价值,并为客户提供更加便捷、友好的金融服务。

自2018年开始,深圳商业银行通过金融技术推动业务线发展,加强与互联网金融企业的合作,积极渗透到各行业,使其业务得到快速发展。通过与腾讯、华为等深圳科技公司的全面合作,探索网上业务创新、智能网络建设、大数据应用等创新金融服务模式,为深圳企业和市民提供更好的金融服务。

依靠创新技术,如大数据、云计算、人工智能和移动互联网,深圳商业银行开发了一系列的包容性在线金融信用产品，如"龙商贷"，是第一次尝试开展网络金融业务，并已成为实践包容性金融创新服务模式。

与传统的线下业务相比，华夏银行深圳分行"龙商贷"业务的流程和模式体现了全面创新突破的发展理念，探索使用关键技术，如身份验证、生物特征识别、光学字符识别、大数据风险控制、反欺诈、电子签名、AI人工智能建模等，并提供灵活、高效的小型和微型企业在线贷款业务，真正实现"一键贷一键收"，有效解决小微企业融资难、融资贵问题。

（二）推动智能科技，打造营业网点智慧体验

深圳商业银行积极适应客户对金融服务智能化、便利化的需求，在全行大力推动智能机具的应用，构建出综合化、多渠道、智能化的金融服务体系。目前，所有网点已配备至少一台智能柜台和移动式自助发卡机，为客户带来高效便捷的全新服务体验。

智能化服务是现代金融服务的发展趋势。深圳商业银行在营业网点推广智能化技术，创造智能化体验是重要的起点。深圳商业银行在深圳各网点部署了智能设备，满足大部分部门柜面业务需求，实现智能发卡、互动理财、服务引导机器人等智能服务。创新试点推出行业领先的生物识别自助设备，利用人脸识别和手指静脉成像技术对客户进行身份验证。客户无须携带银行卡即可在自助设备上进行存款、取款、转账等业务，大大提高业务处理效率。同时，将人脸识别运用在VIP厅堂、智能安保等场景，积极探索利用现有人脸识别平台进行辅助管理、客户识别等工作，包括对现有考勤系统的补充验证、辅助柜员对客户真实性的识别等。未来，将逐步建立集成的着陆平台，并将多种生物识别技术融入着陆场景，确保客户信息安全。

深圳商业银行致力于改善客户体验，全面解决长期开立公共账户的柜面服务难题。此银行率先在系统中实现"微信预约开户"业务的网上试运行，在数据填报、系统审核、账户数据归档三个方面应用金融技术，优化了开户流程，提高了工作效率，大大缩短客户到柜台的等待时间，提升客户开户服务体验。

(三) 集成数据技术，创建智能风险控制系统

在金融技术浪潮中，加强风险管理能力，积极应对潜在风险，一直是金融业不可回避的课题。各级监管部门要求加强互联网交易风险防控，鼓励通过大数据分析和用户行为建模建立与完善可疑交易监控模型。深圳商业银行非常重视数据应用，设定了精准营销、智能风控、高效运营三大工作目标。通过大数据获取客户信息，实时警示客户存在的风险，为运营管理提供更好的数据支持。

智能风险管控方式已成为大数据应用的焦点。可探索利用大数据和风控模型，用数据构建线下贷款业务新的风险防线。为提升数字化风险管控能力，还可在信贷资料申报、贷款额度审批、贷后检查、收贷收息预警等方面实现全流程数字化管理，提高效率的同时确保业务平稳、合规运行。

第四节　建设文化创意产业与品牌引领型城市

深圳较早提出文化产业成为中国支柱产业的目标，并出台文化产业政策和规划；将文化创意产业作为战略性新兴产业，出台文化创意产业振兴规划。2016 年，深圳市发布《深圳市文化创新发展 2020（实施方案）》，制定了文化创新发展路线图和时间表。深圳文化产业持续快速发展，探索出"文化＋科技""文化＋创意""文化＋金融""文化＋旅游"等一系列新业态，使其现代文化产业体系建设速度加快，焕发出勃勃生机。

一　文化发展支撑城市先行示范

(一) 文化发展思想引领

自 20 世纪 80 年代初，三分之一的基础设施投资用于意识形态和文化建设。2003 年，确立了"文化立市"战略；2012 年，确立了"文化强市"的目标。文化崛起的主线始终贯穿深圳的发展逻辑。2016 年，深圳市发布并实施《深圳市文化创新发展 2020

（实施方案）》，认准目标，列明153项重点任务，目前成效已经凸显。

深圳已确立了具有新时代文化特色和深圳特色的高端理论地位。2018年9月，深圳第一份综合性人文社会科学学术期刊《深圳社会科学》正式创刊出版，"深圳学术年会"推动高水平国际学术会议在深圳生根发芽。

深圳建立了具有中国特色的新型智库。围绕全面深化改革开放和粤港澳大湾区建设等重大理论和实践问题，它取得了一批高质量、有影响力的学术研究成果。"深圳学习论坛""基层百班""公民文化讲堂"等丰富多彩、脚踏实地的活动，掀起一股学习和宣讲的热潮。从高端引领到草根推广，新思想的全方位推广深入人心。

（二）丰富多彩的文化内容支持

2018年9月20日，在大型文艺晚会"追逐梦想——改革开放后开始"的现场，一只由800架无人机组成的大鹏鸟展翅飞过深圳上空。这一幕是文化释放强大动能的具体体现。对深圳而言，文化是远见的理想选择，是人文精神的温暖家园。

20世纪90年代，在市场化的浪潮下，曾经辉煌的深圳粤剧团面临大众文化冲击后一度迷失，人才流失严重，艺术创作停滞不前。有效的改革创新是文艺繁荣的强大引擎。深圳艺术学院的创新发展活力得到充分激发，艺术创作和生产能力明显增强。"深圳文艺"正在被塑造成一个闪亮的文化品牌。

如今，深圳粤剧团已重返创作轨道，致力于创造优秀有内涵的文化，不仅吸引一批年轻演员的加入，也让一批优秀艺术家选择回归。基于全球区域性文化中心的定位，深圳选择通过文化体制改革，在文化内涵建设上取得新的突破，以展示经典粤剧、传统文化的艺术魅力。

（三）成为文化领域的先锋

根据世界著名大都市的发展规律，当人均国内生产总值达到一定程度时，人们的精神文化需求就会有质的飞跃。作为一个经济发达、人均国内生产总值近20万元的移民城市，专业成就只是吸引人才来深圳的一个因素，精神归属感是人们留下来的原因。城市文脉的延续是增强人们认同感、使城市充满活力的重要因素。近年来，坪山区将保护和建设城市文脉与完善基层公共文化服务紧密结合，使文化成为支撑坪山发展的重要力量。有着近百年历史的南方中学和金桂村脚下的老供销社一度衰落，经过精心设计，它们被改造成城市书房和文化创意体验厅，它成为独特的文化符号，迅速融入粤港澳大湾区的文化圈。

在深圳坪山中央公园旁，全新的大剧院、图书馆、美术馆、展览馆、文化创意体验馆、书店如雨后春笋般涌现，形成一个"文化聚落"，成为坪山中心区令人眼花缭乱的新文脉。与之配套的是公共文化服务机构的一系列改革，它们打破现有模式，使坪山区迅速引进高端文化资源，一举成名。"近处的人必快乐，远处的人必来。"

坪山只是近年来深圳公共文化事业大发展的缩影。深圳连续3年推出"城市文化菜单"，带来国际文化资源；全年有16项文化活动，满足群众对精神文化生活的需求。作为世界级城市，深圳计划建设"十大新文化设施"，如深圳歌剧院、深圳自然历史博物馆和深圳科技馆，以巩固其文化基础。

（四）文化赋能产业升级

2019年，深圳文化及相关产业（规模以上）增加值1849.05亿元，增长18.5%，逐步形成以质量为导向、内涵式发展的现代文化产业体系。深圳文化创意企业超过5万家，从业人员近百万人。市级以上文化产业园区61家，园区入驻企业超过8000家，合计营业收入超过1500亿元，实现税收超过150亿元。

深圳参与国际城市竞争，文化产业是其可持续发展能力的决定性因素之一。城市根据自身文化发展的内在逻辑，创造新的资源，注入新的活力，在世界城市发展史上并不少见。

著名的主题景点如快乐乡村、世界之窗和中国刺绣都是由华侨城集团制作的。作为与深圳经济特区共同成长的中央企业，华侨城在"旅游+房地产"创业模式早期成功后，积极探索"文化+旅游+城市化"，为深圳推进"文化+产业"新模式、探索文化产业发展有效路径提供了生动实践。

鉴于光明新区作为新区背景，可建设国际知名的生态农业旅游小镇，推广新的生活方式。与其他具有深厚文化底蕴的特色城镇不同，光明特色镇体现出更广阔的文化内涵。一方面，该镇尊重和挖掘积累多年的国营农场文化、华侨文化和岭南文化；另一方面，符合时代需要的文化旅游产品应该因地制宜地开发。

正是因为有华侨城这样的文化龙头企业和数千家不同规模、不同市场的主体，深圳才能积极探索"文化＋技术""文化＋互联网""文化与创意""文化＋金融""文化与旅游"等各领域的新发展模式，在贫瘠的文化生态中培育肥沃的文化土壤。

二　集聚新优势，让创新文化走向世界

（一）文博会ICIF让深圳集聚创新动力

文博会ICIF是深圳集聚创新动能、打造"文化＋产业"发展新模式和新形态的生动体现。创新使文化焕发生机，并将其带入市民生活。深圳用文化连接世界。文博会ICIF开启了文化产业创新发展的大门，吸引国内外文化产品集聚深圳。作为中国文化产业的首次展览，深圳文化博览会吸引了"一带一路"沿线国家和地区的关注。中外嘉宾齐聚深圳，共同举办一场盛大的文化活动。文博会ICIF已日益成为引领国内文化产业发展的引擎。深圳以文化创新开拓国际视野，把中国优秀传统文化推向世界。现在深圳文化博览会不断发展壮大，已达到国际先进展览水平。深圳文化产业的成功发展，也体现了城市管理者的不懈努力和培养。

（二）创新、开放、融合

创新让文化焕发活力，走进市民生活。在"人工智能＋机器时代文化深度体验馆"，文化与科技结合，无人机、机器人、智能家居等类别的50余种人工智能产品让游客惊喜和赞叹。宝安展区通过6个"情景＋场景"的空间展示，体现文化创意与日常生活的紧密联系，诠释"文化＋创意"的魅力。深圳艺术中心以传统文化为主题的文化创意产品别具一格，将传统文化之美融入现代生活。这些独具中国特色的文化创意产品也吸引了众多外商前来洽谈。"文化＋创新"之路，将为世界输出优秀的本土文化产品。

（三）创新是文化发展活力的源泉

从"设计之都""创新之都""时尚之都"等城市名称，到"国际音乐节之区"、深圳设计周、深圳（国际）科技电影周等一系列国际文化交流平台，深圳城市文化形象识别正在创新，加快建设国际先进城市的文化品牌标杆体系。

深圳从创新的角度看世界，把文化创新作为城市创新和发展的动力。未来，深圳将扎根优秀传统文化，汲取新时代精华，在文化创意产业发展中积累新优势，加快现代文化产业体系建设，迅速向国际文化创意先锋城市迈进，努力成为具有国际竞争力的创新型主导城市。

第五节　推进深港现代服务业合作区建设进程

开放倒逼改革，制度创新成为前海蛇口自贸片区的核心使命。前海继负面清单、外商投资企业设立由审批改为备案制后，率先在外资领域实施重大改革举措。

前海现代服务业综合试点专项资金已累计扶持项目104个，拉动社会资本超66亿元，政府资金杠杆作用和政策效应明显。"服务内地"是前海在"深港合作"之外的另一重要使命。

一　试点累计扶持项目持续增加

前海管理局修订的《深圳前海深港现代服务业合作区现代服务业综合试点专项资金管理办法》就是其中之一。2016年组织开展的试点项目初审数量、扶持数量与扶持资金额度，分别相当于综合试点前3年（2013—2015年）累计项目的110%、55%、63%。截至2016年年底，综合试点已累计扶持项目104个，拨付扶持资金5.85亿元，拉动社会资本66.13亿元。截至2019年，前海蛇口自由贸易区共推出102项新的制度创新，共计505项，分别在全国、广东省和深圳市推广，其中69项和122项在中国自由贸易区整体制度创新指数中排名第一。随着区内制度创新的影响力、辐射力和驱动力显著增强，区内改革开放水平不断提高，制度创新的源头不断加快。根据中山大学的评估，前海区的制度创新指数综合得分连续两年位居全国第一。

在对外开放方面，截至2018年年底，"一带一路"沿线41个国家在前海蛇口自贸区投资设立企业365家，引进344家世界500强企业前来投资，大陆上市投资企业628家，高新技术企业500多家，快速汇聚新技术、新产业、新模式。前海企业还在"一带一路"沿线16个国家设立42家企业，协议投资12.13亿美元。

前海蛇口自贸片区三类信用指数得分在测算时间内均呈现上升趋势。社会信用指数从75.1分上升至83.7分；社会信用建设指数由71.4分上升至81.7分，增幅接近15%；社会信用环境指数得分始终高于其他两类，截至2019年9月为85.7分。

二 组织成立自贸片区创新联盟

自2013年9月成立上海自贸区以来，国务院先后于2015年4月批复成立广东、天津、福建3个自贸区，于2017年3月批复成立辽宁、浙江、河南、湖北、重庆、四川、陕西7个自贸区，2018年4月支持海南全岛建自贸区，形成"1+3+7+1"的开放新"雁阵"格局。

在改善商业环境、为实体经济提供金融服务和转变政府职能等领域，自由贸易区已发展成为一个多层次、广泛而复杂的改革创新模式，成为受影响地区的试验场。然而，由于审批时间和建设起点不同，12个自由贸易区中的20多个区的发展进度并不均衡。

以中山大学自由贸易区研究所发布的"2017—2018中国自由贸易试验区制度创新指数"为例，在中国23个自由贸易区或地区（海南除外）中排名第一的前海蛇口自由贸易区的指数为84.98。

2019年4月，在前海蛇口自由贸易区的倡议下，21个自由贸易区或地区联合发起成立全国自由贸易区创新联盟，旨在加强自由贸易区改革开放的整体性、系统性和协同性，加强区域间的协同创新和发展。根据该计划，到2022年，该联盟将形成一个由沿海、边境和内陆地区的政府机构、企业和智库组成的全面的自由贸易区创新联盟。这将对制度创新、技术产业创新和经贸规则创新产生重要影响。

目前，联盟已搭建了创新成果共享平台，完成第一批早期收获成果的分享，包括全国自贸片区创新联盟成员创新成果、创新经验汇编以及中国自贸试验区重要研究论文精选等，并启动自贸片区产业对接、联盟服务平台的建设。

三　构建改革创新协同发展示范区

前海在与全国各贸易园区建立联盟机制的同时，也在思考如何与深圳各区域交流经验。这不仅是对制度创新成果的复制和推广，也借鉴了各区域的产业特点和创新战略。前海蛇口自贸区首批改革创新成果推广案例的形成，标志着《前海、福田、南山、宝安、大鹏改革创新示范区协调发展战略合作协议》进入实质性运营阶段。

根据《前海蛇口自由贸易区第一批改革创新成果推广案例清单》，可整理出2015—2018年前海启动的414项制度创新和131项改革创新案例，并将第一批复制推广到大鹏新区。29项改革创新成果的经验涵盖投资便利化、粤港深度合作、贸易便利化、金融创新、事后监管、法治建设、体制机制创新、产业政策创新8个方面。

通信业务实现"三网融合"，优化行政审批建设项目实现并行处理，促进"一个检验和两个版本"卫生检疫模式，建立青年创新和创业的平台——前海香港青年梦工场，完成在中国首笔跨境碳资产回购交易业务、启动企业信用分类监管模式、首创跨境公证法律服务、建立总部经济项目信息库、优化总部项目跟踪手段。

四　辐射内陆省市布局跨区域合作

自2017年以来，前海已与12个地区签署跨地区合作备忘录或框架协议，形成服务内地东、西、南、北多点布局的战略格局。自2018年以来，这种布局明显加快。前海自由贸易区与内蒙古、灵山新区、西安高新技术产业开发区、哈尔滨香坊区和青岛高新技术产业开发区的合作更加紧密。和林格尔新区是内蒙古边境少数民族地区经济转型发展的先导区，是中国对外开放的重要桥头堡，是连接中蒙俄经济走廊的新高地。前海将与其合作，推进改革创新经验的复制和推广，深化互利产业合作，推进"一带一路"合作共赢倡议。

在哈尔滨市香坊区，前海创新研究院东北分院和东北亚创新研究中心同日揭牌，成为前海增强智库服务决策、服务地方能力的重大举措。双方将共建深哈互动重要平台，开展人才交流与培训，创新能力建设措施等，服务哈尔滨乃至东北各省。

前海蛇口自贸片区与内地合作的空间巨大，可将前海的经验推广复制到内地。比如，前海金控公司与东湖高新区管委会就打造"武汉前海园"达成初步共识；与拉萨市达成初步意向，将为其重点企业在资产证券化、IPO、引商增资方面提供金融服务。

第五章

新生经济形态的不断培育与发展

评价区域或者城市的经济发展能力与滚动发展能力，关键在于城市未来发展的产业增量、质量及其现代化高端产业布局的突破口。所以，必须考察它在所处历史发展周期中拥有的新兴经济形态及其产业内涵的创新性、特色性和领先性。经济发展的重大表现就是经济形态的演变和交替。经济现代化的表现就是一种或多种新经济形态的转换，并逐步促成新的创新投入，因为每种经济形态都具有自身独特的时代理念、主导产业、科学内涵、发展模式、内部结构和运行制度等。这些恰恰是深圳未来能够实现经济高端引领与结构转型的重要内涵。这些创新性的经济形态更加容易产生各种优势叠加的新型发展模式和创新范畴，是培育创新优势、增强核心引擎动能和持续发展后劲的新兴领域，也是为粤港澳大湾区未来发展不断注入的源源动力。

深圳耳熟能详的经济形态包括城市群经济、都市圈经济、总部经济、湾区经济、智能经济、海洋经济、标准经济、质量经济、网络经济、数字经济、智慧经济、循环经济、生态经济、绿色经济、能源经济、材料经济、艺术经济、自贸区经济和开放型经济等。

第一节 深圳新生经济市场规模将突破2万亿元

中国（深圳）综合开发研究院（简称"综研院"）发布的《新40年·新40企——深圳未来发展的新力量》报告认为，深圳经济特区未来40年是属于新消费和新科技的40年。该领域已涌现腾讯、华为、海思、大疆、乐信等一批明星企业及创新之星，将在未来40年为深圳经济增添新活力、新动力。

《新40年·新40企——深圳未来发展的新力量》报告认为，在新消费和新科技企业带动下，未来5年，深圳GDP增速预计达到6.5%，到2025年人均GDP达3.5万美元，超过高收入经济体中位数。其间，新经济增速预计保持9%，占GDP比重达50%，创造近500万个工作岗位；到2025年，深圳最终消费率有望达到50%，最终消费规模达2.2万亿元，实现翻番，仅次于北京、上海。

一 深圳40家企业代表未来新力量

《新40年·新40企——深圳未来发展的新力量》报告认为，随着"双循环"新发展格局的推进和新基建、新消费的兴起，智能经济、消费经济、健康经济、数字经济将成为深圳经济发展的关键增长点和发力点，这些行业的企业也将成为深圳未来40年发展的生力军。

通过构建新经济企业评价模型，邀请权威专家和政府相关人士进行二次评选，确立能够代表深圳未来40年发展的40家新经济企业包括华为、腾讯、海思半导体、中兴、乐信、汇顶科技、金蝶、迈瑞、华大基因、大疆、奥比中光、云天励飞、平安科技、微众银行、顺丰等。

这40家企业分布在芯片、新消费、新金融、新材料、新硬件、人工智能、云计算、生命健康等十大创新领域。进一步对深圳2000年以后成立的优秀新经济企业通过行业潜力/市场规模、企业市值/估值规模、经营态势、技术能力、治理情况等维度的定量打分和专家评价，评出了这些领域未来的十大创新企业之星。

著名经济学家、中国（深圳）综合开发研究院院长樊纲表示，创新是深圳经济特区发展的根本动力，也是凝聚在深圳这座城市的基因。深圳未来更需要迭代出如海思半导体、大疆、乐信等一批能够真正代表中国未来新力量的企业。

二 新经济将占据未来经济半壁江山

《新40年·新40企——深圳未来发展的新力量》报告认为,深圳未来40年将是消费红利和科技红利进一步凸显的40年。在新科技和新消费驱动下,经济将迎来新一轮快速增长,产业结构进一步优化,具体表现在4个方面。

1. 新经济占据半壁江山

2021—2025年,随着政策的深入布局和企业的持续创新,深圳新经济仍将保持9%的平均增速。到2025年,深圳市新经济规模预计突破2万亿元,占GDP比重预计达到50%,创造近500万的工作岗位。

2. GDP高速增长

2021—2025年,受战略性新兴产业稳定高速增长的驱动,深圳GDP增速预计在6.5%左右,到2025年实现名义GDP总量4.2万亿—4.5万亿元的规模。人均GDP有望达到3.5万美元,超过高收入经济体中位数。

3. 消费规模全国第三

预计到2025年,深圳最终消费率将达到50%,最终消费规模预计达到2.2万亿元,实现翻番,仅次于北京和上海。预计到2030年,深圳最终消费规模有望突破3万亿元,逐步向消费型社会转型。

4. 跻身全球城市TOP 50

预计到2025年,深圳世界500强企业数量将超过10家,独角兽企业将超过30家。深圳有望成为全球经济枢纽与创新枢纽,突出创新策源地和国际创新要素集聚,凸显金融科技、产融结合和跨境金融创新,突出新消费,跻身全球城市TOP 50。

三 本土综合性消费平台是经济短板

《新40年·新40企——深圳未来发展的新力量》报告认为,在消费领域,深圳目前仍有短板,社会消费品零售总额规模小,最终消费率低,这"一小一低"是主要问题。深圳社消零规模长期排名靠后,不到上海的50%,消费对经济的拉动作用有待提升。

互联网消费平台也制约深圳发展国内大循环。当前，深圳互联网消费平台仅有乐信、环球易购等为数不多的几家，未来本土需要培育更多"阿里式""京东式""拼多多式"综合性消费平台龙头，在建设国际消费中心城市、畅通国内大循环板块方面有更多政策布局。

第二节　形成蓬勃发展的数字市场经济

深圳的数据要素市场化配置被重点提及，并从市场制度、政府数据共享、粤港澳大湾区数据平台建设三大维度描述了数据要素的市场化改革，引起社会的广泛热议。实际上，数据要素市场化对于深圳并不陌生，数字化与数据要素一直贯穿深圳的发展演变史中。

一　产业数字化蓬勃发展催生数据要素市场化

20世纪90年代，深圳的电子信息产业以加工贸易率先起步，凭借土地、劳动力等要素禀赋，依赖税收等政策优势，吸引了大量外资企业，以粗加工的形式，通过大量利用外资迅速地扩张规模。

香港回归中国和亚洲金融危机后，东南亚等新兴国家受到重创。雁行周期下，深圳抓住机遇，成为全球产业转移的重要路线。此后，雄厚的资本、先进的技术、高素质人才加速进入深圳电子市场，深圳通信产业、计算机产业、集成电路产业多点开花，电子信息产业集群初步显现。

伴随产业规模的持续扩张，尤其是价格战之后，深圳政府意识到现有的产业结构不足以满足激烈的产业竞争与长期可持续发展的要求，于是，以电子信息产业为首的工业结构调整开始启动。产业结构优化与升级成为当时深圳产业发展的主旋律。

在此阶段，从行业结构来看，深圳实现从以家用视听设备制造业为主向以通信设备制造业、计算机制造业为主的转变，移动互联网行业异军突起，以金蝶、金证为代表的企业信息化，以腾讯、迅雷为代表的互联网服务，以华为、中兴为代表的嵌入式软件纷纷涌现，深圳数字产业开始成为支柱产业之一。

2012年，"互联网+"概念提出，迅速向全国开始推行。深圳凭借雄厚的互联网产业基础，率先促进各行业生态链的融合变革，推动企业开展数字化、网络化和智能化转型升级，新经济业态、新的服务模式不断涌现。如今，随着新一代信息技术的发展，深圳产业的在线化、标准化、结构化程度进一步提升，数字经济达到新的高度。

2019年，深圳市数字经济产业规模达到27828.6亿元，居全国大中城市首位。至此，深圳完成传统产业驱动到数字产业驱动的结构性变革，以电子信息产业为开端，纵深化地推进传统产业的数字化、智能化升级，极大地提升了深圳的产业数字化程度。

产业与市场息息相关。伴随数字产业的蓬勃发展、需求的多元化和定制化，促使互联网企业优化与升级应用场景，以腾讯、百度为首的互联网公司推出针对不同使用主体的数字化服务。对移动互联网个人而言，即时通信、在线游戏、在线支付等智能化生活方式全面渗透到人们的日常生活，个人终端的普及和入网人群的增长，使个体数据得以伴随生活消费方式的变化在互联网上积累、留存。对于企业或政府，数字化解决方案开始出现在工作业务中，提升行业效率的同时也拓宽了行业边界，产业互联网日渐成型。

随着数字化资源通过各种形式源源不断渗透进产业链生产端、需求端、服务端，产业数字化愈加深入，逐步成为深圳带动经济创新发展的新动能。数据作为数字化中最基础的单位，由原来的简单数字符号转变成继土地、劳动、资本的第四大生产要素，在深圳成熟发达的产业数字生态中，走向其独特的要素市场化道路。

二 高度发达的数字产业倒逼数据制度化创新

深圳拥有坚实的数字产业基础以及高度的产业数字化程度，在数字要素市场掌握技术支撑和资源积累等先发优势。近年来，随着深圳在数字经济发展中的不断推进，数字要素产业化效益明显。

从产业化角度来说，深圳市数字经济发展迅速。2019年，深圳市全年战略性新兴产业增加值合计10155.51亿元，比上年增长8.8%，占地区生产总值比重的37.7%。其中，新一代信息技术产业增加值 5086.15 亿元，增长 6.6%；数字经济产业增加值 1596.59 亿元，增长 18.0%（见图 5—1）。在新基建领域，深圳市表现依旧不俗。2020 年，深圳市在 5G、智慧城市、AI（人工智能）、智能可穿戴设备等新一代信息技术应用领域已经处于全球领先地位。以 5G 为例，深圳 5G 商用进程建设成效显著，率先完成 5G 独立组网全覆盖；宽带普及和光纤入户建设处于国际先行梯队，固定宽带人口普及率为 51.5%，光纤接入用户占比达 94.2%。

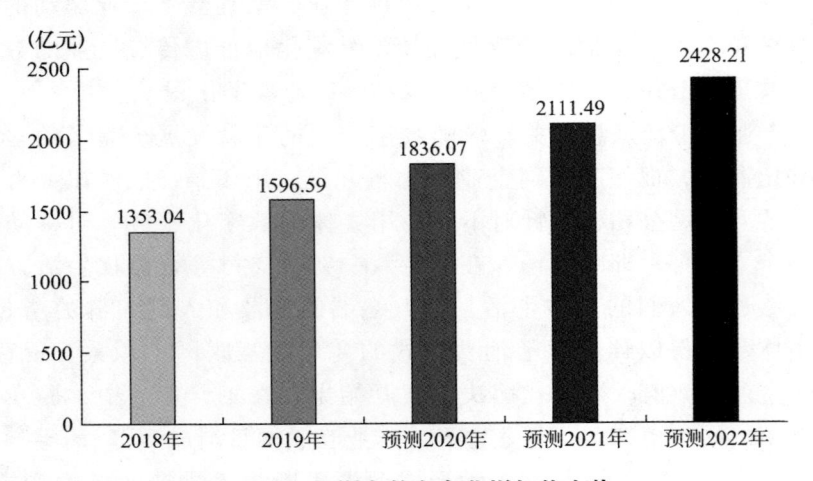

图 5—1　深圳市数字产业增加值走势

资料来源：深圳统计局。

数字政府建设已成为数字经济发展的重要抓手。在深圳市搭建的政府数据开放平台，每天有超过 2000 万条数据在各市级单位、各区之间交换共享。截至 2019 年 10 月，平台显示已集纳了 2421 余项开放目录总量 3.57 亿条数据，实现在交通、医疗、教育、财税、公共安全等多个领域的政务数据开放，走在全国数据开放的前列。深圳市推出的"i 深圳"统一政务服务 App，通过融合全市 4200 多项服务数据，为市民提供千人千面的定制化服务，推动政务服务向掌上办转变。目前，App 累计下载数超过 1800 万次，注册用户数达 1200 万人，累计访问量超过 10 亿人次，充分挖掘和释放了数据的潜在价值（见图 5—2）。

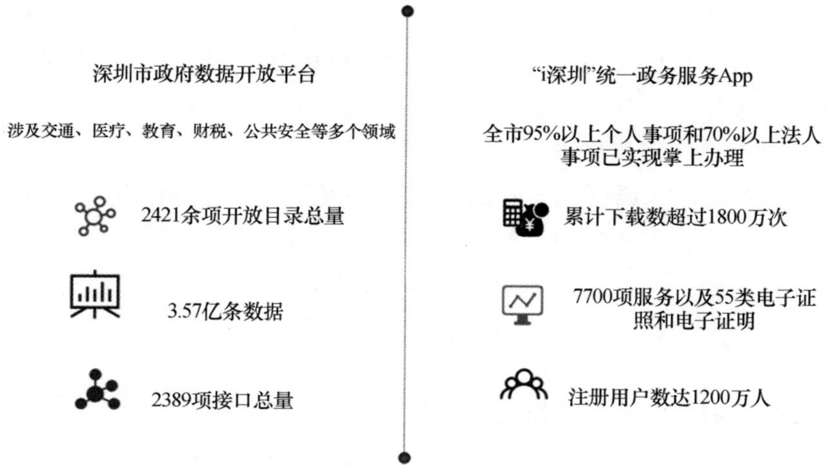

深圳市政府数据开放平台

涉及交通、医疗、教育、财税、公共安全等多个领域

- 2421余项开放目录总量
- 3.57亿条数据
- 2389项接口总量

"i深圳"统一政务服务App

全市95%以上个人事项和70%以上法人事项已实现掌上办理

- 累计下载数超过1800万次
- 7700项服务以及55类电子证照和电子证明
- 注册用户数达1200万人

图5—2 深圳市数字政府建设部分成效

2020年6月，深圳市工业和信息化局发布《深圳市数字经济产业创新发展实施方案（征求意见稿）》，到2022年，数字经济产业成为推动深圳市经济社会全面发展的核心引擎之一，增加值突破2400亿元，年均增速15%左右。根据国内外数字经济产业发展长期趋势，深圳市应因地制宜，充分结合自身数字经济产业基础，选择大数据、云计算、区块链、信息安全、人工智能、工业互联网等12个细分领域予以重点扶持。

在数据大面积使用与数字化程度不断加深的情况下，数字经济产业将重构深圳的整个产业生态格局，极大改变了现有的社会治理方式。数据是数字经济发展的核心。为了更好地将数据与数字化纳入深圳的治理版图，实现数字经济可持续发展，深圳的数据制度化创新势在必行。

2020年7月15日，深圳市司法局发布《深圳经济特区数据条例（征求意见稿）》。此为全国首个数据条例，具有极强的标志性意义和极高的价值。条例全文近15000字，共7章103条，体例完整，内容丰富。除去总则和附则外，主要分为个人数据保护、公共数据管理和应用、数据要素市场培育、数据安全管理和法律责任5部分。

数据要素市场培育是本条例的侧重点之一。该条例从数据要素市场统筹与管理、规范市场主体数据活动、促进数据要素融合、建立深港澳地区数据融通机制、建立数据跨境国际合作机制、建立数据质量管理体系、建立数据价值评估体系、市场保障措施8个维度，为数据要素市场培育提供了全方位的制度支撑。

条例对数据权属问题也进行了深入讨论，根据权利主体，为数据法律关系中各主体的数据活动提供相对稳定的行为预期，将相关主体的数据行为约束在法定范围，从而解决数据活动中主体权利、义务以及责任边界不清晰的问题。

三 深圳数据要素市场化仍面临挑战

近年来，深圳市积极推进数据要素市场改革，取得了良好的效益。不可否认的是，作为制度改革的先行者，深圳在数据要素价值的挖掘中还处于初级阶段，仍面临一系列的挑战。

深圳在要素市场中仍存在垄断化、行政化与孤岛的现象。政府通过特许经营"垄断"一部分金融资源，导致金融市场错配，再加上对金融监管的滞后性，一定程度上也抑制了金融的创新性。在科技资源分配和科技成果评价中，政府仍然掌握重要科技资源的分配，行政的突出作用对市场机制造成一定扭曲。对于数字要素，传统的地域性科层制管理方式与数据的无边界流动存在的固有冲突有待弥合。目前，深圳对于数据的管理采用属地与科层管理模式，这使得相对完整和丰富的数据分割为数据片段，各部门、单位之间的壁垒无法打破，甚至形成数据孤岛。这将在很大程度上丧失数据通过链接生成的更大价值（见图5—3）。

从性质上看，数据属于无形资产，不等同于自然物或精神产物，会根据主体、空间表现出较强的差异性，是超越物质与精神的衍生品，在归属定义上存在较大难度。从制度上看，数据自身的特殊性决定了数据确权、定价、交易等孤立的形式并不能解决垄断、隐私和公平等伦理问题。尽管相关立法在稳步进行，但现有立法在数据收集、处理使用、安全监管等方面仍未存在较好的解决办法，在数据价值与人类伦理上寻找新的平衡点也是当前立法面临的巨大挑战。

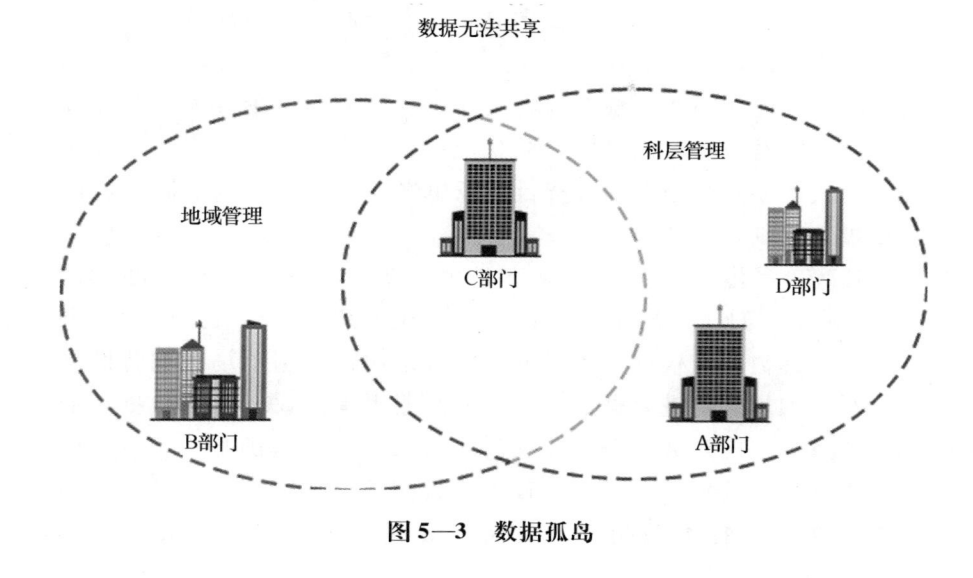

第五章 新生经济形态的不断培育与发展　101

数据无法共享

地域管理　　　　　　　　科层管理

C部门　　　　　D部门

B部门　　　　　A部门

图 5—3　数据孤岛

特区面临的挑战实际上是全国市场化发展的普遍问题。在当前逆全球化趋势与国内双循环格局凸显的背景下，数字经济已成为经济高质量发展、推动新旧动能转换、布局新兴产业形成更多新的增长点的重要支撑。正由于此，数据要素的市场化机制才显得尤其重要。只有完善数据生产、流通、整合、应用、共享、开放、保护等数字经济治理的制度体系和机制流程，才能迸发出数字经济真正的活力。深圳作为二次改革的排头兵，如何在当前背景下探索和构建新的数据要素市场机制与制度体系，成为其面对的重要课题。

四　政策发力与技术探索双管齐下

综合试点方案也从多角度对深圳当前存在的问题提出集中解决方案。首先，从顶层设计与政策层面发力，明确管理边界与权限。针对二元管理结构，实施方案明确了中央与地方的权限边界，强调深圳地方责任的同时，赋予其在新时期的更高独立与直辖权，以清单批量授权方式赋予深圳在重要领域和关键环节改革上拥有更多自主权，一揽子推出27条改革举措和40条首批授权事项，并提出支持在资本市场建设上先行先试与在土地管理制度上深化探索,增强深圳在金融流动与土地市场改革中的地方资源调整与配置权,增大深圳在金融领域的二次开放程度。近日数字人民币在深圳罗湖区的内部测试,也从侧面反映出深圳在接轨国际金融市场方面的对外开放决心。针对科技资源过度行政化配置,方案中提出,将优化资源配置方式和创新管理机制,实行非竞争性、竞争性"双轨制"科研经费投入机制。

其次,深化数据要素配置市场化改革,着重解决政府部门的"信息孤岛"问题,加快实现数据的开放和共享。在数据要素市场培育方面,数据产权制度的完善与探索是加快数据市场化配置的必要途径,须加快推进数据信息公开和信息共享立法,明确数据权所属,通过立法构建数据市场化交易平台。值得一提的是,粤港澳大湾区数据平台的建设有助于打破当前数据的区域隔离,促进粤港澳大湾区要素便捷高效流动,从而有效利用湾区广阔的数字市场空间。

除政策发力外,技术也是不可或缺的一环。数据要素市场化的关键,是在满足数据安全性的条件下创造交易场景。区块链天然具有确权优势,可助力未确权定价的要素资源进入市场释放经济价值,解决数据要素痛点,与数据的交易场景高度契合(见表5—1)。

表5—1　　　　区块链主要构件在数据要素中的作用

构件	作用
分布式账本+数字签名+共识记账	数据可由参与各方添加,由参与各方互证、互认以实现不可篡改、不可撤销,确保数据来源的真实可信;分布式账本系统能实时安全地访问共享数据,实现支付清算等价值传输的实时化、自动化和高效化
共识机制+多方协作激励机制	区块链的激励机制本来就是为了解决对利益相关者激励相容而设计的,用来有效解决利益多元化、去中心化、利益相关者模式的有效激励问题

续表

构件	作用
区块链定价系统	引入区块链技术追踪数据交易，引入时间戳保障数据的不可篡改，引入智能合约降低买卖双方的交易成本，引入通证激励机制，促进数据交易
构筑数据共享区块链安全保障体系	技术层面：设计数据共享区块链去中心化访问控制机制，增强交互数据验证与参与主体核查等功能；应用零知识证明及同态加密算法建立数据共享区块链的隐私保护解决方案；设计可信数据管理系统，实现科学数据共享区块数据的高效溯源查询与验证 制度层面：综合运用法律、行政、联盟监管等手段开展联合管控，防范科学数据共享区块链交互安全问题
高效的链上数据治理	各节点地位平等，监管机构可以进行穿透式监管，智能合约+共识机制能降低存证、取证的成本，自动执行相关规则，形成高效的数据治理

近年来，深圳市大力发展区块链产业，正是看中它特有的分布式、非对称加密、可追溯等特性在数据要素运用中的突出优势。具体而言，作为链接物理世界与数字世界的桥梁，区块链在数据的确权、储存、流通、使用中发挥着重要作用。在数据的穿透式确权中，区块链将数据资产封装为可上链的数据对象，通过唯一的赋码机制确保资产唯一性，为每个数据资产确权。数据资产在流转过程中可能发生合并、拆分，以确保权属的连续性和可追溯性，使得数据市场的规范交易成为可能。在数据的储存中，通过加密技术和分布存储技术，区块链确保了数据不被泄露，分布式存储更安全，更能满足对未来市场变化迅速做出反应的要求。作为一种技术制度安排，区块链支撑数据要素发挥价值，不仅体现在公司内部和产业链上下游的高效协同上，还可建立合规有效的开放数据要素市场。

2020年，在深圳市发布的《市工业和信息化局关于发布2021年数字经济产业扶持计划申请指南的通知》《深圳市人民政府关于加快推进新型基础设施建设的实施意见（2020—2025年）》等政策中均看到了区块链的身影。

第三节　形成高质量、高标准的新型创意经济

一　致力打造高质量创新、高标准创新的领域

深圳是中国先进制造业的典型代表之一，美国这几年封杀的中国高科技公司都来自深圳。不论是通信行业的中兴、华为，还是无人机行业的大疆，都是来自深圳的高科技公司。

深圳南山区是中国百强区之一，2019 年，其 GDP 突破 6100 亿元，总量居深圳各区之首，稳居广东省区（县）第一。值得一提的是，从 1990 年建区到 2020 年，短短 30 年间，南山区 GDP 增长 78 倍。其人均 GDP 达到 40.16 万元，是全市水平的 1.97 倍，位居全市各区之首，同比增长 3.3%；单位面积产出 GDP 达到 32.58 亿元，是全市水平的 2.42 倍。

南山区的 GDP 不靠房地产和重工业，而是靠第三产业，以高科技制造为主。南山区的经济结构也接近美国硅谷的水平，已经具备建设"中国硅谷"的基础和条件。在基础研究方面，深圳 11 所大学中有 9 所位于南山，有 14 名专任院士。

一是在技术发展方面，南山形成战略性新兴产业和未来产业 123 个子产业，具有国际领先地位的有 24 个子产业，集聚中兴通讯、腾讯、大疆创新等一批世界级创新企业和深圳 90% 以上的"独角兽"企业。二是在成果转化方面，南山集聚了一批新型研发机构，区域孵化能力居全国区县之首。三是在资金支持方面，中国证券业协会注册数据显示，深圳 75% 以上的风险投资和风险投资机构集中在南山区。

在科技领域，根据南山区的统计年报，它始终把创新作为引领发展的第一动力，抢抓深圳市实施创新十大行动计划机遇，奋力推进国际科技、产业创新中心核心区建设。

（一）加速集聚高端创新资源

ARM（中国）总部、空客亚太地区唯一创新中心竞相落户，盖

姆石墨烯研究中心、全球金融科技实验室、霍夫曼先进材料研究院布局南山，与2016年入驻的苹果、高通一起，形成全球顶级创新巨头集聚态势。网络空间科学与技术广东省实验室落户南山，这是广东省首批4家基础研究领域实验室之一，是国家实验室的"预备队"。中集智能化海洋装备、中德纳2个制造业创新中心挂牌成立，占深圳市的2/5，高新北、留仙洞成为深圳市未来产业集聚区。

（二）创新成果密集涌现

中兴、迈瑞、深大、南科大、中科院先进院等12家企业和机构，摘取10项国家科学技术奖，占深圳市的2/3。微芯生物、国民技术获2项中国专利金奖，占全国的1/10；腾讯公司获外观设计金奖，占全国的1/5。新增国家级高新技术企业739家，总数接近3000家，超过深圳市的1/4。中集集团研发的深海钻井平台蓝鲸一号成功采集可燃冰，被誉为"大国重武器"。

（三）军民融合、双创发展领跑全国

作为全国唯一地方代表，受邀参加国家级军民融合论坛并做经验介绍，成为"国防科技工业军民融合创新示范基地"。新增众创空间55家、孵化器16个，前海创投孵化器"以投带创"模式写入国务院文件，南山实践为国家顶层设计做出贡献。中科院先进院、腾讯入选国家第二批双创示范基地。在美国、加拿大、以色列设立4家海外创新中心，占深圳市的4/7，链接世界创新最前沿。"创业之星"大赛连续举办10届，成为"大众创业、万众创新"的一面旗帜。

（四）最严格知识产权保护率先破题

改善法治经营环境，建设深圳市首个6600平方米的全方位"知识产权保护中心"，引进深圳仲裁院等6个保护机构、美国眨眼律师事务所等14个运营机构、3个行业协会，构建保护、运营、转化、协调、支持的五大链条。

二 创新创意支撑城市新经济

2004年，教科文组织发起"创意城市网络"项目，旨在承认和交流成员城市在促进当地文化发展方面的经验，以实现在全球环境中倡导和维护文化多样性的目标。该项目分为7个类别："文学之都""电影之都""音乐之都""设计之都""媒体艺术之都""民间艺术之都"和"烹饪与美食之都"。2008年，深圳被联合国教科文组织授予"设计之都"称号，正式入选"全球创意城市网络"，这是中国第一个"设计之都"。入选联合国"全球创意城市网络"，对深圳这座年轻城市是充分的肯定，更是莫大的激励。自深圳建市以来，城市的血液里就孕育着创意的基因。

（一）创意提供发展的重要支撑

文化创意产业、高新技术产业、现代物流业、金融行业合称深圳的四大支柱产业。文化博览会、深圳设计周、深圳时装周等活动，以及华侨城创意文化园、大浪时尚创意城等平台，都是深圳创意名片的重要组成部分。

尤其是在设计领域，自2012年以来，深圳连续6年获得国际工业设计大奖，如国际单项体育联合会（iF）和红点奖（Red Dot），在国内大中城市中排名第一。陈绍华、韩家英、毕雪峰等著名平面设计师深受业界认可。目前，深圳有6000多家实力雄厚的设计企业和6万多名专业设计师，涵盖平面设计、工业设计、建筑设计、动画设计、软件设计等10多个领域。

2016年，《深圳文化创新发展2020（实施方案）》正式发布，对创意名片进行了一系列梳理。例如，文化创意产业年均增长率将保持在10%以上，产业质量和国际竞争力将持续提升；深化国有文化集团改革，支持培育文化创意、园区运营、文化综合体等新的增长点；鼓励传统制造文化企业提高创意设计和研发环节的比例与水平；支持小微创意企业加速成长等。

2018年，深圳再次提出要出台文化产业创新发展和创意设计高质量发展的政策措施，做大时尚设计、工业设计、建筑设计等产业，培育发展影视、动漫、数字出版等产业。此外，筹办创意设计馆，开业运营前海深港设计创意产业园等。

（二）深化创意相关产业合作

《构建具有国际竞争力的现代产业体系》强调战略性新兴产业的培育和扩大，特别提出要促进数字创意产业的合作，如动画游戏、网络文化、数字文化设备、数字艺术展览、数字创意、电子商务、医疗卫生、教育服务、旅游、休闲等。

近年来,深圳数字创意产业发展迅速,企业已超过1万家,动漫游戏营收规模约占全国一半,游戏市场收入占全球的10%以上,数字出版营收达到千亿元级,具有发展数字创意产业的先发优势和绝对实力。《粤港澳大湾区发展规划纲要》还提出要构建错位发展、优势互补、协调发展、以文化创意等专业服务为重点的现代服务业体系,深化粤港工业设计、文化创意产业、影视等领域合作。

(三)支持引进世界高端创意设计资源

2018年是深圳获评"设计之都"称号10周年。多年来,"深圳设计"以强大的驱动力,带动各行业快速发展,成为助力深圳经济高质量发展的重要推手。

党中央、国务院《关于支持深圳建设中国特色社会主义先行示范区的意见》指导文件提出要建设文化湾区,并列举一系列完善深圳创意产业体系的措施,支持深圳从世界引进高端创意设计资源,大力发展时尚文化产业,促进新闻出版广电产业发展;加强民族音乐产业基地建设,促进音乐产业发展,加强大湾区艺术团、表演艺术学校和文化艺术团体的交流,支持博物馆合作举办展览,为大湾区艺术团的跨境演出提供便利。

新时期,深圳实施创新驱动发展战略,实现高质量发展,对提升创新设计水平、发展时尚创意产业具有重要意义。坚持品质领导,努力提升国际知名度,如"深圳设计周""深圳全球设计奖";要坚持设计支持,研究出台相关配套政策,密切关注深圳创新设计研究院的组织工作,充分调动各行业、各领域的力量,努力打造国际创新设计之都。

第四节　形成开放、包容、合作的知识共享经济

一　开放、包容的创新生态环境

深圳高科技产业快速发展,离不开开放、包容的创新生态,而

创新生态的核心是智力。深圳聚集全球"脑矿",精准对接优势智慧资源。2016年10月以来,先后组建5个诺贝尔科学家实验室,筹建了7家海外创新实验室。

此外,与美国、日本、德国、以色列、英国等世界创新高地合作,建立了20多个全球创新创业直通车主次网络,实现24小时信息、技术、人才等创新要素的无障碍沟通,形成"全球高速骨干网、微观创新体系纽带"的城市立体动态创业创新体系。

宽松、开放、包容的创新文化是深圳创新生态的主要特征,产生独特的创新溢出效应。以华为和腾讯公司为首的大型企业精英离职后纷纷再行创业,衍生和催生了一批优秀的创新型企业。腾讯公司的"企鹅个人飞行俱乐部"已经成为典型的"分裂创业"的重要平台。目前,已有超过15000只"企鹅个人飞行企鹅"加入创业和创新大军,该项目涵盖多个领域。通过构建开放、共享的创新平台,华为有序地向中小创新企业开放创新资源,与供应链中的企业形成优势互补、资源共享、风险共担、利润共享的利益共同体,促进上下游千家企业的发展。

良好的创新生态,离不开标准的建设和知识产权的保护。深圳市研究制定国际国内标准累计达6094项,其中国际标准1636项。深圳对标准的重视,同样带来显著的效果。超材料领域过去一直是欧美等国的天下。近年来,深圳光启理工研究院申请了全球超过85%的超材料领域的专利,打破欧洲和美国垄断尖端技术与标准的局面,形成同步领先的技术、专利和标准,完全扭转被动形势,行业标准不再由他人控制。

在知识产权保护方面,"1+1+5+N"知识产权操作"深圳模式"已经逐渐成型。包括:建立华南知识产权运营中心,建立一个约20亿元的知识产权操作基金;培养5个国家级知识产权操作机构;提供多种新形式的知识产权运营服务,包括交易、评估、咨询、投资、融资、保险、证券、"互联网+"、产权维权等的保护。其最大的亮点在于南山知识产权保护中心的建立与市场监督、公开检查、执法部门、深圳仲裁和服务机构的合作,形成全方位的知识产权保护优惠。

二 深港产学研基地知识共享

2017年，深港产学研基地根据深圳市政府、北京大学、香港科技大学合作三方领导小组会议对基地的定位，以区域发展为导向，以两地高校智源为支撑，以创新创业为动力，建设成布局合理、设施一流、配套完善的国际化创新创业基地。它围绕"一个中心三个平台"业务布局，强化应用研发中心核心竞争力，夯实产业发展、创新服务、人才培育三个支撑发展平台，各项工作取得新突破，为下一步发展打下坚实基础。

（一）应用研发中心建设

2017年，深港产学研基地制定完善《深港产学研基地实验室管理办法（试行）》《深港产学研基地知识产权管理暂行办法（试行）》，初步建立知识产权管理、转让、奖励办法，建立目标考核机制与奖励激励措施。基地各实验室工作积极性得到极大提高，实验室立项项目数及科研经费均创历史新高。2017年，深港产学研基地的深圳环境模拟与污染控制重点实验室承担的齿科氧化锆陶瓷材料颜色调控技术及应用研究项目获广东省科技奖二等奖、生物医学工程研究中心牙列缺损的数字化精准种植修复系列研究获得深圳市2017年度科学技术奖公益类二等奖。

研发机构引进及建设方面，重点对新近引进的心血管影像与介入医疗器械工程实验室和大气污染溯源技术研究所两个实验室进行建设，并引进建立公安大数据联合实验室。从北京大学总部过来的霍云龙教授团队在深建立心血管造影和介入医疗器械工程实验室，重点发展的关键技术，如重大疾病的早期预警和诊断、心脑血管疾病和肿瘤等疾病的早期干预的风险因素，并研究关键技术和方案的标准化、个性化和全面的治疗。

该实验室联合科学家、工程师、医生共同开发心血管疾病早期预警和诊断方法及治疗设备，设计"冠脉斑块诊断仪＋FFR球囊导管""CT数据分析系统""MRI心脏诊断分析系统"等新产品；在血流动力学、血管壁软组织力学、三维冠状血管网络、高血压和心室肥大、心衰、冠状动脉狭窄、无创诊断冠脉血流储备分数、弥漫性冠状动脉疾病等方面取得重要科研成果，成为深港产学研基地高水平生物力学和医疗器械研究与人才培养基地。

公安大数据联合实验室积极推动大数据技术及其在公安领域的应用研究，并与深圳市特种证件研究制作中心深入合作，面向公安部门应用需求研究大数据技术，加强高素质人才交流和合作，将高新技术成果转化为具有竞争力的新产品，为公安部门和相关领域应用提供重要技术支撑；开展"IST主营业务大数据管理分析平台"的研发工作，以深圳市IST主营业务数据为基础创建大数据管理分析平台，核心关键技术包括示例驱动的数据特征库构建及数据提取机制、面向IST主营业务大数据分析的统一视图数据建模方法和多源异构大数据融合、关联分析技术及面向公安人口数据的智能分析算法库。

大气污染溯源技术研究所主要针对当前以雾霾现象为代表的大气污染问题，在中国异常突出。大气污染溯源技术在大气污染治理与管理方面有着重大需求，充分发挥北京大学在大气环境领域的技术和人才优势。大气污染溯源技术研究所集成多学科背景的高水平人才，面向大气污染监测与控制领域开展科学研究和技术研发。实验室以粤港澳为基地，组织实施高质量的技术服务、技术研发与产业化项目。

（二）产业发展平台建设

2017年，深港产学研基地参照自身理事会管理体制，新组建产业发展中心理事会。该理事会成员由基地领导、产业部门负责人及基地职能部门负责人共同组成，并设立监事，推动和监督管理产业发展。深港产学研基地在南京、哈尔滨等地孵化基地发展迅速，一大批优秀企业在基地产业发展中心提供的孵化服务下迅速成长，基地产业发展中心建立的众创空间也被确定为国家备案的众创空间。同时，组建深港产学研科技发展公司新董事会。该公司投资服务的多个项目均得到良好发展。其中，深港产学研环保股份公司发展迅速，顺利完成四轮增资，券商、律师、会计师陆续进场，并向证监局申请上市辅导备案，拟在中小板上市；投资的深泰明等企业发展良好；投资的广州高清已完成退出，并获得较好收益。

（三）深港产学研合作基金

2017 年，深港产学研基地顺利启动深港产学研合作基金申报工作，两校及基地各实验室参与，项目的质量和数量都有所提升。经过业界专家评审，最终确定对来自北京大学、香港科技大学和基地内部的基于纳米结构的低功耗高灵敏度智能气体传感器、基于合成生物学对黏性蛋白质材料的开发及其肿瘤检测的应用、无线充电芯片研发及产业化、基于主动学习的公安身份数据智能分析、基于功能化原位陶瓷覆层的新型铝合金骨植入材料的研究与应用探索 5 个项目进行资助。在第 19 届高交会上，该基地携实验室及孵化项目组团参展，获得优秀组织奖、展示奖、优秀产品奖等。

（四）教育培训平台建设

2017 年，深港产学研基地调整建立新的培训中心干部班子，设立 3 个培训部门及 3 个创新团队，同时出台激励考核机制，培训收入实现历史最好水平。其中，培训一部举办的企业高级管理班的影响和规模都在不断扩大，办班形式多样，追求实效；培训二部创造平台内最高培训业绩，市场开拓能力和办班质量不断提升；培训三部积极尝试和摸索专业培训，在金融人才的培训上进行布局；培训四部在原有专升本的培训工作上积极转型，拓展新的业务；培训五部在新的领域和板块进行探索，紧跟国家发展战略布局培训业务；"创新组"以团队形式探索外地干部来深培训，积极开拓培训市场。

（五）创新创业平台建设

2017 年，深港产学研基地继续与香港数码港合作举办深港青年创业计划活动，并将活动范围扩大到珠三角地区。该活动已成为持续时间最久、效果最好的深港青年创业活动之一，全年吸引 300 余名创业者加入。与前海管理局等单位合作，在深港青年创业计划基础上，共同举办深港澳青年创新创业大赛，共吸引 500 余个项目参加。深港澳青年创新创业大赛有 3 个项目获得"中国创新创业大赛优胜奖"，7 个项目分获"中国深圳创新创业大赛行业赛"第一、第二、第三等奖及优胜奖。深圳创新创业大赛总决赛上，深港产学研基地激光团队和善柔科技公司分获团队组及企业组二等奖，深港产学研基地也被大赛组委会授予优秀组织单位。创新创业平台还承担了国家科技部专项研究任务。

第五节　形成环境舒适、宜居的绿色低碳经济

建设资源节约型、环境友好型绿色开发系统，实现绿色回收和低碳发展、人与自然和谐共处，并且坚定地建立和实践绿色山脉与绿色的水是金山银山的概念，形成现代化的新模式与人，以支持、保护和扶持民营经济发展，加强符合现代经济制度的社会基础建设。

深圳的目标是成为中国第一个对城市环境和可持续发展有新要求的示范城市。截至2019年年底，深圳常住人口1343.88万人，实际管理人口约2200万人。深圳作为中国最年轻的特大城市，近年来人口快速积累，不仅带来快速发展和财富积累，也带来房价高、学历低、就医难、交通拥堵、水污染等一系列社会问题。

2018年3月，深圳召开建设国家可持续发展议程创新示范区推进会，同步出台相关建设方案。方案指出深圳市有"四大短板"亟须破题，解决"大城市病"则要从这些短板入手。比如，在快速城市化进程中，历史遗留问题和新问题相互交织，区域发展不均衡不协调等问题如不能有效解决，将严重制约深圳经济社会可持续发展。

这两年，深圳美景频现，不少人将其归功于深圳的水环境得到明显改善，治水提质初显成效。深圳被选为"国家可持续发展议程创新示范区"似乎也印证着，其治水工作获得了阶段性肯定。

深圳治水工作已运作多年，对于无大江大河大湖大库的深圳，本地水资源供给严重不足，给治水提质带来天然的难点。深圳市政府在治水提质工作中花费了不少财力、物力。2018年3月29日，深圳市2018年打赢污染防治攻坚战动员大会召开，宣布将投入336亿元治水，接连啃下拆迁征地"最后一公里"、园区废水集中处理、跨区市治理河道等"硬骨头"，朝着可持续、治水与治城相结合的方向发展。

目前，深圳已清理一级水源保护区内 1069 栋违法建筑，治理黑臭水体 146 个，改造原清远 5520 个社区，新增污水管网 2855 千米；"十三五"污水管网建设任务提前两年完成，历史债务得到解决。近年来，深圳的空气质量也有所改善，PM 2.5 的浓度已经下降到 26 微克/立方米。

第六章

稀缺资源配置的集约发展模式

第一节 经济结构持续优化,提升资源效率

一 人民生活发生巨变,由温饱迈向全面小康

2018年5月6日,深圳市委改革办公布2018年工作要点,指出要部署市各改革专项小组推进实施各领域改革任务9大类52项,以优化营商环境等重点改革项目为突破口,协调有序推动经济体制、机构和行政体制、民主与法治、文化、社会治理、重大民生、生态文明、党的建设、纪检监察等各领域改革,精心打造标志性、引领性改革品牌。

(一)就业规模稳步扩大,就业结构深刻变化

建立特区以来,深圳不断完善就业政策,大力促进就业,就业总量保持稳步增长,就业形势总体稳定。1979年,全社会就业人员13.95万人,1990年超过100万人,1992年达到175.97万人,2012年增加到771.20万人,2019年达到1170.35万人。建市以来,全社会就业人员年均增长12.0%,为历史高位。自2012年以来,第二产业就业人口比例持续下降,第三产业就业人口比例稳步上升,就业结构进一步改善。

(二)居民收入大幅提升,收入分享持续扩大

深圳居民人均可支配收入由1985年的1915元提升至2019年的62522元,34年增长31.6倍,年均增长9.6%。其中,1985—1987年为起步期,增长9.2%,年均增长4.5%;1988—1997年为高速

增长期，增长 6.9 倍，年均增长 24.4%；1998—2004 年为平缓增长期，增长 48.5%，年均增长 5.8%；2005—2013 年为快速增长期，增长 0.1 倍，年均增长 9.6%；2014—2017 年为平稳增长期，增长 29.3%，年均增长 8.9%，2018—2019 年继续稳定增长，年增长率为 8.3% 和 8.7%。

（三）消费水平大幅提高，消费结构不断优化

深圳居民人均消费支出从 1985 年的 1790 元提升至 2019 年的 43113 元，34 年增长 23 倍，年均增长 7.08%；消费收入比由 1985 年的 93.5% 下降至 2019 年的 68.9%；居民家庭恩格尔系数由 1985 年的 47.5% 逐步下降至 2019 年的 29.4%。2019 年，深圳市居民人均消费支出构成如图 6—1 所示。

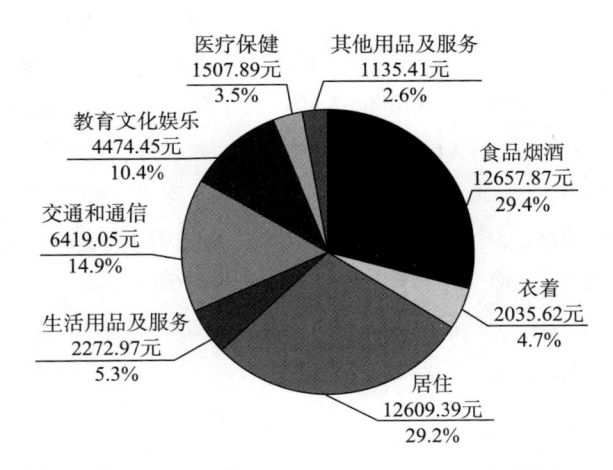

图 6—1 2019 年深圳市居民人均消费支出及构成

（四）社会保障事业持续推进，社会保障水平逐步提高

截至 2019 年年底，城镇职工基本养老保险参保 1213.69 万人，城乡居民基本养老保险参保 10200 人，城镇职工基本医疗保险参保 1239.57 万人，城乡居民基本医疗保险参保 297.02 万人，失业保险参保 1166.64 万人，生育保险参保 1246.71 万人，工伤保险参保 1186.15 万人，见表 6—1。

表6—1 2019年深圳市参加各类保险人数

指标	参保人数（万人）	增长率（%）
城镇职工基本养老保险参保人数	1213.69	4.9
城乡居民基本养老保险参保人数	1.02	31.8
城镇职工基本医疗保险参保人数	1239.57	3.7
城乡居民基本医疗保险参保人数	297.02	9.3
失业保险参保人数	1166.64	3.5
生育保险参保人数	1246.71	3.7
工伤保险参保人数	1186.15	4.0

二 经济结构深刻变革推动高质量发展

（一）服务业比重上升，第二、第三产业共同推动经济增长

随着城市化、工业化快速推进和经济高速发展，深圳产业结构发生深刻变化，农业在总体经济中比重下降，工业快速发展，服务业稳步提升，三次产业结构由1979年的37.0∶20.5∶42.5调整为2019年的0.1∶39.0∶60.9（见图6—2）。其中，第一产业增加值从1979年的0.40亿元增加到25.20亿元，按不变价计算，年均增长157.5%；第二产业工业增加值从1979年的2300万元增加到2019年的10495.84亿元，按不变价格计算，40年间年均增长率为30.76%；第三产业增加值从1979年的0.83亿元增加到2019年的16406.06亿元，按不变价计算，40年间年均增长率为27.46%。

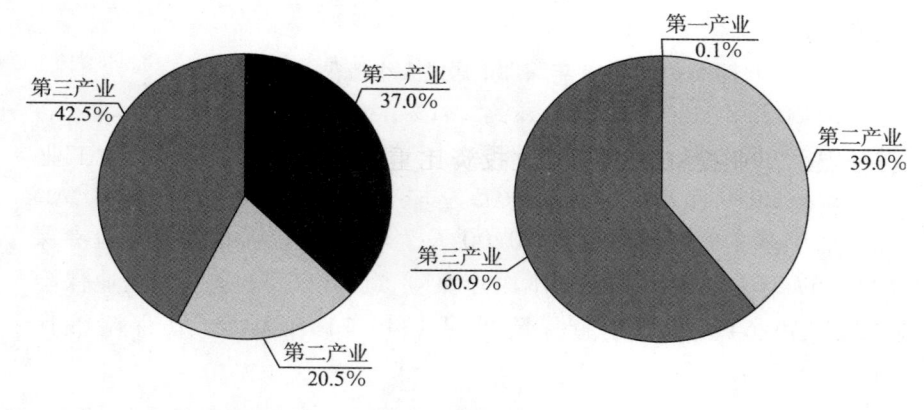

图6—2 1979年与2019年深圳市三大产业产值比重对比

（二）支柱产业和战略性新兴产业成为经济发展的主要动力

20世纪90年代初，深圳确立并重点发展高科技、金融、物流、文化四大支柱产业。2019年，深圳四大支柱产业增加值达到17487.35亿元，占GDP比重达到64.9%，其中，高新技术产业增加值9230.85亿元，占GDP比重的52.7%。党的十八大以来，深圳制定战略性新兴产业发展规划，有力促进了经济稳定增长。战略性新兴产业增加值占GDP的比重从2012年的近30.0%提升到2019年的47.7%。

（三）工业和服务业内部结构不断向中高端水平迈进

先进制造业占规模以上工业增加值比重由2012年的70.4%提升到2019年的72.5%，提升2.1个百分点，高出全省17.8个百分点。高技术制造业增加值占规模以上工业增加值比重由2012年的57.7%提升到2019年的66.1%，提升8.4个百分点，高出全省36.4个百分点。以金融业、信息传输、软件和信息技术服务业为主的现代服务业占服务业增加值比重由2012年的66.4%提升到2019年的91.2%，其中，信息传输、软件和信息技术服务业营业收入增长11.3%，科学研究和技术服务业增长8.1%。

（四）三大需求结构持续改善

1979年以来，投资、消费、净出口三大需求对深圳经济拉动的协调作用不断增强。消费率和资本形成率由1992年的36.5%和48.1%优化为2019年的57.8%和31.2%。规模以上工业内销比重由2012年的48.1%提升到2019年的61.0%，提高12.9个百分点。工业投资和工业技改投资比重提高，2019年工业及工业技改投资比上年增长20%以上，工业投资占固定资产投资比重为14.6%；民营经济固定资产投资占固定资产投资比重由2012年的约30.1%提升到2019年的51.9%。一般贸易出口占出口总额比重由2012年的28.0%提升到2019年的47.5%；加工贸易出口占出口总额比重由2012年的53.0%下降至2019年的23.6%，下降了29.4%。

三 发展动力加快转换,创新驱动持续增强

深圳企业平均研发支出占国内生产总值的比重居世界前列。从2013—2019年,深圳的科技研发支出分别为584.61亿元、640.07亿元、732.39亿元、842.97亿元、976.94亿元、1162亿元,环比分别增长19.7%、9.5%、14.4%、15.1%、15.9%、18.9%,研发支出占当年GDP比重如图6—3所示。

深圳R&D支出占GDP比重居世界前列。2013—2019年,深圳R&D支出年均增长14.9%,占GDP比重由2012年的3.67%提升到2019年的4.25%,居世界前列。

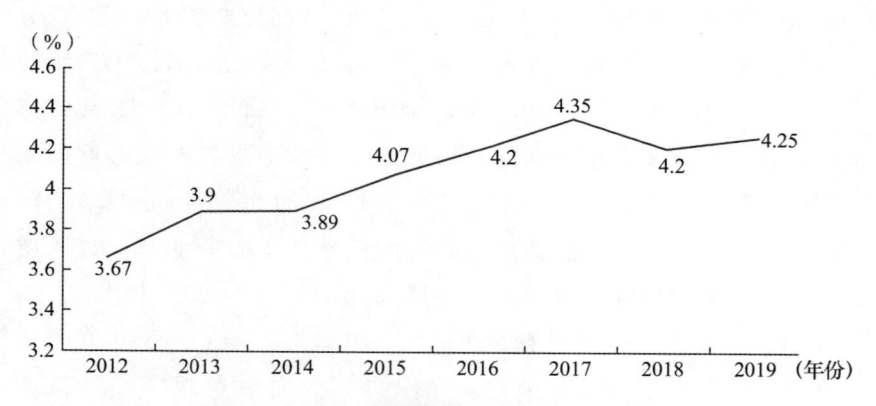

图6—3 2012—2019年深圳市R&D支出占GDP比重变化

截至2019年年底,深圳市国家级高新技术企业总数达到20943家,是2012年的5.4倍;重点实验室、工程实验室、工程中心、技术中心、公共技术服务平台等创新载体2260个,2012年增长数量为928个,2019年是2012年的2.43倍,年均增长34.7%。其中,国家创新载体118个,省级创新载体605个。

深圳高新技术产业产值从1979年的零开始,到2010年超过1万亿元,持续了32年;再到2017年的2万亿元人民币,花了7年时间。党的十八大以来,深圳高新技术产业产值从2012年的12931.82亿元增长到2019年的41299.47亿元,年均增长24.7%;

增加值从 2012 年的 4135.24 亿元增加到 2019 年的 9230.85 亿元，年均增长 12.2%，占国内生产总值的 32.8%。

第二节 平均每平方千米产生的集约效应

一 深圳创造了世界城市发展史上的奇迹

自经济特区成立以来，深圳经济社会发展蓬勃，经济总量达到新水平。深圳综合实力和城市竞争力由弱变强已有 40 年。它从一个边城发展成为现代化、国际化、创新型的城市，创造了世界城市发展史上的奇迹。

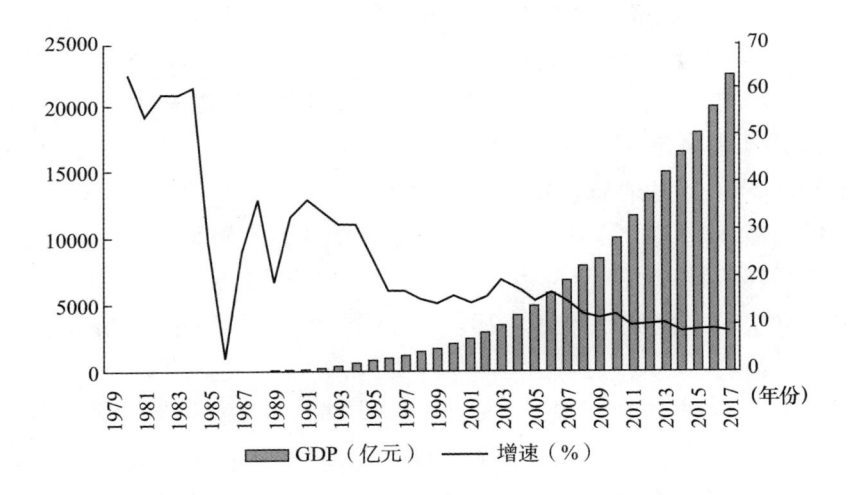

图 6—4 1979—2017 年深圳市 GDP 增长轨迹
资料来源：深圳梦官网。

先进制造业和现代服务业"双轮驱动"，战略性新兴产业成为经济发展新引擎，创新性和内生动力明显增强。1979—2019 年，深圳的各项重要经济指标增长迅速，详见表 6—2。

表6—2　　　　　建区40年深圳各项经济指标的增长情况

项目	1979年	2019年	增长倍数	年均增长	说明
本地生产总值	1.96亿元	26927.09亿元	13737.31	26.90%	全国内地城市第3位
人均GDP	606元	62522.40元	102.17	12.29%	内地副省级以上城市首位
规上工业产值	0.61亿元	35801.84亿元	58690.54	31.59%	内地城市首位
固定资产投资	0.59亿元	7354.91亿元	12464.95	26.59%	内地城市第15位
社会消费品零售额	1.13亿元	6582.85亿元	5824.53	24.20%	内地城市第7位
进出口总额	0.17亿美元	4315.99亿美元	25387.18	28.86%	内地城市第2位
一般公共预算收入	0.17亿元	3773.21亿元	22194.35	28.43%	内地城市第3位
人均可支配收入	1915元	62522.40元	31.65	9.11%	内地大中城市第8位

二　社会经济总量跃居内地城市第三

（一）经济规模跃居内地城市第三

1979年，深圳GDP只有1.96亿元，1992年提升到317.32亿元，居内地城市第六位，1996年突破1000亿元，1997年和1999年分别跃升至内地城市第五位和第四位，2005年突破5000亿元，2010年突破万亿元大关，是全国内地第四个突破万亿元大关的城市。2016年较2010年翻番，是内地第三个GDP突破两万亿元的城市，首次居内地城市第三。2019年达到26927.09亿元，继续居内地城市第三。

人均GDP居内地副省级以上城市首位。1979年，深圳人均GDP只有606元，1981年突破1000元，1991年突破1万元，1992年提升至12827元。1980—1992年，扣除价格因素实际增长6.3倍，年均增长16.5%。2004年和2010年，分别突破5万元和10万元，2012年达到12.68万元。1993—2012年，扣除价格因素实际增长4.8倍，年均增长9.2%。党的十八大以来，深圳人均GDP平稳较快发展，2019年达到62522.40元，居内地副省级以上城市首位，超过中等偏上收入国家平均水平。

（二）财政实力显著增强

1979年，深圳一般公共预算收入为0.17亿元，1983年和1988

年分别突破1亿元和10亿元，1992年提升至42.96亿元。1980—1992年，一般公共预算收入增长248.6倍，年均增长52.9%。1996年、2006年和2010年，分别突破100亿元、500亿元和1000亿元，2012年达到1482.08亿元。1993—2012年增长33.5倍，年均增长19.4%。党的十八大以来，深圳经济高质量发展效益明显，2014年和2016年分别突破2000亿元和3000亿元，2017年达到3332.13亿元。2013—2017年，深圳一般公共预算收入增长1.3倍，年均增长18.4%，累计为国家贡献21135亿元。2019年，预算收入增长为3773.21亿元。

三　深圳2019年每平方千米税收产出4亿元

2019年，除去新增减税降费规模，税收规模8247亿元，增长2.8%；扣除海关代征直接组织收入6829.6亿元，增长6.2%。其中，中央级收入3773.9亿元，增长7.2%；地方级收入3055.7亿元，增长5%。高端制造业将推动实体经济发展。华为、中兴、大众激光、DJI等一批先进制造企业提高了深圳制造业和国内生产总值的质量。2019年，深圳高新技术制造业增加值为9230.85亿元，增长11.3%；全年全部工业增加值9587.94亿元，比上年增长4.4%。规模以上工业增加值增长4.7%（见图6—5）。在规模以上工业中，国有企业增加值增长43.5%，股份制企业增长7.5%，外商及港澳台商投资企业下降1.0%。从轻重工业看，轻工业增加值下降0.4%，重工业增加值增长5.7%。深圳的单位面积产值和人均GDP均居全国前列。万元GDP用水量、能耗逐年下降，GDP的绿色含量更加充足。

深圳标准提升深圳品牌和深圳品质的全球声誉。2019年，深圳每平方千米税收创收4.129亿元，居大中城市之首。得益于各项税收优惠政策，2019年，深圳市各项减税免税达到1100亿元，新增减税降费规模预计达910亿元。从享受主体来看，深圳民营经济贡献的税收占比近七成，民营企业户数占总体纳税登记户的九成以上。制造业是实体经济的代表，行业税收占深圳市整体税收的比重超过20%。与此相对应，制造业也是此轮减税降费受惠最大的行

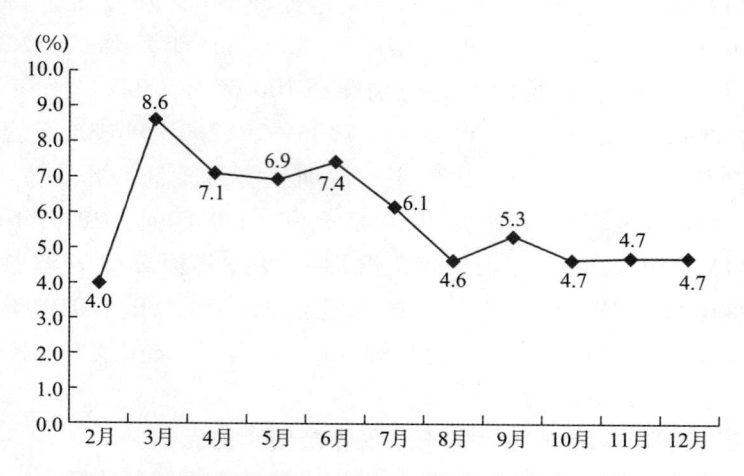

图6—5　2019年规模以上工业增加值累计同比增长速度

业。其中，1—11月制造业和批发零售业新增减税390.96亿元，占全部新增减税规模的近五成，有效减轻实体经济负担。同时，坚持普惠性减税与结构性减税并举，聚焦减轻小微企业税负，促进企业加大研发投入，个人所得税两步税改惠及逾1200万人，明显增加居民收入。

第三节　追求高效配置国土资源和灵活市场效应

深圳全面降低企业土地、住房、劳动力、电力、物流、运输等成本，大幅减轻企业税费负担。到2018年，政府计划将企业负担减少1300多亿元。同时，探索城市工业街区界线的科学划定，实施红线内工业用地的立法保护，加大对工业转型的支持力度，鼓励工业"上楼"，确保工业空间的发展。深圳坚持生态优先，划定城市基本生态控制线，探索生态保护和土地资源集约利用新途径。

一　生态优先，划定基本生态控制线

尽管深圳有许多高层建筑，仍有900多个公园，保持大量的生

态绿洲。这与其管理措施直接相关。2005年，深圳率先在全国划定基本生态控制线，颁布了《深圳市基本生态控制线管理条例》。深圳基本生态控制线占地974平方千米，占深圳市土地面积的近一半，主要包括：①一级水源保护区、风景名胜区、自然保护区、集中耕地保护区、森林和郊野公园；②特区内坡度大于25米以上的山地、海拔50米以上的林地以及特区外、海拔80米以上的高地；③主要河流、水库和湿地；④保持生态系统完整性的生态走廊和绿地；⑤具有生态保护价值的岛屿和沿海土地；⑥其他需要基本生态控制的地区。这六种土地纳入《深圳市基本生态控制线管理条例》。

近年来，深圳严格控制基本生态控制线内的建设活动，保障了生态质量，清理和恢复了被列为重要生态功能区的建设用地。深圳基本生态控制线的划定，限制了一定区域内城市发展的建设行为，迫使深圳将其发展空间转向存量开发，走高效集约用地的发展道路。

二 利用土地重整助力立体城市化

以2012年为契机，深圳存量土地供应量首次超过新增土地，进入存量土地主导发展的新阶段。2012年2月，原国土资源部和广东省人民政府联合批准《深圳市土地管理体制改革总体规划》。这是深圳正式启动的新一轮土地改革，以实现最有限的资源消耗和最集约的资源利用，支持城市发展。

进入位于深圳中央商务区——福田中心区的高铁综合交通枢纽，一座向四面八方延伸的立体地下"宫殿"呈现在人们面前。福田站地下分为三层，总建筑面积27万平方米。在不同的楼层，不仅有3条地铁线，即2号线、3号线和11号线，还有许多高铁线路可供选择。同时，与许多公交线路和出租车接送区直接相连。这不仅是中国第一个位于市中心的地下高铁站，也是土地集约高效利用和立体开发的成功案例。

福田站枢纽不仅通过立体地下空间整合不同的交通设施，还形成完整的地下交通网络平台。地下通道出口的南北两侧位于福田中心区深南大道，连接福田中心区的主要办公、商业、住宅、展览和地面交通，不仅方便市民和乘客的进出，还与周边建筑形成良好的联系。它不仅满足了该地区的交通出行，缓解了日益严重的城市交通拥堵，而且提高了整个地区的土地利用效率和承载能力。

近年来，深圳在中心城市、交通枢纽等重点区域推进土地混合利用功能，鼓励广泛开展"商业+住宅""商业+工业""建筑商业+办公+轨道住宅"的实践，逐步引导土地利用由单一功能向综合功能转变。立体城市建设是深圳近年来努力的方向。这要求整合地下空间和功能，并受益于结构调整和低效挖掘潜力，不断提高土地节约和集约利用水平，在有限的土地存量上创造"高产土地"。

三 储备土地二次开发的准备、更新和创新

沿南海大道向南，花园城市、蛇口京古、海洋世界和王子湾尽收眼底，环境优美、设施现代化。几年前，这还是一座古老的厂房，到处都是加工、组装材料和样品并进行贸易补偿的企业。随着城市更新与发展，目前蛇口王谷是苹果等一大批高科技和新兴企业的所在地，已成为互联网信息和文化创意产业的重要城镇。

深圳有2000多万人口，但建设用地只有968平方千米。通过开发现有土地的潜力，进一步促进城市建设和经济增长，是非常重要的。然而，现有土地的权利主体多样，利益复杂，难以达成共识和实施。因此，深圳在中国率先采用城市更新和土地整理两种模式。在城市更新方面，"政府引导、市场运作"的深圳模式允许原有的土地权利主体自行更新，或者只允许市场主体在城中村改造项目中更新。两者可以共同解决拆迁补偿安置问题，实现市场化。

在分散的土地整理、土地清理和土地开发的早期发展阶段，深圳坚持利益共享，在现有土地增量收益分配和原有农村集体协商中，实现分配主体向政府、社区、企业、土地、货币、物业管理、股权变更等方式的转变，极大地调动各方参与的积极性。同时，通过平衡各方利益，土地产权得到澄清，许多历史遗留问题未得到解决，许多土地储备是"政府拿不走，社会用不好，市场用不好"。

在城市更新方面，去年全市新增改造8554亩，完成改造5812亩，超额完成省"三旧改造"考核任务；全市完成拆除重建供应用

地 260 公顷，完成旧工业区综合整治 130 万平方米，超额完成市"十大专项行动"考核任务；全市新增拆除重建类更新单元计划规模 633 公顷，通过更新单元规划配建人才住房、安居型商品房和公共租赁住房 46115 套，新增规划筹集创新型产业用房 38 万平方米，超额完成城市更新"十三五"规划考核任务。

在土地整备方面，去年全市共完成土地整备任务 24.2 平方千米，超额完成土地整备年度任务；积极有效推进光明科学城（启动区、核心大装置区）整备片区、新大整备片区、大铲湾整备片区、坪山区高新南产业整备片区等多个较大面积产业空间的整备工作；重点完成龙岗中心医院、吉华医院、光明水质净化厂、外环高速、南头直升机场、羊台山北部环城绿道建设等基础设施项目的土地整备工作。

四 "微改造"助力城市更新

2018 年 6 月，深圳市规划和自然资源局发布了《关于深化城市更新、促进城市优质发展的若干办法》，在绿色发展理念、保护和活化历史文化遗产、提高工业空间质量、支持实体经济发展、规范城中村改造等方面提出许多新举措。这一办法针对深圳单个更新单元面积相对较小、搬迁空间有限、大型公共设施无法实施等问题，提出分区规划的理念。

在绿色发展方面，深圳将城市更新与城市"双修复"相结合，促进城市生产、生活和生态空间的有机融合。对此，深圳市规划和自然资源局提出四项措施：第一，开展海绵城市与生态修复专题研究；第二，实施污染工业用地的风险控制和整治；第三，通过城市更新，促进基本生态控制线、河流蓝线和一级水源保护区建设用地的后退；第四，鼓励增加城市更新项目中的公共绿地和开放空间，发展预制建筑，全面推广绿色建筑。

关于历史文化遗产的保护和活化，《关于深化城市更新、促进城市优质发展的若干办法》提出，要根据不同类型的历史文化遗产促进历史文化遗产的保护和活化。同时，鼓励实施主体通过容积率转让或奖励的方式，承担历史建筑和历史地段的保护、修缮、改造和活化工作。

在提高工业空间质量方面，提出推进工业区连片改造升级的几项措施，选择工业发展滞后、建筑质量差、开发强度低、配套设施不足、用地面积不少于30公顷的集中工业区作为深圳市试点。

深圳将通过放宽年限和简化流程来促进"工作对工作"的拆迁和重建的城市更新。同时，鼓励所有老工业区进行综合整治。此外，对于已签订土地使用权出让合同或已办理房地产登记并符合相关规定的工业用地，在保持原有土地用途不变的情况下，可综合利用新建、改建、扩建增加容积率。

深圳要求各区政府探索建立工业建筑租赁价格调整和补贴机制，加强工业房屋租赁市场管理，稳定市场租赁价格，支持实体经济发展。在城中村改造方面，《关于深化城市更新、促进城市优质发展的若干办法》提出，要对城中村进行有机更新，多采用微观改造方式，不能急功近利，不能进行大规模的拆迁建设。对于不能消除重大隐患或改善基础设施和公共设施的，可以综合利用当地的拆迁建设、扩建和增建。

第四节　形成与国际市场融通的开放型经济体制

一　开放型经济招商引资的状况

2019年，货物进出口总额29773.87亿元，比上年下降0.6%。其中，出口总额16708.95亿元，增长2.7%；进口总额13064.92亿元，下降4.7%。出口总额连续27年居内地大中城市首位（见图6—6）。

2019年，全年新签外商直接投资合同项目5867个，比上年下降60.4%；实际使用外商直接投资金额78.09亿美元，增长0.2%。2019年，外资产业结构继续调整（见表6—2），外资实际使用金额与合同金额差别较大。从实际使用外资来看，租赁和商务服务业的总量较大，达到28.68亿美元，较上年增长40.9%。房地

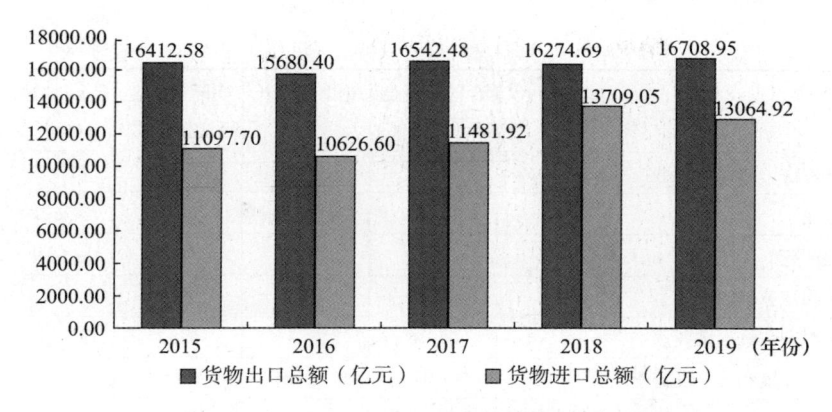

图 6—6　2015—2019 年货物出口和进口总额

产业实际使用外资 10.73 亿美元，但增速下降较快，为 -34.9%。批发和零售业、信息传输以及软件和信息技术服务业依然是外商投资的重头行业。2019 年，外商对建筑业、住宿和餐饮业、科学研究和技术服务以及居民服务、修理和其他服务业的投资虽然总额不显著，但是增速较快，金融业、制造业、交通运输、仓储和邮政业的投资减缓明显。

表 6—2　2019 年深圳外商直接投资及增速分行业汇总

行业	合同外资金额（亿美元）	比上年增长（%）	实际使用金额（亿美元）	比上年增长（%）
总计	205.34	-22.6	78.09	0.2
农、林、牧、渔业	0.51	529.7	—	-100.0
采矿业	—	—	—	—
制造业	15.20	62.4	9.05	-43.4
电力、热力、燃气及水生产和供应业	0.10	671.7	—	—
建筑业	4.84	371.4	0.09	1596.3
批发和零售业	37.94	-23.2	9.25	13.6
交通运输、仓储和邮政业	3.57	-90.7	3.59	-23.5
住宿和餐饮业	0.49	-13.6	0.16	523.4

续表

行业	合同外资金额（亿美元）	比上年增长（％）	实际使用金额（亿美元）	比上年增长（％）
信息传输、软件和信息技术服务业	29.71	−37.5	8.93	117.2
金融业	14.06	12.9	1.52	−76.1
房地产业	7.49	−4.0	10.73	−34.9
租赁和商务服务业	60.27	−20.5	28.68	40.9
科学研究和技术服务业	26.36	27.1	5.81	254.2
水利、环境和公共设施管理业	0.01	−83.5	—	—
居民服务、修理和其他服务业	1.14	32.5	0.15	205.6
教育	3.06	1034.2	—	—
卫生和社会工作	0.02	−77.0	0.04	—
文化、体育和娱乐业	0.56	−38.5	0.09	12.8
公共管理、社会保障和社会组织	—	—	—	—

港商和"一带一路"沿线国家（地区）在深投资快速增长，对"一带一路"沿线市场进出口额增长9.9%，建成中国巴新友谊学校，加快推进巴新拉姆二期水电等项目，深越海防合作区一期工程完工。2020年上半年，深圳出口"一带一路"沿线的产品中，机电产品逾七成，达1126.2亿元，其中电脑等自动数据处理设备及其零部件109.5亿元，同比增长21.8%。基于深圳对"一带一路"沿线进出口中信息产业为主体的特点，深圳海关以原产地创新服务为手段，全面提升信息产业自贸协定实施水平，帮助企业享受进口国关税减免，降低信息产业企业产品成本。2020年上半年，深圳海关共为深圳市信息产业产品签发"一带一路"国家原产地证书3.84千份，涉及货值42.63亿元，获进口国关税减免2.1亿元。

二　对外经贸交流与合作

（一）对外工程承包与劳务合作

2019年年底，深圳对外投资存量达到1450.83亿美元，对外承包工程累计签订合同额2024.87亿美元，完成营业额1689.65亿美元，均居内地城市首位。2020年1—5月，深圳对外投资合作业务继续保持平稳增长,全市企业共对全球28个国家和地区直接投资168家非金融类境外企业,中方协议投资额45.31亿美元,实际对外直接投资额40.16亿美元,同比增长61.78%,占广东省的56.84%、全国地方企业的9.52%。对外承包工程新签合同额67.37亿美元,完成营业额47.32亿美元。

(二) 对外投资逐步加强

截至2019年年底,深圳企业在境外141个国家和地区设立了7038家企业与机构,海外员工超过10万人。深圳企业对新加坡、越南、泰国、印尼、孟加拉国等13个沿线国家新增投资38家企业和机构,同比增长26.67%。深圳在沿线国家和地区新签承包工程项目合同127份,1000万美元以上的大项目38个。2020年1—5月,对外承包工程新签合同额在1000万美元以上的项目71个,合计新签合同额66.19亿美元,占全市新签合同总额的98.26%,主要集中在一般建筑、通信工程建设行业。这改善了东道国基础设施条件。

(三) 境外重点展览

累计支持企业参加境外重点展会417场;累计承接援外培训任务138期,为134个发展中国家和国际组织培训了3629名学员。

(四) 越南合作区

深入推进"一带一路"经贸合作,推动一批带动性强的海外重大项目建设,打造"一带一路"经贸合作标杆园区。重点推动中国·越南(深圳—海防)经贸合作区、中白工业园和招商港口等园区的建设招商工作,支持企业在"一带一路"沿线节点城市规划建设一批临港物流园区和产业园区。截至2020年5月,中国·越南(深圳—海防)经贸合作区建区基础设施建设投资额累计近1亿美元,现有合作区面积2平方千米,已吸引入驻园区企业26家,其中中资企业23家。

(五) 综合服务平台

创新工作平台,建立"走出去讲堂"线上直播平台,安排境外投资政策解读、风险防范、境外投资权益登记及年报统计等专题培训,帮助企业做好年报填报工作,提升海外投资风险管控与防范能力,用足用好相关扶持政策。推广"深圳数字外展"平台,帮助企业通过网络方式参展,通过平台签署出口订单,全力以赴助力企业保订单。至2020年6月,平台已有超过900家企业注册成功,上传展示产品达8500多个,实现买家邀请1200余次。

通过打造综合服务体系,加快建设"走出去"的综合服务门户,涉及对外援助、境外投资、境外合作、对外承包工程、境外展会、政策发布、统计信息、政策解读、精准推送服务等内容。同时,发挥金融、保险、会计、税务、法律、国别风险和知识产权等专业机构优势,建立市场化、社会化、国际化的服务体系。

三　保税区发展迅速

深圳市有4个海关特殊监管区域,分别是福田保税区、盐田综合保税区、前海湾保税港区、深圳出口加工区。深圳推动保税区转型升级,开展深港科技创新合作区框架下福田保税区发展路径研究,编制完成盐田综合保税区(二期)围网规划方案,完成前海湾保税港区二期建设,推进坪山出口加工区整合升级。2018年,前海蛇口自贸试验片区占深圳全市引进外资比重过半。前海蛇口自贸试验片区设立外商投资企业4103个,占全市的27.66%,比上年增长43.11%;吸收合同外资157.25亿美元,占全市的55.67%,比上年下降42.11%;实际使用外资39.24亿美元,占全市的47.84%,比上年下降11.77%。扣除前海蛇口自贸试验片区数据,其他各区合计数的三项指标分别为:新设企业10731个,比上年增长176.07%;吸收合同外资125.20亿美元,比上年增长32.70%;实际使用外资42.79亿美元,比上年增长44.87%。

四　积极应对贸易摩擦

2018年,深圳市商务局加强形势分析研判。第一,联合专业研究机构,基于全球与多区域连接模型,就中美经贸摩擦对深圳市主要经济指标的累计影响进行模拟分析,为制定应对措施提供决策参考;梳理重点企业以及外贸综合服务企业名录,深入调研并定期跟踪企业经营情况,密切监测全市贸易运行趋势。第二,加大培训广度和力度，提高企业应对摩擦的能力和水平。第三，用好外贸稳增长措施。加大《深圳市外贸稳增长调结构提质量的若干措施》宣传推广力度，提高政策知晓率和覆盖面，帮助企业用好用足政策措施；促成深圳与中国出口信用保险公司签署战略合作协议，引导企业借力国家政策性金融机构，防范应对海外市场风险。第四，稳妥处理经贸摩擦。积极应对和化解涉美大要案、337 知识产权纠纷等共 21 起，联合业界开展美国 301 调查研讨，研究降低美国关税影响的有效措施；开拓新市场、新渠道，支持深圳企业赴欧洲、东南亚、中东等地区，参加电子信息、互联网、医药医疗等领域的境外重点展会 67 场，展位总面积超 3 万平方米。第五，组织企业参与首届中国国际进口博览会，扩大各项产品、技术和服务的进口渠道，累计意向成交金额近 200 亿元。

下 篇

深圳未来核心功能强化的趋向探索

第七章

创新研发形式、内容，加快国际国内科技合作步伐

第一节 支持拥有自主知识产权高端创新平台建设

一 深圳知识产权发展与运用状况

整合优质创新的"生态环"，形成"原始创新—技术创新—产业创新"的创新层次链和"自主创新—协同创新—开放创新"的创新模式链，不断构筑创新发展高地。深圳被称为中国的"硅谷"，创新的最大推动力来自企业。深圳不仅拥有具有国际影响力的华为、腾讯、中广核等科技创新巨头，还有柔宇、研祥、比亚迪等行业先锋。在深圳湾创业广场，智造化、质量化、标准化，代表深圳品质和特色的创新成果，得益于深圳的源头创新理念。

（一）知识产权创新能力不断提升，PCT申请量连续16年位居榜首

1. 专利申请和许可

2019年，深圳知识产权创造的数量和质量继续提高，部分核心指标位居全国第一。2019年，中国首次超越美国，成为国际专利申请量最大来源国，深圳以连续16年领跑全国的申请量做出重大贡献。深圳的PCT国际专利公开量大幅领先硅谷、纽约、以色列等地区，仅次于日本东京；华为公司PCT国际专利申请量连续三年蝉联全球第一；深圳大学PCT国际专利申请量连续两年排名全球高校第三。

2019年，深圳国内专利申请量达261502件，同比增长14.39%，其中发明专利申请82852件，同比增长18.41%。国内专利授权166609件，同比增长18.83%，其中发明专利授权26051件，同比增长22.25%。截至2019年年底，深圳累计有效发明专利量达138534件，同比增长16.54%；每万人口发明专利拥有量达106.3件，为全国平均水平（13.3件）的8倍；有效发明专利5年以上维持率达85.22%，居全国大中城市首位（不含港澳台地区）。PCT国际专利申请量17459件，同比下降3.44%，降幅较去年大幅收窄8.17%，约占全国申请总量（56796件）的30.74%（不含国外企业和个人在中国的申请），约占全省总量的70.61%，连续16年居全国大中城市首位（见图7—1）。

	专利申请量	专利授权量	有效发明专利量	PCT
2018年	228608	140202	118872	18081
2019年	261502	166609	138534	17459

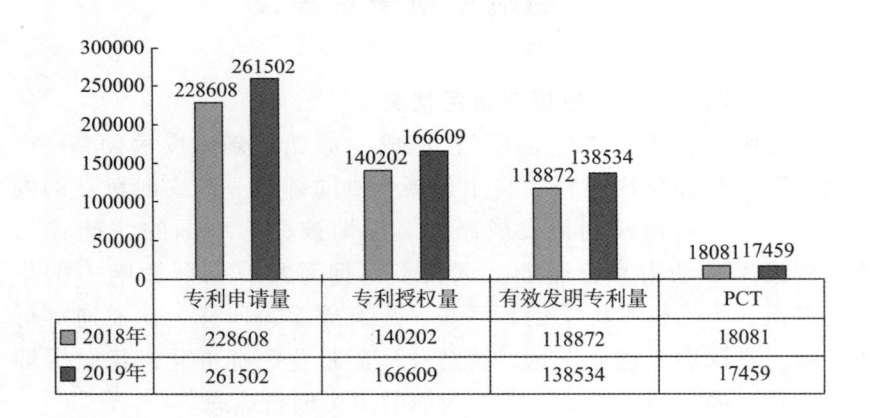

图7—1　2018—2019年深圳市专利数据

2. 商标申请和注册

2019年，深圳市商标申请量500905件，同比增长3.96%；商标注册量395243件，同比增长20.90%。截至2019年12月，商标累计有效注册量1396734万件，居全国大中城市第三名，同比增长36.11%（见图7—2）。

3. 知识产权创新成果数

2019年，深圳知识产权创新再获佳绩。第21届中国专利奖评审公示中，深圳市初步获金奖5项，其中中国专利金奖3项，中国

	商标申请量	商标注册量	商标累计有效注册量
2018年	481816	326915	1026193
2019年	500905	395243	1396734

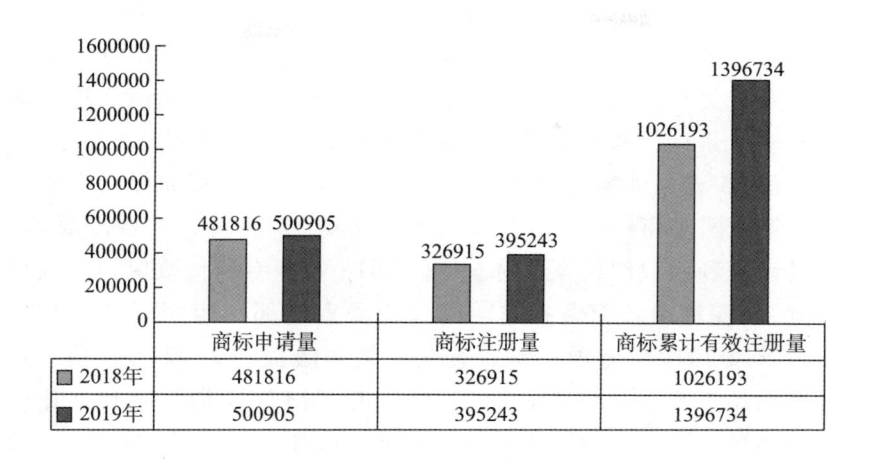

图7—2 2018—2019年深圳市商标数据

外观设计金奖2项，占全国获奖总数（40项）的12.5%，金奖获奖数量继续保持全国前列；专利银奖4项，外观设计银奖2项；专利优秀奖、外观设计优秀奖分别为55项和4项。迈瑞、中兴、深圳信立泰分别获专利金奖各1项，比亚迪、大疆创新获外观设计金奖各1项。深圳市雅昌文化（集团）有限公司获2019年度"全国版权示范单位"称号，中国平安保险（集团）股份有限公司获2019年度"全国版权示范单位（软件正版化）"称号。在第6届广东专利奖评审中，深圳企业获得专利金奖9项，占获奖总数（20项）的45%。在2019年度深圳市专利奖评审中，评出深圳市专利奖23项，截至2019年年底，累计评审出深圳市专利奖290件。2019年，深圳市职务专利申请总量为238402件，占全市专利申请总量的91.17%。深圳企业作为创新主体的地位显著。

（二）知识产权保护继续加强，查处侵权案件数量增长36.6%

1. 知识产权行政执法

2019年查处侵权案件1787件，同比增长46.00%，结案1734件，增长60.26%，罚没款5183.78万元，移送公安机关涉嫌犯罪案件49件，其中商标案件718件，专利案件1051件，版权案件18件（见图7—3）；依托全国专利管理部门与电商平台执法协作机制，处理电商领域案件765件，实现24小时内出具专利侵权判定；联合市公安局开展打击侵犯华为等创新型企业知识产权的"有为行动"，提请国家有关部门统一部署，在全国范围联合开展多部门、跨区域集中行动，累计检查目标点59个，查获假冒手机配件12万余个，刑事拘留35人，涉案总额达3.12亿元；新丽手袋商标侵权案获评"2018年度国家商标行政保护十大典型案例"，一宗"空调冷凝器"外观设计专利侵权纠纷案入选全国"2018年度专利行政保护十大典型案例"。深圳市"打黄扫非"办（市委宣传部）组织开展"扫黄打非·秋风2019"专项行动，查获各类非法报刊2.92万余份，盗版音像制品1.6万余张，立案11件。市"扫黄打非"办和文化广电旅游体育局严打出版物市场违法行为，收缴各类非法出版物15.2万件，立案183件。深圳海关开展"龙腾行动2019"、粤港海关保护知识产权联合执法行动等，采取知识产权保护措施7473批次，查扣涉嫌侵权货物6104批次、1398.3万件，案值3353.9万元，在全国海关排名前列，查获的出口侵犯空心对管轴键盘专利权货物案入选"2018年中国海关知识产权保护十大典型案例"。蛇口海关法规科荣获国家版权局打击侵权盗版有功单位三等奖。

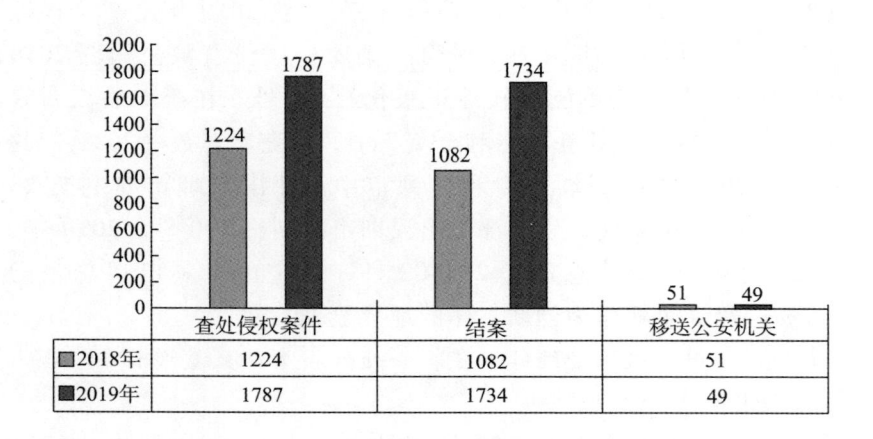

	查处侵权案件	结案	移送公安机关
2018年	1224	1082	51
2019年	1787	1734	49

图7—3　2018—2019年市场监督管理局行政执法案件量

2. 知识产权的司法保护

2019年，深圳市公安机关开展"飓风2019""粤鹰""云枭二号"等专项行动，共受理各类侵犯知识产权案件607件，其中立案590件，同比增长5.36%，破案518件，刑事拘留1131人，取保候审372人，执行逮捕895人，移送审查起诉683人（见图7—4）。深圳市检察机关受理审查逮捕案件433件830人，受理移送审查起诉案件394件739人。南山区检察院办理的胡小宝侵犯著作权案，入选"2018年度广东省检察机关保护知识产权十大典型案例"。深圳市各级人民法院新收知识产权案件42660件，同比增长87.26%，其中新收民事一审案件34260件，新收民事二审案件7916件，刑事案件476件，审结知识产权案件41031件（见图7—5）。

	受理	立案	破案
2018年	595	560	447
2019年	607	590	518

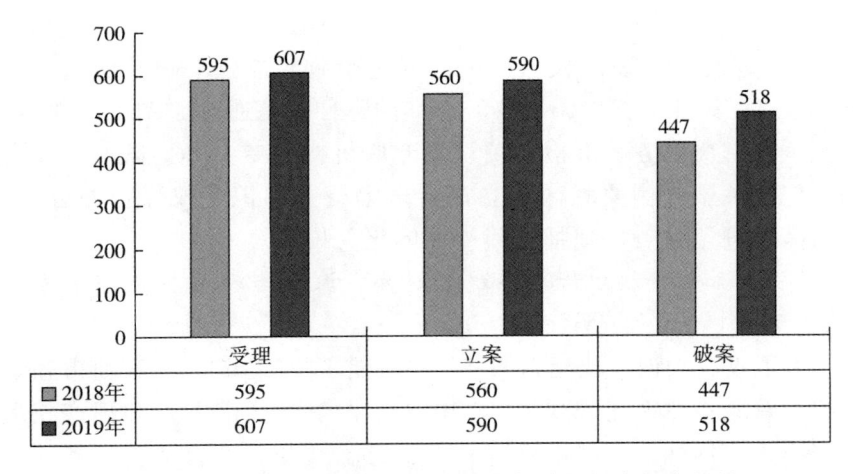

图7—4 2018—2019年深圳市公安机关知识产权案件量

3. 知识产权保护机制的构建

2018年，市政府召开知识产权联席会议，将知识产权保护定位为深圳的生命线战略。同年，中国知识产权保护中心（深圳）正式成立。工商管理硕士推动在行业协会中建立14个知识产权保护工作站，签署《知识产权系统电子商务领域专利实施与保护合作调度机制备忘录》。市公安局开辟了高新技术企业举报的绿色通道，市司法局建立了知识产权律师专家库和公证云平台。前海局推动的中国

	民事一审案件	民事二审案件	刑事案件	结案
2018年	22781	4479	962	28071
2019年	34260	7916	476	41031

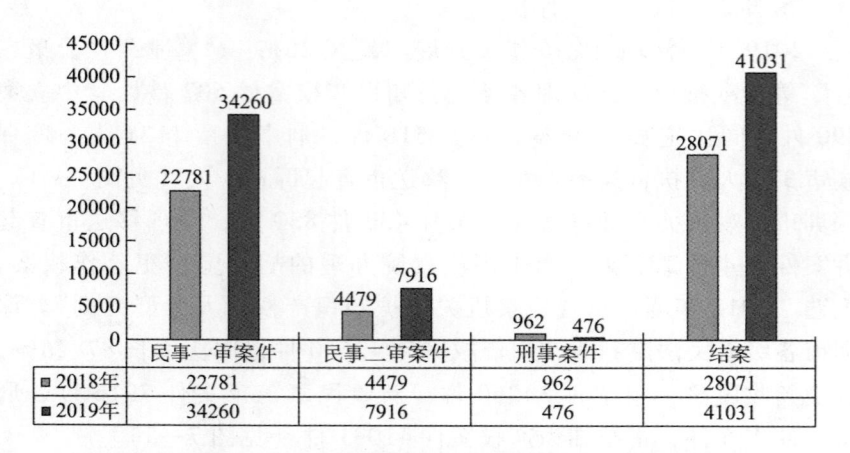

图7—5　2018—2019年深圳市各级人民法院知识产权案件量

(深圳)软硬件知识产权保护中心通过验收。市公平贸易促进局就337起调查案件举行协调会议。深圳国际仲裁院通过"ADR+仲裁"提供争议解决服务。市检察院设立专职机构和专业办案队伍,在全国推广海关服务。罗湖区成立黄金珠宝行业知识产权保护办公室。南山区推进"侦查、逮捕、侦查一体化"模式。

(三)知识产权申请水平稳步提高,深圳专利质押占全省专利的58.7%

为了提高知识产权运营效率,深圳市政府发布了《深圳市知识产权运营服务体系建设规划》。2018年,中国(南方)知识产权运营中心正式挂牌。深圳市场监督局制定了《知识产权运营服务体系专项资金实施细则》,推动建立紫藤专利运营基金。为推进知识产权联盟建设,深圳市已申请成立21个知识产权联盟,其中10个已向国家知识产权局提出申请。

1. 知识产权融资

深圳市进一步完善知识产权质押融资风险补偿制度,市场监督管理局设立深圳市知识产权质押融资风险补偿基金。深圳市专利质押金额123.47亿元,占全省专利质押总额的58.7%。深圳市场监督局推动专利保护保险等新型保险的开发、设计,与中国人民保险公司签署战略合作协议,推进专利保险示范工作,为深圳911家企业提供7068项专利保险，总保险金额30亿元。

2. 知识产权问题

深圳积极开拓知识产权市场，推进专利等知识产权技术转化。2018年，在国家专利技术（深圳）展示交易中心在线平台上，展出专利技术产品5500余件。

二 知识产权运用工作有序开展

（一）知识产权运营

2019年，深圳市推出知识产权运营服务体系建设"组合拳"，夯实知识产权产业化基础保障。深圳市场监督管理局大力实施《深圳市知识产权运营服务体系建设实施方案（2018—2020年）》，出台全市知识产权质押融资、专利保险扶持举措，给予知识产权质押融资贴息贴补，降低知识产权金融创新成本；在深圳市战略性新兴产业培育近30个规模较大、布局合理、具有国际竞争力的高价值专利组合，提升企业核心竞争力；实施3项重点专业产业专利导航培育工程，开展9项全市重大经济活动知识产权分析评议工作，在行业协会、产业园区布局5家以上商标品牌示范基地，支持建设4家知识产权大数据平台，为专利技术的产业化、投融资、许可转让等提供精准数据分析服务；制定《深圳市知识产权运营基金管理办法》《深圳市知识产权运营基金管理人遴选方案》，加快深圳市知识产权运营基金建设。同时，推动搭建中国（南方）知识产权运营中心企业知识产权公共服务平台，推出知识产权质押融资创新产品"知易贷"，辅导对接企业128家，培育知识产权强企12家、高价值专利146件。南山区助推创梦天地科技公司成功获得1亿元版权质押贷款，推动新兴产业与银行建立融资渠道。鼓励行业协会、行业龙头企业成立产业知识产权联盟，推进重点产业知识产权联盟建设。截至2019年年底，深圳市备案在册的产业知识产权联盟达22家，其中在国家知识产权局备案的有10家。

（二）知识产权金融

深圳市创新知识产权金融服务，探索知识产权证券化试点，举办知识产权质押融资、专利保险宣讲会和质押融资对接会，搭建知识产权与资本对接平台,破解科技企业融资难题。2019年12月,深圳首单知识产权证券化产品"平安证券——高新投知识产权1号资产支持专项计划"在深交所正式挂牌。该专项计划以知识产权质押贷款债权为基础资产,首期发行规模1.24亿元,是全国首单以小额贷款债权为基础资产类型的知识产权证券化产品,实现深圳知识产权证券化"从零到一"的历史性突破。2019年,深圳市进行专利权质押登记162件,惠及企业143家,涉及专利1063件;专利权质押金额总计32.38亿元,平均每件专利涉及的质押金额304.65万元,其中质押金额1亿元以上的共7件,占4.32%,质押金额在100万元至1亿元的共154件,占95.06%。截至2019年年底,累计专利投保保障金额达31亿元。全年受理商标质押业务8件,涉及商标66件,质押金额4020万元(见图7—6)。

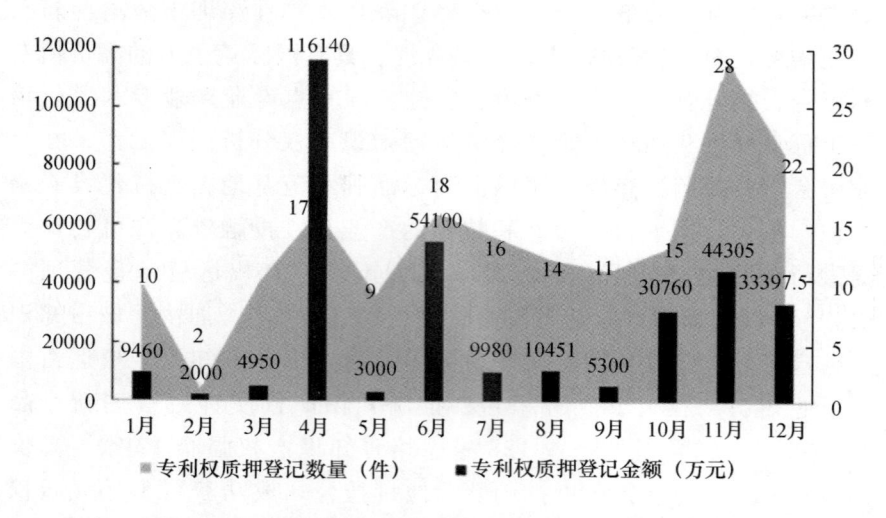

图7—6 2019年1—12月深圳市专利权质押登记情况

(三)知识产权交易

2019年,深圳市提高知识产权综合运用效能,全面带动产业优化升级,助推区域经济高质量发展。大力推进全国首家开展国际化知识产权金融业务的知识产权和科技成果产权交易中心建设,创新知识产权和科技成果产权交易模式及技术交易市场运营体制机制,加快知识产权和科技成果商品化、资本化、产业化发展。2019年，国家专利技术（深圳）展示交易中心线上平台共计展出4500项以上专利技术产品，累计发布预交易专利信息20300余项，覆盖电子机械、新能源等近30个技术领域。2019年，该中心共完成专利交易68件，交易金额420.3万元；历年累计完成专利交易1705件，累计交易额度达9514.1万元。

三 "E""T""S"的深圳演进模式

中国科学院深圳先进技术研究所（SIAS）作为深圳最具代表性的新型科研机构之一，在多元化科学验证方面正蓬勃发展。从最初的小微创新到如今的国际前沿创新，人才的不断聚集是深圳急剧变革的核心要素之一。不断培育的制造商和初创企业，从海外吸引回来的孔雀团队和孔雀人才，都是深圳努力吸引人才的表现。这为深圳的创新做出巨大贡献。此外，加大对基础科学研究的支持和建设高水平大学，也是深圳快速发展的原因。

10年前，深圳更注重"E"（工程）；之后，逐渐转向"T"（技术），专注于核心关键技术；目前，已经进入S（科学）领域。从"E""T"到"S"是深圳的模式，是一个城市不断向源头技术迈进、提高创新能力的表现。在IT时代，深圳通过电子信息技术奠定了良好的发展基础。在BT时代，后者将反作用于前者的产业发展和转型升级，这是一个良性循环。

"双创名片"深圳湾，2000多家核心企业，超过100家上市公司，是产业优势集聚的新兴基地。在这些创新团队中，短短3年就有5个公司成功上市。这是"深圳速度"的体现，更是"深圳质量"的彰显（见表7—1）。

表7—1　　　　　　　2019年深圳产业质量速度

类别	产业	增加值（亿元）	增长率（%）
现代产业	现代服务业	8278.31	11.6
	先进制造业	5428.39	8.5
	高技术制造业	4762.87	9.8

续表

类别	产业	增加值（亿元）	增长率（%）
战略性新兴产业	新一代信息技术	4051.33	9.6
	互联网	767.50	15.3
	新材料	373.40	19.6
	生物	222.36	13.4
	新能源	592.25	29.3
	节能环保	401.73	8.2
	文化创意	1949.70	11.0
未来产业	海洋	382.83	-9.0
	航空航天	84.68	5.8
	机器人、可穿戴设备和智能装备	486.42	20.2
	生命健康	72.35	17.9

资料来源：综合研究院（深圳·中国）。

四 重大科技基础设施建设发展的国际竞争加剧

各发达国家高度重视重大科技基础设施发展，纷纷制定长远规划并大力推进实施。十几年来，一批高性能、新一代或新型设施投入运行，将人类认识自然的能力和开展广泛领域创新性研究的能力提升到空前高度。依靠重大科技基础设施提供的崭新或颠覆性研究手段，人类不断产生各种颠覆性技术，推动科技发展和产业变革，为人类破解各方面发展瓶颈开辟广阔道路。

深圳高度重视重大科技基础设施的建设和发展，仍将是科技发展的主旋律。其中一个新特点是，国际竞争日趋激烈，抢占制高点已成为各国重大科技基础设施建设的重点。在能源、生命与健康、地球系统与环境、材料、工程技术等学科领域，已成为主要科技基础设施的发展目标，赢得在发达国家的科学前沿和战略高技术的发展，占领有利位置促进世界经济发展。

以多学科应用的平台设备为例。人类已经进入物质控制的时代，从分子和原子、电子、自旋状态的层面去认识、控制物质，使其具有期望的功能和性能，将会为人类发展提供丰富、高效和清洁的能源。深圳研发环保材料、工艺和技术，发明高性能和特殊功能的材料和器件，大大提高人类的健康水平，为健康和医疗技术的发展提供了前所未有的机遇。

粤港澳大湾区布置重要的科学平台和仪器，如国家超级计算中心、中国（东莞）散裂中子源、强流重离子加速器装置、江门中微子实验站等，可以深入体验世界一流科学平台和设备建设与运行的前沿。这些重要的科技设施为深港两地从不同角度、领域与国际科技创新中心的合作提供了重要的基础支撑，在人才聚集、技术突破和创新应用方面发挥着越来越重要的作用。

为了抢占物质调控研究的制高点，发达国家正在竞相规划和建设性能极大跃升的新一代同步辐射光源，向衍射极限的目标推进；高性能硬 X 射线自由电子激光装置的竞争同样激烈；欧洲 5 兆瓦散裂中子源动工兴建，以期夺回因美国建设 1.4 兆瓦散裂中子源而失去的优势。美国能源部基础能源科学咨询委员会评估这些发展情势后指出，国际上建造衍射极限同步辐射和新的自由电子激光的努力，在下一个 10 年将严重地挑战"美国的领导地位"，"基础能源科学办公室应确保夺回自己的世界领导地位"。

粒子物理和核物理、天文学等重大科学前沿领域，正处于暗物质和暗能量等重大突破的前夜。各科技强国都以率先取得突破为目标，深圳需要确定有特色的科学计划，抓紧建设相关研究设施。在此过程中，还需要及时根据发展态势，特别是竞争对手的动态，有针对性地调整设施建设方案和科学研究计划。竞争之激烈前所未有。

第二节　探索多样化区域科技合作，形成新的创新模式

一　为大湾区的制造业转型和升级培养人才

深圳拥有独特的产业结构。传统制造业除了大量的高科技产业外，还有许多不同的产业。这些产业为智能制造、人工智能、新材料、云计算、工业互联网等先进技术与传统制造业的结合奠定了基础。

2018年，广州超级计算中心和9个大学在广东、香港和澳门，包括中山大学和香港理工大学建立了粤港澳超级计算联盟，旨在促进和创新超级计算应用程序的开发，在超级计算机软件的开发和应用方面，培养高层次人才。位于广州国家超级计算中心的"天河二号"超级计算机作为重要的技术基础设施，将发挥重要的支撑作用。深圳需要围绕跨学科、新材料、海洋、大气和不同应用学科，在高性能的科研平台上开展科研工作。

同时，在粤港澳大湾区设立7个分中心，南沙和珠海分中心覆盖香港和澳门。惠州分中心业已规划完成。通过万兆网络专线，"天河二号"的计算能力可以从南沙分中心直接到达香港，服务于包括香港大学在内的8所大学120多个研究团队。

在深圳建设全球科技创新中心的过程中，需要进一步加强对这些重大科技基础设施的利用，实现互联互通和资源共享。未来，深圳将继续关注高性能计算、大规模数据处理和人工智能集成，发挥科学仪器和世界级超级计算平台在城市及周边地区发展中的作用，促进创新和技术改造对大湾地区和民营企业中的先进制造业和战略性新兴产业发展的推动作用。

二 强化重大原创性研究和前沿交叉研究

中国政府网发布的意见提出，要加强基础科学研究，到21世纪中叶，将深圳建设成世界领先的科学中心高地，优化创新国家重点实验室的布局要求，在边缘和新兴、交叉和布局较弱的学科，如大学、部属科研院所和骨干企业建设一批国家重点实验室和国防科技重点实验室，推进国家跨学科研究中心建设。

世界主要发达国家普遍加强对基础研究的战略部署，全球科技竞争正朝着基础研究方向发展。经过多年的发展，中国的基础科学研究取得长足的进步。然而，与世界科技强国相比，中国基础科学研究的不足依然突出，数学等基础学科仍然是最薄弱的环节，主要是由于科研成果中的原始成果比重不足，基础研究投入不足，结构不合理，高层次人才和团队不足，考核激励制度亟待完善，企业对其重视不够。因此，全社会要进一步优化基础研究支撑环境。

进一步加强基础科学研究，包括优化基础研究布局，建设高水平研究基地，扩大基础研究人才队伍，提升基础研究国际化水平，优化基础研究发展体系和环境。松山湖材料实验室于 2018 年 4 月在东莞成立，是粤港澳交叉科学中心的配套机构。由中国科学院物理研究所牵头、多家科研机构共建的粤港澳交叉科学中心在广东省东莞落成，旨在打造具有国际影响力的学术交流和合作研究平台。中心在原有松山湖材料实验室基础上，重点开展材料研究，涵盖物理、生物、能源、信息、先进制造等学科。共建单位包括北京大学、清华大学、香港大学、香港科技大学、澳门大学等院校。

通过组织来自不同学科和专业背景的研究人员开展合作研究，创新体制机制，关注重大的科学研究方向，积极参与世界级学术交流，深圳将具有强大的人才吸引力，提供创新思想和成果助力跨学科的整合，特别是在新材料领域的研究和发展，以及未来国家材料的科学研究上。

三 向能源资源、生命健康应用领域扩展

科技基础设施的主要应用领域，从传统的少数学科如物理学和天文学，迅速发展到能源、资源、生态环境、延长生命和健康等。一方面，反映出这些学科或领域已逐渐形成大科学研究方式，导致对研究条件提出更高的需求；另一方面，反映出在新的社会变革中，依托重大科技基础设施破解全局性、整体性重大科技问题的需求显著增强。

为此，深圳在继续重视传统大科学领域设施发展的同时，着力加强新领域设施的布局建设，并对能源、全球气候变化和生态环境等需要协同建设的重大科技基础设施积极组织开展国际合作研究。

第三节 探索新时代国际科技合作的新方式与新路径

一 以世界眼光谋划创新体系

抓创新就是抓发展，就是抓未来。顶层设计应该具有全局视

角。客观地分析当前形势下国内外科学技术的发展，发现深圳已加强顶层设计创新体系的建设，不断提升科技创新、制度创新和政策创新，为创新发展提供政策保障和战略指导，从而构建开放的重大科学和技术设施、创新载体和服务平台。通过内涵式发展，弥补城市空间狭窄的不足，取得单位面积产出位居全国前列的良好效果。

深圳先后制定和发布了第一批国家创新型城市总体规划，在中国率先发行当地法律法规，促进科技创新、自主创新；先后发布创新驱动发展、战略性新兴产业"33""1+10"文件和金融支持、人才支持、创新载体建设、科技服务业发展等政策文件，全面加大对自主创新的支持力度，形成自主创新全过程体系。

自2016年以来，根据中央工作部署需求，推动供给侧结构性改革，深圳不断提高企业竞争力，采取促进优先发展的"科技创新、人才住房制度完善，高等教育发展，医疗卫生发展"一系列强有力的政策组合措施，继续保持和扩大创新政策优势。

二 促进跨学科互融互通

在加强基础研究体系部署方面，《深圳关于全面加强基础科学研究的意见》提出，要重视教育，重视基础科学研究，重视数学、物理等重点基础学科；完善学科布局，促进基础学科与应用学科均衡协调发展，鼓励跨学科研究，促进自然科学、人文社会科学等不同学科的交叉融合。

为加强基础前沿科学研究，深圳加强对宇宙演化、物质结构、生命起源、大脑和认知、量子科学、脑科学、合成生物学、空间科学和深海科学等重大问题的前沿部署。

为了加强应用基础研究，深圳关注经济、社会发展和国家安全的需求，强调共性关键技术、尖端技术、现代工程技术，突破技术创新，解决一系列重大科学问题。

第四节 跟踪世界科技动态创造全球科技合作新范式

"共享经济"的概念最早由得克萨斯大学社会学教授马库斯·费尔森和伊利诺伊大学社会学教授琼·斯潘塞于1978年提出。随着互联网技术的成熟,"共享经济"的概念获得突破性的影响。

一 跟踪世界性科技动态的创新方式

深圳已经在6个方面打下坚实的基础,即创造新的驱动力、产业集群、创建数字湾区模式、转化前沿技术、培育新的参与者、投资高研发企业,以跟踪世界科技创新发展趋势(见图7—7),实现智慧城市信息平台上的信息共享和资源交流,提升信息互联互通水平,力争成为移动互联、基因工程、再生医学、人工智能、金融技术等领域的领军者。

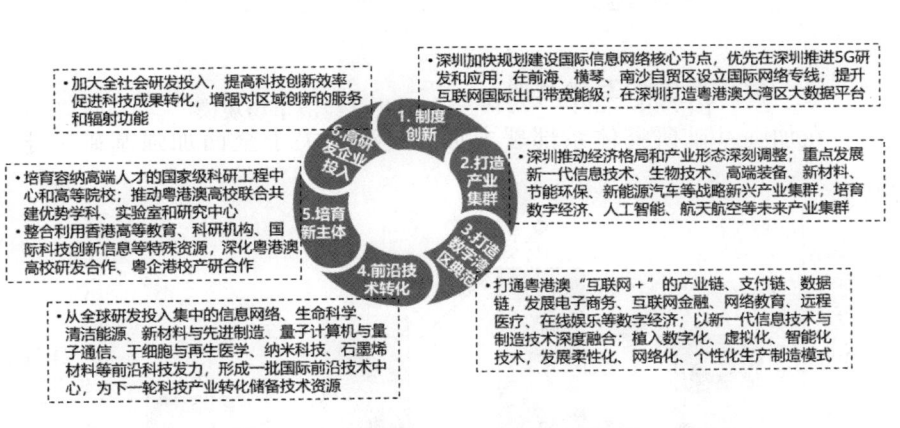

图7—7 跟踪世界性科技动态趋势

二 打破共享经济的知识产权瓶颈

当今时代,创新和知识产权是携手并进的合作伙伴。共享经济是一种值得鼓励的新型商业模式,如共享自行车、共享汽车、共享充电宝、共享点餐、共享网上购物、共享K歌……只有重视知识产权，创业创新才能蓬勃发展。

智研咨询发布的《2020—2026年中国共享经济行业市场发展规模及投资前景趋势报告》显示：共享经济行业的野蛮生长阶段已经过去，目前行业增速开始回落，资本趋于理性。2019年，共享经济行业的市场规模同比增长11.58%（见图7—8）。2019年，共享经济领域直接融资额约714亿元，同比下降52.1%（见图7—9）。

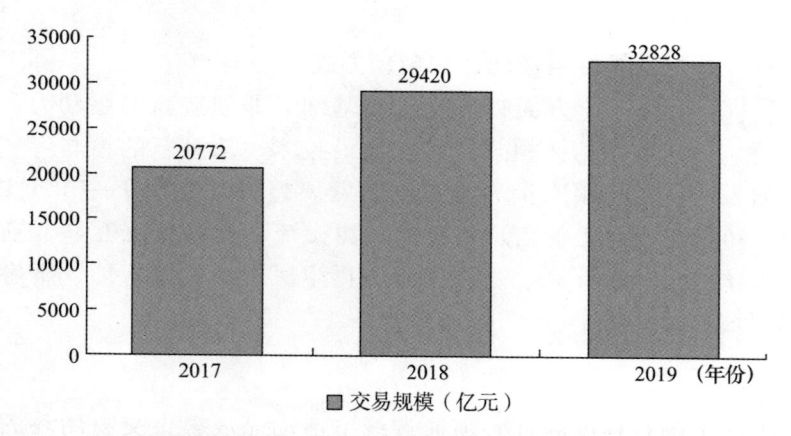

图7—8　2017—2019年中国共享经济市场规模

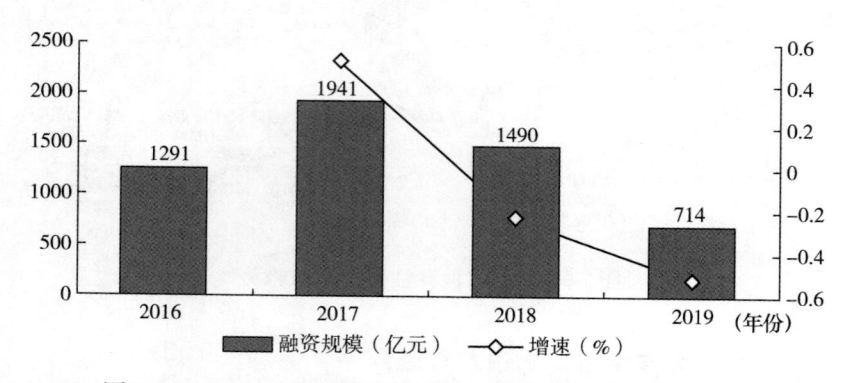

图7—9　2016—2019年中国共享经济直接融资规模及增速

在整体就业形势压力较大的情况下,共享经济领域就业仍然保持了较快增长。平台员工数为 623 万人,比上年增长 4.2%;共享经济参与者人数约 8 亿人,其中提供服务者人数约 7800 万人(同比增长 4%)。(见图 7—10)。

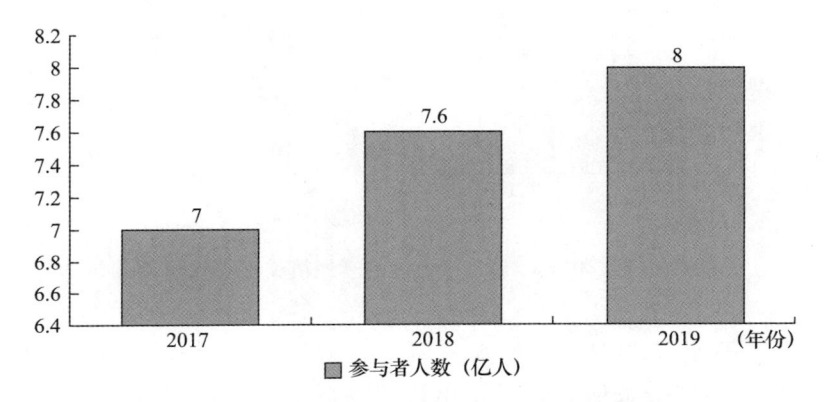

图 7—10　2017—2019 年中国共享经济参与者人数

2020 年受新冠肺炎疫情冲击,各行业均受到不同程度的影响。在共享经济行业,受冲击最大的是共享住宿、交通出行、家政服务等线上线下融合程度高且必须通过线下活动完成整个交易闭环的领域,平台企业的订单量和营业收入大幅减少;共享医疗、教育、外卖餐饮等领域,得益于消费活动向线上的迁移,平台用户数量和交易量猛增,出现与大势逆行的小高峰。长期来看,共享经济发展"危"中藏"机":抗疫期间,网络技术在各领域的应用得到进一步深化,人们的在线消费习惯得到进一步培养,作为共享制造重要基础的产业互联网发展面临新契机,"抗疫与发展并重"的客观需要倒逼新业态领域制度创新的加速。

2020 年,共享经济增速因疫情影响出现一定幅度的回落,在 8%—10%,市场交易规模达 36058 亿元。我国共享经济预计在未来三年增速会快速回升,年均复合增速将保持在 10%—15%(见图 7—11)。此外,共享经济市场竞争进一步加剧,行业洗牌和格局调整的步伐也将加速。降本增效和开源节流将成为 2020 年平台企业经营策略的首要选择;能否为用户带来更好的体验和更多的价值,将成为企业能否赢得竞争的关键。

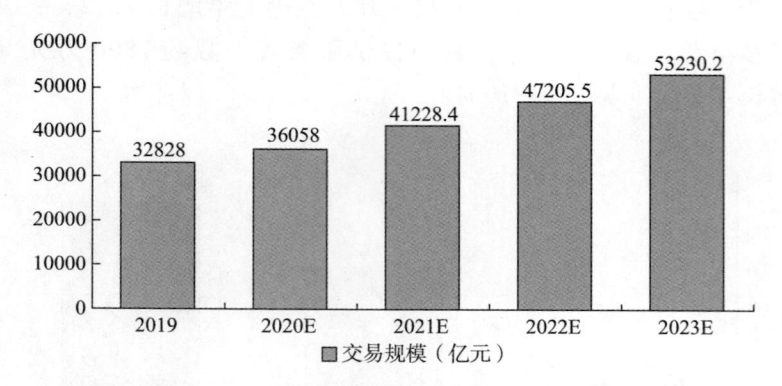

图 7—11　2019—2023 年中国共享经济交易规模及预测

在一些经济相对发达的大中城市，新的商业形式在一定程度上给人们的生活带来便利，呈现出快速发展的趋势。但也隐藏了许多风险。例如，运营宝飞的自营租赁平台——"深圳呼叫科技有限公司"（以下简称"呼叫科技"）状告同行深圳长捷科技有限公司和湖南海翼电子商务有限公司专利侵权，并向广东省深圳市中级人民法院提起诉讼，该诉讼涉及六大专利。

2016 年，该公司将多家竞争对手告上法庭，指控其侵犯专利。在深圳市云冲科技有限公司专利侵权案件中，涉及的三项专利是为生产经营目的实施的，构成侵权。因此，法院要求云冲律师事务所立即停止侵权行为，并赔偿涉案三项专利共计 150 万元的经济损失。

许多共享经济公司也受到专利纠纷的困扰。深圳凌云科技有限公司起诉莫比克侵犯其发明专利，包括智能锁。上海市知识产权法院受理专利权人对莫比克侵犯其发明专利权的诉讼，要求赔偿 62 万元人民币。一段时间，让共享自行车引以为豪的"专利卡"，如无码头模型和扫码解锁，陷入侵权纠纷，令外界大为惊讶。

知识产权就是竞争力，共享经济也是如此。知识产权正成为共享经济发展的瓶颈。如今，自行车充斥着红色、黄色、蓝色、绿色和白色，分享和订购食物的手机应用随处可见。作为一种新的商业形式，共享经济已进入白热化的市场竞争。专利、商标、版权和其他知识产权不仅出现了，而且被推到了前面。

三 共享经济渗透扩散至更多领域

共享经济企业打造的全球超级商务平台，成功整合来自全国乃至全球的资金、资源、人才、技术和项目，以创造、共享、共赢的模式，整合商机、智慧、人脉，为优质项目寻求发展资金，为企业投资优质项目，实现共同发展、联盟共赢。

随着互联网特别是移动互联网的发展、"互联网＋行动计划"和"大众创业创新"的推广，共享模式已经成为许多企业家的重要选择。从在线创意设计和营销规划，到餐饮和住宿、物流和快递、资本借贷、运输、生活服务、医疗保健、知识和技能以及科学研究实验，共享经济已经渗透到几乎所有领域，共享模式成为许多企业家的重要选择。"十三五"战略性新兴产业的一个重要特征，是信息网络技术在新兴产业发展中的突出作用。

互联网＋时代，战略性新兴产业商业模式的创新需要考虑新一代信息技术产业发展带来的特殊商业环境的变化。战略性新兴产业商业模式的创新需要基于"三港两转"：两个信息港（人与物）、两个信息转型平台（价值与信息）、一个分布式价值创造港。

移动互联网是移动通信和互联网融合的产物。通过手机、iPad、平板电脑、车载GPS、智能手表等无线智能终端，人们可以随时随地以任何方式获取和处理信息需求，它们是信息输入的重要端口。

当竞争市场的内在活力不断推动技术创新时，生产和交易成本不断下降，越来越多的商品和服务无限期地变得自由。基于市场供求力量的交换经济将逐渐转向基于共享和非稀缺商品的合作经济或共享经济。此外，在人性深处，人们倾向于信任，希望有更多的主动性和信息透明度，避免不确定性和模糊性。分享模式比交换模式更能营造信任的氛围，让消费者在消费过程中充分发挥自我控制能力。

分享模式不仅会影响人们的出行方式，还会改变人们的社交，甚至思维和生活（见图7—12）。随着共享模式的兴起，个人消费行为的细微变化最终会通过集聚和整合带来巨大的商业、社会变化。

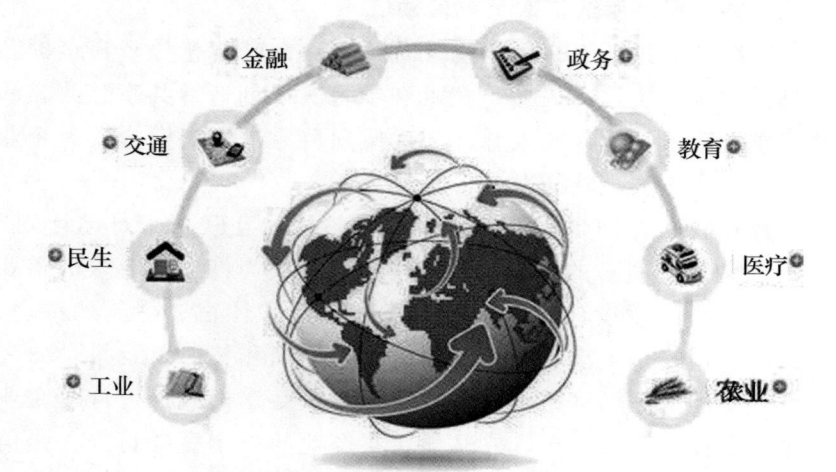

利用互联网平台、信息通信技术，
把互联网和包括传统行业在内的各行各业结合起来，
能够在新的领域创造新的生态

图7—12　互联网移动平台运用场景

第八章

聚焦现代化智能方向，实现产业体系的整体提升

第一节 打破国际封锁，稳步实现核心技术的突破

一 连接世界领先、包容和有竞争力的现代产业

把握全球工业竞争调整主要模式的战略机遇，在全面建设社会主义现代化进程中开启一个新的旅程，加快符合历史趋势先进制造业发展，促进传统产业的创新和转型与密集的资本和技术结合，建设新兴产业发展示范区、现代服务业创新发展示范区和传统产业转型升级示范区。

一是为世界新兴产业发展提供源泉。深圳要紧跟全球科技产业发展趋势，推动核心信息产业跨越式发展，在前沿和高端领域布局上具有前瞻性，构建信息技术与互联网产业融合的新一代信息产业集群。

二是建立现代服务业创新发展示范区，推动服务业与文化、科技、制造业深度融合，增强引领创新、支撑发展、带动发展的能力。

三是打造传统产业自主创新升级试验区。充分在传统优势行业，如家用电器、纺织、服装、轻工食品和建材等，应用先进制造技术和信息技术，促进生产组织和商业模式的转换，提高产品价值，打造世界著名品牌，促进产业链向两端延伸，实现高附加值。

二　创新现代产业监管方式和新兴产业监管理念

深圳应抓住粤港澳大湾区新的发展机遇，依赖自身和香港产业发展基础，运用适应发展需要的新技术、新模式，积极寻求国家政策的支持，探索新的监管模式，满足共享等新兴产业的发展需要。

一是积极探索信息经济下的监管模式。努力建设信息经济示范城市，满足共享经济、大数据、网络教育等新经济形态发展需求；创新市场准入、市场监管和税收保险，突破相关政策约束，探索制度规则和管理机制，促进信息经济发展，打造信息经济高地。

二是加快生命健康试点地区发展。深圳将努力在深圳国际生物谷的坝光核心区建设国家生命健康产业试验区，实施生命健康"大科学计划"；支持有条件的机构推广应用基因检测等新型医学检测技术，开展成人干细胞、免疫细胞等先进生物治疗技术的临床研究和应用，探索相关技术规范和准入标准。

三是大力推进金融服务模式和监管创新。深圳将积极寻求国家有关部门的支持，加快金融服务模式改革和监管创新试点，努力建立一种以新的私人银行与科技创新为主体的灵活的管理、评估和分配机制，探索银行信贷产品，满足科技创新企业发展需求，对中小科技企业开展金融服务创新活动。

三　深圳高新技术版图应重点发展"IT + BT + N"

深圳市委决定彻底贯彻习近平总书记的重要讲话精神，加快高质量、高科技产业的发展，更好地发挥示范作用，推动高新技术产业的发展，提出了推进工业结构优化升级项目的实施质量和建立一个世界一流的高新技术产业集群。本项目及其细分规划是基于深圳产业优势和全球科技发展趋势的系统性、长期性和战略性安排，可概括为（信息技术 + 电信 + 网络）× X 全景图。

目前，深圳已成为世界上重要的电子信息产业基地。经济生活领域的精密医学、数字生活、医疗设备和生物医学等行业有一个良好的基础，以及一批有代表性的企业培养领域的绿色经济、海洋经济、新材料。面对未来，深圳应依赖完整产业链的优势，加快集成

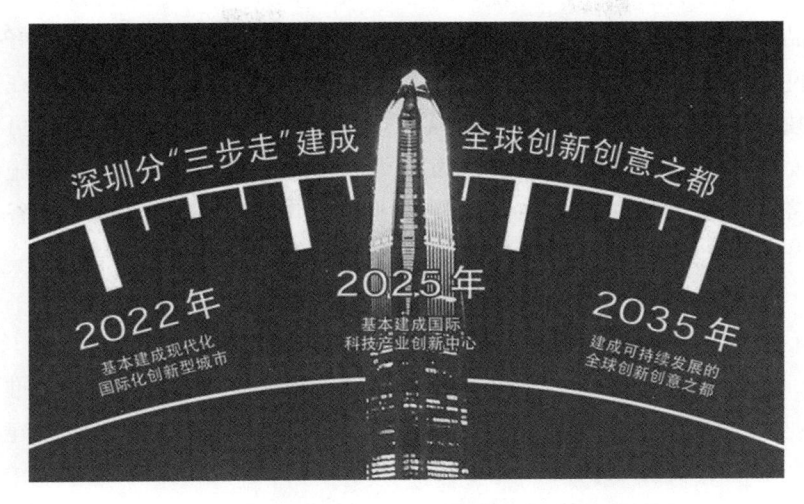

第八章 聚焦现代化智能方向，实现产业体系的整体提升

图 8—1 深圳"三步走"建成全球创新创意之都
资料来源：中国（深圳）综合开发研究院。

BT，培养竞争企业梯队，建立一个世界级的高科技产业集群"信息技术＋电信＋网络"。

这体现了深圳服务国家发展战略和建设高端平台基地的要求。例如，把握集成数字化、网络化、智能化的发展方向；针对国家战略需要，构建新型支柱产业体系，建设国家制造业创新中心，促进产业向价值链高端跃升。这也是深圳脚踏实地、把握产业布局的大趋势。

此外，进一步体现深圳打造核心支撑力量、培育优质创新企业发展主体的诚意。例如，完善"蓝鲸"企业的优质服务机制、细分领域单项冠军企业的扶持机制和"Mhorr"企业的培育机制。

实施新技术、新产品应用示范项目，创造新经济来源，是基于科技产业创新链无缝高效转化的体系安排，可概括为"（产品—示范—推广—产业）政策"的全景。随着全球科技革命和产业转型的加速，新经济发展机遇转瞬即逝。深圳必须为获取新技术和产品、展示其应用和保护机构创造更好的条件，以促进科技成果的转让和转化。

建立更加包容、审慎的市场准入监管机制,让更多新技术、新产品及时进入市场,为市场准入、监管、服务和产业化创造更好的条件。目前,新经济发展仍然存在许多不确定性和风险。如果在相对独立的区域进行应用测试,风险可以控制,经验可以积累,可以全面推广,要为新经济的健康发展营造良好的环境。深圳将实施新经济应用示范计划,并在深港科技创新合作区和班岗国际生物谷共同开展新经济试点,为国家发展新经济提供实践样本。

四 巩固以行业为主导、能力为基础的教育培训体系

把握中国从人口红利向人力资源红利转变的大趋势,大力推动创业和手工艺,培育适应产业发展需要、有利于创新驱动能力建设的高端人力资源团队。

第一,打造创新创业培训平台。关注双重创新示范基地建设,促进一体化的"五链"即创新链、资金链、产业链、服务链和政策链发展,创建一批创新空间官能团,提高服务平台支持力度,激活高端决策者聚集一群创新力量,培养一群动态和创新的企业,形成独具特色的双创新模式。

第二,完善高技能人才职业培训体系。为响应建设高素质创新型经济对技能型人才的需求,深圳将建立和完善以企业为主体、职业学校和职业培训机构为基础、校企合作为纽带、政府推动和社会支持的技能型人才培养体系。

第三,建立适应高质量创新型经济的高等院校体系。深圳应建设有特色的高水平大学和学院,鼓励现有高等院校加快发展,提高质量。例如,加快深圳大学和南方科技大学建设成为中国高水平大学;加快香港中文大学(深圳)跨省市共建,建设一批拥有世界一流学科和专业的世界一流大学;加快清华—伯克利深圳学院、滨湖切斯特墨尔本生命与健康工程学院、深圳设计学院等特色高校建设。

第四,进一步促进包容和创新的移民文化。借鉴国际经验,深化全球开放体系改革、创新和试验,拓展和提升开放空间,促进开放发展,增强公民的良性循环意识,巩固和促进包容性移民创新文化的发展。

第二节　突出重点打造智慧智能产业的先发优势

一　万物互联，智能机遇

互联网对人类经济和社会发展的革命性影响正在加深，所有的互联互通和智能化已经成为网络信息技术发展的新趋势。2017年，全球约有200亿台联网设备，预计到2030年将超过1000亿台。所有相关催化数据的爆炸、计算能力的提高、机器学习算法和人工智能的突破都开始加速，企业改革和产业重组也开始实施。

（一）企业正朝着智能化方向发展

智能互联网技术改变了企业的外部环境和内部结构，促进深圳企业向智能化演进。这一特征在五个方面日益突出。

1. 生产方式是高度智能化的

企业越来越多地利用物联网、大数据、人工智能等技术改变生产和提供服务的方式。目前，人工智能越来越聪明、个性化和准确，根据与最终用户的距离大致分为三种：一是内部生产或生产过程的自动化、智能化改造；第二，以智能互联产品为基础，形成与客户互动频繁的生产或服务模式；第三，生产融入服务平台，成为网络产业结构的一部分。

2. 服务关系是长期、多维的

随着智能互联网产品的出现，企业与客户的关系被重构。首先，企业可以拉近与客户的距离，通过互联网平台直接面对客户，方便获取客户信息。其次，企业可以与客户形成深度互动，实时掌握产品运行情况，客户可以及时反馈使用情况，共同改善和提升产品性能。再次，企业向顾客提供价值的方式发生变化，不再提供单一的产品，而是更多地转向"产品+服务"甚至"产品即服务"。最后，企业与客户之间的联系更加多元化和紧密，智能企业提供的服务将叠加在产品上，最终使产品成为服务整合的载体。

3. 企业边界的灵活性和模糊性

企业边界已经进化，从有限到无限，从单一到跨境，内部和外部的界限被打破。任何组织、个人的核心平台用户可以连接智能生态集团成为企业的一部分。因此，企业规模将能实现灵活调整。由于企业边界的扩张和收缩，不再受制于硬资产、工业属性、生产能力和人力资源、产品或服务的输出能力，可以通过访问和集成外部资源灵活调整。这一趋势将促使企业更加关注核心功能和产业生态系统的建设。

4. 组织结构是基于平台、网络化的

为了满足贴近用户、灵活生产和内外合作的要求，企业必须充分利用互联网技术和智能技术重塑组织结构。主要变化有：内部组织扁平化、核心功能平台化、外部结构网络化、业务单元小型化。

5. 企业创新是开放、系统的

在智能互联和跨境集成的趋势下，企业创新的重点已经从以产品为中心转变为以用户为中心，创新形式也从串行瀑布创新转变为并行迭代创新。创新者从注册人员创新转向在线注册创新，创新组织从全球研发中心创新转向平台协作研发。一般来说，有三种趋势：一是创新平台对所有人开放，企业可以整合员工、客户、上下游企业、行业外合作伙伴等外部创新资源，实现贴近用户的创新和跨境整合。二是系统专业，即创新平台吸收各方面的专业资源，形成从创意设计到制造销售的整个创新过程。三是创新的各方包括企业、员工和用户，可以通过利润分享计划分享创新的好处。

（二）智能生态集群的产业发展

随着云计算、大数据、人工智能等技术的发展，以及电子商务、工业互联网等各种平台企业的出现，产业结构不断被解构和重构，从线性产业链到智能生态集团。

1. 基于平台的集群

互联网正在将传统的线性产业链逐步解构为基于平台的生态系统。一些企业开放了生产或交易系统，提供信息设施、交易结算、资源聚合和信息收集等综合功能，提高了双方客户的生产、经营和交易活动效率，成为行业平台。平台和参与平台业务活动的主体相互合作、相互竞争，形成网络上的虚拟产业集群，即新的产业生态系统。与互联网相比，智能互联网进一步扩大企业合作交易的地理范围和供需匹配边界，表现出强大的规模经济和范围经济。产业结构的调整带来产业结构和市场力量的巨大变化，最突出的现象是，整体企业的作用被前所未有地削弱，有被新平台企业整合的可能性。

2. 基于数据的智能

在智能互联网技术的支持下，企业可以从生产经营过程中获取大量数据，也可从采购、生产、营销、用户使用、产品研发、企业管理等不同环节从外部企业或政府获取公共数据。在大数据的基础上，积累的生产经验和隐性知识可以逐渐固化为显性知识，这将对产业和企业的转型产生巨大的影响。企业数据的聚合和挖掘，不仅可以产生更多的新见解，发现新的业务机会，还可以产生新的格式和模型。大数据的市场力量正在逐渐显现，首先体现在价值创造上，即利用数据不断创造和增加价值；其次体现在垄断上，尤其是平台企业的垄断数据在行业生态中占据主导地位。

3. 基于产业整合的服务

智能互联促进产业的跨境融合和纵向融合，提升服务业的重要性，呈现出三大发展趋势。一是制造业和服务业融合，打造转型"产品+服务"企业，淘汰原有生产企业，重塑企业与最终用户之间的营销、流通、维护等环节。二是生产和营销是一起创造的，用户从被动的购买者变成工业价值的创造者。三是随着共享经济的兴起，工人对商业组织的依赖已经被打破。通过加入新的共享经济平台，企业直接向最终用户提供服务或产品。

（三）注重全面应对变化

近年来，欧美主要国家相继推出一系列国家战略和物联网、大数据、先进制造、高性能计算、人工智能等发展规划，把握未来国际竞争制高点，积极应对新的监管、法律和社会问题带来的新技术。随着物联网和智能技术给产业和企业带来的革命性变化，深圳必须更好地抓住物联网和智慧产业发展的机遇，关注超越当前政策目标的产业发展，制定综合对策，加快创新系统供给，开辟新的发展空间。

1. 行业监管体系的重构

一方面，深圳应该避免旧的思维管理模式，实行包容性监督。建议在新技术开发和服务的初始阶段，对业务属性、技术实施方法、业务模式、潜在的行业影响、安全风险点等进行第三方评估和分析，以支持新格式的开发，预防和控制潜在风险，研究消除或放松过时的监管体系。

另一方面，适应整合创新趋势，加强监管的横向和纵向合作。建议研究发布综合业务监管指引，重塑跨部门合作机制，进一步完善政府、企业和其他利益相关者的治理结构，创新政企合作。

2. 协调竞争政策和产业政策

深圳将减少和改善产业政策，减少对市场参与者的选择性支持，通过公开标准和公平竞争审查引入有利于和促进竞争的政策，防止排斥竞争的法律和做法。加强共性技术研发、质量标准认证和政府公共采购支持。深圳将加强支持产业创新和发展的环境条件，对于跨境整合和重叠创新等新产品，加快跟进国家质量管理要求或指南；关注新兴产业的赢家通吃问题，维护公平的市场秩序，鼓励平台做大做强，在更大范围内优化资源配置。但是，如果一家公司滥用其市场支配地位，压制其竞争对手，必须有明确的禁令。

3. 加强网络信息安全

建议监管企业树立网络安全理念，加大安全投入，落实保护关键信息基础设施的责任，各相关行业部门履行好监管责任，加大个人隐私和数据保护力度，提高个人数据处理活动的透明度，设计更高效的用户个人信息保护机制，为企业在产品设计、开发、推广和应用、市场退出时考虑隐私要求，为用户提供全生命周期的数据保护，重点关注数据传输使用、跨境链接的安全风险。

二　新型智慧政务产业

新型智慧城市的主要应用领域包括：智慧政府、智慧交通、智慧安全、智慧教育、智慧医疗。新型智慧城市是指利用信息和通信技术，对贯穿城市核心系统的关键信息进行分析和运行，巧妙地响应生计、环境保护、公共安全、城市服务和商业活动等各种需求。这不仅是基于一定的技术，更是基于云、人工智能等技术的集成应用解决方案，旨在帮助城市更好运行，以此创造更美好的生活。

随着云计算、大数据、人工智能和区块链技术的快速发展，智能政府已进入结构优化阶段。新技术的应用存储和计算量大幅增加，为政务、企业和人民生活服务提供支持。通过优化结构，打破原有的应用孤岛和数据孤岛，实现数据共享、真正的智能决策和管理。

三 新型智慧交通产业

智能交通以智能调度系统为基础，主要满足实时监控和智能调度的需要，结合物联网、云计算、大数据、移动互联网等信息技术收集和处理交通信息，提供实时交通数据服务。随着中国城市化的深入，中国对智能交通项目的需求也在快速增长。

智能交通是一种应用广泛的数据处理技术，如数据模型和数据挖掘，实现系统、实时、交互式的信息交换和服务的通用性。智能交通系统主要解决四个应用需求：第一，监控实时流量，知道交通事故的发生、交通拥堵等，以最快的速度提供司机和流量管理；第二，意识到司机和调度管理中心的双向沟通，改善运营效率，管理公共汽车、商用车、巴士和出租车；第三，通过多媒体和多终端提供各种交通综合信息及出站旅客信息；第四，使用实时更新数据，协助司机出行或更换自动出行信息。

四 新型智慧安防产业

智能安防是深圳应对治安事件高发的主要方式，对视频监控等安防系统需求旺盛。随着经济发展和城市建设加速，以及地缘政治的加重，宗教和战争、安全问题在世界各地已经显示恶化趋势，中国也进入突发公共安全事件的高发时期和社会高风险期。中国每年因各种自然灾害和事故造成的经济损失约为6500亿元人民币，占GDP的6%。应对重大公共安全突发事件的能力是城市现代化的重要标志。特别是近年来，随着信息技术的发展，构建和谐社会和安全城市的需要，大规模事件的安全要求，大型展览、公共安全有效管理的要求和标准变得越来越高。

智能安全系统突出城市智能感知，主要依赖视频监控系统技术，集成各种城市视频数据，通过各种有线和无线网络，构建一个巨大的平台，从而实现主动预防、实时感知和快速反应，进行快速分析和调查。智能安全的优势在于信息的及时传输，集部署、检测、报警、记录于一身，结构简单，应用广泛，任何单位和个人都可以使用。

目前，国内主流的智慧城市解决方案或平台提供商都可以提供智能安防解决方案，海康威视、大华、石雨科技等企业在高清视频监控系统方面具有明显优势。国内典型的智能安全解决方案主要包括感知层、传输层、平台层、应用层和表示层。感知层主要负责数据采集。国内龙头企业基本具备提供高清视频监控系统的能力。传输层主要通过通信专用网络和无线技术完成数据传输任务。平台层主要完成数据的交换、分析和处理。应用层通过后台数据的支持，提供监控检查、应急救援、日常监控预警服务，实现从被动安全管理向主动安全管理的转变。

五 新型智慧教育产业

通过优质教育资源的共建共享，可以解决教育的平等和公平问题。教育是最大的民生问题之一。随着城市化进程的加快，教育资源短缺、分布不均、人才支撑体系不足、社会培训体系不完善等问题日益突出。引进新一代信息技术，构建智能教育平台，可实现教育的数字化、网络化、智能化和多媒体化；通过教育门户、智能教育学习平台和教育资源交易平台，可以快速高效地实现优质教育资源的建设和共享，促进教育、教学和管理的深层次改革，促进教育公平。智能教育的发展有望打破政府单纯投资教育的模式。深圳将真正引入社会资本，探索创业精神，培育智慧教育产业，构建全民参与的终身教育体系，为学生和公民提供便捷、优质、安全、高效的教育服务。

从技术角度来看，大多数地区是基于云的。在教育云和政府云的基础上，建设统一的资源中心，建立智能教育云平台、智能学习平台和智能教育公共服务平台，最后通过统一的门户或应用程序向公民提供服务。

云平台在原有教育人员和信息设备的基础上提供云存储和云计算服务。总体看来，智能教育学习平台是实现在线学习和终身教育的应用平台。智能教育公共服务平台是为所有部门和全体公民提供教育管理服务的主要平台。这主要通过基础教育数据库做出教育决策，功能包括教育管理、教师管理、学生管理和培养人们的兴趣，实现教育系统的横向和纵向互联，提高行政决策的水平和效率。

首先，信息基础设施建设水平显著提高，许多地区推出智能教育门户或应用。在一些发达地区，数字化校园工程建设比较完善，许多城市已经实现教学、科研、管理和公共服务的网络化、数字化和虚拟化。其中，教育云是智能教育投资的重点。一些城市采用政府采购和租赁服务，改变传统的政府建设机房的模式，这不仅节约了资金，还缓解了建设和运营的压力，确保云平台始终处于技术领先地位。

其次，智慧教育帮助许多地区建立了统一的教育资源库。资源库将教育资源和系统软件资源整合成一个平台，通过一站式、全方位的资源服务模式，突破传统教育信息化的界限。该平台为教育资源的共建共享提供基础条件，并对各种数据进行收集、整理和管理。同时，通过开放教育云和政府云，为公民网上学习空间认证创造条件。

最后，智慧教育使优质教育资源实现均衡服务。通过智能学习平台和信息手段，利用大量高质量的教学资源，快速高效地实现低成本、大规模推广。这在一定程度上缓解了公众关注的择校、家教等热点问题，促进教育资源的平衡。

六 新型智慧医疗产业

智能医疗由三部分组成：智能医院系统、区域卫生系统和家庭卫生系统。建设重点从医院信息系统转移到临床信息化和云服务横向进入加快。除了教育，卫生服务也是当前城市化进程中的重要缺陷。由于国内公共医疗管理体制不完善，医疗费用高、渠道少、覆盖率低的问题困扰着民生。大型医院人满为患，社区医院无人照管，病人不得不经历复杂的程序。造成这些问题的主要原因是，医疗信息缺乏、医疗资源两极分化和医疗监管机制不完善。这些问题已经成为影响社会和谐发展的重要因素。政府一直非常重视医疗领域的信息资源配置，其中智能医疗建设是一项重要内容。

（一）智能医院系统

该系统主要用于收集、存储、处理、提取和交换患者诊疗信息与管理信息的数据，可以提供远程访问、远程会诊、自动报警、临床决策系统、智能处方等服务。

（二）区域卫生系统

该系统由区域卫生平台和公共卫生系统组成。前者主要收集、处理和传输社区、医院、医学研究机构与卫生监督机构记录的所有信息，并提供一般疾病的基本治疗、慢性病的社区护理、严重疾病的向上转诊、接收和康复转诊、科学研究管理和其他服务。后者主要提供公共卫生服务，如流行病监测。

（三）家庭保健系统

最近的公共卫生保健和家庭卫生系统不能到医院进行，包括关注远程医疗的患者、患者的年龄太大和慢性病患者，可以通过远程医疗监测传染病人、残疾人等健康状况，还包括开发自动提示时间、禁忌和剩余量的智能系统，如何服用对应的药物。

从智能医疗发展模式来看，政府仍然是主要投资者，重点仍然是医院信息化，要从根本上改善严重短缺的医疗服务，还有很长的路要走。从医院智能系统建设过程来看，它的普及率明显提高，建设重点转向临床管理信息化。然而，医院信息化的硬收入结构在短期内不会改变。国内智能医疗服务提供商主要包括东软集团、东华软件、威宁健康、万达信息等。这些企业约占中国智能医疗市场份额的40%，但整个行业的议价能力不强，区域差异化和竞争力有限。

七 新型智慧消防产业

综合利用物联网、云计算、大数据、移动互联网等新兴信息技术，加快建设智能消防，全面提高消防工作的科学化、信息化、智能化水平，实现对传统消防产业链的上、中、下游划分；上游是基本的原始供应商，中游的核心环节是消防产品、消防工程、作战与维和技术，下游是应用领域。

新兴智能技术主要包括物联网、云计算、大数据、移动互联网等，运用各种新技术获取和发挥数据的价值，实现全面感知、开放共享、预测预警、研判分析和指挥决策。现代科技与消防工作的深度融合，为消防安全提供整体解决方案，产业流程上的服务内容也就随之发生变化。上游由最基础的元器件供应商转型为数据算法供应商、芯片制造商等电子元器件供应商，中游转型为硬件供应商、软件供应商、系统集成商和制造商，下游应用领域主要应用于智慧城市建设，由此形成升级版的消防产业链条，即智慧消防产业链条。

（一）技术融入消防全产业链

虽然中国消防产品制造商有5000多家，消防行业整体规模较大，但大多数消防企业的产品单一，技术含量低，缺乏行业龙头企业。引入智能消防后，人工智能、物联网、大数据、云计算等技术在消防行业的应用已经成为行业趋势。消防行业对新技术的需求促使许多技术公司加入智能消防布局。一方面，阿里、腾讯、华为、中国移动、中国联通和中国电信作为提供数据算法、通信技术和电子元器件的技术企业已进入智能消防领域，并开发相关的智能消防产品；另一方面，新兴智能消防的代表公司，如严蕊科技、益精科技、宇敦IOT、盛喆科技等，自主研发智能消防产品，进入智能消防市场，并保持行业地位。

（二）产业升级，消防企业战略转型

面对智能消防的发展趋势，除阿里外，腾讯等企业跨境进入消防行业。在原有的消防企业中，一些研发实力较强的企业也积极投身消防领域新技术的再创造和升级，从传统消防企业向智能消防企业转型升级。

拥有自主研发能力，有效融合互联网与消防技术，借助物联网技术、监测传感技术、大数据分析技术，实现对消防安全隐患的实时在线监测并做出统计、分析处理，提供完整、专业、全面的智慧消防一体化解决方案，对行业发展趋势提供了有利引导。

第三节　围绕科技产业主体培育产业链配套体系

一　四大支柱产业优势增强

深圳创新正逐渐走向世界舞台，华为、腾讯、比亚迪、中集等"老牌"创新巨头不断释放新动能，让深圳创新元素遍布全球。出货量直逼苹果的华为手机、占据全球70%消费级无人机市场的大疆、全球新能源车销量第一的比亚迪，都已成为全球范围内深圳创新的代表。

深圳产业结构突出"四大支柱"：经济增长以新兴产业为主，对GDP增长的贡献率为40.9%；以先进制造业为主，占行业比重超过70%；第三产业以现代服务业为主，占国内生产总值的60.5%，现代服务业在服务业中的比重提高到70%以上；战略新兴产业包括生物产业、新能源产业、互联网产业等。深圳的四大支柱产业为文化创意产业、高新技术产业、现代物流业、金融业（见表8—1）。

表8—1　深圳市四大支柱产业、战略新兴产业和未来产业

四大支柱产业	战略新兴产业	未来产业
文化创意产业 高新技术产业 现代物流业 金融业	生物产业 新能源产业 互联网产业 文化创意产业 新材料产业 新一代信息技术产业 节能环保产业	生命健康产业 海洋产业 航空航天产业 机器人产业 可穿戴设备产业 智能装备产业

四大支柱产业和强劲的经济增长,在助推深圳发展的同时,产业也在稳步发展。以新一代信息技术、文化创意、互联网、新材料和生物为代表的新兴产业增加值出现增长趋势。

一是文化创意产业。深圳在全国率先确立"文化立市"战略,率先探索出"文化+"的发展模式,形成"文化+科技""文化+旅游""文化+金融""文化+创意"等"文化+"产业发展的新模式、新业态。2014—2018年,深圳文化创意产业保持持续高速发展态势,2019年增加值达到2621.77亿元,同比增长16.84%,占2018年深圳市GDP的比重为10.9%。深圳是国内首个被联合国教科文组织授予"设计之都"称号的城市。工业设计、平面设计等设计行业领先全国,iF国际设计奖获全国第一。深圳主要的文化创意产业园有深圳国家动漫产业基地、大地设计之都创意产业园、中汾设计园,代表性本土企业包括华强文化科技、嘉兰图设计等。2019年,第15届深圳文博会开幕,汇集了10万多件海内外文化产品、6000个文化产业投融资项目,大力推动深圳文创产业向前发展(见图8—2)。

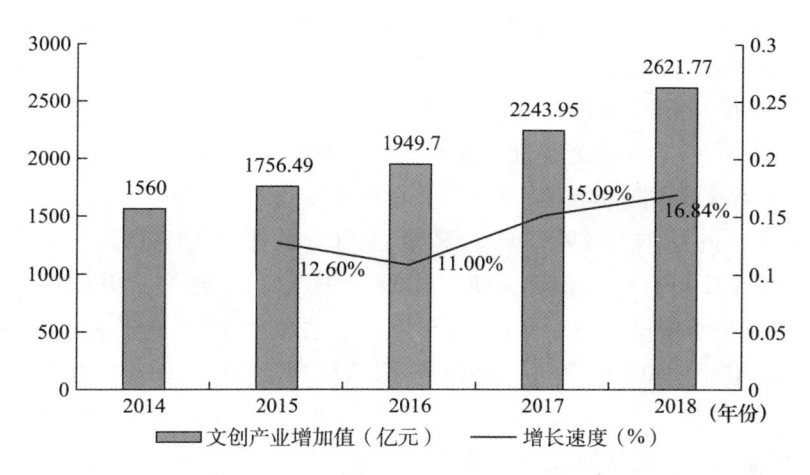

图8—2　2014—2018年深圳文化创意产业增加值及增长速度
资料来源:深圳统计局前瞻产业研究院。

二是高新技术产业。2019年,深圳市国家高新技术企业新增国家级高新技术企业2700多家，总量超过1.7万家，仅次于北京，广东省内第一。深圳已形成以电子信息产业为主的高新技术产业集群，成为深圳高新技术成果产业化的重要基地。主要工业园区有深圳高新技术产业园、深圳软件产业基地和深圳天安云谷工业园。

三是现代物流业。2019年，深圳市物流业增加值为2739.82亿元，同比增长7.5%，占同期深圳市GDP比重为10.17%。2018年，深圳成为国家首批22个绿色货运配送示范工程创建城市之一；完成修订现代物流业发展专项资金管理办法，新认定的市重点物流企业32家。2019年，深圳港开通国际集装箱班轮航线211条，集装箱吞吐量为2576.91万标准箱，位居全球第四。

四是金融业。2019年，深圳金融业增加值3667.63亿元，同比增长9.1%。深圳是金融科技的领跑者，是深圳证券交易所所在地。金融业集聚区包括福田、罗湖、前海深港现代服务业合作区等，其中前海将打造成我国金融业对外开放试验示范窗口，金融科技生态体系完善。金融业增加值占同期GDP的比重为13.6%。金融业税收持续增长，全年实现税收（不含海关代征关税和证券交易印花税）1522.4亿元，占全市总税收的24.7%，继续稳居各行业首位。这意味着深圳金融业以不到1%的从业人口，创造了全市超1/7的GDP和近1/4的税收。深圳金融业对普惠金融的支持力度正在加大。2019年，小微企业贷款余额1.17万亿元，同比增长24.24%，高于各项贷款平均增速10.82个百分点；民营企业贷款余额1.87万亿元，同比增长19.11%，高于各项贷款平均增速5.69个百分点。在2020年3月最新一期"全球金融中心指数"（GFCI）排名中，深圳列第11位，国内仅次于上海、香港和北京。全球金融中心指数最早于2007年发布，2014年深圳位列第25，2015年第23位，到2019年排名第14位。这说明深圳金融改革和对外开放取得的成绩得到国际金融界的关注与肯定。

二 深圳加快战略性新兴产业布局

深圳是中国创新驱动发展的示范区，也是战略性新兴产业领域。近年来，深圳做出前瞻性的布局，大力发展战略性新兴产业，取得举世瞩目的成就，新兴产业的增加值占国内生产总值的比例逐年增加。2020年11月，深圳十第六届中共中央委员会全体会议强调：加快战略性新兴产业的布局，并坚定地开展素质增长和内涵发展之路。

（一）战略性新兴产业成为支柱

深圳前瞻性地布局新一代信息技术、生物、新材料、海洋产业等领域，大力发展战略性新兴产业。一批龙头企业如华为、腾讯、海能达，形成"雁阵模式"的创新梯队，在国际市场上占据一席之地。

深圳战略性新兴产业增加值由2012年的3878.22亿元增长到2019年的10155.51亿元，其中新一代信息技术产业增加值5086.15亿元，增长6.6%；数字经济产业1596.59亿元，增长18.0%；高端装备制造产业1145.07亿元，增长1.5%；绿色低碳产业1084.61亿元，增长5.3%；海洋经济产业489.09亿元，增长13.9%；新材料产业416.19亿元，增长27.6%；生物医药产业337.81亿元，增长13.3%。

（二）新兴产业集群发展

为实现战略性新兴产业在深圳的跨越式崛起，深圳在战略性新兴产业发展规划中以信息经济、生活经济、绿色经济、创意经济为重点，不断提高创新能力，培育龙头企业，优化产业生态系统，引领产业集群规模化、高端化发展。

战略性新兴产业的发展集聚效应十分明显。以集成电路行业为例，深圳已成为全国集成电路产品消费应用中心和设计创新中心，拥有数百家集成电路设计企业机构，行业总规模达668亿元。在机器人与智能汽车、智能穿戴等领域密切相关的情况下，深圳已经形成相对完整的产业链，正在加速打造人工智能产业高地。

确定深圳周边产业规划重点领域，组织实施九批战略性新兴产业和未来产业支撑计划，对创新载体、基础研究、技术研究和产业化、新兴产业支撑等项目进行示范应用。自2018年以来，留仙洞战略性新兴产业总部、宝安"互联网+"未来科技城、龙岗阿波罗国际轻工业城、坝光生物谷、平山龙山智能制造等未来产业集聚区加快规划建设，新一代信息技术、互联网、新能源汽车、智能制造、高端医疗设备、无人机等领域形成具有全球竞争优势的产业集群。

三 深圳发布战略性新兴产业新政

《深圳市人民政府关于进一步加快发展战略性新兴产业及实施计划的通知方案》提出：2025 年，战略性新兴产业达到国际一流的科技创新水平，掌握大量的尖端技术和现代工程技术，努力培养更多的世界五百强企业和大量的创新型企业，构建超过十亿元的完整产业链、完善支持新兴产业集中度的产业区域，创造更多数十亿元和数万亿元的优势产业集群。

围绕新一代信息技术、高端装备制造、绿色低碳、生物医药、数字经济、新材料、海洋经济七大战略性新兴产业，深圳在方案空间布局中列出 37 个重点发展片区，包括南山高新区、坂雪岗科技城、空港新城、深港科技创新特别合作区、阿波罗产业集聚区、留仙洞产业集聚区、深圳湾超级总部基地、立新湖片区、宝安燕罗片区、前海片区、光明凤凰城、环西丽湖片区、梅观科技创新走廊、观澜高新园、坪山高新区、梅林—彩田片区、宝龙科技城、国际低碳城、九龙山片区、蛇口片区、光明科学城、大梧桐新兴产业带、清水河片区、大运新城、平湖金融与现代服务业基地、盐田河临港产业带、大鹏环龙岐湾、海山片区、公明片区、沙井片区、尖岗山—石岩南片区、西乡铁仔山科技城片区、新桥东科技城片区、宝安中心区—大铲湾片区、江碧环保产业园、深汕特别合作区。

（一）深圳市太赫兹制造业创新中心

2017 年 4 月，深圳太赫兹制造业创新中心成立。这是深圳启动的第一个制造创新中心，也是中国首个太赫兹技术与电子信息制造业融合的创新中心。以太赫兹制造创新体系建设为重点，建成太赫兹科技成果来源中心、产业和产品创新中心，打破外国技术对中国的垄断封锁和太赫兹技术与产业应用之间的壁垒，推动深圳电子信息产业转型，建设国家太赫兹制造业创新中心。

（二）深圳市石墨烯产业技术创新中心

2017 年 4 月 21 日，由深圳市先进石墨烯应用技术研究院、清华大学深圳研究院、深圳烯旺新材料科技股份有限公司等共同发起的深圳市石墨烯产业技术创新中心正式挂牌成立。该创新中心以石墨烯产业技术创新体系建设为核心，采取开放式理念，面向海内外以"一流的大学、科研机构，聚集一流的高端人才，创造一流的科技成果，打造一流的石墨烯产业"为发展策略，建成石墨烯科技成果的策源中心、产业和产品创新中心，促进深圳市智能制造业转型升级。石墨烯制造业创新中心示范基地选在光明新区招商局光明科技园 A1 栋 15 楼和 B5 栋 6 楼，建筑面积分别为 1500 平方米和 1100 平方米。作为市石墨烯制造业创新中心的重要组成部分，示范基地承担了深圳市在石墨烯产业上的共性技术研发、产品检验检测、标准研究制定、项目孵化培育等公共服务职能。光明新区石墨烯制造业创新中心示范基地正加快建设装修，2018 年 8 月完工并交付使用。

（三）中德微纳制造创新中心

2017 年 4 月 28 日，揭牌的中德微纳制造创新中心作为中国和德国在微纳米技术领域的机构性合作桥梁，将以德国弗朗霍夫研究所的产学研合作模式为基础，承载众多微纳米高科技企业的合作和孵化机会。其目标是建设成为市场驱动带动科技产业升级发展的一类平台性应用技术研发中心。该中心与智能海洋工程制造业创新中心的合作签约，意味着微纳米技术将被深入应用在海洋工程装备制造中。

（四）深圳市智能海洋工程制造业创新中心

2017 年 4 月 28 日，深圳市智能海洋工程制造业创新中心揭牌，由中集集团、海油工程、中兴通讯等 13 家联合发起。凭借过去 10 年深圳海洋工程跨越发展的基础，通过智能化与高端装备的深度融合，在未来 10 年再次实现"弯道超车"。该创新中心有以下四个特点：一是产学研用领军企业、院校"一体化"深度协同；二是国家级、市场化重大项目拉动创新，形成项目拉动下的创新链；三是制造业创新中心、深圳海洋产业基金、深圳产业聚集区建设"三位一体"，创新发展模式；四是以"两化融合、南海开发"为重点，以产业化落地和培育区域产业创新中心为目标，力争在海洋工程重大项目和关键共性技术上实现重大突破。

(五)深圳市3D打印制造业创新中心

2017年9月18日,深圳市3D打印制造业创新中心揭牌。该中心被列入深圳市"十大行动计划"之"十大制造业创新中心",由深圳光韵达光电科技股份有限公司牵头建立,联合大学、产业链上中下游企业,打造"政—产—学—研—用—资"一体化的3D打印研究创新平台,贯穿自产品设计、3D打印设备、材料研发到3D打印应用服务的全产业链,推动3D打印产业规范、快速、健康发展,对形成具有深圳区域特色的3D打印创新基地具有重大意义。深圳市3D打印制造业创新中心立足深圳,服务全国,放眼全球,以市场驱动为导向,建成以3D打印产业为核心的技术研究、成果转化、知识产权交易、产业孵化的全产业链创新中心。

第四节 倡导协同创新,共同布局开放型产业集聚

一 高速宽带网络项目

加强统筹规划,建设高速、安全、按需接入、世界一流的高速宽带网络基础设施。加快高速宽带网络建设,进一步推进宽带网络光纤化改造,推进旧城区和城中村光纤化改造。到2018年,实现城中村光纤覆盖率达到95%。到2020年,实现"千兆到户、万兆到企、百米光接入"的城市光网发展目标,家庭用户宽带接入能力达到1000Mbps。

大力推进全域高速无线网络建设,推进Wi-Fi全面深度覆盖,开展4G+技术普及应用,积极部署5G实验网建设和商用进程,加快量子通信研究。到2018年年底,实现人流密集公共场所免费Wi-Fi全覆盖,服务质量全面提升。完善NB-IoT网络覆盖,加大在智能抄表、大气环境监测、水文监测、智能交通等领域的推广应用。

二 全面感知系统项目

坚持统一标准，安全性和可控性的原则，加强城市感知信息的覆盖率和共享性，促进万物感知和万物互联，建立全面的感知系统，感知物理社会和网络的运行情况，并基于全面的认知促进新的智能城市建设。

促进智能多功能网络的建设和完善物联网的传感方法。加快建设智能多功能集照明控制、Wi-Fi天线基站、视频监控管理、广告屏幕广播控制、城市环境实时监测、紧急呼叫、水位监测、充电桩和井盖监控等，形成城市物联网感知网络共建、共享、集约、高效的建设模式，提升公共安全、城市管理、道路交通和生态环境领域的智能感知水平。

建立时空基础设施，实现遥感遥测、卫星定位、移动定位、地球物理勘探、激光和雷达等各种地理空间数据和时空大数据的统一标准、统一汇聚和统一服务。建立开放的城市感知平台，加强感知数据的标准化处理和共享、标准化感知设备的接入和数据融合，结合互联网数据实现物理社会和虚拟社会的综合感知，形成完整的智能城市信息观。支持企业开发新型智能终端应用，支持企业在社区、公共场所、办公楼等领域部署智能服务终端，支持智能机器人、智能支付、虚拟现实等智能应用。

三 城市大数据项目

建设统一、高效、安全、可靠、按需的市级大数据中心，包括数据采集、数据融合、数据服务和数据开放，实现城市感知数据、政府数据和社会数据的全面融合与整合，有效支持各区、各部门的大数据应用。

1. 推进大数据中心建设

原则上，深圳各区、各部门的业务数据应无条件地在市大数据中心收集。加强与腾讯、通信运营商等企业的合作，促进政府和社会数据的有效整合与共享，形成深圳市共享的一体化大数据中心，为各区、各部门提供统一、实时、准确的人口、住房、法人、地理信息等基础数据服务。

2. 建立大数据管理体系

建设深圳市大数据应用服务平台，为各区、各部门开展基于大数据的社会治理和公共服务创新应用提供支撑；完善城市大数据决策支撑平台，通过数据挖掘分析为市委、市政府提供辅助决策支持，推动深圳市统一云服务平台的建设和应用。

促进"云第一"战略推进城市整体规划和建设的云服务平台结合集中和分布，新建和更新业务系统各部门应该依赖于城市的云基础设施的建设，现有业务系统应逐步迁移到云平台。大力推进开放政府数据，制定政府数据开放管理规定，并为公民提供增值服务；在政府开放数据的基础上，促进治理多元化，形成新的社会共同治理模型。

四 智慧城市运行管理项目

建设政府管理服务指挥中心，与智慧城市运行管理中心建设有机结合、相互补充，形成政府管理与对外服务相互协同的一体化城市运行管理体系。

政府管理服务中心将深圳政府信息资源与公共服务、互联网、企业、通信运营商等信息资源整合，进行深度挖掘和综合应用，实现城市的综合感知（智能）、态势监控（可视化）和事件预警（控制），实现对城市运行态势的实时控制。与此同时，这与各地区和部门互动，形成协调和联系机制。依托政府管理服务指挥中心建设第三代应急指挥系统，实现问题和隐患的"第一时间发现、最短时间响应、最快时间处置、第一时间反馈"，提高跨地区、跨部门协同处置能力和应急响应速度、效率，推动被动应急管理模式向主动预警城市转变。

加强政府管理服务指挥中心与公安指挥中心的互联互通、数据共享，加强数据安全和监管，形成数据共享、互为备份的双中心运行联动格局，更好地支持政府运行管理和公安指挥。"两个中心"相辅相成，共同加强城市治理。

五 智慧公共服务提升项目

以企业生命周期服务需求为主线，优化整合深圳各级各部门的服务内容，构建国内领先的"互联网＋政府服务"体系和基于移动互联网的民生服务体系，极大提升市民和企业的服务体验与便利性。

1. 推进"互联网＋政府服务"体系建设

建立"一个集中、一个窗口受理、一个网络开放"的政府服务模式，构建多渠道、多层次的公共服务终端系统，实现市、区、街道政府服务的统一。统一深圳市在线服务大厅、手机 App、微信公众号、自助终端等服务渠道。建设和完善移动应用，制定应用接入标准和规范，整合政府服务和公共服务，实现"一屏智慧生活"。整合政府门户网站、政务公开、网上服务大厅、12345 公共电话等功能，构建统一的政府电子公共服务门户，实现市民一站式服务、一站式咨询。

2. 构建健康管理与医疗服务新模式

建设区域卫生计划生育信息平台和数据中心，完善公共卫生、计划生育、医疗服务、医疗保障、药品管理和综合管理系统，实现医疗机构与公共卫生机构业务互联和信息共享；建立统一的市公共卫生服务门户，提供在线健康咨询、预约、诊疗、入院等全程服务；推进智慧医院和智慧社会健康中心建设，实现医疗行为全过程规范化管理，提高医疗服务的安全性和质量。

3. 构建社会教育服务体系的智慧

建设教育云服务平台，提供全方位的学校教育和社会共享云服务；建成"导师一班""班主任一课"示范课程资源库，创建高质量的数字教育资源云超市，满足个性化学习需求；推进智慧校园建设和应用，建设 100 所智慧校园示范学校，推进智慧校园示范学校创新、特色和可持续发展；升级教育基础设施，实现 95% 的中小学多媒体教室（通过班级）完全覆盖，实现 90% 的中小学（包括职业学校）开放在线学习空间（"人人通"）。

4. 建立智能社区的公共服务平台

建立居民反馈和在线交流渠道，鼓励居民参与社区治理，提高社区服务水平。社区养老服务平台为老年人、残疾人等组织提供认证，并获得补贴等公共服务。建立完善的社区卫生服务体系，结合社区医疗和养老护理，提供移动医疗、养老信息管理、生命体征监测和其他服务，并有效地解决老人和残疾人的医疗和养老问题。创建智能司法服务平台，开发法律服务大数据应用程序，对公民和企业提供高效、高质量、主动、准确公正的法律服务。鼓励社会企业发展，为企业提供咨询服务，刺激社区活力。

5. 提升智慧住房保障服务水平

建立住房租赁交易服务平台，实现智慧租房；全面升级公共住房基础信息平台和住房公积金管理信息系统，提升政府住房公共服务水平；开展"智慧物业"建设，建立物业监管与公共服务平台。

6. 打造智慧气象服务新模式

推进"智慧气象"与相关行业的融合发展，建立基于天气影响的气象灾害智能预报和风险预警业务，构建气象灾害四级防御联动协同体系，建立气象灾害防御决策辅助一张图，完善突发事件预警信息发布系统，升级"深圳天气"App和微信公众号等移动互联网应用，向公众提供用户体验更愉悦的个性化气象服务产品。

六 智慧公共安全体系项目

以社会保障、安全生产、食品药品安全和边坡地质安全灾害管理为切入点，构建城市公共安全智能体系，全面覆盖各类安全隐患，提高安全预警和防范能力。

1. 健全社会保障立体化防控体系

推进"眼力工程"建设，基本实现全球覆盖、全网共享、全时可用、全过程可控的公安视频监控建设网络化应用；推进第三代公安指挥中心建设，提高维稳、反恐、打击犯罪、治安防控等信息化综合应用水平。

2. 完善安全监管综合管理系统

建立深圳市城市安全隐患一张图，特别是对港口、危化品等重点区域、重点领域进行实时监控和预警，全面提升监测预警能力、高效执法能力和协调处置能力，实现事前预警、事中可控、事后联动、可追溯可评估。

3. 推进智慧消防建设

绘制建筑外部、内部结构三维模型，建设以单栋建筑为基本管理单元的城市消防安全基础数据库。全面推进消防物联网系统的应用，建设建筑消防安全深圳自管理平台，构建警民互动和快速灭火救援指挥体系。

4. 建立统一的食品安全可追溯性服务平台

在整个城市，深化"互联网+食品安全"战略，实施食品可追溯的一致性标准，促进食品业务数据的收集和管理，提高风险评估能力，构建食品安全防控体系。

5. 构建智慧口岸服务体系

加大新型智能化红外体温监测设备、核辐射监测车、无人机辅助检测系统、机器人等口岸智能装备的应用，提升口岸人、车、货异常监测与处置能力，提高检测速度与准确率，探索建立口岸快速通关模式，提升智能化、便捷化通关水平。针对全球传染病疫情、动植物疫情、核生化有害因子等非传统安全输入性风险，建立全覆盖监测、全流程防控、全智慧管理的智慧口岸检疫平台，最大限度防范全球非传统安全风险输入深圳。

七 智慧城市优化治理项目

推进智能交通、智能水、智能环保、智能城市管理，提高交通效率，显著提高环境治理能力，建设宜居城市。

1. 建立全面控制、低碳生活的交通运营体系

针对交通信息基础设施升级项目，加强自适应交通信号灯、道路停车感知、电子屏幕、视频资源等在交通领域的应用，建设综合交通管控中心，促进交通、公安、气象等数据的整合和共享，完善综合交通调度指挥功能；在非限制区域，大力推广带有电子围栏的固定停车位的互联网共享自行车，整合城市停车信息，促进智能停车在城市的普及，提高停车位的综合利用率；开展无人驾驶试点建设，加快人工智能在无人驾驶中的应用，使无人驾驶汽车更加安全。

2. 深化智慧水务建设

推进城市水务网络化、流域化、综合化管理，实现"源、供、排、污、灾"全过程量化监控管理模式；推进水量水质信息、涉水管网地理信息和视频监控共享；建设深圳智慧海绵平台，全面提高深圳市海绵城市建设和管理水平；加强污水排放监控体系建设，实现重要污水排放的实时监控。

3. 推进智能环保建设

建立陆海一体、天地一体、上下协调、信息共享的生态环境监测网络，实现重点餐饮企业、重点污染源、空气质量、噪声和烟尘排放的综合监测；加强水、气、声、固、生态等环境资源的数据收集；完善环保决策支持平台和应急指挥平台。

4. 深化智慧城管建设

依托智慧城管指挥平台，推动城管执法下沉社区和城中村，提升城中村市容市貌水平；建立城市垃圾的智能分类和监管体系，引导居民前端分类，监测垃圾流通信息，实现"从源头到去向全程量化监控"的物联网管理模式，最终实现垃圾整体减量化，使有害垃圾得到专业处理。

5. 推进政府对建设项目的大数据监管

利用建筑信息模型（BIM）、智能传感、物联网、大数据等先进技术，收集完整的政府工程建设期和使用期数据，进行集中管理、分析和应用，实现政府工程全方位大数据智慧监管。控制智能防控诚信风险，形成政府工程建设和使用期的数据资产，为深圳智慧城市建设提供基础数据。

八 智慧产业发展项目

建立为创新和全球企业家全过程服务的市场环境，构建智能工业孵化系统，专注于构建新一代信息技术应用创新中心，提高国际竞争力，促进物联网的集成和创新，让互联网、人工智能和各种产业形成创新和活跃的数字工业系统。

1. 以"互联网+制造"为核心，加快两大产业深度融合

深化制造与互联网融合，推动互联网与设计、制造、物流的融

合。大力发展互联网工业设计，鼓励工业设计资源在线共享、网络协同设计、众包设计、在线3D打印服务等新模式、新应用、新业态发展。推动网络协同制造、个性化定制和服务制造发展，开展智能制造试点示范，提高企业生产效率和产品服务质量。

2. 推动数字经济快速发展

大力推动政府数据和公共事业数据的开放，充分释放数据红利，支持社会第三方开展基于开放数据的增值开发和创新应用。建设大数据交易所，促进数据资源流通交易，打造协同开放的智慧城市开源数据创新服务平台，推动全社会数据的共享交易增值，激发"大众创业、万众创新"活力，提升数字经济产业活力。

3. 创建创新平台，为互联网创新和创业提供环境支持

围绕中小企业生命周期实际需求开发创新平台，推广软件即服务（SaaS）模式，为中小企业提供金融电子化、办公自动化、电子商务等应用，降低企业信息化建设和使用成本；鼓励大型互联网公司和行业领导者通过网络平台向各类创业创新实体开放技术、开发、营销和推广等资源，加强创业创新资源的共享与合作，构建开放式创业创新体系。

4. 推动产业园区智慧化建设

完善园区光纤宽带、新一代移动通信网络和免费 Wi-Fi 等基础设施优化覆盖。建设基于园区的云平台，鼓励园区面向入驻企业提供各类云服务。以特色重点产业园区为试点，形成一批信息网络高速泛在、精细管理高效惠企、功能应用高度集成、智慧产业高端发展的"四高"智慧园区。

第九章

突出高质量，实现全球科技制高点的战略占领

区域创新能力与研发投资密切相关。创新能力强的区域，研发投资强度往往更高。深圳研发投入占GDP的比重从2012年的3.81%升至2019年的4.1%，呈快速上升趋势。深圳企业的投资强度居世界前列，全球只有以色列和韩国超过4.2%。

第一节 加强培育创新主体超前部署全球性科技研发布局

一 源头创新如虎添翼

2015—2019年，深圳先后建成国家超级计算深圳中心、大亚湾中微子实验室和国家基因库，并参与未来国家网络科技基础实验设施的建设。目前，深圳共有2214家创新载体，其中国家级115家，省级594家。这些载体已经成为聚集创新人才和产生创新成果的重要平台，尤其是在源头创新上。深圳还采取量身定制的政策措施，培育了93所集科学发现、技术发明和产业发展于一体的科技研发机构，从源头上提升深圳的创新能力。

重大科技基础设施是一个"宝库"。强大的科技集聚能力不断转化为科研成果，辐射和带动区域经济发展，增强原始创新能力和竞争力。未来，深圳将继续以创新为核心，加快基础研究，启动重大科学项目和科技专项计划，计划建设10个诺贝尔奖科学家实验室、海外创新中心和基础研究机构。城市的科技基础设施已经发展

成为一个集群。在这种情况下,深圳已经建立了5个诺贝尔奖实验室,并正式授予7个深圳海外创新中心。

深圳已成为中国规模最大、战略性新兴产业最集中的城市。在全球新兴的虚拟现实行业中,深圳在以标准取胜的道路上一直处于领先地位。在2018年的IEEE标准协会理事会上,深圳提交的5个国际标准提案被正式采纳,这是中国企业首次率先制定该领域的国际标准。2019年,深圳企业参与了271项国际标准的制定和修订,近几年累计1655项,年均增长率约为20%。在未来的工业领域,如超材料、虚拟现实、无人驾驶飞机和人工智能,深圳企业在制定国际标准方面将发挥重要作用。

二 对标国际、顺应高质量发展先锋区

深圳将以新标准、新产品、高品质推动新需求,加快建设引领时尚潮流的国际商务中心和消费目的地,打造国际化、高端化、智能化的高品质消费资本,为深圳加快建设质量创新型经济提供战略支撑。

1. 加大力度发展优质消费环境

优化城市商业布局,构建"国际商业中心—城市商业中心—区域商业中心—社区商业特色商业区"的商业实体消费体系和"国际商业功能区 & 消费功能区"的有序贸易体系,形成以消费升级需求为核心的"多层次商业 & 互联网商业实体"的新型贸易流通体系。

2. 培育新的现代商业模式和形式

以罗湖"金三角"国际商务中心和福田中心区为中心,构建智能中心区标准化服务体系,实现中心区智能化配套管理服务。

3. 发展国际高端业务

以罗湖"金三角"国际商务中心和王子湾国际沿海商业中心为先导,深圳将介绍国际商业品牌,扩大高端业务空间,建立国家综合改革试验区的消费经济,加快建设国际消费中心试验区和新的消费者示范区。

三 创造专注和竞争的高地

围绕科技成果转化的关键问题和薄弱环节,改革科技成果转化

体系，完善市场化的技术交易服务体系，开辟科技创新转化为现实生产力的渠道，率先建立以企业为核心、知识产权为价值纽带的科技成果转化体系，努力成为世界科技成果资本化和产业化的首选。

1. 大力发展新的研发机构

深圳结合华大基因、广州汽车研究所和深圳先进研究院的成功建设案例，进一步总结"四位一体""三无"（即无行政层级、无运行费用、无准备）和"四不相同"管理模式经验，量身定制政策措施，打破常规创新机制，鼓励各类社会机构建立一批基础研究、应用研究和产业化相结合的科研机构。

2. 创新管理机制，促进科技成果转化

加快试点项目转移和科技成果转化。中国科学技术大学和其他国内大学设立了专门机构转移和转化科技成果，明确协调负责科技成果的转移和转换、知识产权管理，加强市场化运作能力建设。

3. 完善激励机制，转化科技成果

该协议允许决定科技成果交易和股票的价格。所有收入转移和科技成果转化的单位将予以保留，增加科技成果在收入贡献和队伍中的比重，实现个人所得税的优惠政策，对技术人员实施股权激励。

4. 建立先进适用的科技成果转化基地

鼓励深圳高新区和其他地区建立技术转移和转换工业园区。通过城市更新和转换，深圳将指导科技成果适应特色产业的转移和变换，新兴国家科技成果包应用技术转化，并建立国家技术转移和转换集聚区域，提高跨国技术转移的战略高度。

5. 加强业务和知识产权保护

支持建立深圳市知识产权法院，建立重点行业和重点市场知识产权保护机制，完善知识产权保护制度和信用评估制度，探索建立和实施惩罚性赔偿制度，将故意侵权行为纳入社会信用记录。

第二节　选择若干关键领域，实现对全球产业制高点的抢占

立足光明区的产业基础和优势，聚焦战略前沿领域，坚持"优

势优先、新兴培育、提质增效"的产业发展原则，构建以智能产业、新材料、生命科学为主导，以科技服务业、文化旅游业为支撑的"3+1"现代产业体系。

一　超优质创新型经济体基本特征

超级质量创新的经济体通常有四个优势的特点，即现代经济体系高度发达，经济发展水平高，创新主体质量高、活跃、居民收入和消费水平高、创新环境好，有强大的国际影响力和竞争力。硅谷（Silicon Valley）、荷兰铁三角（Dutch Iron Triangle）科技集群，以及印度班加罗尔（Bangalore）等地区的集群，其经济高质量、创新发展具有以下6个特征。

（一）经济增长进入高质量发展阶段，经济密度达到全球或国家领先水平

与新兴经济体相比，深圳高质量、创新型的经济体系正在逐步完善，要素价格处于较高水平，难以再现快速增长发展状态，经济增长率不再是政府关注的焦点。2019年，洛杉矶、伦敦、东京、新加坡、中国香港等国际大都市的国内生产总值增长率都将低于3%，纽约将低于1%。但是其人均国内生产总值是世界上最高的地区之一，一般在每平方千米2万美元以上。东京和新加坡的平均国内生产总值每平方千米超过4万美元，土地利用效率高，以第三产业为主。纽约、中国香港、东京和洛杉矶等城市的第三产业占经济总量的85%以上。经济发展实现质的变化、效率的变化和动态的变化。

（二）拥有高产业价值链和社会劳动生产率的竞争性现代经济体系

竞争性的现代经济体系为产业价值链的升级提供了坚实的基础，为产业发展质量和水平的提高提供了强有力的支撑。例如，纽约和伦敦是世界上最重要的两个金融中心；洛杉矶是美国最大的石化、海洋、航空和电子工业基地，拥有的科学家和工程师比美国任何城市都多。新加坡是亚洲重要的国际金融、贸易、服务和航运中心，也是世界第四大金融中心。20世纪90年代，中国香港在金融、贸易和物流、专业服务和旅游业方面引领世界。班加罗尔不仅是印度

重要的制造中心,也是世界第五大信息技术中心。

(三)居民收入和消费水平位居世界前列,国际高端品牌和地域特色明显

人们收入和消费水平的提高,特别是高收入消费群体的扩大,不仅使能源消费结构的竞争日益激烈,也为建立国际高端品牌优质消费资本和区域特色提供了坚实的本土化支撑,同时为汇聚全球高端人才提供了强大的"磁场"。例如,伦敦被选为著名的文化艺术中心和时尚走廊,2011 年"世界时尚之都"纽约的第五大道,洛杉矶是世界著名的娱乐和体育产业中心。20 世纪 90 年代,中国香港是世界上最安全、最富有、最繁荣、生活水平最高的地方。在过去的几十年,美国硅谷产生了许多神话,许多在全球有影响力的科技富豪都有在硅谷创业的历史。硅谷的高科技工作人员的平均工资在美国是最高的,2019 年高级软件工程师的工资超过 20 万美元。

(四)企业和社会创新水平高,科技创新和产业创新居首位

无论是纵向的历史比较还是横向的国际比较,高质量、创新型的经济体往往处于跨地区乃至世界技术创新和产业创新的前沿,甚至处于世界优势领域的创新源位置。这些高质量、创新型经济体的创新通常具有以下特征。一是科技创新和产业创新水平高,创新能力居世界前列。二是科技创新和产业创新的市场驱动特征显著,许多创新企业和服务平台成为产业发展与资源要素流动的先导。第三,科技创新链与产业创新链之间存在深度良性互动,科技成果转化应用、市场化和产业化能力较强。

(五)构建创新型金融体系,具有良好的创新生态和制度环境

创新型金融体系不仅是创新生态的重要组成部分,而且为提高产业和城市创新能力提供了坚实的基础与支撑,为高收入居民的投资和金融管理活动提供了有效的渠道与风险分散机制。例如,硅谷约占美国所有风险资本的三分之一。对差异、反叛、冒险、容忍失败、竞争、平等和开放、以人为本、合作和移民的新文化探索,为硅谷的发展提供了肥沃的土壤。平等、宽松、自由的创新文化与良好的创新生态和制度环境,形成良好的互动关系。硅谷产学研互动的有效组织模式,也与其独特的创新文化和制度环境密切相关。

（六）区域开放程度高，优质资源与高端元素实现最大化融合

许多高质量的创新型经济体通过具有竞争力的现代经济体系在全球经济的竞争与合作中占据主导地位。参与全球竞争与合作，深化产业价值链升级的空间，为整合资源、要素、市场，构建具有全球竞争力的现代经济体系提供广阔的平台。例如，伦敦是世界上最大的国际外汇市场和国际保险中心，拥有世界上最多的银行，其中大多数是外国银行。中国香港连续23年被传统基金会评为世界上第一个经济自由的城市，在商业自由、贸易自由和金融自由方面排名第一。在发展高质量、创新型经济的过程中，纽约、东京等城市着力优化与周边地区的功能组合关系，在核心城市和经济腹地强大的大中城市之间构建全球城市圈，成为全球化时代产业组织、生产和生活的重要载体。

二 智能产业方向[①]

聚焦新一代信息技术产业发展前沿，按照立足当前、注重长远的原则，实施"雁阵"发展策略，以人工智能为"头雁"，以新型显示技术为有力支撑，两翼布局5G移动通信和柔性电子，瞄向智能产业前沿技术领域，建设成为国际知名的智能产业发展高地。

（一）人工智能

1. 智能软硬件

攻关智能芯片关键技术，发展面向细分领域的神经网络芯片和类脑芯片等智能芯片；研制工业级传感器与3D图像和视频识别、智能语音识别、激光雷达等消费电子类传感器；支持开发视频图像识别系统、智能语音交互系统和智能翻译系统。

2. 智能无人机

突破智能无人机环境深度感知技术、手势检测识别技术、多传感器融合技术、视觉蔽障、集群智能技术等关键共性技术，支持智能无人机在现代物流、智能交通、违建抓拍等领域的应用。

---

① 智能产业是指基于人工智能、5G、物联网等新兴技术，以智能为特征的新一代信息技术产业。

3. 智能机器人

重点支持智能机器人感知、认知、执行等算法的研发，突破三维成像定位、智能精准安全操控、人机协作接口等关键共性技术，攻关减速器、驱动器和控制器三大核心零部件，发展工业机器人和服务机器人。

4. 智能产品和应用

支持智能驾驶、智能家居、智能环保设备、智能终端、可穿戴设备、增强现实/虚拟现实等新型人工智能产业和智能医疗、智能安全、智能金融、智能商务、智能零售等人工智能应用产业的叠加发展，支持手表、模具等传统产业的智能升级。

（二）新一代移动通信

围绕5G无线技术、网络与业务、关键设备模块及平台等重点方向，研发大规模天线阵列、网络切片等5G关键核心技术，开发5G芯片、5G运营、5G应用服务等重点产品，推动基于5G的工业互联网、联网无人机、智能网联汽车和云VR/AR等行业示范应用。

（三）柔性电子

支持开展柔性印刷显示、柔性材料、柔性制造、柔性器件等技术攻关，研发具有应力、压力、运动、温度和化学传感及存储等特性的柔性原型器件，推动柔性显示、柔性连接器、电子皮肤、柔性能源等领域产业化。

（四）新型显示

发展 TFT-LCD、AMOLED、QLED、Micro LED、立体显示、激光显示等新型显示器件；重点突破化学气相沉积设备、溅射设备、阵列曝光机、有机蒸镀设备、喷墨打印设备等上游关键设备；推进商业显示、车载显示、VR/AR显示等下游新兴领域的产业化应用。

（五）前沿技术

依托光明科学城重大科技基础设施集群，开展脑科学与类脑算法、高级机器学习理论、量子通信与量子计算机、人类增强等智能产业前沿技术领域的研究（见表9—1）。

表 9—1　　　　　　　　　　智能产业发展路线

重点领域	人工智能、5G 移动通信、柔性电子、新型显示、前沿技术（脑科学与类脑算法、量子通信与量子计算机等）
重点任务	第一阶段：打造粤港澳大湾区智能产业发展先导区 1. 开展智能制造示范应用。推进优势传统产业向智能制造转型升级，率先在模具和钟表产业进行智能制造示范；建设新型显示、3C 电子行业等领域工业互联网平台，推动高端制造业数字化、网络化；在柔性电子等领域布局市级制造业创新中心，争取将新型显示和石墨烯制造业创新中心升级为国家级制造业创新中心；优选 10 个细分领域，依托行业龙头企业与高校、科研院所合作开展"创新链+产业链"项目 2. 打造人工智能产业研发集聚地。重点引进一批优势高校和科研机构，推进国家级、省级和市级创新载体的建设，提高原始创新能力和技术创新能力；吸引一批世界领先的企业研发总部和优秀团队落户光明，加速推进科技成果产业化 3. 规划布局智慧型基础设施。持续推进"智慧光明"建设，加快建设 5G 通信网络、物联网基础设施、数据中心等基础设施；选取智能机器人、智能无人机、智能软硬件、关键算法等领域，建设一批人工智能开放创新平台 4. 抢先建设 5G 应用先导区。紧抓 5G 移动通信建设发展战略机遇，以落实《深圳 5G 产业推进行动计划》为重要契机，在云 AR/VR、联网无人机、工业互联网、智慧医疗、智慧城市、智慧能源、智慧安防、智能网联汽车等领域打造 5G 示范应用标杆项目 第二阶段：建成国际知名的智能产业发展高地 5. 建设柔性电子产业基地。吸引柔性电子领域全球高端人才和团队落户光明，依托高校、科研院所、行业领军企业等组建柔性电子研发机构；推进柔性电子领域国家级、省级和市级创新载体的建设，提高技术创新能力；引进和培育柔性电子领域独角兽企业，在柔性显示屏、柔性传感器、电子皮肤、柔性能源等领域开展应用示范 6. 构筑智能产业前沿技术策源区。依托脑模拟、脑解析重大科技基础设施，瞄准类脑智能、高级机器学习理论、人类增强等前沿技术"无人区"，组建前沿技术研究院和面向工程技术研发的新型科研机构
近期重大项目	大疆智能飞控全球创新中心、中集低轨卫星物联网产业园、智慧光明、欧菲光总部研发中心项目、东江智能家居工业园、金融人工智能装备的增产扩效项目、第 11 代 TFT-LCD 及 AMOLED 新型显示器件生产线
发展目标	到 2025 年，产值达到 1300 亿元；到 2035 年，产值达到 3000 亿元

三　新材料产业方向

顺应当前全球新材料产业发展趋势，继续做大做强优势材料，大力发展关键战略材料，布局发展前沿材料，搭建新材料测试评价平台和技术转化平台，推动新材料在下游产业的示范应用，建成全国新材料创新应用示范基地。

（一）优势材料

1. 新型显示材料

开展高性能光学薄膜、透明导电膜玻璃等研究，突破新世代/超薄液晶玻璃基板、柔性显示材料等关键技术，推进大尺寸高精度掩膜版、超薄偏光片、彩色滤光片等研发和产业化。

2. 锂离子电池的关键材料

重点发展高能量密度、长循环寿命的正负极材料、耐高温和低电阻电池隔膜等锂离子电池关键材料，提高锂离子电池的容量、安全性能和循环寿命。

3. 合金材料

进一步提升铝合金/钛合金/镁合金材料的性能和工艺水平，开展高温、高强合金材料熔炼、加工工艺和技术攻关，完善高温合金技术体系及测试数据。

（二）关键战略材料

1. 碳纤维复合材料

重点开展碳纤维/树脂基复合材料、碳纤维/陶瓷基复合材料、碳纤维/碳基复合材料、碳纤维/金属基复合材料等碳纤维复合材料的研发和产业化。

2. 第三代半导体材料

开展碳化硅和氮化镓单晶材料的基础研究，重点突破大尺寸的碳化硅衬底材料和外延片、氮化镓衬底材料和外延片的工艺，解决大规模集成电路材料制约。

3. 氢燃料电池关键材料

开展高容量储氢材料、质子交换膜材料、催化剂、气体扩散层和双极板等材料的基础研究，加速储氢材料自主化配套进程。

4. 节能环保材料

重点发展环保包装材料、水基环保涂料、节能环保建筑材料、废弃物回收再利用建材、生物基可降解塑料制品等环保材料。

(三) 前沿材料

1. 石墨烯和其他二维材料

突破石墨烯材料的大规模制备、微纳结构的测量和表征等关键共性技术，实现对石墨烯层和尺寸等关键参数的有效控制，促进石墨烯在储能器件、功能涂层、传感器、触摸器件、电子元器件等领域的应用（见表9—2）。

表 9—2　　　　　　　　新材料产业发展路线

重点领域	新型显示材料、锂离子电池关键材料、合金材料、石墨烯等二维材料、碳纤维复合材料、第三代半导体材料、氢燃料电池关键材料
重点任务	打造全国新材料创新应用示范基地： 1. 建立新材料测试和评估平台。在重大科技基础设施和新材料企业的支持下，围绕重点发展领域，建立新材料测试与评估平台，制定数据收集与共享机制，建立新材料产品测试与评估标准体系，开展新材料服役条件模拟测试与评估实验设施 2. 建设新材料技术成果转化平台。针对产业链中的关键环节，建设中试平台、检测公共技术服务平台，配套创投机构和科技企业孵化器，打造新材料技术成果转化基地 3. 促进新材料与产品的示范和应用。建立新材料、新产品第一批应用示范专项补贴，鼓励在国内新材料重点领域进行产品试制；支持本地区重点新材料企业及其上下游企业积极合作，开展一批应用示范项目 4. 开展新材料应用保险补偿机制试点。积极争取工信部新材料首批次应用保险补偿机制专项工作试点；积极争取国家保险监管部门支持本地保险机构开展试点，支持保险机构设立新材料应用保险
近期重大项目	旭硝子第 11 代 TFT–LCD 用玻璃基板生产线建设项目、星源材质华南基地二期功能膜项目、深圳日东光学偏光板前工序项目
发展目标	到 2025 年，产值达到 1200 亿元；到 2035 年，产值达到 2500 亿元

2. 3D打印材料

重点发展高品质钛合金、高温合金、铝合金等金属基3D打印材料，突破超高分子量聚合物材料体系的核心技术，开发3D打印专用光敏树脂和工程塑料粉末，推动3D打印材料及氧化铝、碳化硅等配套设备的开发和应用，形成相对成熟的3D打印材料体系。

四　生命科学产业方向①

2019年1月6日，广东省生命信息与生物医学实验室建设启动会暨深圳市基础研究机构授牌仪式举行。深圳国际先进电子材料创新研究所、深圳合成生物创新研究所、深圳脑科学创新研究所和深圳清洁能源研究所等9个基础研究机构获得许可证。这一次，该研究所的3个获奖研究机构瞄准深圳的战略性新兴产业，涉及新材料、生命与健康以及合成生物学（见表9—3）。

表9—3　　　　　生命科学产业发展路线

重点领域	生物制品、化学药、医学影像、体外诊断、新兴医疗设备、医药CRO、精准医疗、前沿技术（AI药物挖掘、人工生命元器件等）
重点任务	第一阶段：打造国际一流的临床转化基地 1. 搭建公共实验服务平台：搭建药物发现平台、药物靶标筛选平台、药物检测平台、智能药物研发示范应用平台、基因编辑平台、药物安全性评价平台等一批公共服务平台 2. 打造临床研究基地：支持中大七院等大型医院与研究机构联合打造临床研究基地，完善临床试验机制，保证临床试验科学性和安全性，推动光明生物医药临床阶段研究
重点任务	3. 建立动物实验中心：培育实验动物新品种（品系），加强动物模型的研究和优势实验动物资源的开发与应用，开展模式动物等实验动物资源研究，加强实验动物保障研究的科研条件建设，建立以人类重大疾病、新药创制等科研需求为导向的动物实验中心

---

① 生命科学产业是指基于现代生物技术、医学大数据、人工智能等前沿技术，以BT+IT跨界融合为特征的新兴业态。

续表

重点任务	4. 组建医学影像技术联合研发平台：依托生物医学成像重大基础设施和迈瑞医疗、开立医疗等医学影像龙头企业，围绕高端医学影像、智能医学影像等前沿领域，组建联合技术研发平台，突破3T及以上MRI、PET-MRI融合技术等前沿技术壁垒 第二阶段：打造粤港澳大湾区尖端创新策源地 5. 建设体外诊断样本库公共平台：依托迈瑞、雷杜等体外诊断领域企业，建设大型样本库公共平台，支撑重大疾病早期诊断设备和精确治疗诊断试剂的研发 6. 培育医药CRO产业集群：引进国内外具有较强行业影响力、高标准质量保证体系的医药CRO龙头企业，培育一批具有核心竞争力的本土医药CRO企业，大幅提升生物医药研发效率，建成具有国际影响力的医药CRO产业集群
近期重大项目	合成生物学重大科技基础设施、脑模拟脑解析重大科技基础设施、精准医学成像重大科技基础设施、中山大学附属第七医院（二期）、中国科学院大学深圳医院新院区、卫光生物医药产业园、康泰生物疫苗研发生产基地（二期）、开立医疗器械产业基地
发展目标	到2025年，产值达到300亿元；到2035年，产值达到1200亿元

落实"健康中国2030"国家重大战略部署，依托光明区生命科学领域的重大科技基础设施、高校优势学科及研究型医院，巩固医药领域优势地位，激发生物医学工程发展活力，培育生物医药新兴业态，促进生命科学产业高端创新发展，实现国际"并跑"，更多关键技术领域实现国际"领跑"，打造粤港澳大湾区生命科学产业尖端创新策源地。

（一）生物制药

1. 生物产品

新疫苗将以分布式方式开发，如治疗性疫苗和重组疫苗，一些计划疫苗的升级将得到促进。巩固和提高血液制品的优势，在白蛋白、免疫球蛋白等产品的基础上积极开发凝血因子和特殊因子产品。

2. 化学药

加快抗肿瘤类、心脑血管类、消化与代谢类等创新化学药物创制，加强仿制药技术攻关和产品研发，提升仿制药质量疗效，加快仿制药质量和疗效一致性评价。

（二）生物医学工程

1. 医学影像

重点发展高端超声医学影像设备、内视镜、临床监护仪器等医学设备，积极开展 CT、MRI、PET、SPECT 等高端医学影像技术与设备研发。

2. 体外诊断

支持发展临床化学分析仪器、免疫化学分析仪器、血液分析仪器、微生物分析仪器等体外诊断仪器和试剂，前瞻培育循环肿瘤细胞检测、薄层液基细胞学检测等前沿检测技术。

3. 新兴医疗设备

依托大数据、物联网等新一代信息技术，构建智能医疗服务平台，发展新型手术机器人、智能诊疗设备等数字化、网络化、智能化的新兴医疗设备。

（三）医药 CRO

重点支持发展动物模型、药理/毒理/药代、药物筛选等临床前 CRO 业态以及临床监查、数据管理、注册申报等临床 CRO 业态，促进生物医药技术成果转化和产业化发展。

（四）精准医疗

进一步发展重大疾病的早期筛查、分子分型、个体化治疗、疗效预测和监测等精准应用解决方案体系，重点发展靶向肿瘤治疗、细胞治疗、再生医学、个性化医学等领域。

（五）数字生命

建设医疗资源、电子诊疗档案等数字化健康信息系统及个性化健康管理系统，布局深圳市统一的健康信息大数据平台，加快发展数字化健康管理设备和产品，推动医学大数据的应用创新。

（六）前沿技术

积极培育 AI 药物挖掘、AI 化合物筛选及 AI 靶点药物研发等 AI 技术在药物研发中的创新应用；前瞻布局脑疾病药物、人工生命元器件、人工基因组设计合成等颠覆性生物技术。

五 服务产业发展方向

以满足科技创新需求和提升产业创新能力为导向，构建覆盖全链条的科技服务体系，成为粤港澳大湾区科技服务领跑者；以满足人民对美好生活的向往为导向，发展全域旅游和科普旅游，打造"科学+文化+旅游"的特色旅游示范区。

（一）科技服务业

1. 科技金融

吸引集聚各类风险投资基金、并购投资基金、产业投资基金和女性发展基金等领域的专业风险投资机构，出台股权投资优惠政策和扶持政策。支持风险投资机构与银行、证券、保险等金融机构合作，探索投贷联动、债权联动、债务联动等方式，吸引证券、期货、基金等金融机构设立子公司从事股权投资。

2. 推进科技金融深度融合

发挥政府导向功能，设立天使投资引导基金。鼓励创投机构、科技银行、科技保险、融资担保等金融机构对科技企业进行投资和增值服务，探索投贷联动、知识产权证券化等新型融资模式。

3. 研究开发服务

支持重大科技基础设施集群、大学和研发机构整合科研资源，创新科技资源开放共享机制，积极培育新的研发组织、研发中介机构和研发服务外包新模式，为重点行业提供专业技术研发服务。

4. 检验检测认证服务

围绕重点产业发展领域，吸引集聚一批国家、省级检验检测机构，支持发展第三方检验检测认证服务，构建产业计量测试服务体系，加强技术标准研制与应用，建立技术标准全程服务体系。

5. 技术转移转化服务

支持具有自主创新能力的科技型领军企业、高校和科研院所设立技术转移转化机构，建设众创空间、孵化平台等各类创客载体，搭建资源对接公共服务平台，构建技术转移转化绿色通道。

（二）文化旅游业

1. 文化创意

促进钟表、内衣等优势传统产业与文化产业融合，提升创意设计水平。充分利用数字资源、智能处理和其他技术，充分激发创造、创新、创意和创业的精神，提高数字公共文化服务水平。支持连锁创新发展模式，集成多种模式和内容形式，创造有影响力的数码创意产品。

2. 科普旅游

依托光明科学城，规划筹建空间科学馆、生物科学馆、材料科学馆、科学数据馆等科普类展馆，支持重大科技基础设施集群开展科普活动，开发一批特色鲜明的科普旅游品牌线路和产品，打造"科技+旅游"示范基地。

3. 全域旅游

整合光明区自然资源与文化资源，依托文旅行业龙头企业，搭建全域旅游平台，支持建设旅游综合体、主题功能区、旅游小镇以及城市绿道、慢行系统等，建立相关要素配置完备、能够全面满足游客体验需求的综合性旅游目的地，打造粤港澳大湾区全域旅游示范区。

六　海洋经济发展方向

（一）布局海洋经济，抢占制高点

经深圳市政府批准的《深圳市海洋生态文明建设实施方案（2016—2020）》将作为"十三五"期间深圳市海洋生态文明建设的总体指导方针，全面推进大鹏新区国家海洋生态文明示范区建设，组织制订实施方案（2016—2018年），重点推进海洋资源和能源的保护与利用，改善海洋生态环境，突出海洋文化特色，建立海洋生态文明机制。

2017年，国家海洋经济"十三五"规划提出，要推进深圳、上海等城市建设成为全球海洋中心。2018年5月，国家海洋经济发展五年计划提出要把深圳建设成为全球海洋中心城市，这不仅肯定了深圳海洋产业的发展，也指出深圳海洋产业的发展方向：重点建设"海上强国"的战略部署和"21世纪海上丝绸之路"。深圳为充分发挥特区和海湾地区的重叠优势，将海洋事业作为核心城市发展战略，并加速全球海洋中心城市的建设。

2018年12月，深圳市委、市政府发布《关于永当国际海洋强国加快建设全球海洋中心城市的决定》，科学规划建设全球海洋中心城市的三个里程碑，到2035年基本实现陆海一体化，在文化、经济、科技创新、生态安全具有国际吸引力、竞争力和影响力的全球海洋中心城市。同时，将"全球海洋中心城市"确定为深圳未来发展的四大战略方向之一。

2019年7月，深圳市规划资源局宣布全面推进十大建设，重点建设全球海洋中心城市，进一步明确全球海洋中心城市的建设目标。十大建设项目包括：国际综合海洋大学、海洋科学研究所、全球海洋智囊团、深海基地、国际金枪鱼交易中心、"中国近海工程"、海洋开发银行、海洋产业发展基金、国际海事法院、中国国际海洋经济博览会。

2019年8月，《中共中央 国务院关于支持深圳建设中国特色社会主义先行示范区的意见》明确指出，要支持深圳加快建设全球海洋中心城市，按程序设立海洋大学和国家深海科学研究中心，探索设立国际海洋开发银行。

（二）海洋经济发展水平不断提高

深圳有7000多家涉海企业，已成为深圳经济发展的重要支撑。2018年，深圳海洋国内生产总值约为2327亿元，同比增长4.63%。海洋经济的国内生产总值占深圳市国内生产总值的9.5%，成为深圳七大战略性新兴产业之一（见图9—1）。目前，海洋产业链正在加速向高附加值、高经济效益的高端配套设施延伸，海洋产业结构和水平不断优化升级。2019年上半年，深圳海洋经济国内生产总值为1229亿元，四大海洋产业未来发展良好（见表9—4）。

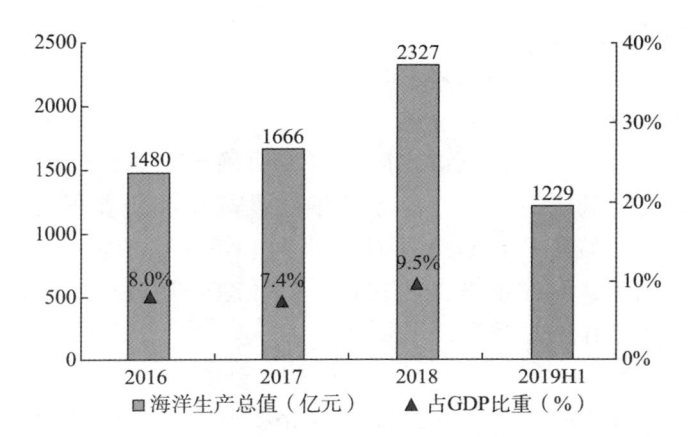

图9—1 2016—2019年深圳海洋生产总值及占GDP比重

表 9—4　　深圳四大海洋未来产业发展现状分析

海洋高端装备产业	海洋电子信息产业	海洋生物医药产业	海洋金融产业
深圳市拥有包括中集集团、招商重工在内的多家海工装备龙头企业，已形成孖洲岛为主体的海工装备及船舶修造基地，拥有惠尔海工等海工装备设计企业，2019年上半年海工装备增加值95.1亿元，同比增长3.7%	2019年上半年，海洋电子信息产业增加值93.2亿元，同比增长5.8%。依托体量庞大、体系完整、科技领先的海洋电子信息制造产业集群，已初步实现在深海探测、资源开发利用等领域的技术创新和产品应用。目前，深圳市已汇聚邦彦技术、海能达、云洲创新、汇川技术等创新型企业，在船舶电子、海洋观测和探测、海洋通信、海洋电子元器件等海洋电子信息设备和产品，以及海洋信息系统与信息技术服务等方面不断取得关键技术突破	深圳市已建成坝光国际生物谷大鹏海洋生物产业园一、二期，集聚了一批海洋生物企业、科研机构、公共平台和专业人才。2019年上半年，海洋生物医药产业增加值28.7亿元，同比增长5.8%，大鹏海洋生物产业园、国际生物谷坝光核心启动区、坪山深圳国家生物产业基地、高新区生物医药研发总部基地、龙岗海洋生物产业园等集聚一大批海洋生物医药创新企业，已初步形成产业集聚效应，逐步形成一条集研发、中试、产业化的创新发展链条	从产业来看，目前深圳市工、农、中、建、招等银行为涉海企业提供存贷款等传统业务较为成熟，海洋基金、融资租赁等新兴业态正逐渐兴起。2019年上半年，深圳海洋金融业增加值68亿元，同比增长3.4%

（三）全力推进全球海洋中心城市建设

深圳市邀请多名专家为建设全球海洋中心城市建言献策，编写了相关战略规划，结合该市实际情况，明确建设总体思路，通过开展专项研究，确定海洋中心全球城市建设战略和主要任务。"建设全球海洋中心城市"已成为深圳市当前和下一阶段海洋产业培育、海洋科技创新、海洋生态文明建设、海洋综合管理、海洋资源开发利用等各项工作的总目标。

（四）全面开展海洋综合管理示范区建设

经深圳市政府同意印发实施的《深圳市海洋综合管理示范区建设实施方案》，旨在通过创建海洋综合管理示范区，充分发挥深圳经济特区和综合配套改革试验区的优势，在健全海洋管理政策法规体系、完善海洋规划管理体系、创新海洋生态环境管理制度以及海岸线修测、生态用海等方面先行先试，探索具有中国特色、基于生态系统的海洋综合管理理论体系和方法，开展一系列标准化建设，真正为全国海洋综合管理发挥示范作用。

（五）大力健全海洋管理政策体系

正在制定的《深圳市海域管理条例》草案已提交深圳市法制办审查。同时，建立了海洋工程建设审批管理直通车，起草了《深圳市海洋工程建设审批管理办法》，组织开展了海域使用管理线制度研究，对不具有排他性用海通过划定管理线进行管理，拟出台海域使用管理线划定办法。

推进《深圳市海洋功能区划修编》，开展陆海空间匹配、交通运输用海、海洋资源利用、海洋灾害防御4个专题研究，通过分析各海域自然属性及相应的社会功能需求，制定功能分区适宜性评价指标，对省级区划（深圳部分）中每个功能区进行评价，确定海域主导开发利用及兼容功能，科学划分深圳市海洋功能区。目前，已完成的深圳市区划成果已上报广东省海洋与渔业厅，并于近期召开专家评审会。

推进《深圳市海岸带综合保护与利用规划》编制工作。基于深圳自身资源禀赋和发展优势，对标全球海洋中心城市建设，规划提出从绿色生态、活力共享、功能提升、区域联动4个方面推进创建"世界级绿色·活力海岸带"。

此外，首次编制《深圳海域利用规划》，旨在有效保护深圳海洋生态资源，引导海洋空间资源的合理开发、利用，实现深圳海域资源的可持续发展，为深圳创建全球海洋中心城市，促进海洋经济科学发展、有效指导用海管理提供技术支撑。

（六）深圳海洋经济效率升级

发挥创新优势，打造蓝色经济创新区，打造海洋产业"深圳质量"和"深圳标准"，提升海洋核心竞争力，助推海洋经济跨越式发展，建议未来深圳市海洋经济注重以下发展思路。

1. 全面提升海洋经济发展质量

深圳继续发挥创新优势，加快高端优质资源配置，全面提升海洋经济发展质量。深圳作为重要的金融中心，金融总资产在国内位居第三，以科技型企业为主体的自主创新特色鲜明，在华为、中兴通讯、中集集团、招商重工、研祥智能、云洲创新等龙头企业的带动下，初步形成由市场驱动的创新型、高端化的海洋经济形态。

深圳被批准为"国家海洋经济科学发展示范城市"和"国家海洋经济创新发展示范城市"，正在加快海洋经济的跨越式发展。一方面，继续夯实海洋产业发展的金融服务基础。深圳将丰富和完善金融组织体系，支持传统金融机构跨行业整合资源，打造有影响力的金融控股集团，大力引进国际金融机构，提升金融贸易核心要素的资源配置能力。另一方面，提出创建蓝色经济创新区的概念。深圳将通过提高资源配置效率、挖掘潜力、提高生态环境和经济综合效益，实现内涵式增长和高质量增长。同时，将规划一批主要的科技基础设施和创新载体，以吸引世界一流的大学、企业和科研机构，促进产业链协作创新和 R&D 组织形式创新，激发蓝色经济的巨大潜力。

2. 全面提升国际影响力与竞争力

深入实施区域战略，拓展涉海国际事务职能，全面提升国际影响力与竞争力。未来，深圳将加大政府引导，支持企业参与海上丝绸之路沿线国家基础设施投资建设和经营，带动深圳设备、技术、标准和服务"走出去"，重点推进东盟、南亚、非洲、中东欧等港口和园区项目建设，拓展港口综合服务保障功能。

深圳还需要打造世界级航运中心，利用前海深港现代服务业合作区，吸引国际航运巨头的区域总部或分部、航运保险企业、海事仲裁机构进驻，吸引全球海事企业在深圳落地并设立国家海事仲裁机构，同时设立南海相关管理机构、议事机构、仲裁机构，提升国家海事软实力。

3. 开展海洋经济项目

组织开展广东深圳湾华侨城国家级海洋公园和大鹏半岛国家级海洋公园的申报工作；推动大鹏半岛海湾海岸综合整治行动，推进海洋监测与评价入海排污口截污等建设项目。

4. 海洋经济监测预报

提高海洋监测预报服务能力，逐步完善三维观测网络，将大亚湾核电站等主要海洋企业的独立监测数据纳入海洋监管体系。制定和完善海洋灾害应急预案，开发适用于深圳海域的高分辨率海洋环境数值预报模型，建立堤上风暴潮预警决策服务平台，并应用于台风预报。创建基于大数据的综合公共服务平台，为海洋管理提供强有力的技术支持。

5. 海洋环保执法

深圳已经组织多次针对珠江口海砂的专项执法行动，与城管、海事、海警等部门联合开展海上漂浮垃圾执法行动，组织查处禁渔区内的"三无"小型船舶，取缔非法渔网，扣押非法渔民，并移交司法部门按程序处理。

第三节 重点发力高端制造业，实施前沿性高科技产业布局

一 世界领先的科技与产业协同创新中心

加快布局一批高水平大学和科研机构，着力推进应用基础研究和科技成果产业化，形成一批高水平科技创新基地，突出自主创新、源头创新和引领创新。积极引进或借鉴美国、德国、以色列等世界领先的先进技术转移和转化机构，打造世界领先科技创新转移和转化机构集聚地。促进企业全面融入全球创新网络，增强国际话语权和影响力，提高资源整合能力，形成要素集成、市场凝聚和辐射驱动，建立一批世界级的领先的1000亿元产业集群，形成一群看不见的冠军，拥有很强的创新能力、良好的工业效率、巨大的发展潜力和新的商业模式。

打造亚洲领先、区域一流的创新创业生态圈。深圳将打造亚洲领先的创新设计、公共测试、科技信息和专业知识平台，使大众创新空间更加市场化、专业化和具体化。同时，建设具有全球影响力的金融创新高地和亚太科技金融中心，率先形成实体经济、科技创新、现代金融和人力资源协调发展的产业体系。深圳将培养团结商业和环保人士的能力，并将战略科学家、技术企业家和行业领袖聚

集在一起，培育世界领先的亚洲创新创业文化，营造创新、生活和工作的良好环境，大力加强知识产权保护和科技成果商品化。

对标国际收入增长迅速和优质消费者聚集的先锋地区，建造世界顶级独特的财富中心，创新精英的收入水平是世界上最高的。将一群年薪数百万的人聚集在一起领导全世界的创新工作者。个人收入增长，人均国民收入提高，让深圳成为世界上最具创新性的经济体，中等收入群体比例显著增加，居民过得更好。消费结构升级取得实质性进展，消费国际化、高端化、绿色化、智能化取得突破。

二　领先世界的科技与产业战略目标和愿景

通过十多年的努力，深圳经济已经从全面高速发展阶段进入高质量的发展阶段，在区域一体化、科技创新和产业创新中，创造高收入群体和高创新人才，形成世界先进的现代经济体系和高质量的创新资本。

到2025年，一批龙头企业的核心竞争力将达到全球领先水平。就规模和影响力而言，一些战略性新兴产业和未来产业是世界上最大的产业之一，它们已成为制定国际产业标准和规则的重要参与者，在电子信息、生命与健康、人工智能、新能源和新材料等领域取得许多原创性的重要科学和工业成果。战略性新兴产业的增加值占国内生产总值的三分之二以上。在信息与通信技术、生命与健康、绿色经济等领域，建成一批1000亿元的世界级领先产业集群。全社会R&D投资占国内生产总值的4.5%，人均国内生产总值和居民收入接近世界级城市水平。先进制造业、现代服务业、科技金融、文化创意、人力资源等，形成更适合创新人才发展的环境。

到2030年，深圳将形成高质量、创新型经济，一些战略性新兴产业和未来产业将引领世界潮流。信息网络、生命健康、智能制造等领域在全球产业链中位居前列，新兴产业增加值占GDP的比重达到50%。现代服务业增加值占服务业增加值的85%。全社会的研发强度保持世界领先水平；人均国内生产总值、居民收入和消费均达到国际一流水平；深圳特色城市生态建设和创新创业达到国际先进水平。

至2035年，深圳将构建全面高质量和创新的经济，成为国内有重要影响的创新城市，建设世界级特色创新生态城市。建立一个"中国硅谷"，形成产业化能力强、良好的市场环境和高度国际化的环境。经济系统的特征是知识经济和信息经济发展、人们的生活更繁荣和健康。这已成为建设创新型国家的重要引擎和跻身世界创新型城市前沿的保障。

第四节 坚持市场引领，维护企业主体，形成特区创新优势

一 发挥市场的决定性作用

《粤港澳大湾区计划纲要》要求进一步加强大湾区市场一体化，高标准地全面协调国际市场规则和体系，加快建设新的开放经济体系，形成全方位开放格局，创造国际经贸合作新优势。深圳需要进一步促进投资便利化、贸易自由化以及人员和货物流动便利化。

一方面，市场化是解决深圳与大湾区合作发展问题的首选。以市场为导向的方式构建统一的资源流通机制，打破不必要的要素控制，促进人才、技术、资金等资源在广东城市群大海湾地区内部高效流动，加快内地金融服务业与港澳金融市场对接，不断提高水、气、电、土地等要素市场的资源整合水平。

另一方面，要以市场化的方式，构建高效的区域协同创新体系，充分实现创新是建成大湾区的关键。因此，要充分利用人工智能、大数据、云计算等先进信息技术和丰富的科技创新资源。粤港澳通过共享统一平台实现城市间的高效协调，构建强大的创新产业集群，实现经济效益最大化。

二 集聚大批富有创新创业精神的实干家

第一，根据企业需要，扩大创新人才队伍。深圳将大力培养和引进国内外高层次人才，加快高端人才集聚，掌握核心技术，引领

行业发展，充分激发人才创新创业，打造深圳创新创业的重要集聚地。世界高端人才交流"天堂"将促进创新和创业聚集。深圳将鼓励一批战略科学家、技术企业家和行业领袖不断涌现，为处于世界科技和工业创新前沿的大学、科研机构和独角兽公司提供强有力的支持。

第二，创新人才推荐和评价体系。完善多主体评价和多维评价标准，探索建立高层次人才市场识别机制，充分发挥政府、市场、专业组织和用人单位等多主体评价的作用，建立多维人才评价标准，探索建立高层次人才子系统识别方法。

第三，完善人才服务支持体系。实施人才住房工程，探索建立新型人才住房投资、建设、运营和管理模式，增加人才住房供给，增加人才公租房和商品房的分配与安置，给予新型人才租金和生活补贴。

第四，在前海建立人才管理改革试验区。实施出入境居留政策试点，重点实施公安部支持广东自贸区建设和创新发展的16项出入境政策措施，涉及外国人签证、居留许可和永久居留许可。

三　建设国际领先、国内一流、高质量的创新基础设施

一是加快公共服务平台研发。加快建立健全先进研发和可再生能源创新平台。构建物联网、大数据、云计算公共服务平台、智能公共服务平台、硬件架构、基因检测等；支持建设药品研发、产业化和临床评价公共服务平台；推动服装产业公共服务平台建设。

二是推动重大科技基础设施建设。支持深圳国家超级计算中心二期基因库建设，加快深圳图书馆和国家超级计算中心二期区域综合细胞制备中心建设。注重产业布局，重点建设一批企业重点实验室、工程实验室、工程（技术）研究中心和技术创新载体，争取更多国家级创新载体落户深圳。

三是建设覆盖全球的高速网络设施。推进4G网络深度覆盖和演进升级，加快5G试点网络建设和商业化，加强公共区域免费无线局域网的高速广域连续覆盖。全面提高IPv6用户普及率和网络接入覆盖率，推进下一代互联网的先进布局和商业化。加快三网融合

进程，推进信息网络互联。加强信息网络基础设施的国际互联与合作，构建前海国际交流的专用渠道。深圳将全面参与国家多轨宽带卫星通信网建设，探索气球、飞艇等高空覆盖新途径，推进空天一体化发展。

第十章

构建现代经济体系，实现全球分工状态的新格局

党的十九届四中全会审议通过的《中共中央关于坚持和完善中国特色社会主义制度、推进国家治理体系和治理能力现代化若干重大问题的决定》，强调全面深化改革的总目标是完善和发展中国特色社会主义制度，推进国家治理体系和治理能力现代化。经济现代化是现代治理体系的重要组成部分和物质基础。没有完成国家经济体系的现代化，就不能实现国家治理体系的现代化。

第一节 深圳创新企业薄弱环节引发的历史性教训

后危机时代，国际金融危机影响深刻，贸易保护主义、单边主义、反全球化趋势进一步蔓延。深圳只有建立现代经济体系，实现经济高质量发展，才能在开放型经济建设过程中构筑经济战线的"长城"，在激烈的国际竞争中获取主动权。

一 企业大力突破国际技术封杀

在中兴禁令之前，美国已经对中国的跨境技术企业收购进行多次狙击，多次启动美国外资投资委员会（CFIUS）的国家安全审查机制，阻挠中国企业涉及技术领域的并购。中国对美并购交易额大幅下跌，尤其是以技术企业为收购对象的交易（见图10—1）。

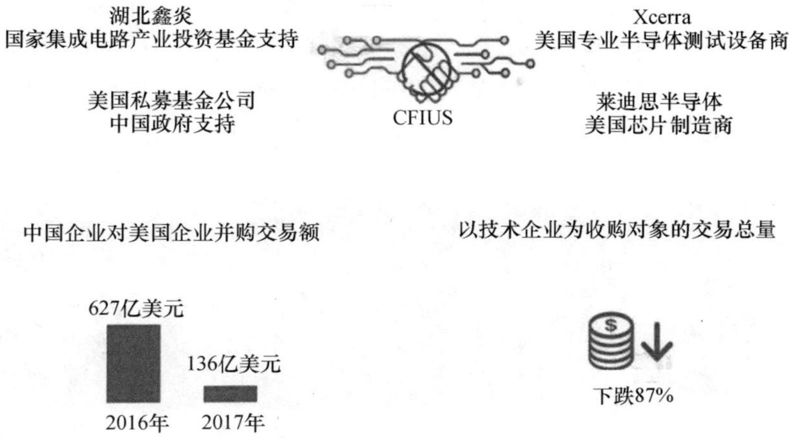

```
       湖北鑫炎                              Xcerra
国家集成电路产业投资基金支持            美国专业半导体测试设备商

    美国私募基金公司                       莱迪思半导体
      中国政府支持          CFIUS          美国芯片制造商


   中国企业对美国企业并购交易额      以技术企业为收购对象的交易总量

        627亿美元
                  136亿美元                     下跌87%
        2016年    2017年
```

图10—1 海外技术收购遭受封锁

资料来源：深圳市人力资源和社会保障局。

美国设置多重防线，利用知识产权手段，扩大"337条款"使用范围，启动"301"调查，对中国高新技术产品加征关税，限制出口，达到抑制中国高新技术产业崛起的目的。同时，缩短涉及机器人技术、航空高科技制造业等高新技术专业留学生的签证期限，加强对中国公民担任高新技术公司研究人员或经理的签证审查。一方面，降低美国公司雇用中国留学生的意愿；另一方面，增加中国公民从事科技等相关领域留美就业的难度。美国重点打压的两大科技巨头华为和中兴的总部均位于深圳，对深圳的经济增长和科技投入有着举足轻重的作用。

（一）深化改革高质量外资引进体制，加快实现国际高端技术企业本地化

完善和突破中外合资企业的设立与发展体制机制，改变以往跨国收购模式，重点推动高端技术领域招商，引导国际顶尖技术企业在深建立合资企业，通过合资企业加快向当地企业提供高端技术，达到技术本土化的目的，进一步增强外资溢出效应。2019年3月，深圳出台《深圳市关于进一步扩大利用外资规模　提升利用外资质

量的若干措施》，主要在降低外资准入门槛、精准扩大招商合作、提升外资发展质量、创造公平竞争环境、完善组织保障体系5个方面发力（见图10—2）。例如，软银集团旗下的半导体设计巨头公司英国ARM在深圳设计"ARM mini China"公司，攻坚国内急需的半导体行业难题。

图10—2　关于进一步扩大利用外资规模提升利用外资质量的若干措施

（二）全方位人才引进体系不断完善，高层次人才队伍不断壮大

落实多项更具吸引力和竞争力的人才引进制度政策，优化科技人才创新创业环境，吸引集聚和培养造就了一大批杰出人才、国家级领军人才、高水准的创客和海外科研团队，为打造具有竞争力、影响力卓著的创新引领型的全球城市提供人才支撑和智力保障。2019年，深圳新引进人才28万人，其中毕业生超过10万人；全市新增人口超过40万人，新登记商事主体超过50万户，成为国内最具创新活力和人才吸引力的城市之一。

南都智媒中心课题研究所联合中国工商银行深圳市分行出品的《2020年深圳人才竞争力报告》指出，深圳在人才吸引力方面，具备政策优势、经济与人口优势、产业优势、社会治理优势等，但也面临教育医疗等短板。目前，深圳各类人才总量达到548万余人，对比2000多万的人口基数，其人才数量还有很大的提升空间。深圳既要有短期的扶持优惠政策，长期来看，更要扬长补短，修炼吸引人才的内力，通过宏观治理金融、事业、技术等软环境打造人才聚集的新高地。

（三）深圳特色的高校合作新模式逐渐形成，高等教育集聚效应明显增强

从政策突破落地到集聚国内外优质资源，大力引进国内外顶尖高校入驻，充分发挥合作优势。重点引进名校的优势学科，引导高校设置与经济社会发展深度融合的专业，着力增创高等教育质量发展新优势，高等院校落地进程明显加快。

（四）全面深化创新型企业服务链条，技术创新投入产出快速增长

围绕科技创新过程形成全链条的服务模式，结合企业成长规律，通过创业孵化器、重点实验室、工程研究中心等创新载体推动创新服务的专业化与精细化，采用研发资助计划与研发加计扣除等资助模式，精准扶持科技创新企业，打造全流程科技创新服务生态。高新技术产业不断取得新突破，科技投入产出、高新技术产业产值、战略新兴产业、未来产业等主要科技指标呈现快速增长态势。科研投入规模进一步扩大，科技产出质量有所提升，高技术产业结构逐步完善。

二 深圳市技术转移存在的主要问题

（一）政策实施和评价有待加强

国家层面已经形成较为全面、系统的技术转移法律法规体系，但在地方落实中会出现条文分散、针对性不强、配套性差等问题，因此，地方要加快拿出具体配套实施方案、细则办法，进一步明确主管部门的权威地位、参与单位的权利义务，建立政策成效的量化机制和动态评估机制。

（二）高校院所科技成果转化体量有限

深圳市技术转移市场份额很低，科技成果不能及时转化的问题十分突出。2017年，深圳市事业法人输出技术合同402项，成交额3.29亿元，占比不到1%，远低于全省平均水平。

（三）国际技术输出能力有待强化

深圳市国际技术转移工作仍以技术吸纳为主，技术输出处于劣势。深圳市大量的中小微企业重视短期经济效益，对技术学习和自主创新重视不足。技术转移机构缺乏独立的国际科技合作服务人员，难以对国际技术转移提供有力支撑。

（四）技术转移服务平台发展滞后

深圳市技术转移机构多是围绕本系统资源和自身业务建立自己的信息系统，系统缺乏聚合资源功能，技术转移专业机构参与度低，共享协作的良好机制尚未形成。

（五）高素质跨学科技术转移人才短缺

在外国技术转让机构中，大多数是受过高等教育和多样化的专业人员。目前，深圳技术转让机构的人员构成难以应对技术转让活动的复杂需求。

三　缩小与东京、硅谷创新能力差距

深圳市知识产权局公布，市专利申请和授权数量保持稳定增长；企业是申请的主力军，深圳企业对外分销意识强；近年来，深圳新兴产业专利申请较为密集。

（一）深圳国内专利申请量居全国首位

专利申请和授权的稳步增长，是深圳经济、科技、法治环境和人文教育协调发展的结果。2019 年，深圳国内专利申请量超过 261502 件。2019 年，深圳国内生产总值为 26927.09 亿元，每亿元生产总值专利申请数量为 1.03 件。2001 年以来，深圳市专利申请与 GDP 的相关系数高达 0.9799，居全国主要城市之首。

根据深圳市场监督管理局发布的《深圳市 2019 年知识产权发展白皮书》，2019 年，深圳市 PCT 国际专利申请数量达到 17459 件，占中国申请总量的 30.74%，约占全省总量的 70.61%，连续 16 年居全国大中城市首位，但是同比下降 3.44%，降幅较 2018 年大幅收窄 8.17%。

（二）发明专利的密度是全国平均水平的 10 倍

截至 2019 年年底，深圳市累计有效发明专利量达 138534 件，同比增长 16.54%。每万人拥有 106.3 项专利，是全国平均水平的 8 倍。深圳市有效发明专利比例已保持 5 年以上，达到 85.22%，居全国大中城市（不含香港、澳门和台湾）之首，高于全国平均水平（7.98 项/万人口）一个数量级，超过北京、南京、杭州、上海等经济发达城市，居全国主要城市之首。

深圳市知识产权局根据发明专利有效维护期限分析，发布《2017 年深圳市知识产权统计分析报告》。2017 年，深圳市认真落实国家、省等上级部门工作部署要求，打造知识产权建设高地，以国家知识产权局与深圳市政府战略合作框架协议为指导，以全面知识产权管理改革试点为契机，深入实施知识产权战略，深化知识产权领域改革，实施最严格的知识产权保护。这有效促进深圳市知识产权工作数量和质量双提升，为一流营商环境的营造提供了强有力的支撑。

2019 年年底，深圳有效发明专利中，维持年限超过 5 年的专利量及相应的深圳占比排名前 10 的企业，如表 10—1 所示，前三名分别是华为技术有限公司、中兴通讯股份有限公司、腾讯科技有限公司。可见，深圳有效发明的整体质量居全国城市之首，极大地丰富了"深圳质量"的内涵。

表 10—1　　2017 年深圳国内有效发明专利量排名前 10 的申请单位（维持年限超过 5 年）

排名	申请单位	有效发明专利量	有效发明专利的深圳占比
1	华为技术有限公司	24072	25.96%
2	中兴通讯股份有限公司	17166	18.51%
3	腾讯科技（深圳）有限公司	3387	3.65%
4	比亚迪股份有限公司	3092	3.33%
5	海洋王照明科技股份有限公司	2272	2.45%
6	华为终端有限公司	2091	2.26%
7	鸿富锦精密工业（深圳）有限公司	2037	2.20%
8	深圳市华星光电技术有限公司	1501	1.62%
9	深圳光启高等理工研究所	692	0.75%
10	深圳富泰宏精密工业有限公司	483	0.52%

资料来源：国家知识产权局深圳专利代办处，中商产业研究院资料整理。

(三) 新兴产业成为专利聚集地

深圳的新兴产业近年来发展迅速,尤其在专利领域。主要集中在五大领域:新材料、生物、无人驾驶飞行器、机器人和可穿戴设备。

1. 新材料产业

超高强度和超高电导率的石墨烯是深圳的重点发展产业,正在积极争取建立国家石墨烯中心。截至2016年年底,深圳石墨烯专利总数为1283项,居中国副省级城市之首。石墨烯专利申请人主要包括深圳海洋王照明、深圳华星光电、清华大学深圳研究生院等。2018年,深圳的石墨烯国内专利公开量中,前3名分别是深圳市华星光电技术有限公司、深圳大学、中国科学院深圳先进技术研究院。

表10—2 深圳石墨烯技术发明专利公开量前10名的申请单位

排名	申请单位	发明专利公开总量	2017年发明专利公开量
1	深圳市华星光电技术有限公司	98	35
2	深圳大学	52	34
3	中国科学院深圳先进技术研究院	52	20
4	深圳一捷创新科技有限公司	18	18
5	深圳沃特玛电池有限公司	21	17
6	深圳佩成科技有限责任公司	16	16
7	清华大学深圳研究生院	57	15
8	华为技术有限公司	38	12
9	比亚迪股份有限公司	28	12
10	深圳先进技术研究院	24	10

资料来源:欧洲专利局专利数据库,中商产业研究院整理。

2. 生物产业

深圳是中国第一批国家生物产业基地,基因工程是其重点内容之一。2009年以来,深圳一直致力于建设生物医药产业,加大政策支持力度,促进产业要素集聚。生物医药产业规模保持年均20%的增长速度,产业规模超过2400亿元,正在成为深圳经济新的主导极,"生物硅谷"的雏形粗具规模。

深圳生物医药形成以南山高新技术产业园区、坪山国家生物产业基地核心区、大鹏国际生物谷为重点区域,与福田、罗湖、光明等区域合作发展的产业布局,涌现出一批以雁阵式创新梯队为龙头的迈瑞医疗、华大基因生物、海汉宇制药、北科生物、微科生物等国家级龙头企业和创新企业。同时,深圳的基因测序能力居世界第一,拥有国内唯一的国家基因库,细胞疗法有着良好的发展基础,在该细分领域处于世界领先水平。2016年,深圳的基因专利总数为1679项。位于大鹏新区的中国第一家国家基因库已于2016年9月正式运作。

深圳自主创新成果不断涌现,生物产业规模领先全国。2017年,深圳生物医药产业规模超过2400亿元,较2016年增加值约300亿元,增长率为24.6%。2018年,生物医药产业继续增长,当年增加值298.58亿元,增长率为22.3%。深圳生物医药产业的增长值位居七大战略性新兴产业之首,"生物硅谷"的雏形正在深圳形成。

3. 无人机工业领域

截至2016年年底,深圳无人机专利总数为1419项,居中国副省级城市之首。主要申请者为深圳大疆创新科技有限公司、深圳一电航空科技有限公司和周浦飞机科技(深圳)有限公司。

作为一种非常重要的智能装备,无人机是近年来快速兴起的跨学科科技创新的重点领域,也是技术难度较高、应用范围广泛(主要用于航拍、农业、物流、警用安防、测绘等领域)的高新装备。围绕主动创新还是简单模仿的博弈也一直在激烈地进行。从这些年爆发的有关企业知识产权之争中发现,深圳无人机行业的知识产权保护尚待加强。2019年3月,市无人机行业知识产权保护工作站揭牌仪式暨知识产权保护讲座在深圳举行,无人机厂家DJI、AEE、科比特、联合航空、科卫泰、智航、艾特航空、智璟、大漠大等20多家企业代表一起参加揭牌仪式,还进行了知识产权保护讲座。

截至2018年年底,无人机专利申请量已达7559件,2017年则是13386件。在无人机专利数量上,占全球70%消费级无人机市场份额的大疆创新公司遥遥领先,以 3963 件的申请量稳居第一;专利排名第二的是易瓦特,其专利数量高达 821 件(见图10—3)。

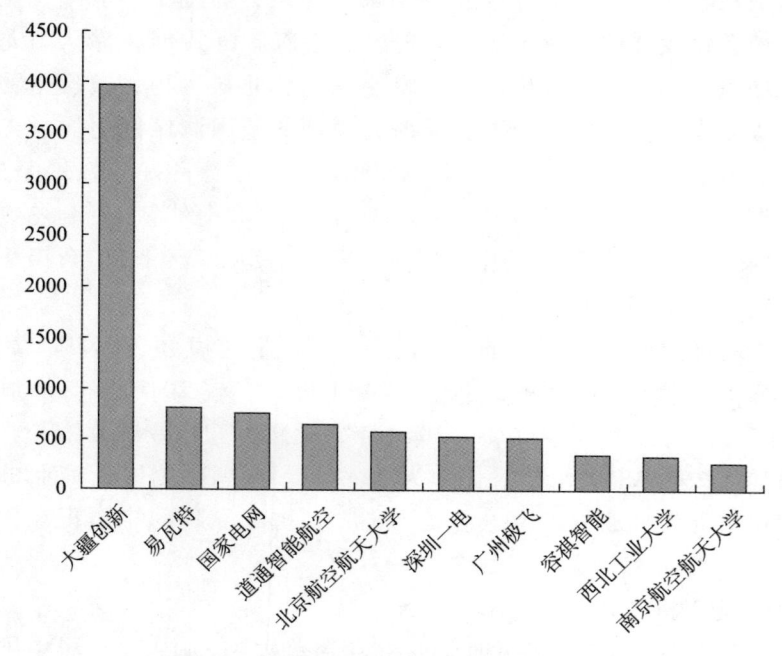

图10—3 国家知识产权局专利数量前十统计

柱状图数据(从左到右):大疆创新、易瓦特、国家电网、道通智能航空、北京航空航天大学、深圳一电、广州极飞、谷柑智能、西北工业大学、南京航空航天大学

4. 机器人产业领域

根据深圳市机器人协会联合深圳市新一代信息通信产业集群发布的《2019年深圳市机器人产业发展白皮书》,2019年深圳市机器人产业企业总数达到757家(增长6.73%),深圳企业数量占据广东省机器人产业企业数量40%以上,工业总产值达1257亿元(增长16.64%),家用服务机器人、商用服务机器人、教育机器人等非工业机器人持续高速增长。其中,商用服务机器人产值增长较快,占非工业机器人总产值一半以上。

深圳服务机器人已出现多个应用场景分化,如以家用服务机器人、商用服务机器人、教育机器人、特种机器人、医疗康复机器人等为代表的非工业机器人。深圳已经形成了南山机器人产业园、智能机器人产业园、宝安机器人制造产业园等多个机器人专业产业园，培育出一批创新能力强、有影响力的机器人企业，成长为行业各个细分领域的领头羊。在服务机器人领域，有优必选科技、镭神智能、墨子（深圳）人工智能等公司；在工业机器人领域，朗驰欣创科技、华成工业、鸿栢科技等公司优势显著；在关键部件领域，奥比中光、雷赛智能等公司具有优势；另外各个细分领域，泰达机器人、普渡科技、越疆科技、怡丰机器人都独具发展特色。

5. 可穿戴设备领域

在《深圳市机器人、可穿戴设备和智能设备产业发展规划（2014—2020年）》《深圳市机器人、可穿戴设备和智能设备产业发展政策》及行业联合推进的政策指引下，深圳可穿戴设备产业进入加速发展期。

2014—2020年，深圳市财政连续7年每年安排5亿元设立机器人、可穿戴设备和智能设备产业发展专项资金，支持重点产业技术研究、创新能力提升、产业链关键环节的完善，助推重点企业发展和产业化项目建设。未来，需要进一步加大全市科技研发、民营中小企业发展、会展、海外市场拓展、知识产权、标准化战略发展等专项资金投入，支持机器人、可穿戴设备和智能设备产业。

截至2016年年底，深圳共有2487项可穿戴设备专利，超过中国主要城市，在中国排名第一。可穿戴设备专利的主要申请人是宇龙计算机通信技术（深圳）有限公司和深圳智能手表核心技术有限公司等。2018年，中国可穿戴设备出货量同比增长28.5%，达到7321万台。就产品类型而言，耳机和智能手表已经成为占据巨大市场份额的产品。

第二节 促进新兴产业聚集，支持供给侧结构性改革

一 构建现代化经济体系是发展的基础

根据实践的新要求、中国特色社会主义和人民的新期待，建立现代经济制度意味着更加明确地强调发展是解决国内一切问题的基

础和关键，努力转变发展模式，优化经济结构，转换增长势头，实现社会生产力水平的全面跨越；更明确地强调要不断调整生产关系以适应生产力的发展，强调市场在资源配置中起着决定性的作用，打破阻碍生产力发展的体制和制度障碍以更好地发挥政府的作用；也明确地强调了社会再生产过程的协调性和可持续性，强调产业间关系、城乡关系、区域间关系、人与自然关系、国内与国际关系、人际关系的改善，以及当前与长期关系、地方与全球关系、关键与一般关系的平衡。

发展第一，人才第一，创新第一。构建现代化经济体系，必须培育新的增长点，在创新引领等领域形成新的动能，以创新带动发展为主要驱动力。因此，深圳应大力推进供给侧结构改革，促进生产要素从低质量、低效率地区向高质量、高效率地区流动，提高全要素生产率，努力实现有效的数量增长和实质性的质量提高；加强国家创新体系建设，瞄准科技前沿，实现重大突破和突破性创新，推进科技创新与经济社会发展的深度融合，以创新为主体，形成和发挥先发优势；用新技术改造传统产业，大力发展新兴产业，促进经济转型升级，加快产业结构调整；提前布局新一代高技术产业，实现核心技术的自主控制，真正提高自主技术特别是关键技术和核心技术的自主创新能力。

二 实体经济转型是供给侧结构改革的重点

实体经济是国家经济的基础，是国家繁荣的重要支柱。只有大力发展、壮大实体经济，中国才能长期保持世界经济领先地位，立于不败之地。新常态下，实体经济面临经济增速放缓、产业转型升级困难等挑战，发展方式和动力亟待转变。

因此，要深化供给侧结构改革，加快发展先进制造业，推动互联网、大数据、人工智能融入实体经济，集中资源要素进入实体经济，采取多种措施帮助实体经济降低成本、提高效率。建立协调发展的产业体系，实现实体经济、科技创新、现代金融和人力资源的协调发展，不断提高技术创新发展对实体经济的贡献份额和能力，用现代金融服务优化人力资源支持实体经济发展。

三 打造高质量、创新型经济体的痛点与难点

与硅谷、纽约、伦敦、东京、新加坡和中国香港等高质量创新型经济体相比，深圳在建设高质量创新型经济体方面仍存在明显不足，研发投入和创新活动过于依赖少数企业，领先创新能力亟待提升，主要表现在以下四个方面。

第一，研发投资主体结构脆弱。深圳的研发投入虽然总体上比较高，但主要集中在华为、中兴等少数企业。华为、中兴等企业研发投入占总研发投入的94%。随着华为全球研究活动的推进，特别是将一些部门迁至东莞，深圳创新光环的负面影响逐渐显现。

第二，世界一流的企业很少。深圳有60多个跨国公司的地区总部，不到中国香港的1/20。新加坡有300多家《财富》500强公司的亚太总部，深圳不到新加坡的1/5。

第三，国家级机构很少。与国际知名的高质量创新型经济体相比，深圳在创新能力方面缺乏有影响力的国家级综合机构，这是一个明显的不足。缺乏高质量的高等教育和主要基础研究平台，极大地影响了深圳从源头创新和支持企业发展的能力。

第四，龙头创新能力有待提高。深圳主要集中在追赶型创新和商业模式创新上，很少有真正原创的重大创新。华为、腾讯等科技企业的创新能力普遍达到国内领先水平，但与思科、苹果、谷歌等美国创新型企业仍有较大差距。

第三节　通过科技创新促进战略产业全球市场布局

无论是现在还是将来，都可能是中国发展各方面风险不断累积甚至集中暴露的时期。这些风险包括国内经济风险和国际经济风险，相互交织，形成风险综合体。如果出现不可持续的重大经济风险，国家经济安全可能面临重大威胁。

一 促进新兴产业发展

瞄准世界科技前沿,加强深圳创新体系建设,强化科技强国战略,坚持科技强国武装优化升级传统产业,推动传统制造业智能化发展、科技创新和经济社会发展纵深化,塑造更多依靠创新驱动、更多类型领导发展的先发优势。深化创新,突破重点领域和环节,鼓励传统竞争性行业"嫁接"科学,深化"互联网+"产业、新兴产业的发展,如高端智能设备和新材料。

摆脱无效供给,以市场化、法治化手段淘汰低端、落后、无效的产业,重点发展信息技术、高端装备制造、生物医药、数字经济等新一代战略新兴产业,打造产业体系新支柱。重视和发展现代服务业,大力扶持龙头企业、百强企业、上市企业、高新技术企业和大型进出口贸易企业,努力提高服务业在经济中的比重。加快实施创新驱动发展战略,强化现代经济体系的战略支撑。

二 科技创新加速升级

国际科技创新中心是城市功能不断高端化、现代化、区域化、国际化的必然产物。目前,建设具有全球影响力的国际科技创新中心,已成为许多国家和地区具有长远眼光的重大战略。深圳能否成功建设成为具有全球影响力的国际科技创新中心,取决于科技创新的能量、水平。

《国家创新驱动发展战略纲要》提出,要"推动北京、上海等优势区域建设成为具有全球影响力的科技创新中心"。与北京、上海相比,粤港澳大湾区具有构建以城市群为核心的国际化科技创新中心的特色和优势。粤港澳大湾区占国土面积不到1%,人口不到5%,GDP不到12%,关键在于科技创新和产业发展的综合实力。根据2018年全球科技创新中心上海信息中心编制的评估报告,2018年,在全球科技创新中心综合评价的100个城市中,中国入围8个城市。强大的联盟和互补的创新资源,为粤港澳大湾区建设国际化科技创新中心提供良好的基础和广阔的想象空间。

深圳建设国际化科技创新中心,最重要的是创新资源的有效配置和创新活力的充分释放。《科技创新12篇》侧重技术研究、基础研究、人才集聚、要素互联、创新创业、国际合作,从人才交流、资金转移、物流等方面提出一系列突破性的政策措施,助力粤港澳地区深度合作,构建开放融合的区域协同创新共同体。

深圳需要建立省级金融研究资金跨境使用机制,率先实施优秀人才落户政策,在珠三角9个城市开展技术移民试点。支持省级实验室实行新的管理体制和运行机制,赋予其人员和财产自主权;采用新的研究组织模式,如目标组织、平行支持、提供奖励和开放列表。动员全社会克服产业发展中迫切需要的核心技术研究和重大科技成果转化困难。供应硬设施为代表的重大科技基础设施,集中在科研创新体系和机制方面创造"软环境",会让深圳的创新生态更加成熟、创新集群更加多样化,产生和释放更多的令人惊叹的科技创新能源。

《粤港澳大湾区发展规划纲要》将"港深"界定为重要的极,这就要求加强联盟的主导作用。从科技创新基本条件看,粤港澳大湾区是最强大的创新单元。根据世界知识产权组织及相关机构发布的《2019年全球创新指数报告》,我国深圳—香港、北京和上海3个创新集群分别处于第2位、第4位和第11位,粤港澳大湾区正在成为世界水平的科技创新中心,北京、上海的科技创新中心建设也取得显著成效。

在大湾区推进建设广东国际科技创新中心,深圳应充分利用"十二五"科技创新及其政策的重叠优势,扎实搞好"深港合作"建设高标准的技术创新区,光明科学城、深港科技创新合作区、西丽湖国际科教城将打造为国家综合科技中心。同时,加快构建"基础研究+技术研究+成果产业化+技术金融"的科技创新全过程生态链。这不仅可以提高自身科技创新发展水平,也为粤港澳大湾区科技创新整体提升提供强大的动力和支撑。

三 技术转让发展的突破

(一)完善技术转让政策体系

加快形成促进技术转移的合作机制。在深圳市委、市政府的领导下,成立技术转移联席会议,由市科技厅负责推动、协调和服务技术转移。参与部门应加强协调和分配,形成合力,从资源配置和任务落实两方面促进科技成果的转移与转化。

研究制定技术转移体系建设和服务管理的一系列政策与实施细则，推动高校、科研院所和企业根据法律法规制定相应的管理措施，促进技术转移。深入实施知识产权战略，支持企业开发、应用、转让和许可专利，特别是发明专利；支持国家技术转移示范机构建立知识产权援助中心，特别是推动建立知识产权涉外应对和援助机制；组建100名公益律师团队，搭建科技成果转化和知识产权保护公共服务平台。

（二）开展科技成果转化示范

1. 培育科技成果转化的示范组织

支持深圳高校、科研院所和企业建设创新载体，培育一批与深圳产业未来发展相适应的科技成果转化示范机构。同时，支持深圳的高校、科研院所和企业主动吸收与利用全球科技创新资源，建立各种国际科技合作平台与基地。

2. 推进深港科技成果转移转化示范区建设

充分利用前海和CEPA政策，打造深港科技成果转移转化国家示范区，形成政策叠加效应和工作合力。

（三）增强技术转移主体内生动力

1. 激发高校院所研发平台技术转移活力

支持有条件的在深高校院所建设技术转移试点，开展体制机制创新与政策先行先试，探索一批可复制、可推广的经验与模式；进一步完善高校院所年度科技成果转移转化情况报告制度。

2. 强化企业技术转移的主体地位

支持企业、高等院校、科研院所等机构联合设立新的研究开发机构或技术转移机构，共同开展研究开发、成果应用推广和标准研究开发，鼓励新型研发机构成为深圳技术转移的主力。深圳市级科技项目应明确成果转化任务，项目设立时就明确与项目科技成果转化直接相关的考核指标。

（四）搭建一批技术转移信息平台

1. 建立科技成果信息汇交平台

依托国家技术转移南方中心建设区域性的科技成果信息平台，

制定科技成果信息采集、加工与服务规范，加强与国际技术转移机构合作，完善科技成果信息共享机制，积极推动南方中心在粤港澳大湾区布局。

2. 建设区域性技术交易平台

建设技术交易平台，实现线上＋线下技术交易，积极融入全国技术交易市场网络体系；加强技术交易数据的统计分析工作，为制定相关扶持政策提供决策依据。

3. 国防与民用技术融合的技术转移平台建设

深圳将建立一个信息平台，推广、整合和转化国防与民用技术成果，一个军用、民用食品、设备资源合作创新的开放平台。

（五）增强技术转移市场化服务功能

1. 加快国家技术转移南方中心建设

支持与各区（新区）、其他技术转移转化服务平台联动，建设技术转移全球交易、知识产权运用、技术项目中试熟化、国际并购等服务平台网络。借鉴发达国家及国内其他省市的做法，由国家技术转移南方中心运营管理科技创新券，探索与珠三角其他城市对接，实现珠三角区域创新券的"通用通兑"。

2. 大力发展技术转移服务机构

研究制定《深圳市技术转移服务机构管理办法》，建立技术转移服务机构认定、评估和分类管理机制；研究制定《深圳市技术转移服务补贴管理办法》，充分调动社会各界开展技术转移服务的积极性。

（六）促进跨区域技术转让效率

1. 积极构建国际、国内技术转让合作网络

鼓励深圳技术转移机构与国际知名机构建立深入合作交流渠道，支持深圳技术转移服务机构在海外设立分支机构，启动建立粤港澳大湾区技术转移服务联盟。

2. 大力推进国际技术转让合作

推动中国科协（深圳）境外人才创新创业基地建设取得实效。鼓励企业通过对外直接投资、技术转让和许可实施外向型技术转让，在海外设立科研机构、国际科技创新中心和海外孵化器。

3. 积极构建全球权威展览网络

扩大现有知名工业展览会对科技创新成果展示、发布和交易的国际影响，积极参与国际权威专业展览会。组织中国（深圳）国际技术转移大会，汇聚全球高端资源，打造具有全球影响力的区域技术转移品牌。

（七）加强技术转移人员建设

扩大技术转移人才队伍。依托行业领先机构或载体，筹建技术转移学院。支持有条件的高校以多种形式开设创新创业专业及课程，培养一批复合型技术转移服务人才。探索建立高端技术转移人才评价机制。研究制定高端技术转移人才评价标准，为高端技术转移人才在各方面提供便利条件。在专业技术职称评聘中，应当为参与技术转让、成果转化和产业化的技术经纪人提供一定比例的配额，畅通职业发展渠道。

（八）构筑技术转移投融资服务网络

1. 加大财政支持技术转移力度

充分发挥财政科技专项资金的作用，积极探索多种模式，引导各类资本投向科技创新创业，推动科技成果转移转化。各类创新载体、孵化载体的资金专项中，将技术转移服务作为评价指标之一。

2. 拓宽成果转化资金的市场化供给渠道

引导银行、天使投资者和风险投资机构在初始阶段加大对科技企业和科技成果项目的投资。建立健全科技成果质押融资多层次风险担保机制，鼓励融资担保机构为中小企业质押融资提供担保服务，引导企业开展银行间担保业务。

3. 建立科技成果转化联合基金

探索部市合作新模式，推进部市共建科技成果转化联合基金。充分发挥市、区财政资金的引导作用，探索建立合格的社会资本、联合基金和技术孵化子基金，促进产融结合。

第四节 有效改变全球分工体系不合理状态与规制

一 以企业为主要创新形式的"雁阵"

实施创新驱动发展战略，就是以科技创新为核心，促进全面创新。习近平总书记指出，要坚持需求导向和工业化方向，坚持以企业作为创新的主体，充分发挥市场力量在资源配置中的决定性作用。

从17世纪到20世纪70年代，国际专家认为，改变人们生活的160项重大创新中，超过80%是由公司创造的。强化企业创新主体的作用，是深圳取得成功的重要保证。云天励飞公司建立了世界上第一个基于人工智能的安全示范区，开发了动态人像识别系统，可以实现数以亿计的人脸二次定位。目前，该公司已建成中国最大的动态人像识别系统，已进入我国十多个省市和马来西亚。

众多行业巨头在深圳形成一个引人注目的创新"雁阵"。诺贝尔奖得主让·蒂罗尔赞叹深圳对创新有着巨大的吸引力。深圳的创新发展成为中国经济转型升级和技术创新的标杆，一批创新型企业的全球影响力不断提升。众所周知，深圳创新驱动发展模式"6个90%"概括为：90%的创新企业是本地企业、90%的研发机构为企业、90%的研发人员在企业工作、90%的研究经费来自企业、90%的专利申请来自企业、90%以上的重大科研项目和发明专利来自龙头企业。

二 形成完整的梯队创新企业链

深圳已形成创新型企业链，科技企业有3万多家，国家级高新技术企业有8037家，5年内增长近6000家，成为中国企业参与国际竞争的先行者。一批具有国际竞争力的创新型龙头企业迅速崛起。例如，华为和中兴分别成为全球第一大和第四大电信设备制造商。腾讯公司已成为全球最大的互联网公司之一，比亚迪已成为全球最大的新能源汽车公司，EVOC成为世界上第三大研发专业计算机制造商。与此同时，高增长的创新型中小企业正在崛起，大疆占据全球消费无人机市场 80% 的份额，产值在 8 年内增长 1 万倍。2018 年，约贝公司的产值增长 6 倍，超多维已经成为中国最大的裸眼 3D 技术供应商。

深圳企业正在全球创新链和价值链中攀升。PCT 国际专利的年申请量约为 2 万件，连续 13 年居国内大中城市之首。根据世界知识产权组织等机构发布的 2017 年全球创新指数报告，深圳在全球热点创新集群中排名第二，仅次于东京，领先于硅谷。建设现代经济体系，必须充分发挥市场在资源配置中的决定性作用，也必须充分发挥政府的作用，建立统一、开放、竞争的市场经济体制，完善市场经济运行模式，运用改革手段，使中国经济更具可持续性。

第五节 增强核心引擎功能，建设开放型经济政策体系

一 建立粤港澳大湾区开放型科技创新体系

合理部署研发资源深度配置，构建以市场为导向、以企业为主体，以及政府、产业、大学和科研院所相结合的开放式区域创新体系，建立公开、透明的市场准入管理模式，按照市场化、国际化和法治化要求，营造世界级科技创新环境。

（一）科技基础设施走向集群化

主要科技基础设施就像科学的聚宝盆。随着主要设施布局的扩大，集聚情况越来越明显。一大批科研成果不断辐射并带动区域经济发展，极大地增强区域的原始创新能力和竞争力。例如，美国布鲁克海文国家实验室主要集中在相对论重离子对撞机、空间辐射研究实验室、同步辐射光源、自由电子激光器等设施上。这使得该实验室在发展新的边缘科学上具有突破重大新技术的强大能力，并取得许多显著成就。实验室的科学家多次获得诺贝尔奖，使实验室成为著名的大型综合科研基地。

深圳作为"创新之都"，在多个领域部署了重大科技基础设施，建设了国家超级计算深圳中心、大亚湾中微子实验室、国家基因库

等重大科技基础设施。这些设施释放出越来越强大的能量，成为代表国家参与全球产业竞争和开放合作的重要载体。

密切关注《深圳市国家重大科技基础设施建设规划》的编制。除了积极推动未来网络测试批准建设设施，还将引入空间引力波探测地面模拟装置、国家医学大数据基础设施，研究二氧化碳捕获、利用率和存储设施通过中央政府和地方政府之间的联合建设的模式，通过局部联合建设模式，介绍空间环境地面模拟装置、空间环境地面监测网络和多模式跨尺度生物医学成像基础设施。

前瞻性布局和系统规划国家重大科技基础设施，如未来网络实验装置是深圳完成国家委托建立一个科技和工业创新中心的战略任务，也是深圳收集全球创新资源和服务，建立一个世界科学和技术的策略。

（二）"引进来、走出去"，打造全球创新版图

根据十大行动计划，在"十三五"期间，深圳将引入10位诺贝尔自然科学领域的科学家建立实验室，充分发挥科学家的创新领先的聚集效应和主导作用，建立一个世界级的创新载体，培养一批高端人才团队，取得一批重大创新成果，以提升深圳原始创新能力和产业核心竞争力，为建设现代化国际创新型城市、更高水平的国家自主创新示范区和国际化科技与产业创新中心提供强有力的智力支撑。

建立十大诺贝尔奖实验室是"引进"，建立十大海外创新中心则是"走出去"。在进入和离开之间，深圳正在描绘一幅全球创新地图，将在国际创新资源高度密集的美国、英国、法国、德国、比利时、以色列等国家分批建设10个海外创新中心。预计到2020年，海外创新中心建设将取得初步成效，海外科技项目落地、高端海外人才引进、本土企业海外业务拓展、深圳科技影响力扩大将取得实质性进展。2022年，海外创新中心开始成为它创新资源的重要来源，成为深圳在全球科技生态系统中的合作枢纽，帮助深圳发展成为具有世界影响力的全球科技和产业创新中心。

（三）创新能力的发展和升级

长期以来，研究机构和基础研究一直被认为是深圳的不足之处。

如今，深圳的创新力量正在经历转变。2017年，引进2个诺贝尔奖实验室，增加100多个创新载体，如国家省市重点实验室、工程实验室、工程研究中心和企业技术中心。自2018年以来，深圳实施了"十大行动计划"。2018年，启动4个基础研究机构、4个海外创新中心和3个制造业创新中心，以加快未来产业集群建设，培育数个1000亿级产业集群。

二　开放要"引进来"，接轨国际规则制度

全球金融中心中国香港、新加坡、伦敦和迪拜的快速崛起，靠的是良好的法律环境，而不是税收激励或产业支持政策。越是开放，越需要建立符合国际标准的法治化、国际化、便捷化的商业环境，这决定了高端要素资源的流动和集中。

开放迫使改革，制度创新成为原海口自贸区的核心任务。汇丰前海证券正式开业，这是中国证监会在"CEPA10"框架下批准的内地首家香港控股证券公司。香港上海汇丰银行有限公司和前海金融分别持有51%和49%的股份，突破外资不能持股和单一牌照的限制，打破过去外资只能与内地证券公司联合设立投资银行子公司的限制，成为前海引领香港顶级金融机构进入金融改革试验的里程碑。

从率先探索人民币国际化到"一中一收"升级版，改革"多证一体化""一照一码"工商登记制度；从香港首次应用法律处理经济纠纷，到与香港和澳门首次合作成立联合律师事务所，再到针对港澳居民实施24年的"就业许可"制度的终结。

2014—2019年5月，深圳市前海区共开展投资贸易便利化、事件后监管、金融创新、法治创新、人才管理改革、体制机制改革等制度创新442项。自贸区逐渐形成覆盖投资便利化、贸易便利化、金融开放创新、事中事后监管、法治建设、人才管理、体制机制和党的建设八大领域的制度创新模式，以平均3天推出一项制度创新成果的速度，在全国各自贸区中率先打造制度创新高地。全国、全省重复推广项目69项和49项。

中山大学自由贸易区综合研究所发布的《2017—2018年中国自

由贸易试验区制度创新指数》显示，深圳自由贸易区首次超越上海自由贸易区，在政府职能转变、法律环境等分类指标上排名第一。目前，前海每平方千米产值超过100亿元，实际利用外资占深圳的60%。以香港企业为代表的外商脱颖而出，平均每天有7家香港企业落户（香港）前海，包括汇丰银行、东亚、周大福等香港标志性企业，注册资本近1万亿元。

三　开放要"协作"，港澳多层面的共建

2017年年初，决定在前海以东20多千米的落马洲河套建设港深创新园。它的规模是香港科学园的4倍，是香港历史上最大的科技平台。自此，深圳形成"西部前海，东部河套"的格局，并利用深港紧密合作区东、西两翼的平台，深化制度创新，集聚全球创新要素。

2018年，香港特别行政区政府在预算中拨出500多亿元支持科技发展，其中200亿元将用于基础设施和落马洲河套港深创新园的一期工程。未来几年，香港和深圳将在创新和科技合作方面取得实质性进展。近年来，深港、深澳合作已经延伸到人才培养和公共服务领域。截至2018年2月底，香港高校在深圳设立科研机构72个，培养人才9211人，转化成果和技术服务269项。

深圳和澳大利亚联手打造了一系列品牌活动。例如，在首届深澳创意周，双方有300多家企业参与合作，签署36个项目，1200多件创意设计产品参加竞赛。2018年深圳文化博览会首次举办粤港澳大湾区文化产业合作论坛，三地近千人参与。今后，双方将深化在文化创意、特色金融和旅游领域的合作。

四　开放要"走出去"，布局"一带一路"

2018年5月，国务院新闻办公室发布的《进一步深化中国（广东）自由贸易试验区改革开放规划》提出，要"积极推进与'一带一路'沿线国家和地区的合作项目对接，完善了'前港、中园、后城'的合作模式"。这是招商蛇口的主要发展战略，即港口先行，工业园跟进，支持新城发展，实现港口、产业、城市联动，政府、

企业、各类资源协调发展。它是城市转型升级的重要战略。

深圳公布了《关于加快深圳口岸发展的若干意见》，提出要推进深圳国际港口链建设，把深圳口岸建设成为自由贸易口岸和"一带一路"建设的重要支撑区域。深圳港是位于珠江三角洲南部的世界级集装箱枢纽港，下设蛇口、赤湾、马湾、东交头、盐田、福永机场、沙玉涌、内河8个港区。深圳将进一步完善港口和航运基础设施、集散系统，推进港口绿化和智能化，清理时间将再缩短1/3。

2017年，深圳与"一带一路"国家和地区的贸易额达885亿美元，同比增长19.3%，也将深度参与"一带一路"建设。这需要强化三个"抓手"：一是龙头企业先行，它们具有强大的抗风险能力，同时，发挥华为、招商局集团的强大优势和引领作用；二是创新企业主体，参与产业合作的创新企业占70%以上，有助于将创新成果快速地进行市场化运作，得以市场的检验；三是以市场需求为导向，通过深入"一带一路"地区，根据当地消费市场实际需求开发产品，进一步发挥创新企业的灵活优势。

第十一章

构建基础科研体系，促成科学发现的重大突破

科技创新是深圳未来发挥的关键力量。深圳以其产业转型能力而闻名，并非创新和基础研究。以国家重点实验室为例，深圳的数量并不多，与其他一线城市相差甚远，近一半是依靠企业建设的。

第一节 形成实施重大专项基础科研的目标型项目管理体系

一 进行重大基础研究，建立目标导向的科研项目管理体系

到 2018 年 6 月，中国建成 22 台国家级基础科研科学仪器，"十三五"期间又建成 16 台新的科学仪器。在 38 台科学仪器中，没有一套设置在深圳。2018 年 4 月，深圳市委、市政府决定集中力量布局光明科学仪器，建设光明科学城。2019 年 1 月，深圳新增省级实验室，广东生命信息与生物医学实验室启动会暨深圳基础研究所授牌仪式举行。

（一）建立战略磋商工作机制

深圳需要紧密结合大城市可持续发展和高新技术产业发展的需求，从底部边界支持整个连锁创新设计，开展重大共性关键技术示范应用，提供科学和技术发展方向，组织实施重大基础研究计划，建立基准前沿的管理系统，积极布局、共同决策、专业服务、持续支持。依托战略科学家，开展基础研究战略咨询，判断发展趋势，对基础前沿、重大共同关键技术需求、重大基础研究课题提出

建议。

（二）建立政府与专家联合决策机制

深圳市科技产业发展领导小组成立各领域工作小组，由政府部门和科技、工业、经济领域的专家学者组成，负责编制重大科学问题和关键共性技术问题清单，制订实施方案，评价实施效果。

（三）创新项目评估系统

优化项目评估，建立重大基础研究项目评估专家库，积极选拔国内外高水平评估专家。实施试点制度，科学制定项目筛选程序。建立专家遴选方法和评估信息披露、结果反馈披露、诚信管理和失信惩戒机制，实现评估过程的申诉、查询和追溯。

（四）促进专业项目管理

将现有的合格机构建立或改造成标准化的项目管理专业机构，受理项目申请，组织项目评审、项目立项、过程管理和竣工验收等，负责任务目标的实现。

（五）对接国家重点研发计划

支持深圳高校、科研机构和企业承担国家重点科研项目，支持国家重点科研项目在深圳实施后续科研和成果产业化。

（六）实施基础科研绩效分类评估

制定符合基础研究和应用基础研究特点与规律的评价标准，建立长效评价、同行评价和效果评价差异化的评价机制。

（七）构建多元化基础研究投入机制

加大对基础研究的财政投入，引导企业和社会资本支持基础研究。国家部委联合组织重大的国家基础研究任务，探索联合资助、联合组织国家重大研究任务的新机制，支持企业和社会组织开展基础研究。

二　扩大科研自主权，建立完整的科研组织体系

鼓励科研机构制度创新，建立适应不同科研机构特点的管理和运行机制，促进生产者、研究者、投资者、中介机构等创新主体的合作与融合，形成"基础研究＋技术突破＋成果产业化＋科技金融"全过程的科技创新生态链。

（一）建立正常的基础研究经费增长机制

对科研机构进行分类考核，建立稳定的资金支持与优质科研资金、企业委托、转化收益相结合的基金管理制度。通过成本设置、初期投入、资金支持等形式，推动基础研究机构发展。

（二）下放基础研究项目立项权

赋予高校和科研人员选题权，将基础研究项目立项权下放给高校，支持高校建设一流学科。对于新型研发机构，市科技厅要制定分权标准，稳定支持新型研发机构开展基础研究。深圳市科学技术部门可以委托市医疗卫生部门组织实施和管理医疗卫生领域的基础研究项目。

（三）重构项目绩效评价

市科技厅对高校和新型研发机构承担的基础研究项目进行绩效评价，评价结果是稳定支撑高校和新型研发机构开展基础科学研究的重要依据。

（四）健全以科技成果为纽带的产学研深度融合机制

鼓励和支持企业开展联合研究，委托和建设实验室。与高校和科研机构开展基础研究合作，支持高校和科研院所完善技术转移服务机制。

三　建立突破性实验室体系，解决基础科技资源制约的问题

在未来，深圳将促进网络测试设施建设，包括深圳国家基因库（二期）和国家超级计算深圳中心（二期）。通过科学规划，深圳将重点构建一系列世界级的网络测试设备与具有全球视野的国际标准，完成主要科技基础设施建设创新管理体制机制，完善创新载体体系，形成布局完整、运行高效、支撑有力的创新载体发展体系。

（一）规划建设重大科技基础设施集群

围绕生活、材料、能源、空间、天文、工程等科学领域，重点建设一批重大科技基础设施，引进高能同步辐射源和其他紧缺的国家科技基础设施，及时准备和演示多个备用项目，形成串联、有序推进的建设模式。建立重大科技基础设施管理中心，探索"政府所有、委托运作、开放共享"的运行管理机制。到2022年，深圳将努力建设一个具有世界影响力的重大科技基础设施集群。

（二）加快复杂实验室的布局

优先在深圳设立国家实验室、国家重点实验室、国家临床医学研究中心和省级实验室，积极设立诺贝尔奖科学家实验室。创新体制机制，探索建立符合大科学时代研究规律的科研组织，争做高水平建设，增强基础资源创新能力，巩固创新发展的基础支撑，努力实现前瞻性基础研究的重大突破，引领原创成果。

（三）临床医学研究中心的布局与建设

为加强深圳医学科技创新体系建设，满足临床研究和转化医学发展需要，拟在深圳建设一批临床医学研究中心，支持市级临床医学研究中心向国家和省级临床医学研究中心发展。

（四）优化调整重点实验室布局

以战略性新兴产业为重点，建设高标准、高质量的重点实验室，完善重点实验室体系和认定管理措施，继续支持建立以著名科学家为首的科学实验室。深圳市对重点实验室评估标准的制定进行了优化和调整，使主要实验室和平行重点实验室的支持更加稳定。长期跟踪重点实验室的研究方向和任务是对老化、僵化的重点实验室进行重新定义、合并、转移和调整，探索构建以学科为核心的创新载体集群，开展重大科学问题的合作研究。

四 支持科技人员致力于基础研究，建立增长型激励机制

坚持以人为本，尊重科学技术人才的成长，提高梯次融资体系和评价机制，以培养人才为核心，建立一批循环支持机制来开发人才,，特别是博士（博士后）等杰出的年轻人，有效提高基础研究水平，培养和造就一批创新人才。

（一）成立深圳市自然科学基金

建立以研发、学科建设、人才培养为重点的资助体系，加大基础研究投入，争取更多自主知识产权和原始创新成果，从源头上提高创新能力。

（二）设立深圳市博士基础研究启动项目

支持取得博士学位或工作3年以内的博士后科研人员，致力于

基础科学研究和探索，培养一批后备科技人才。

（三）深圳市优秀青年基础研究项目立项

支持在基础研究方面取得良好成果的科研人员选择研究方向开展基础研究，培养一批有望进入世界科学技术前沿的优秀学术骨干。

（四）深圳市专业技术基础研究项目立项

支持在基础研究方面取得突出成绩的专业技术人员开展创新研究，培养一批进入世界科学技术前沿的优秀学术带头人。

（五）加大对顶尖人才的支持力度

围绕深圳重大战略需求和前沿科学领域，建立由世界顶尖科学家领导的非营利性法人研究机构或独立核算的非独立法人实验室。在项目的5年期内，主要科学家将自主决定研究课题、使用方向、投资方式、支出标准和成果分布，以实现在基础研究前沿领域推广一批重大原创成果。

（六）增加对基础研究的激励力度

提高深圳市自然科学研究成果的奖励力度，对在基础研究和应用基础研究中阐明自然现象、特征和规律，尤其是取得重大发现和重大创新的团队或个人进行特殊奖励。

五 扩大开放合作，建立政府间科技合作体系

（一）促进基础科学研究的公开合作

从全球角度看，国际国内资源的综合利用，将提高深圳收集和分配全球基础研究资源的能力，提升国际基础研究水平，形成政府引导、优势互补、合作共赢、全球联结的创新网络。

（二）加强深港创新圈建设

推进深港基础研究深度合作，允许香港公共科研机构直接申请深港创新圈项目，根据项目合同使用香港市财政资金。

（三）扩大国际合作的联合资助计划

建立城市、国外著名大学、城市和国际研究机构之间的科技合作机制，逐步扩大国际合作，共同资助国家在合作框架下支持重大基础研究活动的开展。

（四）支持发起或参与国际科学项目

按照国际前沿、国家战略、重点突破、分步推进、加强合作、区域协作的原则，中国支持高等院校、科研院所和企业发起或深入参与重大国际科学计划和项目。

第二节 提升基础研究与技术研发协同的融合型科研组织体系

一 深圳十大行动计划

在加快建设国际科技产业创新中心的过程中，深圳依托"十大行动计划"展开新一轮创新发展战略布局。提出"十大行动计划"在2017年深圳市政府工作报告中体现的特点是创新和改变，这是为促进深圳的创新生态重新优化、创新能力再重塑、创新经济再提升一个重要的起点，加强全国经济中心城市的地位和建设国家创新型城市。"十大行动计划"具体包括如下。

第一，规划十大科技基础设施。将努力构建国家实验室领域的信息科学和安全、生命科学和健康，加速未来网络实验设施的建设和深圳超级计算中心的扩张，规划第二阶段国家基因库和生物医学大数据等重大科技基础设施的布局。

第二，建立10个基础研究机构。重点建设数学、医学、脑科学、新材料、数字生活、数字现金、量子科学、海洋科学、环境科学、清洁能源10个基础研究机构，开展前沿科学探索、关键技术研发和高端人才培养，加强对创新的基础支撑。2018年，将启动4个研究机构。

第三，为获得诺贝尔奖的科学家建立10个实验室。充分发挥诺贝尔获奖科学家的主导作用，计划在化学、医学、光电子等领域建设10个由诺贝尔奖获得者领导的实验室，在2018年新建2个实验室。建设国家重点实验室、工程实验室、工程研究中心、企业技术中心等创新载体，2019年新增市级以上各类创新载体85家，截至2020年6月底累计达2642家；获国家科学技术奖20项，取得历年最好成绩。

第四，实施十大科技产业项目。集中资源，加大对R&D、产业化和应用的全链支持，加快石墨烯、微纳、机器人、5G移动通信、金融技术、VR/AR等十大领域专项支持计划的出台，抓住前沿技术产业化机遇，提升创新经济发展潜力。

第五，建设10个海外创新中心。着眼全球加大开放式创新布局，推出专项计划，支持企事业单位在创新资源高度集中的美国、欧洲、加拿大等地区规划建设10个海外创新中心，搭建国际合作创新平台，汇聚全球创新能量。

第六，建设10个制造创新中心。实施"互联网+"和"中国制造2025"行动计划，规划建设机器人、3D打印、新显示、精密医疗、新能源汽车、海洋工程设备等领域的10个创新中心，提升高端制造水平。

第七，规划建设十大未来产业集群。坚持科学规划、前瞻性布局、协调发展，加快十大集聚区建设，培育生命健康、海洋经济、航空航天等未来产业的几个千亿级产业集群。

第八，搭建十大生产性服务业公共服务平台。搭建注重创新设计、品牌培育、知识产权运作、检验认证等十大平台，提高生产性服务业发展水平，促进制造业转型升级。

第九，建设10个"双创新"示范基地。加快国际制造商中心建设，高水平建设深圳湾创业广场等10个"双创新"示范基地，强化创新、创业、风险投资和制造商之间的四大创新纽带，成为"双创新"领军企业。同时，增加40多个创意空间和10多个制造商服务平台。

第十，推进十大人才工程。实施"院士引进工程""创新型领军人才聚集工程""优秀大学毕业生引进计划"等。加大推进"千人计划""双百托儿所计划"和"高技能人才振兴计划"的力度。全年引进约10名院士、30多只孔雀队伍和400多名海外高层次人才。

二 创新载体突破基础科研

长期以来，基础科研和教育一直被视为深圳的薄弱环节，主要表现在基础研究布局和投入不足，高水平大学、科研院所和创新载体缺乏。深圳是非常规布局的创新载体，处于裂变发展中。近年来，先后建成深圳国家超级计算中心、大亚湾中微子实验室、国家基因库、鹏城实验室等国家、省市重点实验室、工程实验室、工程（技术）研究中心和企业技术创新载体等，并从2012年的738个增加到目前的2214个，其中国家级115个，省级594个。这涵盖了国民经济和社会发展的主要领域，成为聚集创新人才、产生创新成果的重要平台。

深圳的重大科技基础设施建设稳步推进。2017年5月，深圳发布《深圳市十大科技基础设施建设实施方案》，明确规划和系统布局一批重大科技基础设施，从源头上加快提升创新能力，支持重大科技突破，努力实现重大科技领域跨越式发展，紧跟甚至引领世界科技发展新方向。按学科划分，这些重大科技基础设施涉及生命科学、材料科学、信息科学、空间与天文科学、超级计算等9个专项，总投资约75亿元。

为了加强基础研究和应用基础研究，深圳提出建设10个基础研究机构的计划。目前，深圳已开始建设深圳华大生命科学研究院、深圳数字生命研究所、深圳量子科学与工程研究所、深圳第三代半导体研究所、深圳清洁能源研究所、深圳大数据研究所、深圳金融技术研究所、深圳健康科学研究所、深圳人工智能与机器人研究所、深圳先进电子材料研究所、深圳计算科学研究所、深圳脑科学创新研究所（深圳脑科学中心）和深圳合成生物创新研究所13个基础研究机构。

20多名获得诺贝尔奖的科学家在深圳建立了实验室。深圳将围绕国家战略需求和全球科技前沿，结合深圳科技和产业发展规划布局，充分发挥诺贝尔奖科学家在全球科技源头创新领域的引领作用，提升深圳原有创新能力和核心产业竞争力。

第三节　布局建设重大科技基础设施的高效型实验室体系

深圳市委六届十次全会提出，要围绕科技体制改革、创新能力提升、产业结构升级、新经济发展、创新生态优化、知识产权保护、区域合作等方面,实施七大工程(见图11—1),包括四大机制、十大计划、十大行动共24项措施164个政策点,其中政策创新点有90个。

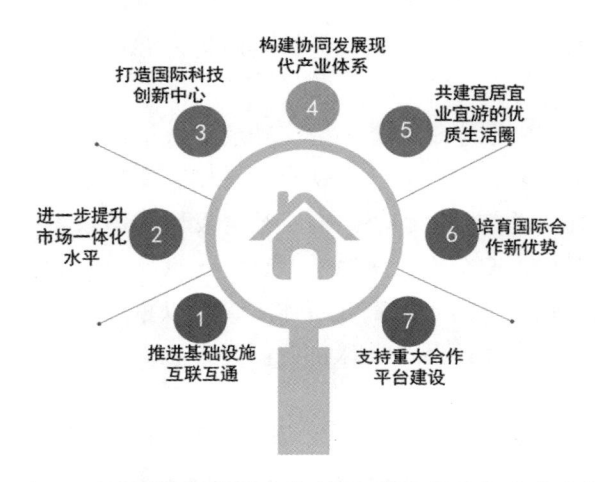

图11—1 《深化粤港澳合作推进大湾区建设框架协议》七大合作重点领域

资料来源:前瞻产业研究院整理。

一 建设国家实验室

围绕国家目标和战略需要,统筹部署和建设具有突破性、先导性、平台性、引领未来发展战略制高点的国家实验室,赋予激发创新活力的任务、机制、条件和支撑。

多方位整合国家创新资源,依托最具优势的创新单位,集聚国内外一流人才选拔优秀团队,探索在深圳建立符合大科学时代科研规律的科研机构。通过在深圳市内稳定设立的国家实验室,开展多学科协同创新研究,发挥引领作用,把深圳建设成为体现国家意志、引领国家发展的世界级战略科技强市。

此外,优化国家重点实验室布局,依托高校、科研院所和重点企业,建设一批针对前沿、新兴、跨学科、边缘学科、布局薄弱学科的国家重点实验室、国防科技重点实验室和跨学科国家研究中心。借助国家布局重点实验室的契机,一是加强转型科研机构创新能力建设,引导合格的转型科研机构更加关注科学前沿和应用基础研究,打造引领行业发展的原始创新高地。二是支持企业与高校、科研院所建立研发机构和联合实验室，加强对行业共性问题的应用基础研究。三是推进军队、省部级和港澳台联合建设国家重点实验室。四是加强全国野外科学观察研究站建设，提高野外观察研究示范能力。五是加强对科技创新基地的定期评估和调整，坚持实施进入和退出机制，增强持续创新活力。

重大科技基础设施是一个大型、复杂的科学研究体系，提供最终的研究方法来探索未知世界，发现自然法则，实现技术变革，突破物质和技术基础科学前沿，解决经济、社会发展和国家安全的重大科技问题。对比发现，旧金山、纽约、东京、北京、上海等创新中心的重大科技基础设施都被纳入国家创新体系，予以重点布局。以旧金山湾区为例，它已成为美国乃至全球科技创新中心，拥有一大批国家顶级实验室（见表11—1）。

表11—1　　旧金山湾区高水平科技创新基础设施

实验室	隶属部门	所在大学	研究方向
直线加速器中心	能源部	斯坦福大学	高能物理、粒子物理
劳伦斯伯克利实验室	能源部	加州伯克利大学	高级材料研究、生命科学研究、能源效率、回旋加速器
洛斯阿拉莫斯实验室	能源部	加州大学	数学和计算机科学、生物学、地球科学
劳伦斯利弗莫实验室	能源部	加州大学	生命科学与健康保护、能源与环境、国家安全
喷气推进实验室	美国航空航天局	加州理工学院	国际探索、地球科学、天体物理、通信工程

资料来源：根据相关文献整理。

未来，深圳将在科技基础设施建设上取得突破，逐步完善大型科技工程体系。中国（东莞）散裂中子源、中微子实验室（江门）、加速器驱动转换系统研究装置（惠州）、大电流重离子加速器（惠州）等重大基础设施将陆续投入使用。深圳会更加注重国际科技竞争的需要，关注更多前沿科技创新，并在现有大型装备基础上，科学合理布局一批国家级重大科技基础设施，夯实科技创新的物质基础与技术支撑。

二 重大科研平台

重大科研平台是吸引和聚集顶尖科学家、开展重大科技创新活动的重要载体。在旧金山湾区，聚焦了大量的研究中心和实验室，包括企业实验室和由联邦资助的研究机构。在全球1000强研发创新企业中，约有100家在纽约湾区设立了研发中心，如谷歌、苹果、亚马逊、微软、IBM、华为等。纽约湾区的企业研发平台拥有量居世界第一。

近年来，深圳积极布局各种创新平台，工程研究逐步系统化，拥有一批国家重点实验室（合作实验室）、省级重点实验室、省级重点科研基地、新型研发机构等创新载体。

三 促进跨学科融合

加强基础研究体系建设，需要以教育为重点，着力加强基础科学研究，突出数学、物理等重点基础学科。完善学科布局，促进基础学科和应用学科均衡协调发展，鼓励跨学科研究，促进自然科学、人文科学和社会科学的交叉融合。

加强基础前沿科学研究，探索宇宙演化、物质结构、生命起源、大脑和认知等领域，加强量子科学、脑科学、合成生物学、空间科学、深海科学等重大科学问题的前沿部署。

加强应用基础研究，着眼经济社会发展和国家安全的重要需求，突出关键共性技术、前沿技术、现代工程技术和突破性技术创新，着力解决农业、材料、能源、网络信息、制造和工程等一系列重大科学问题。

围绕改善民生、促进可持续发展的迫切需求，聚焦资源环境、人口健康、新型城镇化和公共安全等领域的基础科学研究。关注未来可能带来革命性技术的基础科学领域，加强重要领域的原创研究和前沿交叉研究。

第四节　建立支持科技人员潜心基础研究的成长型激励体系

深圳科学研究基金的利用效率比较高，充分将资金投入实践，发挥专业机构的作用，改革科技项目的评价机制，以便更好地进行项目选择，确保实现目标和科技计划。赋予专家一定的权限，可以自主地开展项目收集、立项和验收等活动，提高决策的科学性。

一　国际水准的科研团队

深圳最重要的任务是建立国际科技创新中心，聚集和培养大量的高级科研人才。以旧金山湾区为例，仅加州大学伯克利分校、斯坦福大学就有50多位诺贝尔奖获得者。硅谷地区拥有1000多名国家工程院和科学院院士、数万名工程师，25岁以上人口中拥有研究生学历的占20%，吸引了全球100多万名高科技人员，还拥有一大批青年创业者。

深圳已成为中国创新人才的重要聚集地，依托香港、广州等及自身的著名大学，培养了一批院士和科学家。然而，与国际知名的湾区相比，深圳的科研人才在数量和质量上仍有一定差距。今后，深圳应该加快改进人才发展政策体系，形成更精确的人才竞争优势政策，在全球范围内选择和探索战略科学家、领先的科技人才、开拓创新的企业家和大量高质量的科技人才。

二　国际化创新型教育

发展国际化、开放创新的高等教育是系统提高人才培养、学科建设和科技创新协同能力的前提和长期战略安排。大湾区存在许多具有世界影响力的大学，运用好高校资源不仅能实现知识传播、科学研究、创新创业的功能，而且可以不断培养满足湾区需求的大量创新人才，孕育新企业。

旧金山湾区有70多所大学，2017年有10所大学进入全球百强,其中斯坦福大学、加州理工学院和加州大学伯克利分校分别排名第3、第5和第25位。纽约州有300多所高等院校,学生人数占全美的10%左右。整个纽约湾区有5所世界100强高等院校。东京湾区是日本的科研和文化教育中心及人才高地,集中了日本30%的高校和40%的大学生。

粤港澳大湾区有170多所高等院校,约占全国的6%。广东省内9个城市的高校相对集中,与京、沪、武等地区相比较为薄弱,在全国占比较小,排名靠前的高水平大学不多。香港和澳门,尤其是香港,是世界一流大学的聚集地。5所大学进入世界前100名,在信息科学、计算机科学、电子工程、土木工程和医学方面有突出优势。

一是大力支持深圳等城市高校建设基础研究机构,提升知识创新能力,提升全球知名度,培育世界一流学科,打造大湾区科研重要引擎。二是支持高等教育创新导向功能改革,加强高校创新创业教育,推动高等教育从知识灌输向创新培养转变,提高对经济社会发展创新需求的敏感度。三是支持港澳高校和深圳科研机构加强产学研合作,将港澳科教优势转化为深圳科技创新能力。

三 开放式协作创新

深圳应积极吸引和连接全球创新资源,建设"广深港澳"科技创新走廊,将大湾区建设成为国际科技创新中心。开放式创新主要表现为创新资源的国际化、创新活动的国际化、创新规则的国际化和创新能力的全球辐射。以旧金山湾区为例,全球人才集聚的规模效应在很大程度上推动了知识创新、技术创新和科技进步,增加了科技创新产出,促进了高技术产业的集聚和发展。在硅谷地区,外国出生人口比例约为36%,加州、美国的比例仅为27%和13%。硅谷地区的科学和工程领域中,60%以上是外国移民,美国不到30%。

四 科研体制改革创新与供给

以科研体制创新为核心内容的科技软环境建设,是推动区域科技发展的核心动力。如大湾区在保护和鼓励创新成果、财政支持和税收安排等方面的一系列制度安排，美国"斯蒂文森-怀德勒"技术创新法案、拜杜法案和联邦技术转移法案。日本各种促进基础技术发展的税收制度和促进大学技术转移的法律，使其成为世界上创新生态最成熟、创新集群最多样、创新环境最优越的地区。深圳要建设国际科技创新中心，除了在大装置、大平台、大团队、大学等硬条件方面发力外，更关键的是完善促进这些创新要素高效发挥作用的科研体制机制。

深圳利用粤港澳大湾区独特的制度和区位优势，在创新法律环境、新技术培育、新产品应用、开放式创新等方面进行探索和试验，以加快向粤港澳大湾区的复制和推广，充分激发海湾地区科技创新的动力、活力和潜力。

深圳国际人才比例较低，国际科研活动不足。建设国际化的科技创新中心，必须建立一套有利于引进、利用和发展海外高层次人才以及全球人才的制度。此外，建议设计全球科技创新议题和活动，规划多个海外创新中心，优化全球创新网络，开展开放式科技创新合作。

协同创新方面，支持香港大学和研究机构申请中央科研计划，允许跨境使用科研经费。这只是中央政府支持港澳科技创新政策体系的组成部分。这些政策的突破和放松，将有效促进创新要素资源在深港澳之间高效便捷地流动。

五 与顶尖资源建立开放型合作体系

深圳先后出台高层次人才"1+6"政策和引进海外高层次人才的"孔雀计划"，创新科技人才管理模式，不拘一格引进人才，搭建人才培养平台，优化人才使用环境。在优惠政策的实施下，深圳重现"孔雀东南飞"的盛况。目前，深圳已引进国家"千人计划"人才228人，省级"珠江人才计划"创新团队44个，市级"孔雀计划"创新团队86个，海归7万余人。深圳市有3900多家"走出去"企业，产值超过1亿元的有几十家。同时，加大人才培养力度，向世界引进优质的教育资源，促进了高等教育的开放和跨越式发展，涌现出许多特色大学。

建议加大突破新技术、培育新产业、形成新动力的力度，优先选择未来若干技术领域进行布局，加快天使投资母公司基金的建立和运营，实施更加积极、开放、有效的人才政策。在全球竞争加剧的形势下，深圳正全力推进以科技创新为核心的综合创新，加快创建世界领先的创新型城市。

第十二章

配置全球创新要素，促进创新动能的全面提高

经济全球化时代，由于创新要素的高度流动性、创新资源的集聚和科技创新活动的空间分布，无论在全球尺度或地区尺度上，都是极度不平衡的。它们高度集中在全球少数地区或城市，犹如钉子般高高凸起，成为所在国家科技创新发展和科技综合实力的核心依托。例如，东京集中了日本约30%的高等院校和40%的大学生，拥有日本1/3的研究和文化机构，以及日本50%的PCT专利产出和世界10%的PCT专利产出。硅谷以不到美国1%的人口创造了美国13%的专利产出，吸引美国超过40%和全世界14%的风险投资。纽约集聚了美国10%的博士学位获得者、10%的美国国家科学院院士，以及近40万名科学家和工程师，每年高校毕业生人数占全国的10%左右。伦敦集中了英国1/3的高等院校和科研机构，每年高校毕业生约占全国的40%。

第一节 继续发力核心科技，突破受制于人的核心技术

一 深圳市技术转移存在的主要问题

（一）技术转移体系化、政策支持与顶层规划引导有待加强

为了完善技术转移体系和环境，推动技术交易市场发展，培育一批市场化、规范化、专业化的技术转移服务机构和创新验证中心，不断推进科技成果向现实生产力转化，在新一轮的科技计划管理改革中，2017年深圳市科技创新委员会发布《深圳市技术转移和

成果转化资助项目管理办法》，将对技术交易中的卖方、技术转移服务机构和高校设立的创新验证中心给予财政资助与政策支持，于2019年下半年开始实施，未来将有力推动《深圳经济特区技术转移条例》《深圳市促进科技成果转移转化实施方案》的落地实施。

（二）创新源头不足与产学研合作效率低

深圳企业的核心技术来源主要分为自主研发、企业间研发合作和从国外引进。例如，华为、中兴、腾讯等企业每年专利申请数量增幅均位于全球前列，在天津、上海、南京和西安等高校集中的城市建立了研发中心。大族激光拥有上千项专利，技术主要来自国外。对外技术交易规模最大，但与国内高校和科研机构的合作较少；通过设立中央研究院、电子研究所、汽车工程研究所和电力研究所，比亚迪还独立进行高科技产品和技术的研发。这一方面说明目前深圳市高校院所科技成果的层次和水平远不能满足企业技术升级的要求，科技创新能力需要进一步提高；另一方面，也说明高校院所与企业间缺乏功能全面、专业性强的科技成果转移转化服务平台。

（三）技术转移服务机构实力有待提高

一方面，深圳现有的技术转让机构发展不平衡，从事技术经纪和技术评估的专业服务机构规模不大、实力不强，但这些服务机构在技术转让活动中承担着重要的任务；另一方面，技术转让机构的信息服务能力比较薄弱。深圳的技术转移机构种类繁多，规模小，结构松散，相互之间缺乏联系和共享，或者虽有合作但缺乏统一的技术信息服务平台，市场效率低下。

二 深圳市技术转移及机构发展重点

（一）推进大湾区技术转移共同体发展

一是加强区域协调发展的顶层规划设计，积极争取科技部等国家部委的支持，对国家级科技成果转化基地进行统一规划设计和统筹部署，打破跨行政区域技术交易的制度和政策壁垒以及最具活力的技术交易区，更好地服务和融入国家区域发展战略。

二是共同打造重大技术转移平台，促进区域创新要素的自由流动和高效配置，加快科技成果在深圳的转移和推广，打造科技成果转移和转化最具活力的示范区集群。

三是组织多个区域技术交流活动,结合在粤港澳大湾区其他城市举办的大型科技对接活动,利用开放的国际技术转移渠道,对接技术方案,解决技术难题,实现服务业升级。

(二)借力科创板壮大技术转移服务机构

第一,推动技术转让服务机构做大做强,为相关技术企业提供技术转让服务,这是科委五大重点支持和鼓励领域之一。深圳应抓住机遇,大力发展一批专业化的技术市场服务机构和多元化的技术经纪机构,形成面向世界的万亿美元技术转移产业,不断孵化科技板块上市公司。

第二,构建技术转移投融资服务网络,探索建立科技创新银行、科技风险证券公司等新型金融机构,积极推动建立部市科技成果转化联合基金,支持有条件的技术转移机构、基地和人才发展。

(三)打造"互联网+"技术交易服务平台

一是在"互联网+"专业技术经纪人的模式下,让技术经纪人充当"媒人",开发技术交易服务平台,吸引全国各地高校、科研院所等的专家入驻。企业发出明确需求,技术经纪人提供全方位服务,实现企业与专家的精准对接。供需双方和专业技术经纪人通过平台即时互动。

二是"互联网+"创新站模式。借鉴欧盟的先进经验和实践创新,树立区域站和创新基层车站站在整个城市,寻求潜在的研发团队,建立覆盖范围广泛的信息服务平台。

三是"互联网+"相亲会议模式。利用网络对接国内外先进经验,积极探索技术转移合作模式,即在线相亲会议模式下,供需双方可以在约定的时间内通过视频通话系统实现准确的在线对接。

第二节 设计提高配置全球性高端创新资源的制度安排

一 利用大湾区平台汇集全球资源

深圳作为重视应用和工业科学研究的城市,十多年来一直在创新层面重视工程和技术，弱化基础科学研究，致力于引进全球高端人才。至2019年，深圳就从全球引进回国人员12万人，以团队形式引进会产生更大的经济效益和社会效益。

深圳不仅重视高端人才，还重视工业技能型人才。目前，深圳制造业仍占很大比重，并且在快速向高端制造业转型，亟须培养足够与产业升级匹配的技能型人才，才能巩固其经济金字塔的基底，支撑创新的可持续发展。

深圳在对外开放方面的独特优势正在逐渐消失，因为政策、资本和人才等创新生态模式是可以复制的。如果深圳继续按照以前的发展模式，不禁要思考它的优势还能持续多久？在粤港澳大湾区战略背景下，深圳与港澳对比，无论是科研水平还是国际资源都处于劣势。它应该把香港和澳门的优势转化为自身的互补资源，以便快速补齐短板。

国际配置的最大优势在于，可以将行业与国际资源联系起来，如世界级的资本、人才、一流的供应商和运营商。为了在国际上配置深圳的工业资源，深圳不能单枪匹马，必须依靠粤港澳大湾区平台。可见，加速全球资源的聚集与大湾区的战略布局密不可分。

二 完成十大科技基础设施的短板布局

与纽约、伦敦、北京、上海等国内外创新中心相比，深圳在重大科技基础设施建设方面仍然落后。深圳市主要科技基础设施的布局和建设，包括国家信息科学与生命科学实验室、新能源汽车和国家下一代通信技术工程实验室等。未来，将多方向支持网络测试设施、空间环境和地面模拟设备等重大科技基础设施的发展，增强自主创新能力。

深圳已正式发布"十大行动计划"，包括10个科技基础设施、10个基础研究机构和10个诺贝尔奖科学家实验室，旨在进一步提升城市创新能力。

深圳"十大行动计划"的实施，直接指向深圳基础研究和重大科技基础设施的不足，要求深圳努力建设信息科学与安全、生命科学与健康领域的国家实验室，加快未来网络实验设施建设和深圳超级计算中心的扩建，规划国家基因库二期、生物医学大数据等重大科技基础设施的布局。

在2019年预算报告草案中，深圳市继续加强基础研究和应用基础研究，要求基础研究投入不低于财政科技经费的30%。2019年，深圳将安排87亿元用于科技研发，比2018年增加19亿元；安排10个专项行动计划，投资22.6亿元，比2018年增加14亿元，重点是增加对诺贝尔奖实验室和新基础研究机构的投资。

第三节 致力培育促成新兴大学集群的战略性贡献

一 速筹新型高等教育集群，探索1+1+1>3

深圳音乐学院已移交给香港中文大学（深圳）筹建，这将加快中国科学院、深圳理工大学、深圳创新设计研究院、深圳师范大学等一批大学在深圳的筹备进程。

（一）高等教育集群即将出现

深圳为什么要积极推进高校建设，根本原因在于其发展对高端人才的极度需求，而高等教育是高端人才落地的真正起点。近年来，全国各地争相出台各种吸引高端人才的优惠政策。深圳的人才引进压力巨大，高校组建的紧迫感更强。

2016年11月，依据《深圳市教育发展"十三五"规划》，到2020年，高等学校数量将达到18所左右，在校学生人数将超过20万。"十二五"期间，深圳仅高等教育建设财政投入就达1349亿元，是"十一五"期间的2.4倍。随着粤港澳大湾区建设进入实质性阶段，深圳高等院校建设也在加快，高等教育集群即将形成。

（二）高校与经济发展紧密结合

新建大学的过程中，以引进为目的建设高校，过于注重规模和数量，是深圳在高校引进中出现的一种不良倾向。高等教育首先要与地方经济和工业相结合，特别要注重科技创新。

深圳拥有强大的产业优势、区位优势和经济基础，集聚了一大批高端产业、龙头企业等优质创新资源。目前,由于制度机制等因素的影响,深圳高校与产业的融合和创新还存在诸多障碍。

体制机制改革是深圳教育合作取得实质性突破的前提,需要自上而下和自下而上的协调,包括三地法律法规的调整、给院校足够的空间充分发挥自主性、整合产业资源。

大湾区时代为进一步突破深圳高等教育行政壁垒、完善高等教育合作与共享机制、构建高等教育协调发展的政策法规提供了可能。与大湾区经济发展相适应的深圳高水平大学集群,需要跨区域的教育管理体系、共同的政策框架以及科学的规划和引导,以实现大学、产业、区域发展的良性互动。

高等教育区域集群的优势不在于竞争的体积,而在能否探索高等教育发展的新模式,体现自己的特点。以深圳与香港合作为例,有更多香港基本人才和深圳的创新人才;香港大学的基础研究能力强,许多科学研究人才与深圳的高校协调资源,实现基础研究与应用研究的深度配合。粤港澳大湾区的11个城市有着不同的产业特征,为使施加的影响"1+1+1>3",有必要根据未来工业发展方向建设更多的特色学院。

二 加快专业大学后备人才建设

深圳在人力资源和知识产权保护方面存在明显缺陷。在人力资源方面,深圳与北京、上海、广州和武汉的差距相当明显。2015年,武汉有107万学生,仅次于广州的121.7万;每万人中有1008名大学生(包括研究生),这一比例是中国最高的,是深圳的12.5倍。在知识产权保护方面,随着创新活动的深入,深圳已成为知识产权侵权最严重的地区。2018年,深圳审结侵权案件10827起,结案率为74.74%,仅次于广州,居第11位。

近年来,深圳房价和平均工资的上涨,以及激烈的市场竞争,降低了深圳创业的成功率。如何有效降低创业成本,改善创业环境,吸引人才,深化创业发展,已经成为社会关注的焦点问题。未来,需要在这些方面加大整治力度:一是合理调控市场价格,完善保障房机制;二是积极引导资源信息共享平台建设,降低原材料采购成本；三是提高管理咨询行业门槛，建立健全行业规章制度；四是新建一批特色大学，重点引进"互联网＋金融"复合型人才；五是开放创业公共信息网络平台，完善政府信息公开方式；六是加强知识产权保护，建立知识产权法院；七是允许应届毕业生在住宅楼经商，建立多元化、有序的退出机制。

人才储备一直是制约深圳可持续发展的大障碍。深圳不仅要加强本地大学的质量建设，还要积极引进国内外知名大学在深圳设立分校，促进引进落地高校与深圳本土高校的合作和资源对接。

确保深圳四大支柱产业的健康和可持续发展。深圳需要加快建设独特的专业大学，如深圳技术大学、深圳财经大学、深圳物流大学、深圳交通大学、深圳晋中音乐学院、深圳大芬村美术学院等。同时，大力倡导和支持企业大学建设，如华为大学、平安大学、万科大学、中兴大学等。

在人才引进方面，深圳市政府应该关注引进高级人才和各种实践技能人才。当前，互联网/电子商务、电子技术/半导体/集成电路、金融/投资、证券、房地产/建筑/建材，特别是"互联网＋金融"领域的复合人才更为短缺。同时，大力推进深圳智库联盟发展，积极吸纳各界专家，完善联盟的组织结构，努力构建政治、生产、学习、研究、使用的合理创新体系。

三 改善前海境外高端和紧缺人才认定办法

2012 年，前海管理局会同市人力资源和社会保障局制定了《前海深港现代服务业合作区境外高端人才和紧缺人才认定暂行办法》及其实施细则。按照行业和社会认可的市场化认定原则，没有坚持原有的学历、职称、工作经历等人才评价体系，因而吸引了一批高端管理人才和紧缺技术人才聚集前海。2019 年 5 月，《前海深港现代服务业合作区海外高端人才和紧缺人才认定办法》对高层次人才的资格条件、认定程序、申请时间和申请材料做出详细规定。

前海进一步扩大海外高端人才和紧缺人才的范围，为未来发展吸引人才。前海以外的高端人才和紧缺人才可享受个人所得税财政补贴。此前规定补贴对象包括港澳台永久居民，进一步扩大人员范围,将获得香港入境计划的香港居民(人才、专业人士、企业家)和定居港澳的内地居民两类人才纳入前海境外高端人才与紧缺人才认定范围,享受税收补贴,凸显前海以港为本、服务香港的定位。

进一步减少人才认定审计部门的数量,缩短审计链条,实行承诺申报制度,加强事后抽查和监督,监督相关资金的发放。根据《前海深港现代服务业合作区境外高端人才和紧缺人才认定暂行办法》,前海管理局接受企事业单位的申请材料,个人可以申请劳动收入。

第四节 科研院所集群与大科学装置铸造创新动能

一 逾9所诺奖得主研发机构落户深圳

国家超级计算深圳中心、大亚湾中微子实验室、深圳国家基因库建成投入使用。深圳有1617个创新载体,即国家、省级、市级重点实验室、工程实验室、工程(技术)研究中心、企业技术中心,其中110个是国家级创新载体,涵盖了国民经济和社会发展的主要领域,成为一个重要的平台,聚集创新人才和生产创新的成果。

目前,深圳已与诺贝尔奖获得者合作建立9个以上的科研机构,涵盖生物与医药、新材料与新能源等领域,与深圳战略性新兴产业布局高度一致。例如,深圳南山区人民医院电子胃镜室主任程春生与人工智能合作伙伴腾讯合作,在不到4秒钟,医生就借助人工智能助手筛选出疑似早期食管癌。这是腾讯公司将人工智能技术应用于医学领域的首个产品。

在金融方面,深圳也在不断探索。在前海,作为欧美基准的前海深港基金城正在崛起。今后,将引入各种投资机构,为社会"双创新"和科技成果转化提供资金支持。同时,前海在金融机构创新、金融业务创新、要素交易平台创新、金融业态创新和产业集聚等方面取得多项全国第一。

二 重大创新是无人区的生存规律

2017年，深圳组织重大项目技术攻关、积极建设的重大科技基础设施为8个，新增基础研究机构3个，制造业自主创新中心5个，海外自主创新中心7个，新增研发机构11个，创新载体195个。其中，诺贝尔奖科学家的实验室和海外创新中心已形成的模式下，"不为所有，但为使用"，有效地实现在全球范围内收集和创新资源配置，在更高的水平上参与全球科技合作和竞争。深圳接下来要建设和实施的重大科技基础设施项目首批有12个，总投资达到472亿元。

没有理论突破、技术突破和大量的技术积累，就不可能产生爆炸性的创新。深圳正在抓紧制定《关于加强基础科学研究引领创新发展的若干措施》，明确提出要面向世界科技前沿、经济主战场和国家重大需求，主动承担国家重大科技项目，加快打造世界一流的科学仪器集群，不仅要着力解决瓶颈问题，还要在重要前沿科技领域冲击源头创新制高点。

重大基础科技设施集群中，包括高标准建设光明科学城，推进材料基因组、精准医学影像、国家超算中心二期等基础设施建设，还要谋划建设具有标志性、稀缺性的综合粒子设施，构建世界级重大科技基础设施集群和前沿交叉研究高地，加快建设鹏城实验室、深圳湾实验室、人工智能与数字经济等省级实验室，争取国家实验室的落地。另外，还要建立重大科技基础设施概念验证中心，为重大原始创新成果提供试验基地。

深圳湾实验室主要围绕生命信息、创新药物、医学工程等方向开展科学研究，建设系统生物学、细胞分析、分子生理学等科学研究所，打造单细胞、药物筛选等技术辅助支撑平台，创新生物医药转移转化机制，构建转移转化基地。

广东省实验室着力打造数字资产与金融科技、数字经济与社会治理、智慧医疗与健康产业、智能系统与智能制造、智联网与智慧物流、智能空间与可持续性发展、区块链与智能监管七大研究平台，努力培养一批创新人才，产生一批科技成果，力争进入国际人工智能与数字经济研究前列，最终建成具有国际影响力的科研机构。

量子信息科学研究平台是主要面向量子信息科学发展和国家科技创新重大专项建设，重点围绕量子物态理论、新兴量子材料与器件、硅量子点量子计算、超导量子计算、固态量子存储等领域，开展前沿科技研究而建设的大型基础设施和研究平台。

三 加速全球人员流动频率

建设国际化的科技创新中心，必须集聚和培养国际化人才。随着大湾区国家战略的实施，便利措施不断出台，人员流动明显加快。目前，有10万在内地的香港人申请了居留许可，并在居住地享受各种便利。特区政府将积极落实便利粤港澳居民交流的措施。更多的人关心的是开立银行账户方便支付，以及税务问题。最终目标是实现大湾区人员、物流、资金流和信息的顺畅流动。

当大湾区"一小时生活圈"形成时，跨境就业将成为大湾区的常态。自深圳建立港澳青年创新创业平台以来，组建了360多个港澳青年创业团队，涉及互联网、金融、科技、生物、医药等领域，员工近4000人，成效显著。今后，深圳需要进一步研究港澳青年在内地就业、创新和创业的支持措施，如住房、医疗保障和税收政策等。

深圳需要与非政府组织合作，为在大湾区创业的香港青年提供创业补贴、支持、咨询、指导和孵化服务，建立大湾区香港青年创新创业基地联盟与一站式宣传和兼容平台，支持香港平台企业家在大湾区发展和落户。

第十三章

推进金融与科技创新融合，实现创新生态的形成

第一节 打造可持续发展的金融科技创新生态链

金融技术是金融和信息技术的有机结合。根据金融稳定委员会（FSB）的定义，金融技术主要是由大数据、区块链、云计算和人工智能等新兴前沿技术驱动而产生的新商业模式、新技术应用、新产品和服务，将对金融市场和金融服务的供给产生重大影响。

一 鼓励金融科技领域高质量项目的孵化

在高质量项目孵化和金融科技领域，自2017年起，深圳在金融创新框架内设立"金融科技"特别奖，用高奖金鼓励金融科技成果的转化和应用。2017年，共有46个金融技术项目进入第一个环节，最终"中国人民银行金融技术研究所——数字货币原型应用研究"、平安科技（深圳）有限公司——平安科技多模态身份认证、中国银行（香港）有限公司"区块链应用—按揭估价流程优化"等七个项目获奖，其中深圳5个项目，香港2个项目，总奖金300万元。

未来，深圳需要以更大力度支持金融科技项目的评选。在金融体系，深圳证券交易所作为重要的金融基础设施和一线监管机构，可以积极尝试运用金融技术和手段。而且，区块链技术可以帮助监控证券交易过程。从交易的角度来看，使用区块链技术跟踪证券交易过程，将大大提高效率。

从传统金融业务向区块链技术的过渡中,智能合同技术的生态系统将融入且颠覆现行业,新的业务模式和监管服务模式将会出现。此外,物联网和工业互联网的结合将进一步在各行业进行推广和普及,大量交易将从线下转移到线上,加快"三大流"(物流、信息流和资金流)资源的相互整合和确认。

根据2018年全球金融技术中心指数排名,深圳排在第13位。从行业层面看,深圳的金融科技生态系统是完善的,但实力有待进一步提升。根据金融技术生态的使用对象,可以分为生产者、投资者和监管者三类。对金融技术的生产者进一步细分为:银行、证券、保险、资产管理、小额贷款、P2P、信用报告、区块链、金融基础设施等子行业。从企业生命周期来看,大湾区大量企业的发展阶段主要集中在天使轮上,能够发展到上市企业的比重很少。从综合实力来看,2018年,中国金融科技竞争力100强的上市公司数量仅为北京的20.27%和上海的71.43%。

未来,深圳将把投资控股转变为服务科技企业的科技金融控股集团,资本端通过科技金融部门实现资本与资产的高效对接,为科技企业提供整个产业链和生命周期的金融服务支持。同时,将资产带入科技园,聚集国内外高科技企业,通过科技产业形成生态系统,为科技企业的成长提供可持续的产业生态系统。

二 强化金融科技对银行的高效服务

一系列信息技术,如云计算、大数据、区块链、移动互联网和人工智能的新发展,开创了金融技术时代,给银行业带来新的挑战和机遇,尤其是在数据管理、系统架构、银行风险管理和控制、基础设施建设、系统开发、运行和维护等方面。

(一)金融技术向银行业的转型

云计算、大数据、区块链、移动互联网、人工智能等一系列新一代信息技术的开发与应用,开启了金融技术时代。这无疑给金融行业和科技行业带来新的挑战与机遇。金融技术对银行业最直接的影响体现在客户服务、产品设计和运营模式三个方面。

1. 开辟接触客户的新途径

与离线模式相比,互联网具有巨大的用户和渠道优势。通过使用互联网技术，金融机构可以有效突破地理和距离的限制，大大提高接触和联系用户的能力。传统金融机构在资产管理和风险定价方面具有核心竞争力，但在客户获取方面，主要采用网络辐射、路演和线下方式，覆盖的地理区域有限，导致客户获取成本高，容易成为业务发展的瓶颈。互联网的本质是把握或刺激用户需求，创造服务场景，发现或重塑客户关系，提高有效资源的周转效率和服务客户的频率，实现客户群体、渠道、产品、互动和周转频率的多维叠加。全面的价值探索与创造，即抓住并坚持服务顾客，创造提供重复服务的机会，延伸服务链，扩大服务覆盖面，加快服务周期，为双方甚至多方找到双赢点。

金融技术秉承开放、平等、协作、共享的理念，以用户为中心，创造金融服务的新体验。互联网技术迅速到达用户后，在交易和服务体验方面具有明显的优势。网上银行为改善客户服务提供了新的解决方案。借助互联网技术，服务提供商和客户可以通过网络平台更快地完成信息筛选、匹配、定价和交易，降低传统服务模式下的中介、交易和运营成本。双方或多方信息完全透明，交易及时、方便、高效。金融交易突破安全和商业可行性之间的传统界限，赋予客户新的活力，体验新的金融服务。业务可在线完成，实现操作流程标准化，让用户无须排队等候，业务处理速度快，为用户提供7×24小时的跨市场、跨区域服务，还可针对不同用户推出个性化产品和服务。

2. 创新传统业务的服务模式

支付结算方面，网上支付满足用户存取款、借贷、理财、记账等多样化需求，已成为主流的使用方式。这就要求商业银行积极推动数字账户快速融入社会、旅游、消费等生活场景，提高用户的便利性。融资和贷款方面，"脱媒"网络融资的概念已经逐渐被社会理解和接受。为此，商业银行需要构建融资平台，满足投融资需求，重组贷款业务模式，获得新的竞争力。金融服务方面，成熟的技术能够降低金融服务门槛，促进网上金融服务发展。而且，银行可以利用机器人改造传统服务，提高运营效率，并将其服务扩大到大众市场。

3. 推动银行实现渠道整合

互联网金融服务深刻地改变了用户偏好，占据大量的用户门户。在零售业务中，在线金融服务可以帮助客户快速、自由地转移资产；在企业业务中，新兴技术和金融产品加速了优质客户的脱媒，增加融资渠道，导致现有信贷资产质量、利润增长率下降。在这种背景下，传统五里店的数量优势和服务模式不再具有吸引力。商业银行必须构建以移动支付为主体，实体网点、电话支付、自助终端和微众银行为辅助服务的多渠道综合在线支付服务体系。

4. 推动金融技术风险控制新探索

信息技术解决了银行信息不对称和风险控制的问题，找到了更有效控制网上银行风险的最佳途径。网上银行依靠底层的海量数据，通过挖掘和分析，提供足够的参考信息，逐步形成基于在线模式的有效策略。通过挖掘客户信息、产品交易、信用行为、信用报告、合作伙伴、第三方平台等不同领域的风险数据，对客户进行综合评价和推理，形成详细的客户聚类和信用评级，从三个维度评估客户的最大信用额度。在反欺诈方面，通过分析客户在线行为、终端设备、知识产权、地理信息等的一致性，预测客户在应用和交易中发生欺诈的可能性。通过分析客户之间信息的共同特征，深圳可以预测群体客户发生欺诈的可能性，从而尽可能避免集团和大规模欺诈。

基于互联网信息技术支持的金融服务模式具有低成本、高效率、低门槛的优势，不仅有更好的客户体验，更有更精准的营销投入。依靠银行长期积累的优势在于风险控制、管理、数据和技术，积极适应互联网金融创新的发展趋势，加强跨境合作，促进金融网络和网上金融的一体化，实现互利共赢，这是下一阶段的发展重点。金融技术的浪潮不仅有效地发挥传统银行业的优势，也给传统银行业带来新的活力和增长动力。

(三) 银行转型尝试：平台与产品

在新兴互联网技术的冲击下，传统金融机构加快转型步伐，在平台、产品、内部管理和业务战略等方面进行重大调整，开启新一轮行业金融技术革命。在过去，传统银行可以利用互联网作为业务和渠道的补充，填补长尾客户服务的空白。数字渠道将逐渐成为客户的首选，竞争对手将利用互联网不断推动资本端和资产端的业务创新，促进金融交易的全面网络化。上市商业银行普遍重视网上金融服务的拓展，传统银行也正在逐步改变业务模式，实现网上业务流程、情景金融服务和业务模式简化。

1. 网上银行

虽然网上金融不断冲击传统银行的各个方面，但传统商业银行拥有庞大的用户群体、充裕的资金和强大的业务复制能力。目前，银行在网上金融领域有自己的特点。例如，招商银行的网上购物中心——橙子银行、平安银行被认为是年轻人时尚的网上银行，将传统电子商务业务与金融产品相结合的浦发银行"浦发金融超市"、兴业银行独有的手机银行等电子银行渠道产品成为电子商务平台。

个人理财助理是网上银行的一项重要服务。各大银行将传统银行业务中的金融助理转移到互联网上，通过互联网为客户提供各种金融服务解决方案、建议或技术支持，极大地扩大商业银行的服务范围，降低服务成本。

企业银行一般提供账户余额查询、交易记录查询、综合和子账户管理、转账、各种费用网上支付、透支保护、储蓄和支票账户资金自动转账、商业信用卡甚至投资服务。一些网上银行也向企业提供网上贷款。

手机银行是网上银行的延伸，是继网上银行和电话银行之后让银行用户更为便捷的金融服务模式，被称为个人"电子钱包"。一方面，不仅延长银行服务时间，扩大银行服务范围；另一方面，银行网点数量大幅增加，24小时服务真正实现银行中间业务蓬勃发展。

2. 电子商务平台

电子商务相关业务不仅包括商户对客户模式下的购物、购票、证券交易等零售业务，还包括国有银行青睐的商户对客户模式下的网上购物等批发业务的网上结算。电子商务服务平台将继续为各类初创企业和成熟的电子商务提供完善的互联网金融服务，最终实现企业、用户和银行的双赢。商业银行电子商务平台的创新路径主要分为以下两类。

一是以工银易融、建行好金融等大型国有银行为代表的自建交易平台。在这种模式下，商业银行建立交易平台，吸引客户结算，进而支持投融资业务。

二是以商业银行为代表的跨行收购，如浦东发展银行、中信电子招投标系统、平安B2B电子商务收付。这种模式下，通过反向第三方支付开通银行间结算渠道，在交易平台上开通真实的银行结算或资金监管账户，存放交易资金。交易主体在真实银行账户下开立虚拟子账户，出具电子交易凭证，切入平台产业链的交易场景。

3. 直接银行业务

所谓的直销银行，实际上是与分销的传统银行相对的多层分行管理结构。虽然它主要由传统银行设立，但基本上没有实体网点，也不发行实体银行卡，后台处理中心与前端客户直接业务指令交换主要通过互联网、移动互联网和电话实现。资金的主要来源是标准化金融产品的销售，这是母行的渠道配置；主要任务是通过销售资产、管理产品实现资产负债表监管；目的是与互联网公司合作发放小额贷款或转移给母公司，即吸收巨额低成本负债，即通过互联网等手段建立轻资产、多客户、高回报的银行模式。通过与互联网的高度融合和大数据的应用，实现风险覆盖和完成风险定价是未来的发展方向。

直接银行的目标客户和业务模式特点决定了其提供的金融产品不能满足客户的个人需求。他们为客户设计的金融产品基本上是标准化的，主要特点是易懂、门槛低、方便快捷，但可供选择的产品和客户不多。目前，中国的直接银行主要销售金融产品，包括存款、银行融资和货币资金，除此之外还有账户管理、转账、汇款和支付等基本功能。

目前，由于深圳监管体制的限制，大部分以业务分工的形式存在。随着监管的逐步放开，直接银行将成为一种更加独立的法人模式，具有制度和机制上的优势，成本核算和产品定价将更加清晰。目前，虽然国内直销银行的数量大幅增加，但与发达国家如欧洲和美国的成熟市场相比，中国的直销银行仍处于初级阶段，远远落后于手机银行和网上银行的业务规模、用户数量。

三 借力金融科技银行"隐身"服务

充分利用现代金融技术和平台，可以使风险管理工具更加有效，金融服务更加多元化、便捷化、个性化、标准化，让消费者在享受金融服务时更便捷、更包容、更安全。实现金融服务模式改革，是实现金融高质量发展的重要方面。

（一）内置平台增强服务的多样性

媒体免费支付已经到来，面对面可以解决一切。无息支付只是便利金融服务的缩影。在客户端方面，银行在技术和研发方面增加投资，以获得零售领域的先发优势。结合各家银行实践，平台化正成为银行业推动创新转型和服务升级的重要战略。

月度活跃用户（MAU）和日活跃用户（DAU）的重要性是考虑银行平台的核心指标。2018年，招商银行口袋生活应用、招商银行应用月活跃用户突破8100万，同比增长近48%。平安银行注重零售板块，整合五大生态圈，定位为"金融产品销售和生活服务综合平台"，注册用户6225万，月底用户2588万，同比增长近83%。

现代金融技术平台将成为改善消费者体验的重要途径。未来，银行应加快平台转型，构建一站式智能金融服务平台，为客户提供身临其境的旅行体验，实现服务供给从简单化、产品化到多样化和情景化。通过金融与场景的整合，可以提高价值流通效益，积极探索开放银行的实践，依靠开放技术，推倒围墙，搭建桥梁，构建开放创新生态，默默为用户提供各种金融服务。

（二）扩展场景以创造身临其境的体验

除了内置平台外，增强客户服务体验是金额技术运用的另一重要扩展方向。中国银行正式发布新版手机银行6.0版本，主要亮点是"面向所有场景的一站式综合服务"。手机银行服务6.0版覆盖全国各省水、电、燃气费等80多个日常支付项目，除了本地化的独家折扣和运输服务，用户通过一部手机便可享有便利的体验。

兴业银行建立集网上银行、手机银行、直接银行、微信银行、短信银行于一体的一站式网上金融服务平台，突破时空限制，为

3000多万客户提供24小时便捷安全的网上金融服务，年交易额超过13亿元，总交易额超过1万亿元，网上金融专柜置换率为97.08%。

2018年7月，上海浦东发展银行推出"无限量开户行"，不仅面向大型商业银行，也面向众多中小银行。据10亿欧元智库的不完全统计，截至2019年5月，已有50多家银行推出或正在建设开放银行服务。

开放式银行的创新不仅实现银行、场景和客户之间的无缝链接，让消费者随时随地获得银行服务，更重要的是引发了金融服务理念的根本性转变，从产品中心到客户中心。

在开放银行模式的支持下，未来将实现"银行即服务"，将银行隐藏在各种场景中。即使没有设立线下网点，消费者和小微企业也可随时随地以任何方式享受金融服务。

虚拟银行许可证已经引起业界的关注。自2018年3月以来，香港金融管理局向8家银行发放虚拟银行牌照。虚拟银行具有金融技术的优势，将给客户带来更好的服务体验。短期移动支付和小额信贷服务有望成为虚拟银行的焦点。

（三）实现风险控制的"零感知"

面对面支付方便快捷，消除了消费者对金融交易安全的顾虑。它有两个"监护人"来保证人脸支付的安全性：一是3D人脸识别技术，二是人脸识别算法，两者协同工作。

在人脸识别算法中，目前3D人脸识别技术的错误识别率是十万分之一，即使是双胞胎姐妹也能准确区分。招商银行也在深圳进行了支付方式的探索。技术赋予金融力量，手机和其他媒体使人们能够摆脱银行卡不便。

科学技术不仅提高了金融服务的便利性和包容性，还能确保安全。此外，确保安全和合规的同时，银行还需要平衡风险控制的规模和客户体验。一方面，需要利用互联网、大数据等核心技术，实现准确监控和实时响应；另一方面，密切关注客户体验，尽量减少对客户的干扰，提供全方位保护，努力实现用户在业务场景中的"零感知"。

如招商银行开发的零售智能风险控制平台"Libra System"，可以捕获交易时间、交易金额、收款人等多维数据，进行高速计算，实时判断用户的风险水平。然后，结合模型的输出结果，使用不同的手段验证用户的身份，及时防止交易中的外部欺诈和伪造。自2016年2月推出以来，"天秤座系统"保护了近32亿笔客户交易，对交易风险决策的响应速度不到30毫秒，完全达到客户无法感知的风险决策目标。

四 微众银行升华公众联盟链

微众银行对未来公共联盟链生态系统的愿景是：将会有一个不同联盟的联盟链，形成更大程度的相互协调性，通过联盟链的沟通机制和互联网，将各种服务呈现给终端消费者。

在第四届区块链全球峰会上，环球区块链技术实验室提出"公共联盟链"的新概念，联盟链也可由公共服务的成员组成。它对底层技术的要求体现在以下方面。

首先，联盟链第一，公众不是单一的链，整个系统能够支持下面的平行链，以及跨链条间和沟通，支持来自广大互联网的交易。

其次，真正能迅速形成联盟，以低成本、高效率建立联盟链的关键内容，必须加强公共联盟链的力量。

最后，开源和开放是公共联盟链的基础。任何技术系统中，除了技术的底层，还有一个更重要的点，就是业务的基本服务。有了这些基本业务服务能力，业务开发和商业应用才可以蓬勃发展。

微众银行构想的未来公共联盟链生态系统是：将有由不同联盟组成的联盟链，在很大程度上相互合作。通过跨链的通信机制和互联网，各种服务将呈现给最终消费者。

目前，微众银行正在努力完善开源区块链的基础平台 BCOS 和 FISCO BCOS，以更好地支持证书存款、仲裁、机构间对账、供应链金融、物业管理、旅游金融、版权交易、人才招聘、游戏等多个行业的应用。它还将与金链联盟发起区块链应用竞赛，以支持更多的企业家和企业参与公共联盟链生态。微众银行的分布式商务是人类经济发展模式的必然方向，公共联盟链很可能是打开分布式商务模式大门的关键。

第二节 完善提升深圳证券交易所为核心的资本市场

一 深圳联交所联合租赁平台上线

深圳证券交易所将继续深入贯彻党的十九大精神，充分发挥"三个公共"阳光平台和以市场为导向的机制，进一步探索服务创新领域的租赁交易，不断完善和优化深圳联合租赁服务和功能平台，努力构建"深圳模式"和"深圳基准"的国家租赁事务服务市场。

深圳的许多高质量项目涵盖各种资产，如工厂、商店、住宅、办公楼、商业设施等。平台的上市项目以国有房屋为主，充分保证房屋的真实性、安全性、可靠性、程序公平、操作规范，有效解决资产信息不对称、租赁行为不透明等问题，为建设渠道多元化、交易公开、服务规范的租赁交易市场提供重要保障。

深圳联合租赁平台的正式推出，标志着深交所再次率先推进房地产租赁市场，为促进资产转移、房地产租赁等因素的市场配置，加快培育区域性房屋租赁市场，促进深圳房地产租赁市场的发展，进行了有益探索。

2017年，深圳被列为中国首批12个试点城市之一，深圳住房租赁市场正在加速发展。深圳证券交易所作为国家国有资产监督管理委员会直接管理的企业，坚持"阳光交易"的概念和价值发现，进一步整合公共产权资产，建立新的深圳联合租赁平台，整合房地产交易、租赁服务和信息监督等业务，实现整个过程租赁事务功能，如信息发布、交易匹配和交易结算，并为政府、行政机构、中央企业和地方国有企业、社区股份合作公司、私营企业和个人提供全方位的租赁交易服务。

二 大力发展特色金融产业

按照规定支持深圳发展以证券交易所为核心的资本市场，加快金融开放、创新，支持内地、港澳保险机构开展跨境人民币再保险业务，不断完善沪港通、深港通和债券通，支持符合条件的港澳银行和保险机构在前海、深圳、南沙、广州和珠海横琴设立业务机构。

深交所将全面落实《粤港澳大湾区发展规划纲要》要求，充分发挥资本市场服务实体经济的作用，促进粤港澳大湾区高质量发展。它一直致力于服务科技创新企业、民营企业和成长型企业，发挥自身优势，形成创新资本，优化资源配置，已成为实现创新驱动发展国家战略的重要平台。

在粤港澳大湾区深圳证券交易所上市的公司有458家，占大湾区资本市场上市公司的80%以上。深交所培育了万科、格力、比亚迪等一批龙头企业。目前，深圳2100家上市公司中，高新技术企业占比超过70%，高新技术企业和战略性新兴企业的比例不断上升。深交所创新创业投融资服务平台（V – Next）已覆盖35个国家和地区，累计服务优秀科技企业项目近8000个，有效推动了中国与"一带一路"沿线国家和地区跨境资本合作。深港通开通以来，运行平稳有序，交易量稳步增长。目前，累计交易额4.67万亿元，在中国资本市场双向开放中发挥着越来越重要的作用。

建设国际科技创新中心是大湾区发展规划的重要组成部分，建设国际领先的创新资本形成中心是深交所的核心目标。资本市场与深交所密切相关，完全兼容。推进国际科技创新中心建设不仅是深圳证券交易所的责任，也是机遇。依托大湾区强大的推动力，深交所将坚定不移地深化改革，扩大开放，提升服务科技创新能力，完善基础体系，丰富市场产品体系，推进跨境金融服务创新，全力支持粤港澳大湾区建设，打造具有活力和国际竞争力的一流湾区与世界级城市群。

三　完善多层次资本市场体系

鼓励风险投资机构投资企业，通过上市、并购、协议转让等方式拓宽企业退出渠道，探索设立私募股权二级市场基金；支持合格的区域性股权交易中心、金融机构和风险投资机构，依法建立风险投资项目转让交易平台；争取国家支持，探索建立区域性股权交易中心与新三板的转移对接机制，区域性股权交易中心将与证券公司合作开展新三板担保业务。

（一）支持并购投资基金发展

鼓励通过兼并和收购的方式便于风险资本退出，支持各种社会资本以市场化方式并购母公司，专注于投资企业和项目，这符合深圳的产业发展方向，以吸引更多的并购基金收集深度。对于在深圳新注册和新迁入的、符合条件的并购基金，按照深府〔2018〕26号文的规定，享受深圳股权投资优惠政策。深圳市各辖区将根据产业发展实际，支持辖区内的 M&A 投资基金。

（二）扩大开放有序的风险资本

鼓励外国投资，扩大风险投资规模，加大对深圳科技初创企业的支持。完善和实施深圳市外商投资股权企业试点，扩大管理对象和范围，优化审计流程，完善中心监管。在有效监管的前提下，鼓励境外专业机构设立人民币风险投资基金，探索和实施试点项目的人民币海外机构投资者参与一次性结算和出售外汇风险投资项目，由海外风险投资参与人民币风险投资机构开放外汇结算渠道。

（三）提高海外投资功能

深化 QDIE，修订完善《QDIE 暂行办法》，优化审计流程，拓展企业合理的资本输出渠道。探索设立人民币境外投资贷款基金，研究设立深港创新产业基金等本外币并行基金，为企业"走出去"投资并购提供投融资服务。加强市级国有企业和金融机构与国家丝路基金及各类多边投资基金的合作。宏观审慎监管前提下的外汇，深圳应该充分发挥国有企业海外实体的资源优势，提高海外投资功能，通过海外投资和操作为深圳提供综合服务，扩展海外前沿产业布局和国际科技创新合作规模，引导和鼓励风险投资机构加大境外高端研发项目投入，鼓励引进境外前沿科研成果和重大产业项目。

第三节 深度对接香港资本市场，打造跨境金融合作区

一 打造一体化港深全球性金融中心

粤港澳大湾区建设作为新时代国家发展重大战略正式破局，美

好愿景值得期待。根据综研观察对《粤港澳大湾区发展规划纲要》的词频统计,"香港"一共出现 106 次,远高于大湾区其他城市和平台,充分显示出香港在粤港澳大湾区建设中的核心关键作用。

金融是国家经济重要的核心竞争力,金融中心是一国金融竞争力的集中体现。全球金融市场经过 200 多年的发展演变,已经形成"金字塔"式金融中心发展格局。中国(深圳)综合开发研究院和英国伦敦金融城智库 Z/Yen 合作编制的"全球金融中心指数"(GFCI)将金融中心按辐射影响范围分为全球性金融中心、国际性金融中心、国家性金融中心和区域性金融中心 4 个层级,只有纽约和伦敦能称得上全球性金融中心(见表 13—1)。

表 13—1 2019 年第 24 期 GFCI 综合竞争力排名和得分

中心	GFCI 24		GFCI 23		较上期变化	
	排名	得分	排名	得分	排名	得分
纽约	1	788	2	793	▲1	▼5
伦敦	2	786	1	794	▼1	▼8
中国香港	3	783	3	781	0	▲2
新加坡	4	769	4	765	0	▲4
上海	5	766	6	741	▲1	▲25
东京	6	746	5	749	▼1	▼3
悉尼	7	734	9	724	▲2	▲10
北京	8	733	11	721	▲3	▲12
苏黎世	9	732	16	713	▲7	▲19
法兰克福	10	730	20	708	▲10	▲22
多伦多	11	728	7	728	▼4	0
深圳	12	726	18	723	▲6	▲3
波士顿	13	725	10	722	▼3	▲3
旧金山	14	724	8	726	▼6	▼2
迪拜	15	722	19	709	▲4	▲13
洛杉矶	16	721	17	712	▲1	▲9
芝加哥	17	717	14	718	▼3	▼1
温哥华	18	709	15	717	▼3	▼8
广州	19	708	28	699	▲9	▲9
墨尔本	20	699	12	720	▼8	▼21

纽约和伦敦这两个金融中心集中全球大部分金融资源，外汇交易合计占全球六成，金融衍生品合计占全球七成，股票市场市值合计占全球四成，还是国际能源、金属等大宗商品的定价中心，扮演全球金融市场和金融业发展的主导者角色。中国香港、上海、东京、新加坡等亚洲金融中心实力远远无法望其项背。

随着中国经济的进一步崛起，我国日益成为美国和欧洲的"世界屋脊"，建设与纽约、伦敦同等的全球金融中心具有重要的战略意义。作为资源配置中心，全球金融中心可以提供更安全、更有效的投融资平台，满足深圳经济建设持续的资金金融需求。更重要的是，可以为中国争取国际金融资产的定价权和经济话语权，有效隔离或减少国际金融市场波动对中国经济发展的影响，增强中国经济发展的自主性和稳定性。

二　深度对接香港资本市场，打造跨境金融合作区

随着"沪港通""深港通"的开通以及"科创板"的落地，内地与香港市场之间的联系进一步活跃。内地投资者对于港股市场的兴趣大增，"A股+港股"的组合势必跻身全球主要资本市场之列。

资本市场是个复杂的集合，需要多方的深度合作才能收获最大的成就。近年来，境外IPO备受内地市场关注。无论是港交所，还是科创板，2018年政策调整非常明显。值得注意的是，"同股不同权""生物科技公司放开盈利"等政策变革之后，2018年港交所迎来上市高潮，210家新股数量也创下2010年以来的新高。

港股包容性很强，市场发展比较平稳。它既包容TMT，又有消费、新零售、互联网、科技、医疗医药以及生物科技等公司。如果一家公司的交易规模或者是收入体量都比较大，属于高速增长的公司，赴港融资上市是值得考虑的。

人工智能技术在信息收集、平台获取、风险控制以及合规等领域有广阔的应用前景。当前，一些须重复操作、大量数据计算的工作环节可以预先写入系统程序，节省成本的同时提升工作效率。

资产配置早已不能只靠单一的衍生品来升值。随着资本市场越来越成熟，市场披露的信息越来越多，流通的产品也更加丰富。借

助完整的 AI 智能系统，可以让投资者更好地获取资本市场红利，拉近机构与投资人的距离。

三　深港通资金助推深港两地企业发展

深港通正式开通 7 个多月来，内地和香港投资者可以通过当地证券公司交易对方交易所上市的股票，南下资金和北上资金日趋活跃。到 2018 年 6 月 20 日，各方面的数据都比较喜人，对港股的增长更明显，从开通首月的日均差不多 4.5 亿元到现在的 15 亿元。深港通运营良好，深港两地在金融和资本上的合作不断加深，深圳市场的吸引力越发明显。从深交所的上市公司可以一窥端倪。

从整个净流向来看，流入深股比较多，充分体现深圳市场的特殊吸引力。现在，深圳有近 2000 家上市公司，70%以上是高新技术企业，创业板更是高达 93%，主要是创新型企业。

创新成为深圳发展的基石，更为大湾区建设奠定了良好基础。深圳被誉为中国创新之都，包括 5 家世界 500 强等一大批优秀企业汇聚于此。这些龙头企业都感受得到深港两地资本市场对高新产业的支持。腾讯、万科、中兴、比亚迪等 20 多家深圳企业在香港上市，也促进香港资本市场的发展。在大湾区的新体制机制下，不仅让企业赢来空间，也赢来了时间，创新力度更大、速度也更快。

第四节　疏导金融科技秩序，加强主题信用体系建设

一　加快科技金融试点建设

融资难、融资贵是企业发展中存在的长期问题。加快科技金融试点建设，实施"科技金融计划"，引导和扩大金融资金杠杆，有利于形成较为完善的科技金融服务体系。目前，政府与企业合作项目 1089 个，近 300 家仓储企业获得银行贷款 50 多亿元，政府累计补贴仓储企业 5600 多万元。深圳以股权投资的方式直接支持急需资金的重点科技项目。目前，已完成 134 个股权投资项目，政府投

资12.1亿元。

这一举措颠覆了政府无偿补贴和直接管理项目的传统方式，并通过分阶段持有股权和适时退出，为保持和增加金融资金的价值与良性循环开辟了新的途径。深圳还须增加对企业的包容性支持和事后资助，创建包容性的"科技创新券"制度。通过一系列创新措施，深圳基本建立从实验研究、技术开发、产品中试到大规模生产全过程支持的科技创新融资模式。

二 征信行业更大规模地推广"云查信"

基于金融技术的深入发展，银行业正在经历深刻的变革，可能演变成一家金融技术公司。目前，一些银行正在开展新一轮的组织结构改革，构建"人工智能+区块链+云计算+大数据"的创新战略，为自身和其他金融机构提供金融技术服务。随着大数据、云计算和智能认知等新兴技术的逐渐成熟，金融技术在传统银行的转型和发展中发挥着越来越突出的作用，提高着银行业的服务质量和效率。

深圳市小贷行业协会召开了"行业内建设客户借款信息查询机制"专题会议，宣布预防多头隐性借款查询记录系统（云查信）正式运行。这有助于将借款人多头隐性借款的情况消灭于萌芽，是全国首创的预防多头隐性借款平台。

云查信的核心是借款查询记录，包括查询日期、查询者和查询原因，反映被查询人的借款被查询情况。若借款人有许多云查信检查报告记录，这意味着借款人可能多次提交贷款申请，贷款机构在个人报告上留下多种痕迹。对于这种借款人，如果贷款机构真的想借钱，应该进行更严格和全面的审计，防止可能的风险。

实时更新信用检查云平台中的贷款调查记录，显示信息不对称的风险点，防止出现多个无形的过度信贷风险贷款。正规金融机构和影子银行相互借款，防止长期无形的金融创新公司与深圳小额贷款公司借贷风险。

三 互联网信息技术变革与金融创新

根据互联网信息技术革命和创新要求，金融应用方向分为五类：

一是支付和清算，包括在线和移动支付，以及数字现金。二是在融资领域，包括股权众筹和 P2P 借贷。三是在市场基础设施领域，包括大数据和云计算。四是投资管理，包括电子交易和机器咨询。五是在保险领域，包括保险分解和共同保险。

在金融生活中，金融技术往往与技术和金融混杂在一起。事实上，技术和金融都是以金融为基础的，意味着利用金融创新的金融形式和金融产品对于科技创新和创业来说是高效和可控的。金融技术的主体是技术驱动企业，如技术企业、互联网企业、互联网金融企业。虽然金融科技公司位于金融服务行业，但它们擅长技术。从企业团队的角度来看，理想的团队配置是技术团队关注财务，财务团队了解技术能力。技术和金融的主体是金融机构。具体金融科技产品包括第三方支付、大数据、金融云、区块链、信用信息、人工智能、电子钱包等，实现具体产品技术与金融投融资联动，如技术保险、信贷技术、知识产权证券化、股权融资等。

目前，传统的银行付款等基本业务、财务管理和消费者贷款正在被金融技术企业逐渐侵蚀。但与金融技术企业相比，银行拥有优越的品牌和声誉、法律合规、风险预防和控制、综合金融服务功能、个性化的服务水平和物理网络覆盖广等优势。在以数字化、智能化为特征的第四次科技革命起点上，互联网、移动互联网、物联网、AR、VR 的应用为人类活动提供大量的全方位信息。云计算技术和大数据技术为快速、及时、低成本的信息处理和分析奠定了基础，使人工智能的深度学习成为可能，并应用于医疗、医药、投资等多个领域。科技革命将引领银行业的改革与创新。

随着金融技术的深入发展，中国银行业正在发生深刻的变化。这有可能发展成为一家金融科技企业，提高金融服务的质量和效率。在金融技术的推动下，一些银行正在发起新一轮的组织结构改革。首先，在总部一级建立更详细的专业管理团队。其次，调整以业务单元或利润中心为导向的组织，如平安银行和民生银行。尤其是平安银行，取消 13 个总部部门，大力转变大规模的零售业务，改变之前的垂直管理模式，关注中小企业的零售、资产和负债、风险管理，综合安全、行政技术。四大行关注企业、零售、内部控制和管理。一些银行具备成为金融科技企业的条件，为自身和其他金融机构提供金融科技服务。

构造一个包容性的金融创新战略"A+B+C+D"，指人工智能（AI）、区块链、云计算和大数据。微众银行积极探索领域内的金融技术，提升金融创新业务与技术发展，并授权其合作伙伴通过金融技术能力，共同为小型和微型企业与公众服务。通过构造的基本金融技术服务功能"A+B+C+D"，可以帮助合作金融机构提高金融技术水平、降低成本，更好地提供无差别的金融服务。

在新技术应用方面，厦门国际银行与腾讯云达成战略合作协议，不断推进IaaS和PaaS层面的私有云建设，进一步开展SaaS层面金融大数据、互联网智能营销、信息安全等领域的合作。在大数据应用和智能认知方面，厦门国际银行将构建一体化金融服务数据模型和大数据计算分析平台，创新大数据服务体系，探索人工智能技术应用，实现向数字银行和智能银行的转型升级。

第五节 创设有利强化核心引擎的系列金融科技平台

一 进一步融入粤港澳大湾区金融合作

深圳进一步融入粤港澳大湾区的金融合作，不仅有助于建立新的、开放的经济金融体系，在中国的国际竞争中创造新的优势，而且促进内地与港澳更紧密的金融合作，提升粤港澳大湾区的整体竞争力。

深圳应推动建立金融监管协调机制，完善跨境金融监管，力争在顶层设计中设立中国人民银行南方总部，代表中央协调大湾区金融工作；在准入门槛上，放宽对港澳地区公共机构注册股份比例、业务范围和资质的限制；在跨境金融监管合作方面，建立全国范围的跨境反欺诈、反洗钱、反恐怖融资、反偷漏税监测预警体系和合作机制，提高识别、防范和化解跨行业和跨市场金融风险的能力。

加强大湾区"金融+产业"与专业服务业的跨境合作。利用

"金融+技术"支持金融机构利用大数据、云计算、人工智能和区块链技术实现数据集中管理和共享;通过"金融+环境"促进经济绿色发展,制定绿色金融标准,支持绿色产业项目发展;通过"金融+社会"促进大湾区具有社会影响力的社会企业、慈善信托、债券和基金的发展,将深圳打造成为全球有社会影响力的金融高地。

二 鼓励粤企业赴港澳深度投资

深圳的发展目标不仅是打造全球最具活力的创新型经济带,为粤港澳经济发展注入新的活力,也是加强港澳与内地的联系,融入祖国的整体发展,促进祖国的政治和社会稳定。

改革开放40多年来,香港和澳门向内地输送了大量资金、先进制度和管理经验,为深圳、广东乃至全国的发展发挥重要作用。内地企业应该来来去去。深圳企业的商业模式大多源于香港,连接港澳的能力相对较强。目前,深圳有12800多家外贸企业,粤港澳大湾区的建设也为这些企业提供了良好的机遇。政府应鼓励有能力、有意愿的企业在香港和澳门积极投资。

鼓励政府引导企业加大对深圳投资,包括明确双向融合战略目标、制定规划、建立合格企业名单。与此同时,深圳将加快推进港澳投资"管道"改革,实行变更、经营、资产(如有)统一审批、多部门检查、联合审批,以及标准、材料、期限统一审批。

三 强化金融技术在高效银行服务中的核心作用

传统银行很难扭转颓势,特别是在经济增长率不容乐观、新金融主体迅速崛起、科技含量不断提高的背景下,银行面临前所未有的冲击和无法控制的外部环境。但不可否认的是,这也是世行下一阶段的发展机遇和动力。

中国银行业协会发布的《中国银行业发展报告(2017)》指出,金融技术将改变商业银行的价值创造和价值实现模式,导致其中介功能弱化,重组现有融资模式。同时,金融技术是一种新的金融形态,是与信息化、大数据紧密结合在一起的整个金融系统中新的重要组成部分。其技术不仅适用于金融科技企业,也适用于商业银行。

(一) 挑战与机遇并存

大数据、云计算、人工智能、区块链等信息技术逐渐改变了传统的金融信息收集方式、风险定价模型和投资决策流程，极大地提高了传统融资效率，成为解决传统金融痛点的重要起点。

互联网、大数据和区块链技术的快速发展推动金融和技术的深度融合，开启金融技术时代。以商业银行为代表的传统金融机构面临巨大挑战。普华永道2018年全球金融技术报告显示，超过80%的金融机构认为金融技术将对传统业务构成威胁，超过82%的金融机构希望加强与金融技术企业的合作。该报告预测，新兴金融技术公司将窃取大型金融机构24%的收入。

在金融技术发展中，人才、数据和金融业务场景是非常重要的资源。大数据风险控制、精准营销等金融技术的应用主要基于丰富多样的数据，这是传统金融机构缺乏的。凭借其丰富的大数据基础，互联网巨头在上述领域取得一定的领先地位。区块链和智能投资等金融技术的应用需要基于丰富的金融业务场景，这是传统金融机构的优势。传统金融机构对区块链的探索和智能投资，一直走在行业前列。

在政策层面鼓励金融技术，也给了银行发展这一领域业务的强大动力。2018年8月，国务院发布《科技创新"十三五"规划》，提出推进科技金融产品和服务创新，完善科技金融一体化机制。2018年6月，中国人民银行发布《中国金融业信息技术第十三个五年发展规划》，建议加强金融技术和瑞吉技术的研究与应用；稳步推进系统架构和云计算应用研究；推动大数据技术应用创新发展；规范和促进互联网金融相关技术应用；积极推进区块链、人工智能等新技术应用。

毕马威发布的这份报告从5个方面列出银行面对的20个主要困难：客户和营销的产品与服务、合规和风险控制、企业管理、技术基础设施、研发，指出金融技术是解决这些困难的核心力量。目前，大数据、云计算、人工智能和区块链等技术，逐渐改变了集合方法、风险定价模型和投资决策过程的传统财务运作模式，大大提高传统融资效率，成为一个重要的切入点来解决传统金融的痛点。

（二）数据积累可以帮助银行领先一步

银行正转向技术和金融领域，依靠存储多年的客户和数据，但这不是大型企业的绝对竞争。中小银行尤其是大型城市商业银行，对拓客的积极性很高。

平安银行在人工智能、大数据、云计算、区块链等领域取得许多成就。至 2017 年 6 月，相关专利申请数量达到 1458 件，人脸识别技术准确率达到 99.8%，居世界领先水平。它已经被应用到集团内外的 200 多个场景。

涌向科技和金融的是中小银行，尤其是大型地方城市商业银行。对于规模相对较大的城市商业银行来说，财力和人才储备相对丰富，具备开展金融技术研究的能力。目前，相对大银行和股份制银行而言，城市商业银行的线下布局比较弱，迫切希望通过金融技术在角落里赶超。相反，大型城市商业银行愿意增加投资，积极探索金融技术领域。大型城市商业银行自 2013 年积极探索直接银行业务，2014 年前后 P2P 平台建设在银行业迎来热潮。在当前金融技术的发展趋势下，大城市商业银行实际上都走在了银行业的前列。

不同的银行对金融技术有不同的定位和要求，不需要所有的内容都是"先进的"，只要服务于实体经济就行。自 2018 年来，银行再次获得监管批准开始校园借贷，最根本的原因是数据的积累和大数据分析技术的成熟。从传统商业银行的角度来看，其优势主要在于风险控制、合规管理、客户资源和资金成本。从现有产品来看，这些优势也得到应用，包括精准营销、风险控制和个性化服务。

（三）成为技术的提供者和促进者

从总体发展趋势来看，技术驱动型金融业务将逐渐成为主要驱动因素。并且，只有在丰富的情景和商业实践中，金融科学和技术成就才能不断改进和优化。因此，从金融科技出口者的角度来看，存在强烈的科技出口意愿。

除了对增长的关注，银行之间还有技术互动。在过去的两年里，行业领先的微众银行专注于自身发展，探索技术出口领域。基于腾讯科技的领先能力，微众银行无疑在行业中占有重要地位。

通过构建"A + B + C + D"基础金融技术服务功能,提供人工智能(AI)、区块链、云计算、大数据等相关技术,网络银行将成为帮助合作金融机构提高金融技术水平、降低成本的推动者,从而更好地提供无差别的金融服务。

在技术出口方面,网上银行推出互联网 + 金融的"微力"合作平台。通过软件开发工具包(SDK)的嵌入,中小银行用户可以在银行应用中体验"微众银行"提供的金融产品和服务。

作为中国第一家网上银行,2016 年在风险控制方面支持 20 多个平台项目的风险评估和上线,开展了 20 多个风险数据测试。此外,银行还将人脸识别、声纹识别等创新技术应用到实际业务场景中,有效降低传统银行交易风险。

兴业数字金融服务(上海)有限公司(以下简称"兴业数字金融")自 2007 年推出面向中小银行的信息系统托管、运维服务以来,已为 300 多家合作银行提供 400 多项信息服务。

2018 年上半年,使用 IBM Power Systems 服务器和电源云服务提高基础设施云服务能力的过程中,兴业数字金融宣布将全面提升服务内容和服务功能,包括专属云服务、容灾云服务、备份云服务、区块链云服务、人工智能云服务和金融组件云服务,不仅面向中小银行,也面向所有中小金融机构提供。

上述平台是针对大多数中小银行技术开发能力的不足和局限而设立的。从总体发展趋势来看,技术驱动型金融业务将逐渐成为主要驱动因素。对于许多小银行来说,它们不具备发展前沿金融技术的实力,这为大中型金融机构的金融技术出口提供了广阔的市场空间。只有在丰富的场景和商业实践中,金融科学和技术才能不断改进与优化。因此,从金融科技出口者的角度看,它们有强烈的科技出口意愿。

(四)强联盟,共同发展

传统金融机构和互助金融机构在金融科技布局上各有优势,具有良好的互补性,传统金融机构和互助金融机构在金融技术领域的合作成为当前趋势。自 2018 年以来,银行已宣布与电商公司进行技术合作,中国建设银行宣布与阿里巴巴和蚂蚁金融战略合作,工行与京东金融业务合作签署框架协议，农行与百度金融技术战略合作，中国银行和腾讯合作建立金融技术联合实验室。

依据互联网的发展趋势的金融模型能更好地服务金融技术公司，为金融机构提供技术服务，将传统的金融业务流程通过使用现代信息技术创新提高服务，开放传统金融不能覆盖的新业务，促进金融更深层次的分工，而不是与传统金融机构对立竞争。

第十四章

加快深圳先行先试进程，实现科技创新模式的再铸造

第一节　加快推进独具特色的深港前海现代产业合作

一　前海积极打造城市新中心

前海蛇口片区已经成为深圳发展最快、效益最好的区域。2018年以来，前海开发开放步伐进一步加快。2019年，自贸片区新增港资注册企业1336家，注册资本876.98亿元，累计注册港资企业12102家，累计注册资本13020.43亿元，实现注册企业增加值比上年（下同）增长12.6%。其中，前海片区增长14.4%，蛇口片区下降0.1%。2019年，港资企业实现增加值增长28.5%，纳税总额增长32.4%，实际利用港资增长13.2%。

随着前海自由贸易区的建立，先后启动442项制度创新，其中43项在全国范围内推广，69项在全省范围内推广，79项在深圳市范围内推广。其中，国家率先实现"多证一照一码"的改革，启动"许可证分离2.0版"改革；创新外商投资准入管理模式，对外商投资实行"一次受理多证联合办公"；外商投资企业的注册时间从20个工作日减少到3个。

《前海深港合作专项行动计划（2018—2020年）》《前海支持香港青年发展的若干措施》及专项资金支持实施细则等，继续为香港市民和香港企业实施"万人工程"，向香港提供5块土地和3笔交易，土地面积3.18公顷，总建筑面积21万平方米，新增周大福、

嘉里二期、码头和陶建。

前海作为中国唯一一个叠加 14 个国家战略导向的新区，提出 2018 年由建设新的自由贸易城市向新的城市中心转变，树立"建设区、建设城、建设港"的城市建设新理念，努力建设世界一流的新城市中心。前海交易广场综合体总建筑面积 62.5 万平方米，打造国际标准的高端综合体样板，建成后将呈现出既有空间肌理又有互动对话的微型城市形象，承担港交所、金银业交易所在内的多家服务机构的交易需求，成为华南片区最大的要素交易平台。

基础设施互联互通是促进粤港澳大湾区要素自由流动的重要前提。近年来，前海一直在规划扩大其外部交通系统，优化新的城市中心。根据粤港澳大湾区为核心的交通枢纽，三维交通框架的海洋、土地和空气的计划，包括高速铁路、高速公路等建设项目，以及运输直升机码头和游艇码头等设施。前海将推进一系列重要交通项目的规划和建设，以加强与香港和其他大海湾地区城市的高效连接。前海合作区将设立港口，推进深珠复合走廊规划建设，加快深港西部快速铁路、西丽枢纽至香港东兰岛等项目建设，推进与香港的交通联系。

前海将推进"三馆一中一塔一院"和前湾会议中心等标志性建筑建设，加快建设中国国家博物馆（深圳馆）、前海国际金融交易中心、前海新城中心、前湾会议中心、伯克利未来音乐中心、国际学校和国际医院，将大湾区的前海地区建设成为湾区世界级客厅。

二 城市创新中心的多个层面

深圳在制度创新、推动软联通、营商环境优化、对外开放、创新贸易监管模式、深化通关合作等方面形成独特创新特征。深圳以创新为特色引领发展，形成以投资自由化和贸易便利化为核心的制度创新。前海先后在最高人民法院第一巡回法院落户，被列为前海法院、前海检察院、深圳市国际仲裁法院、深圳市知识产权法院、深圳市金融法院、深圳市知识产权保护中心和 7 家粤港澳联合律师事务所。未来，深圳城市创新中心将形成多层次的新优势（见图 14—1）。

第十四章　加快深圳先行先试进程，实现科技创新模式的再铸造　279

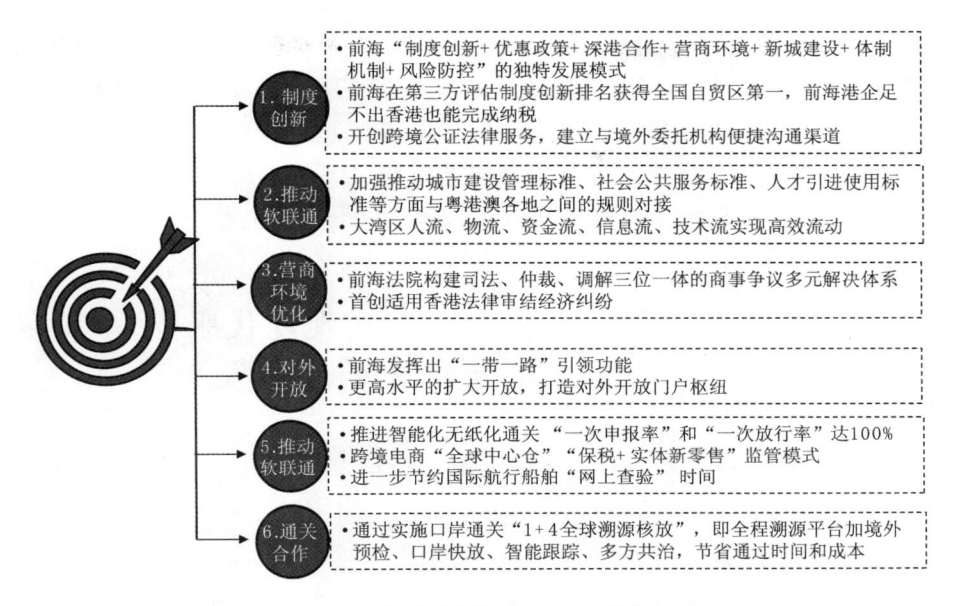

1. 制度创新
- 前海"制度创新+优惠政策+深港合作+营商环境+新城建设+体制机制+风险防控"的独特发展模式
- 前海在第三方评估制度创新排名获得全国自贸区第一，前海港企足不出香港也能完成纳税
- 开创跨境公证法律服务，建立与境外委托机构便捷沟通渠道

2. 推动软联通
- 加强推动城市建设管理标准、社会公共服务标准、人才引进使用标准等方面与粤港澳各地之间的规则对接
- 大湾区人流、物流、资金流、信息流、技术流实现高效流动

3. 营商环境优化
- 前海法院构建司法、仲裁、调解三位一体的商事争议多元解决体系
- 首创适用香港法律审结经济纠纷

4. 对外开放
- 前海发挥出"一带一路"引领功能
- 更高水平的扩大开放，打造对外开放门户枢纽

5. 推动软联通
- 推进智能化无纸化通关"一次申报率"和"一次放行率"达100%
- 跨境电商"全球中心仓""保税+实体新零售"监管模式
- 进一步节约国际航行船舶"网上查验"时间

6. 通关合作
- 通过实施口岸通关"1+4全球溯源核放"，即全程溯源平台加境外预检、口岸快放、智能跟踪、多方共治，节省通过时间和成本

图 14—1　未来深圳城市多层面创新方向

三　深化深港两地科创领域合作

深港共建科技创新中心，是指国际科技创新中心和综合性国家科技中心。前者注重应用研究，后者注重基础研究。这两个中心虽然仅是国家重大科技创新的战略布局，但也需要在粤港澳大湾区地区，香港和深圳与香港和澳门科技创新的走廊建设加快。

深圳和香港之间的科技创新可以从三方面进行。第一，在重大科技基础设施布局，联合建设国家实验室、国家重点实验室、国家工程研究中心和国家工程技术研究中心；深度参与国家重大科研项目，专注于人工智能领域、金融技术、生命科学和信息技术，对此深圳和香港有优势；赞助国际科学计划和项目。第二，探索深港在前海设立"双总部"，鼓励跨国公司、国内外企业和科研机构同时在深圳前海和香港设立总部。第三，在深港科技创新合作特区探索科研自由港，使人才、资金、设备、技术、信息和科研援助数据自由跨境流动，率先在深圳落实香港科技人才平等待遇，加强深港知识产权保护合作。

利用粤港澳大湾区建设国际创新之都的重大历史机遇，实施

"南合作、北智力"创新战略,进一步增强深圳在珠三角东岸创新网络中的枢纽地位,以"总部+创新科研+高端制造业"的健康模式为产业空间调整目标,规划深圳北部科技制造业产业带,全面梳理和协调"济深高速"北部空间产业资源,发展深港边境创新科技合作区,进一步加强深港科技创新合作。

第二节 加强深港合作,实现现代服务产业集群新布局

一 利用港澳优势开展多元化创新合作

(一)地方政府难以协调发展方向和战略

政府在产业规划、环境培育、科技项目引进与合作等方面发挥着重要作用。由于经济发展基础和历史因素不同,发展路径选择也不同,导致广东省县市经济产业关联度较低。县市主导的工业化、城镇化建设初步成功,增强了政府的竞争意识,带动全省机场、港口、科技园区、开发区等产业发展,以及基础设施的重复建设。此外,广州、深圳、珠海、佛山等经济快速发展的城市,开始争夺珠三角"龙头"和"中心"城市的地位,推动内部消费。

(二)充分发挥各行政区域的特殊优势

粤港澳大湾区由两个不同的行政区域组成,广东是省级行政区域,香港和澳门是特别行政区。它们是三个平行的地方行政区划。建设世界一流湾区,需要发挥湾区内部高效的资源配置和辐射带动作用,必须突破行政壁垒和体制束缚,以制度创新替代制度优惠,通过体制改革,简政放权,突破口岸、金融、贸易等的制度障碍,突破上市环境、要素流动、公共服务等的标准和规制壁垒,激发湾区内部充分的竞争与合作,推动粤港澳大湾区的一体化。广东、香港、澳门由于行政区划的不同,实行不同的政治制度。因此,有必要充分发挥这些政治制度的独特性和它们之间的差异性,从而提高以市场为导向的区域间关系的积极性,降低粤港澳大湾区产业协调发展的交易成本,建立组织结构多样和运行机制多元的粤港澳大湾

区，探索广东、香港和澳门运作模式和发展规律的长期共存、共同发展，加强三地产业创新、合作热情。

（三）消除制约市场经济多元化发展的因素

粤、港、澳三地市场经济体制的发展存在明显差异，这在一定程度上影响了大湾地区多种产业的发展。香港和澳门直接面向国际市场，市场经济相对成熟。由于广东省市场经济发展时间较短，政府的行政干预仍然发挥作用，甚至可能出现行业垄断、区域封锁、城乡分割、物流和信息网络平台不完善等问题。因此，粤港澳大湾区多种产业的发展需要打破企业在科技创新和跨行政区划合作中经常面临的商业模式和商业规则的联结壁垒，以促进海湾地区经济互补和资源优化配置的市场机制作用的正常发挥。深圳应努力促进运输、海关检查、人事和规划之间的联系，打破行政区划界限，消除生产要素自由流动的障碍，克服物质和体制限制。

（四）分阶段加快不同技术层次的产业转型升级

粤港澳大湾区有不同技术水平的产业，特别是广东省经济一体化还很不完善，地方产业技术水平比较低。珠三角地区以高科技产业为主，港澳低层次的装配产业占有一定份额，其特点是传统的"小"（产业层次低、技术含量低、生产附加值低、企业规模小）。因此，广东各行业需要逐步淘汰基于低流动产品成本和劳动力的模式、实现差异化的高层次行业替代，将产业分工和技术投资合作作为主要内容。随着港澳制造业大规模转移的完成，内地市场的全面开放，特别是广东北部湾地区发展规划的出台，在低水平劳动密集型出口加工制造业模式的基础上，港澳逐步适应大湾区与内地经济发展和产业转型升级的需要。

（五）有效优化生产要素和经济资源的空间配置

尽管粤、港、澳之间通过技术创新和合作实现地理上的接近和经济上的利益，还可以充分利用资源，发挥优势，给各方带来比合作所能获得的更大利益。但是基于资源前提条件的差异，形成的区域分工与合作是相对优势，各方所获得的利益大小是不一样的。因此，当地方经济利益与广东大湾区经济发展的整体和长远利益不一致时，应积极保障行政系统的顺畅横向沟通和信息对称，减少地方政府在制定和实施区域政策时的矛盾与冲突，使其适应市场经济发展需要。香港和澳门最需要土地与丰富的人力资源，而广东的土地和人力资源相对较大。港澳制造业可以在广东扩大规模，释放宝贵的人力资源，重点发展金融贸易、服务业等。

（六）深汕人才市场位于深汕经济特区

深圳要依靠自主创新能力促进产业多元化、动态平衡发展。粤港澳大湾区产业的多元化发展是市场交易过程：一方面，各行政区的资源比较优势导致的专业化分工可以节约创新成本；另一方面，随着市场交易的深入，市场交易成本由于诸多制约因素而不断上升。只有单位专业化水平提高带来的创新成本节约大于交易成本增加时，粤港澳大湾区产业多元化才能顺利发展。因此，为了充分发挥粤港澳创新资源配置的存量效应（现有资源的比较优势）和增量效应（跨行政区合作带来的技术进步、观念更新和生产效率提高），深圳既要充分发挥广深科技实力、香港金融实力、深广港澳高端服务能力等粤港两地资源和比较优势，又应最大限度地消除制度障碍，在粤港澳大湾区多元化产业发展的驱动因素和制约因素之间找到动态平衡，提高粤港澳大湾区的整体创新能力和国际竞争力。

二 高水平科技创新载体和平台

先进载体和科技创新平台是提升科技创新能力的重要支撑。加快重大科技基础设施、大湾区跨境研究平台和前沿学科建设，努力提升基础研究水平，建设具有全球影响力的国际科技创新中心。深圳作为国家自主创新示范区，有与香港和澳门的合作基础，要着力推进自主创新园区建设，加强基础研究和应用基础研究、重大科技基础设施和创新平台建设，牢牢把握科技创新制高点。

实施创新驱动发展战略是一项系统工程，当务之急是加快科技体制改革，优化区域创新环境，突破影响创新要素自由流动的瓶颈和制约，进一步激发各创新主体的活力；推进全面创新改革试点，深化区域创新体制机制改革，研究实施更加便利的政策措施，鼓励科技人才交流，推进重大科研项目合作；创新机制，改善环境，建设具有国际竞争力的科技成果转化基地，深入开展创业孵化、科技金融、成果转化、国际技术转移、科技服务合作等，为港澳高校和科研机构先进技术成果转移转化提供便利条件，合作构建多元化、国际化、跨区域的科技创新投融资体系；加强知识产权保护和应用以及合作，提升专业人才培训水平。

三 深港科技创新合作区项目（河套地区）

深港科技创新合作区的11个项目包括：成立广东南方量子科技合作创新研究院、香港科技大学创新项目、深圳清洁能源研究院；"集中签约班"，如福田区政府与中国科学院深圳先进技术研究所签署战略合作合同，签署南华村大棚改造合同；成立中国（南方）知识产权运营中心、深港科技创新合作区展示交流中心、深港科技创新合作区公司、鲲鹏福田深港科技创新合作区基金、广田深港国际科技园和福田国际生物医学基地。

中国（南方）知识产权运营中心承担全国知识产权运营公共服务平台金融创新试点平台建设任务，探索知识产权金融新产品、新服务、新模式，承担知识产权强企建设任务和高价值专利培育运营任务。

广田深港国际科技园位于福田保税区秉朗路3号，总建筑面积23万平方米，由7座13层甲级商务办公大楼和一座高约9米的多功能厅组成，将引进深港两地的重大科研项目和创新企业，共同建成全球深港国际科技创新中心。

深圳市清洁能源研究所是深圳市"十大行动计划"中的十大基础研究机构之一，将针对清洁能源核心技术缺乏、关键设备依赖进口、产学研结合不足等突出问题形成一系列解决方案。同时，汇集全球清洁能源领域的优质创新资源，搭建国际先进清洁能源产业链高端技术支撑平台，逐步发展成全球清洁能源技术产业创新中心。

四 夯实深港澳金融开放基础

深港澳三地政府金融部门、金融机构和政府智库等关注的热点议题，包括"深港澳金融科技师"专才计划、深港保险市场互联互通、引导保险资金参与粤港澳大湾区建设、设立港澳保险机构前海服务中心、加快深圳保险创新发展试验区建设、区块链贸易融资平台、优化深港通机制、支持澳门资本市场建设、建立跨区域天使投资者联盟等,并对其展开深入沟通与交流。

2019年,深圳市地方金融监督管理局与澳门金融管理局签署《深圳市地方金融监督管理局澳门金融管理局关于推动金融人才培养和交流的合作备忘录》,双方就建立人才信息交流机制、组织举办金融范畴培训活动、支持澳门金融人才培养的长远发展、建立两地人员交流机制、支持澳门建设"中葡金融人才培训基地"等事宜开展深入合作,充分发挥深圳与澳门的协同优势,促进深澳两地金融人才培养和交流,打造教育和人才高地。

在人才方面,依托"深港澳金融科技师"专才计划,构建前瞻性、系统化的金融科技人才培养机制和生态体系,顺应新一轮金融科技发展潮流,稳步推进专才计划的教材编写和一级考试安排工作,依托专才计划的高级考试分路径打造复合型人才队伍,提升和延展大湾区金融科技人才队伍的综合实力、整体宽度。

在基础设施方面,以金融科技推动高标准金融基础设施建设,支持金融机构运用区块链等科技手段优化业务流程,节约时间成本,提升用户体验,以金融科技突破制度藩篱,推进深港澳三地金融开放融合。

在资金方面,一是深港澳三地继续加强沟通协作,攻克三地保险业适用法律与监管规则存在较大差异的难题,促使深港澳保险市场互联互通向纵深发展。二是继续推进优化深港通机制,扩大基金互认范围,依托深交所资本市场平台,支持港澳私募、创投基金参与大湾区创新科技企业融资工作,构建多元化、国际化创新投融资体系。三是以拟建立粤港澳天使投资人联盟为契机,大力拓展直接融资渠道,建设科技创新与跨境技术转化融资服务平台,为大湾区内的科技创新企业"插上翅膀"。

第三节 提升前海深港现代服务业合作区的创新功能

未来,双方将共同构建香港最大的科技创新园即深创新科技园,指导和收集国内外高质量的高新技术企业、研发机构和大学进入公园，促进香港深创新科技园成为新的引擎和高端科技创新合作的战略支点，让深港携手发展具有国际竞争力的"深港创新圈"。

一　打造最浓缩、最精华的核心引擎

前海已成为深圳发展速度快、效益好、质量高的典型地区之一，发生了翻天覆地的变化，成为一个规划完善、高层化、功能齐全的商业开发区，崭新的布局迎来新一轮的对外开放。前海将牢牢把握"依托香港、服务内地、面向世界"的大方向，敢于冒险，集约培育，形成粤港澳深度合作的前海模式，实现产值100多亿元/平方千米，财务收入1000多亿元/平方千米，现代物流技术服务和专业服务收入超过1亿元。

在深化改革、全面扩大对外开放的新时代条件下，前海作为经济特区中的龙头企业，以制度创新为核心，实现高质量、高速度的发展，形成"前海"发展模式，区域经济在数十亿水平上持续提升，新区建设快速推进，合作成果丰硕，产业集聚实现跨越式发展。深港建立了内地与香港联系紧密的试验区、现代服务业体制机制创新区、现代服务业发展集聚区和重点产业转型升级的湾区试点。

未来，深圳在开展远洋港口合作前，将充分发挥平台、政策、营商环境、区位和制度多重优势，推动以广东为中心的大湾地区一体化发展，努力为港澳"扫湾"、"海能"需求"打造最集中的核心引擎精华"。前海是与香港和澳门联系最密切、最成功的区域之一，不仅创造了一个重要的战略平台，深港合作也转化为高水平的对外开放平台、门户枢纽和国家改革开放战略。

前海面临的是新一轮深度改革，应当完成"自由贸易港"的先行者使命，不管在经济体系改革还是机构模式改革上都有探索空间。之后，应出台比肩"离岸人民币"的货币政策，或者彻底深化前海廉政监督局，让前海的商事环境和法律环境更接近香港。其实，新规划的落马洲河套深港合作区，就是对深港合作模式的新探索。

对于深港两地的优势互补，香港有众多高校和研发机构，被视作"超级大脑"；深圳则有大量的科技企业，能够帮助项目研发和落地，被视作"躯干和手臂"。在粤港澳大湾区的背景下，两个城市的强强联合，能够辐射周边城市，将东莞、惠州等地视作"批量工厂"。

二 港澳台青年创客"圆梦"工场

广东、香港和澳门的制度、法律、货币和关税各不相同，因此，实现海湾地区专业人员高效便捷的流动势在必行。深港青年梦工场于2014年12月开业，是一个梦想工作室，吸引来自香港、澳门和台湾的年轻人进行创新和创业。经过4年多的升级和推广，它已经孵化出356个创业团队，专注于移动互联网、智能硬件和文化。对于创意产业，有176支来自中国香港、澳门地区和其他国家队伍，47名来自中国台湾的年轻人创业者，一半以上的项目获得成功资助，融资总额超过15亿元。

未来，前海将进一步降低香港专业人士来前海工作的门槛。通过资格认证、互免考试、合作、合资、港资项目试点等特殊机制，开放人才流动机制，营造更具吸引力的人才引进环境，促进大湾区人才融合发展。目前，该政策涵盖注册会计师、税务代理人等20多个类别，未来还需要扩展到金融、法律专业人士。前海深化人才引进模式，为港澳青年提供了良好的发展空间，使港澳融入国家发展大局。

前海还将聚焦六大重点领域：一是以深港产业合作为重点，拓展香港服务业发展空间；二是聚焦深港人才合作，打造内地港人发展平台；三是加强跨境金融合作，与香港共同推进人民币国际化；四是聚焦深港贸易合作，巩固香港国际贸易中心地位；五是深圳将推动制度创新和合作，以法治为基础，营造国际化的营商环境；六是着力发展重大项目和新型国际中心城市。

因此，前海管理局在香港设有联络处，让香港人不用离开当地就可以与前海联系。实施香港人在内地发展的国民待遇时，在出港前率先在其他自由贸易区落户的，先从港澳居民在内地的台湾人员就业证、港澳居民和在海上工作的外国人就业证入手，缴纳住房公积金优惠，享受当地公民待遇，依法享有住房公积金和贷款购房自贷的权利。未来，前海还将支持在前海工作的香港人及其配偶和子女在人才住房、医疗教育、社会保险、创新和创业方面享有公民身份。

梦工场青年深水港将打造孵化器、加速器、产业园区等创新平台，为香港青年提供人才资本、网站和项目支持，符合条件的企业还可享受15%的企业所得税优惠。梦工场计划在区域内建设人才工作站、创业学院、公共技术平台和商业展示设施，为每个团队提供创业导师和人才招聘渠道。梦工场还不定期举办各类科技主题活动，如创业论坛、创业大赛、深港制造商营、嘉年华等，并设立深港双向会场。

自运行以来，梦工场已接待超过20000人次的香港和澳门青年，前海成为香港和澳门青年了解大陆发展的重要窗口和桥梁。梦工场聚集世界级的企业家资源，包括了38个国内外一流的企业孵化器和投资机构、香港X科技创新平台和香港科技大学，并建立8个服务平台系统，包括集群孵化、推广、投融资服务、国际路演中心导师智库、创业专业服务、科技成果转化、园区综合服务等，形成深圳与香港制造商、风险资本和媒体的三大联盟，逐渐形成完整的创业生态系统。

前海进一步提升港澳青年创业平台的规模和水平。正在规划建设的粤港澳青年创业区是前海首个以产业加速发展为核心的深港科技创新合作载体，旨在打造立足大湾区、具有全球影响力的青年科技创新平台。试验区位于前海核心，交通区位优势明显。第一阶段的建设计划在2019年年底完成。园区为港澳青年、香港大学和重点实验室、中小企业等创业者提供研发、技术转移、技术咨询和金融服务。如果说前海深港青年梦工场被定位为专注于早期项目的孵化器，先锋区就是加速器。一旦创业团队成长起来，他们就可以扩大规模，进入商业世界。前海将在企业注册、总部支持、税收政策、人才引进、住房保障等方面加大支持力度。

鉴于创业过程中遇到的法律问题，深圳市发布了中国第一部针对制造商的法律指南——《深圳市制造商法律指南》，这是中国第一部专门为制造商量身定制的法律指南。《深圳市制造商法律指南》贯穿制造商创新、创业发展的全过程，通过免费为制造商提供专业的公共法律服务，促进制造商的持续健康发展。深圳创科法律中心还在前海深港青年梦工场开设了办事处，为创科企业提供法律服务，保护其创新成果，促进创新成果转化，使创业和创新的速度更快、效果更好。

通过深港合作，香港和深圳将继续深化在工业、金融、贸易、法治、人力资源等领域的务实合作，推动香港服务业在已有框架下全面开放。据统计，前海47.3%的土地已出售给香港企业，吸引了香港联交所、汇丰、恒生、东亚、嘉里地产、CTF等一批知名企业，拓展了香港企业的发展空间。

前海也将融入香港和澳门国际技术转移中心的建设，充分发挥香港、澳门的基础研究、技术转让的优势，创业青年、企业家和香港大学建立广泛联系，科研机构和科技企业形成了长期的沟通机制，为广东大湾区深化科技创新和合作共赢奠定了基础。深圳前海作为深港现代服务业合作区，为香港青年企业家提供了诸多便利。未来，基础设施的进一步连接将有助于前海创业团队的成长和发展。

三 建设国际一体化发展试验区

2019年，广东、香港和澳门首次联合发布《粤港澳仲裁调解联盟争议解决规则》，以解决商事争议，并在粤港澳大湾区建立了"调解+仲裁"对接制度，赋予调解协议以全球强制执行权。

粤港澳大湾区澳门仲裁调解联盟成立于5年前，在深圳国际仲裁院的领导下成立于前海。其成员包括15个主要的商业调解和仲裁机构。作为大湾区第一个仲裁和调解联盟，该联盟近年来解决了大量跨境商业纠纷，仲裁和调解方来自100多个国家和地区。大湾区新颁布的《粤港澳仲裁调解联盟争议解决规则》实现法律和争议解决专家资源的互联互通，能够整合三地法律资源，满足跨境争议解决的实际需要。

此外，前海积极探索律师、公证、仲裁、调解、知识产权、会计服务、企业法律事务等法律服务行业合作的新途径，启动跨境公证法律服务，建立与境外委托机构的便捷沟通渠道，启动法定机构区域治理模式，率先探索利用香港法律审理商业纠纷、在粤港试点律师事务所联合运作。在中国的11家合资企业中，7家已落户前海，而且，前海管理局和深圳仲裁院已按照香港法定机构的模式成立。

没有良好的法制环境，高水平的对外开放是不可能的。前海正日益成为粤港澳大湾区国际法治融合的试点，最高人民法院第一国际商事法院在前海举行听证会。在中国与世界银行的合作建立商业争端解决机构，并建立法律协调组织和服务机构如前海"一带一路"法律服务联合会和深圳蓝海现代法律服务发展中心，为企业在广东、香港、澳门、大湾地区和"一带一路"建设中解决纠纷提供便利。实施最国际化的商事仲裁，在港、澳、台和国外建立第一个法律鉴定基地、第一个法治仲裁法院机构模式、第一个向香港反腐监察局学习的模式。

前海将依托完整的法治生态链，加快法制建设，适应开放型经济发展趋势，深化合作创新方式，为落地企业提供高端法律服务，有效解决各类商事纠纷。

四 推进金融开放、合作、创新典范

前海作为人民币国际化和金融改革的示范区，除了加强法律事务合作、营造深港一体化的法律环境外，还负责促进金融开放和创新，在大湾区建立金融开放和合作模式。

充分发挥战略优势的试点示范窗口，开放前海国家金融行业和地区跨境人民币业务创新试点，关注跨境金融，与香港金融行业加强合作，实现五大跨国跨境人民币贷款等金融创新跨境双重债券发行，建立跨境双向基金池，加大跨境股权投资和跨境资产业务。大力支持香港巩固金融中心地位，加强深港绿色金融和金融科技合作，建设金融安全示范区。

前海金融业发展成效显著，目前拥有金融企业6万多家，特许

金融机构 229 家，基金企业 1 万多家，占全国融资租赁业务的 28%、商业保理业务的 3/4，是中国最大的新金融聚集地。创新金融风险防范，中国首个外债宏观审慎管理试点，建立中国首个民营网上银行和首个以前海再保险公司为主导的社会资本，建立首个中央金融合作监管平台；率先推进工商登记制度、跨境金融政策体系和事后监管机制改革；构建基于大数据的社会信用体系和协同监管平台，为 10 万多家企业实施企业信用肖像，获得国家信用申请十大实效。

前海还积极争取扩大金融业开放的重大举措，率先拓展前海离岸账户功能，借鉴上海自贸区自由贸易账户体系，积极探索资本账户可兑换的有效途径，建立本外币一体化账户体系，有序推进金融市场互联互通。

前海联合交易中心由香港联合交易所集团发起，是与前海金港共同投资的现货商品交易平台。它积极探索中国商品市场现货交易的发展路径，从现货而非期货入手，真正服务于实体产业，重构国内商品市场结构，形成可信的现货价格基准，建立规范的资产体系，解决实体企业融资问题，探索服务实体经济的新模式。

五　成立国家级知识产权保护中心

前海还设立了深圳第一个国家知识产权保护中心，服务于本地区多家高科技企业。深圳市知识产权法院和中国（深圳）知识产权保护中心开展出海前和出海后的知识产权申请与确认工作，培养和引进知识产权投融资机构，提升知识产权培训操作员的水平，促进深圳—香港知识产权运营中心建设，构建创新、保护、应用相结合的知识产权保护体系。

前海作为核心引擎，将充分发挥其独特的引领优势，全面提升深港合作水平，推进新城市中心建设，打造制度创新高地、高标准的自由贸易区，以及湾区一流、独具特色的国际新城市中心。

六　深港澳文化创意的全方位合作

对标全球，继续加快推动文体旅游工作创新发展。深圳要坚持以问题为导向，继续加快部署和推动文体旅游工作创新发展。一是深刻认识文体旅游工作面临的形势和任务，进一步增强做好文体旅游工作的思想自觉和行动自觉。二是抢抓"双区驱动"重大历史发展机遇，对标全球最高、最好、最优，科学谋划未来文体旅游工作。三是用好改革开放重大举措，加快文化、体育、旅游创新发展。四是追求高质量的发展，以更好地满足人们对美好生活的渴望。五是突出重点，加快完善文化体育设施网络，加快发展更具竞争力的体育和旅游业，实施一系列重大项目和试点项目，加强监管，确保文化、体育、旅游市场安全有序。

建设文化湾区是2020年"创意十二月"的关键词之一。深港合作是香港发展的内在动力，也是深圳实现优质发展的重要途径。首届深港文化创意产业合作论坛济南文化交流活动将紧紧围绕"深港文化交流之湾"这一核心主题，包括专业论坛、合作合同、制作展示等一系列文化交流活动和成果，邀请知名企业家和大湾区行业领军人物、青年企业家参与，打造深港合作架构、深港产业融合平台和深港青年交流平台，以及人文湾区。

七　深港澳会展业合作的全方位、多元化

产业转型不仅是多种产业经营的问题，而且要找到适合地区经济发力的核心主力产业。会展业将逐渐成为港澳经济成功转型的关键，适度多元化发展趋势，围绕精准化的产业设定来整体推进。

繁荣投资生产，吸引内外消费，促进本地就业，这是产业转型的三大任务。其中，核心任务是对就业的拉动，产业聚集效应带来的就业规模是任何单一产业所不能比拟的。单一博彩业可以让澳门经济一飞冲天，也可以让其经济增长跳崖。多年来，制造业在香港几乎消失殆尽，取而代之的是贸易出口与旅游。尽管它最发达的是金融业，但是不能解决就业规模问题。难道要依靠重振制造业才能实现产业转型吗？这的确超出港澳地区土地面积与人口结构所能承受的。

兼顾产业多元化与精准化，会展经济将成为港澳经济的主力。地区经济的持续繁荣取决于对投资的固化与对就业人口的导入，香

港的"反水客"运动最后发现水客很多是香港本地人，反而弱化了大陆赴香港旅游消费的动力。自毁形象的背后归根结底还是本地产业结构对经济增长和就业的拉动力不足。相比香港固守高端金融业的传统阵地，澳门的产业转型速度更快一些，博彩业短期内的迅速遇冷反而给澳门经济调整留有空间。目前，澳门传统产业、弱势产业、高新产业分别占 27.5%、16.1% 和 51.6%，产业结构得到初步优化和多元化发展。但是受限于澳门的基础条件，过度多元化发展最终会导致投资力度的分散与聚集效应的减弱。综合港澳经济发展现状，会展经济为主导的产业链能同时满足旅游过境消费与人口导入的就业消费这两种拉动经济增长的消费需求。它一方面能联动刺激当地旅游，吸收大规模本土就业和城市品牌宣传；另一方面，更能直接带来丰厚的展会经济招商效益。近十年来，澳门展会行业发展迅猛，保持在 10% 以上的增速。这种成长优势如果能够强化而非忽略，澳门经济的产业结构转型就能够避免对环境和人口承载力的破坏，并利用国际化都市的先天优势，成为多个国际性会议的永久会址。这不是一件难事，关键是要有战略性的会展经济规划。与此同时，香港与内地城市携手同行，积极融入粤港澳大湾区建设，在区域协同、机制体制创新以及产学研成果转化等方面不断取得新突破。借助自身金融流通优势，不仅在贸易零售上与澳门接轨，更要在金融领域互融互通，共同发展会展经济，形成产业规模效应。这才是港澳经济转型后的持续发展路径。

第四节 建设粤港澳大湾区的大数据平台与共享中心

2019 年 8 月，中共中央和国务院提出，支持深圳建设中国特色社会主义先行示范区：综合应用技术，如大数据、云计算、人工智能等，提高智能和专业水平的社会治理；加强社会信用体系建设，率先建立统一的社会信用平台；加快智慧城市建设，支持深圳建设粤港澳大数据中心；探索完善数据产权和隐私保护机制，加强网络信息安全；加强社区治理和改革，创造群众组织和社会力量参与社会治理的新模式。

一 发挥既有优势夯实基础

2019 年 2 月，《粤港澳大湾区发展规划纲要》明确提出要推进"粤深港澳大湾区"科技创新走廊建设，探索有利于人才、资本、信息、技术等创新要素跨境流动和区域融合的政策措施，共同打造粤深港澳大湾区大数据中心和国际创新平台。2019 年 7 月，广东省发布粤港澳大湾区建设"施工图"，再次将"建设粤港澳大湾区大数据中心"升级为"建设粤港澳大湾区全球大数据硅谷"。

粤港澳大湾区人力资源丰富，行业齐全，数据流量大，密度高，具备发展大数据的独特条件和基础，其 9 个城市是广东软件和信息服务业的核心区域。2016 年，广东软件信息服务业的收入位居全国第一，达到 8147.7 亿元，占全国的 16.63%。

在粤港澳大湾区的 9 个城市中，有 13 个大数据工业园区（大数据创新孵化器），重点是发展下一代 IT 产业，如云计算、物联网和大数据。根据大数据产业园（孵化器）的数量，广州有 5 个大数据产业园，即广州开发区、大数据产业园、独角兽牧场和天河大数据产业园等广东移动大数据创业创新孵化园、广州增成大数据产业园。东莞有大数据创新孵化器，包括中科云园和东莞松山湖谷工业园。佛山有广东医疗大数据产业园和佛山南海大数据产业园。中山有深圳、珠海火炬大数据工业园和信使智能制造大数据工业园。

二 促进应用环节齐头并进

大数据产业园的建设更侧重通过物联网和工业互联网推动大数据赋予传统产业的转型升级。深圳率先提出大数据产业发展规划，实际上是看到了大数据的巨大潜力，希望通过引导和政策支持，推动大数据产业发展和传统产业转型升级。无论是零售、金融、制造还是工业互联网，数据都会推动工业迭代和升级，支持制造业业务转型的大数据最根本的目标是提高质量和效率，实现基于自动化和信息化的智能制造系统。

大数据使在线产能共享和交易、生产过程完全透明管理、个性化、供应链协同制造、工业4.0生产线成为可能，不仅在传统产业中起到降低成本和提高效率的作用，其更大的价值在于产业的跨界，即跨越工厂边界，实现产业互联。

在信息技术时代，数据是不可积累的，纯工具软件只能解决传统行业的便利性问题。在大数据时代，可以通过大规模数据收集实现上下游产业链、供应和消费之间更有效的合作。单一数据可以发挥有限的作用，数据模型越丰富、越完善，可以挖掘的新业务价值就越多。

三 打通各地多部门的数据通路

打造粤港澳大湾区全球"大数据硅谷"，首先要"打通"粤港澳数据通道。只有开放数据通道，粤港澳大湾区才能实现人才居住、就业、保健和交通等方面的良性交流。

香港在金融和保险方面是世界领先的，澳门在旅游和展览方面具有优势。只有结合广东和港澳的优势，才能形成具有全球竞争力的经济。

目前，在粤港澳大湾区发展大数据产业的一个明显缺点，是没有足够的人才支持大数据挖掘。许多人了解大数据技术和行业，但真正跨学科的人很少。推进新型智能试点示范和珠江三角洲城市国家大数据综合实验区建设，加强智能城市、港澳合作，建立统一标准、开放数据端口，搭建互操作公共应用平台，建设全面而广泛的智能传感器网络，建设智能城市时空信息云平台、空间信息服务平台等信息基础设施，发展智能交通、智能能源、智能城市和无线城市，促进电子签名证书的相互承认及在公共服务、金融、商业和其他领域的应用。

2020年，广东省人民政府办公厅数字政府改革的重点要求各级人民政府、省政府机关和直属单位认真落实，并提出支持广东、深圳建设大型数据中心，促进香港及澳门在大湾区有效率及方便的资讯流通。同时，"一盘棋"是由城市模式推动建立的全省数字政府。为做好2020年数字政府改革工作，以广东大湾地区建设为关键环节，以支持深圳建设中国特色社会主义第一示范区为导向，进一步落实"1+1+9"工作计划,按照"全省下象棋"的工作思路,进一步提升数字政府的基础能力,打造"广东系列移动应用"品牌,共同加强省市改革,加大对防治 COVID-19 疫情的重点支持,加快政府职能转变。

继续推进政府云、网络、数据中心建设,构建共建、共治、共享的数据治理结构,加强政府服务新技术应用,提升自主创新核心能力,维护安全底线,进一步巩固数字政府基础能力。根据"全省一云"规划,14 个城市协调节点平台部署完成,珠三角地级政府云平台对接完成,也完成了参与改革的省级部门业务系统向云的接管和迁移,积极推进 500 个城市业务系统向云的迁移。同时,完成 21 个地级以上和 60 个省级部门的城市升级改造。省市政府大数据中心将整合 10 个试点城市的节点建设,推进省级政府数据资源的垂直渗透和共享。

在全面深化数据治理中,深圳需要积极对接 50 种常见认证服务和 200 种高频发行认证服务的优先开放,实现群众"无证办理",推动省级部门数据共享率和数据新鲜率达到 80% 以上。结合省政府大数据中心门户网站、12345 热线和"粤省事务"应用,建立共享数据质量问题处理机制。

第十五章

通过引擎辐射带动建成全球创新型中心城市

第一节 发挥核心引擎功能,提升企业主体创新能级

近年来,深圳科技事业发展取得巨大成就,科技创新能力明显提高。然而,深圳的科技发展水平,特别是关键和核心技术创新能力,仍远远落后于国际先进水平,不符合实现试点示范区目标的要求。深圳需要增强紧迫感和危机感以及信心,努力跟上他们,以需求为中心,以问题为导向,以目标为遵循,从国家发展需要出发,提高技术创新能力,加强基础研究,努力实现重大突破。本部分从人才、资本和机制三个方面阐述如何促进核心技术创新。

一 以人才为"根",以技术创新为核心,"强基育元"

发展是第一要务,人才是第一资源,创新是第一动力。要提高核心技术的创新能力,最重要的是充分发挥人才的积极性和创造性。人才是创新的第一资源,核心技术是自身可控的,人才培养非常重要。用好人才,可以带动周围人的创新和创业热情,也可以带动经济发展。深圳应该充分利用人才"根"的优势。

一方面,尊重人才的个性。人才来自全国各地和各行各业,有"学术"大师和医生、"海龟"专家和"土壤专家",深圳应该尊重人才的个性和发展。事实上,只有少数人能够"使用"。这些人才大多通过长期实践成长为"专家"。因此,选拔人才应该有耐心,

给时间，充分尊重人才成长规律。同时，要给他们更多的自主权，充分发挥他们的创造力，教育和引导他们增强责任感，弘扬科学精神，坚定不移地学习，努力取得更多有价值的原创性成果，为党和国家科技政策的实施培养大批建言献策的人才。

另一方面，做好人才服务。核心技术创新没有强制，核心技术创新人才也没有管理。如果深圳真的热爱和珍惜人才，就必须走近人才，换位思考，找到"脉门"，解决人才问题，放弃高级管理人员的心态，瘦身，主动做"亲近的人""有秩序的人"和"员工"，想办法解决工作和生活中遇到的问题，真正用强度、心灵和情感感染人才，用优秀人才的"强磁铁"带动行业、地区的发展，让人才有理想的希望、梦想的舞台、创业的成功。重视人才的对策可以概括为：尊重人才的个性，耐心等待；尊重人才成长规律；给人才更多的自主权。同时，注重教育和指导，增强人才对深圳的责任感。

二 以资金支持为"干"，为核心技术的创新"施肥"

首先，资本投资应该多样化。核心科技创新、人才引进、人才培养和使用，很难用政府的单边投资来满足企业需求，它是一项"针线活"、精细工作。要充分发挥政府资金在"四补一贷"中的导向作用，建立健全以政府投资为导向、雇主投资为主体、社会救助为补充的多元化投资模式，充分发挥示范作用，鼓励和吸引社会各界、企业和个人参与人才投资，促进用人单位成为人才建设的"主力军"。

其次，加大培训资金投入。深圳要坚持和发扬"专注做大事"的优良传统，在关注关键问题方面做好，集中资金政策，加大对后续人才培养的投入，组织优秀人才向相关科研院所和技术先进领域回流，进一步提高人力资源的再生能力。建立政府、机构和个人合理分享继续教育投资机制，鼓励创新型人才再教育、再学习。

最后，设立专项人才基金。一方面，对现有人才专项资金进行整合，部分资金由各部门专项资金集中使用；另一方面，从增量预算中配置资金，充分发挥专款对部门和地方的引导作用，确保人才专款的集中使用，形成合力，避免重复投资，最大限度地提高投资人才的福利，确保"好钢用好"。

三 以激励机制为"叶"，以技术创新为核心"避风防雨"

人才最怕"被冤枉"，因为他们总是想给自己找个地方。因此，有必要利用好激励机制的"叶子"，驱动核心技术的创新人才。

第一，人才应该有精神归属感。通过表彰、奖励、宣传等方式对创新人才群体优秀代表进行表彰和宣传，营造尊重人才的社会氛围，激发人才创新精神；为人才的发展铺路，充分调动他们的积极性和创造性，努力满足人才成长和创新工作的需要，使他们获得精神归属感。

第二，人才有物质利益感。物质利益是人类存在的基础，是人们进行社会活动的最基本条件。因此，有必要对核心的科技创新人才加强物质激励，根据他们的贡献，支付他们高工资、奖金和其他津贴。这样他们可以得到合理的回报，并让他们在以各种方式增加合法收入的过程中进行技术创新，以最大限度地发挥创造力。

第三，让人才在职业生涯中有成就感。在新时代的发展背景下，传统产业逐渐被新兴产业取代，落后的人才观念和违背人才成长规律的不良现象在一定程度上依然存在。深圳必须勇于打破体制和制度障碍，不断改善人才发展环境，大力构建"上上下下"的人才选拔机制，让那些没有动力、无所事事的庸人、懒人变得积极进取、自我激励。深圳应该分散用人单位，放开人才，为人才创新创造足够的活力和动力，让各领域的人才扎根、发挥优势、走向成功。

第二节 共建广深科创走廊，崛起湾区创新的脊梁

一 培育影响世界的创新型企业集群，点缀创新经济

中国共产党第十九次全国代表大会报告指出，创新是发展的第一推动力，是建设现代经济体系的战略支撑。深圳是全球最具竞争力的区域之一，以中兴通讯、腾讯公司、创维集团、大疆创新、海

王集团、迈瑞医疗、海能达为代表的一批具有国际竞争力的自主创新企业正在这里迅速崛起,成为中国企业参与国际竞争的先锋。南山高新科技园、大沙河创新走廊、光明新区高新科技园区、西丽大学城等汇聚在此,犹如广深创新走廊上一颗颗闪亮的珍珠,光芒璀璨。

2020年5月,广东省第十二次党代会提出:"完善区域协同创新体制机制,打造广深科技创新走廊。"省委常委、深圳市委书记王伟中在深圳市委常委会议上提出深圳下一阶段的目标:建设"广深科技创新走廊",加快打造更具全球竞争力、影响力的"创新之都"。深圳是"敢为天下先"的创新之城,将在下一轮的科技创新之路上继续领跑。

二 重点设想107国道,争创广深科创走廊核心带

广深科技创新走廊从空间上看,大体包括西部和中部地区两条线:一条是西部宝安地区沿着107国道和广深高速沿线的科创走廊;另一条从南山大沙河到光明新区,延伸到东莞的松山湖和生态园的中部创新走廊。从总体上看,就是两条沿珠江东岸连接和延伸到广州的创新产业带,高新科技园区在发展过程中逐步形成带状。

打造广深科技创新走廊这一设想提出后,一种新的声音正在宝安渐渐集聚:依托连接南山、前海、宝安等深圳的高新技术产业核心区,沿线布局大批国家高新企业,利用连通东莞的优势,107国道能否借鉴美国波士顿128公路、上海松江G60科创走廊的建设经验,打造成为广深科技创新走廊的核心地带。

(一)从地理位置上看

107国道横穿深圳西部中心,连接深圳湾超级总部基地、南山高新区、留仙洞总部基地、宝安中心、大空港5个市重点区域,贯穿穗莞深的主脊梁。未来,随着深中通道的建设推进,该片区将辐射湾区西岸中山、江门等地,有力地对接广佛肇、珠中江等粤港澳城市群主线的产业和资源协同。

(二)从产业布局看

107国道沿线产业创新要素集聚,拥有超过2500家国家高新技

术企业，占深圳市近半；市级及以上重点实验室或工程实验室 77个，国家级 3 个，省部级 4 个；已建成市级技术服务平台 16 个，另有在建国家级重点实验室 9 个。前海现代服务业、南山创新创业和总部经济、宝安完整工业链和临空经济相互依存，相互匹配，并且直接与东莞临港物流产业、松山湖高新技术产业、广州高新技术开发区产业无缝对接。

（三）从政策上看

107 国道沿线超过一半区域纳入国家自主创新示范区，前海兼具自贸区和深港合作双重先行先试政策，空港新城正在申报国家级临空经济示范区，南山高新区为国家级高新区、立新湖基地等沿线园区为省级智能制造示范区和市十大未来科技产业集聚区。

随着土地资源的日益紧张和 107 国道战略地位的凸显，宝安早已着手规划 107 国道沿线产业的重新布局与转型升级。107 国道的改造可延伸至深南大道南山科技园段的业态，使之成为深圳乃至整个珠三角的创新驱动发展轴。

三 创新在延伸的 17 个重点创新区域成为新增长极

2019 年下半年以来，一批优质项目正式签约落户深圳宝安。该批 42 宗项目总投资额约 555 亿元，包括两院院士入驻合作、商务部投资促进局合作、招商港口、特发集团、TCL、vivo 深圳总部、哈佛康道营养干预、思贝克集团总部基地、浪潮集团、中海智能装备科技产业园等，涵盖智能制造、生命健康、现代服务业、互联网、物联网应用、新一代信息技术、新能源汽车、文化创意、城际产学研合作等多个领域。这些项目将分布于宝安重点规划的几大区域中，成为支撑宝安未来的发展增长极。

深圳的科技创新发展已不仅仅局限于深圳高新区、南山科技园等老牌科技创新区域的发展，它们正在向深圳十区覆盖延伸。2017年，在深圳市重点区域开发建设指挥部第 11 次会议上，盐田区及毗邻盐田港的相关产业带被纳入深圳市重点区域开发建设，深圳市重点区域总数达到 17 个。目前，深圳 10 个区（新区）都有重点区域，新的区域经济增长极遍地开花。

四 深圳市部分重点开发建设区域片区的定位与目标

盐田河临港产业带总面积约8平方千米,将着力构建港口复合高效、产业集聚领先、绿色低碳、开放创新、产城融合的国际一流临港创新生态城。

深圳湾超级总部基地:未来,这将成为世界高端产业典型的世界级的城市功能中心。

留仙洞战略性新兴产业总部基地:定位为国际新一代信息技术研发、转化和应用示范基地,集战略性新兴产业和企业总部特色于一体的新一代工业园区。

高新区北区:致力打造世界一流高科技园区。到2020年,该园区每平方千米产业用地创造工业总产值力争超过2000亿元。

坂口雪岗城科技:未来5年,总投资预计将超过1000亿元,成为中央综合建设集团的重要组成部分和城市功能开发区,形成以国际著名的通信技术和计算机技术研发中心与总部为主的综合新城,重点发展以云计算、高端软件、智能终端为主的新一代信息产业。

第三节 根据战略目标实现科技创新的跨越式突破

一 科技创新管理体系模型

科技创新是个持之以恒的系统工程,根据战略目标实现科技创新的点、轴、面的跨越式突破,这需要系统的方法论提高创新效率和保障持续创新,需要企业从顶层设计到战略执行的系统规划和有力执行。科技创新管理体系模型如图15—1所示。

科技创新管理体系模型包括10个部分:①开展顶层设计,包括公司治理、董事会和党建工作;②制定公司科技创新管理的战略与目标;③在宏观方面,研究产业和技术趋势等外部环境;④在公司内部,分析公司资源能力的优势;⑤形成公司个性化的创新管理体

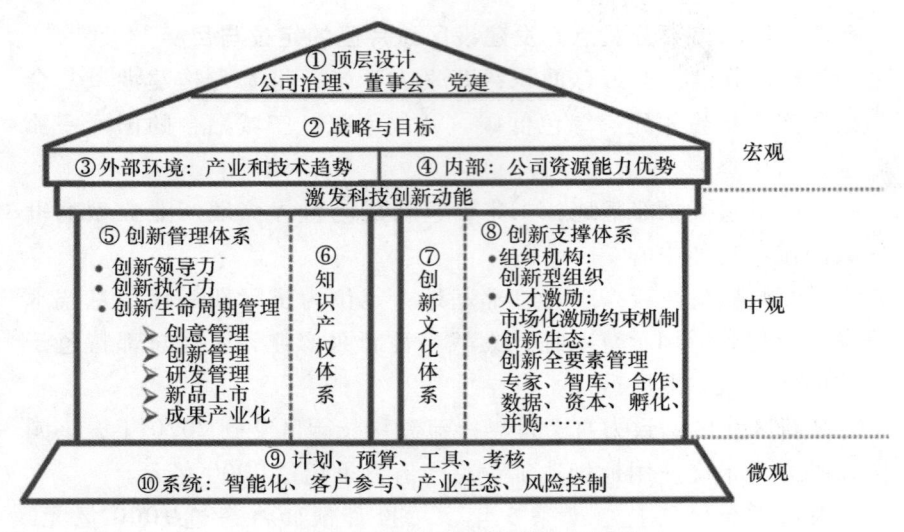

```
         ┌─────────────────────────┐
         │   ① 顶层设计             │
         │  公司治理、董事会、党建    │
         ├─────────────────────────┤
         │   ② 战略与目标            │
     ┌───┴─────────────────────────┴───┐
     │③ 外部环境：产业和技术趋势 │ ④ 内部：公司资源能力优势│   宏观
     ├─────────────────────────────────┤
     │        激发科技创新动能           │
     ├──────────┬───┬────┬─────────────┤
     │⑤ 创新管理体系│   │    │⑧ 创新支撑体系│
     │ • 创新领导力 │ ⑥ │ ⑦ │ • 组织机构： │
     │ • 创新执行力 │知 │创  │  创新型组织 │
     │ • 创新生命周期│识 │新  │ • 人才激励： │  中观
     │   管理      │产 │文  │  市场化激励约束机制│
     │  ▶ 创意管理 │权 │化  │ • 创新生态： │
     │  ▶ 创新管理 │体 │体  │  创新全要素管理│
     │  ▶ 研发管理 │系 │系  │  专家、智库、合作、│
     │  ▶ 新品上市 │   │    │  数据、资本、孵化、│
     │  ▶ 成果产业化│   │    │  并购……      │
     └──────────┴───┴────┴─────────────┘
      │    ⑨ 计划、预算、工具、考核         │
      │ ⑩ 系统：智能化、客户参与、产业生态、风险控制│  微观
      └───────────────────────────────────┘
```

图 15—1　科技创新管理体系模型

系，包括创新领导力、创新执行力、创新生命周期管理（包括创意管理、创新管理、研发管理、新品上市、成果产业化）；⑥形成公司知识产权体系管理；⑦形成公司创新文化体系；⑧建立创新支撑体系，包括组织机构和创新型组织、市场化激励约束机制的人才激励、创新全要素（专家、智库、合作、数据、资本、孵化、并购等）管理的创新生态；⑨在此基础上，进行科技创新体系的计划、预算、工具、考核；⑩形成智能化、客户参与、产业生态、风险控制为一体的科技创新管理体系。

二　科技创新管理体系模型

科技创新管理体系是由创新领导力、创新执行力、科技创新生命周期管理组成，缺一不可（见图 15—2）。这三部分共同作用，把握关键环节，形成科技创新管理体系模型，以此推动科技创新在正确的轨道上高效率、高质量地进行，确保每个关键环节都有经过检验的工具方法助力而事半功倍。

图 15—2　科技创新管理体系三部分

三　科技创新的全面支撑

把握创新管理关键环节的同时，还需要知识产权管理和创新文化体系以及组织和人才、创新生态的全面支撑。企业需要增强组织的创新意识、创新能力，继续开展技术创新、组织创新和管理创新等一系列创新活动，打造创新型组织，把创新精神制度化，创造出一种创新习惯和氛围，不断提升人才和组织的持续能力，特别是针对性地解决创新型人才的后顾之忧，给予合理到位的长期激励和短期激励。企业创新成功，还需要产业链、客户、资金、IT体系、合作伙伴等产业价值生态的支持和协同，在创新的同时创造良好的产业生态，促进创新成果的产品化、市场化、产业化。

科技是第一生产力，创新是企业发展的不竭动力。要努力夯实科技基础，不断释放科技创新活力，充分发挥企业在科技创新中的导向作用，推进产业转型升级。着力补齐技术短板，以及产业链、技术链、创新链等薄弱环节，做好延链、补链、强链工作，不断提升企业核心竞争力。着力集聚人才资源，依托重点项目、优质项目招才引智，打造助推企业发展的生力军。各地各部门要当好服务企业发展的"店小二"，主动热情帮助企业协调解决发展中遇到的实际困难和问题，做到在政策上激励、服务上优质，营造有利于企业创新发展的良好环境。

第四节　按先行示范阶段部署建设全球性创新中心

一　深圳部署全球性创新中心

2019年8月，中共中央、国务院发布《关于支持深圳建设中国特色社会主义先行示范区的意见》，要求深圳朝着建设中国特色社会主义先行示范区的方向前行，努力成为创建社会主义现代化强国的城市范例。《关于支持深圳建设中国特色社会主义先行示范区的意见》为深圳规划了清晰的三大阶段性战略目标（见图15—3）：到2025年，深圳经济实力、发展质量跻身全球城市前列，建成现代化、国际化、创新型城市；到2035年，建成具有世界影响力的创新创业创意之都，成为我国建设社会主义现代化强国的城市范例；到2050年，成为竞争力、创新力、影响力卓著的全球标杆城市。

图15—3　深圳建设中国特色社会主义先行示范区三大阶段性目标

知识化与全球化正在重塑世界城市功能，重构全球科技和经济版图，加速形成全球创新网络。全球科技创新中心是全球创新网络的枢纽性节点城市，是世界创新资源的集聚中心和创新活动的控制中心，也是国家科技综合实力的代表。它预示着这个国家在世界分工体系中所能达到的最大高度，成为知识经济时代大国转变增长模式、提升综合国力的战略支点。积极谋划建设全球科技创新中心成为许多国家与地区应对新一轮科技革命挑战和增强国家竞争力的重要举措。

2020年10月11日，中共中央、国务院办公厅印发《深圳建设中国特色社会主义先行示范区综合改革试点实施方案（2020—2025年）》，从顶层设计与国家战略层面再次推动深圳先试先行，走向更高层次、更高起点、更加深入的改革再开放，进一步清晰了第一阶段即2020—2025年深圳的发展目标，建成现代化、国际化、创新型城市。

二 全球性创新中心建设要求

全球科技创新中心是指全球科技创新资源密集、科技创新活动集中、科技创新实力雄厚、科技成果辐射范围广阔，从而在全球价值网格中发挥显著增值作用并占据领导和支配地位的城市或地区。

进入21世纪，随着经济全球化深入发展和产业价值链的细化分解，创新资源越来越明显地突破组织、地域和国家的界限，在全球范围内自由流动，加速形成全球创新网络。在全球创新网络中，一些地理区位优越、产业基础较好、创新环境优良的城市能够更多更广地集聚全球创新要素，成为网络中的节点城市。节点城市利用网络通道不断吸纳外部资源，对外输出其影响。当其集聚和辐射力超越国界并影响全球时，便成为全球科技创新中心。

全球科技创新中心不仅是世界新知识、新技术、新产品、新产业的策源地，而且是全球先进文化和先进制度的先行者，具有科学研究、技术创新、产业驱动和文化引领四大功能。一是科学研究功能，集聚众多世界一流大学和科研机构，集人才培养与知识创新为一体，是世界新知识产生的重要发源地。二是技术创新功能，集聚大量世界级的科技型企业和跨国公司以及风险投资公司，在知识创新的基础上产生大量新技术，通过产品创新、市场创新和管理创新带动世界产业变革。三是产业驱动功能,新技术的发明和市场化不仅会催生新的产业,同时能推动传统产业特别是制造业的转型升级,提高城市和国家实体经济竞争力。四是文化引领功能,科技进步和产业创新会催生新的生产生活方式,塑造新的商业文化,从而引领全人类的文化发展。

三 建设全球性创新中心的经验

全球科技创新中心成为知识经济时代大国转变增长模式、提升综合国力的战略支点。积极谋划建设全球科技创新中心成为许多国家和地区应对新一轮科技革命挑战与增强国家竞争力的重要举措。纽约、伦敦、东京、新加坡、首尔等国际经济中心城市先后提出建设全球科技创新中心的目标,并出台了相应的战略规划,这为深圳开展全球性创新中心建设提供了有益经验。

(一)纽约全球性创新中心建设

在2002年布隆伯格(M. Bloomberg)就任市长后,就宣布要将纽约这座金融城市打造成世界"创新之都"和美国"东部硅谷"。2009年,纽约市政府发布《多元化城市:纽约经济多样化项目》,其核心是扶持对城市未来经济增长至关重要的企业创新活动,制定吸引及留住顶级人才的各类政策。政府重点发展生物技术、信息通信技术等具有明显增长潜力的高科技产业,并提出许多切实可行的扶持措施。

2010年,纽约市政府进一步提出,要把纽约打造成新一代的科技创新中心。为此,政府利用土地与资金吸引高新技术和应用科技水平一流的院校与研究所进驻,推出一系列减税政策刺激中小企业的产生和成长。政府一系列政策的出台,很快就取得明显的效果。

据纽约城市未来中心统计,2005—2010年,纽约高新技术从业人员数量年均增长接近30%,科技劳动力的增幅比同期全市劳动力增幅快10倍多;2007—2011年,纽约签署的风险投资协议数量增长近1/3;目前已有超过1000家科技初创企业,"科技企业加速器"的数量超过12家,以色列理工学院更计划把100多家著名"科技企业加速器"搬迁到罗斯福岛。纽约成功吸引了微软、谷歌、雅虎、3COM 等世界知名公司，辉瑞、百时美施贵宝、Barr、博士伦、强生、惠氏等全球著名的生物医药企业已将总部或研发机构设在纽约和临近的新泽西州，苹果、台积电等世界芯片巨头纷纷在纽约建厂，全球最大的移动互联网芯片基地已经落户纽约。

在 Startup Genome 发布的《2018 创业生态系统报告》中，纽约的综合排名居世界第二位，仅次于硅谷。在应用技术企业工作岗位方面，纽约市 2017 年的技术岗位达到 32.6 万个，拥有全球最大的 3D 打印产业集群，在全球市场的份额达到 2.7%。风险投资方面，2012—2017 年，纽约初创企业获得的风险投资从 23 亿美元增长至 130 亿美元，其中 9.2% 投向医药健康初创企业。独角兽企业方面，纽约拥有的企业数量和规模仅次于硅谷，知名独角兽企业包括 WeWork、Infor、App Nexus、Sprinklr、Warby Parker、Peloton 等。据澳大利亚智库 2thinknow 发布的"2016—2017 年全球创新城市排行榜"，纽约仅在伦敦之后，排名位居全球第二。这表明纽约已经崛起成为新的"世界科技创新之都"。

（二）伦敦全球性创新中心建设

英国于 2010 年启动实施"英国科技城"的国家战略，试图将东伦敦地区打造为世界一流的国际技术中心。为此，政府已投入 4 亿英镑以支持科技城的发展。2013 年，政府启动"天狼星计划"，旨在为创业者提供创业资金与优秀培训资源。该计划要求创业团队必须有两人以上，且一半成员必须是非英国居民，借此吸引更多优秀的国际人才。此外，伦敦政府为优秀的科技创业人才提供免雇主担保签证。强有力的政策和资金支持，使伦敦科技城得以迅速成长，如今已成为小型快速成长数字技术公司在欧洲最大的聚集地之一。

据《2012 年伦敦科技城 3 年成果报告》，伦敦的科技公司从 2009 年的 49969 家暴增至 2012 年的 88215 家。大量企业的入驻为伦敦科技城提供了 58 万个就业机会，其中包含 43 万个科技相关职位，科技产业产值每年以超过 10% 的速度增长，占 GDP 的比重已超过 8%。

近年来，伦敦吸引了大批全球优秀科技企业入驻，如思科、英特尔、亚马逊、推特、高通、脸书、谷歌等。大多数欧洲领先的风险投资公司将总部设在伦敦，为科技城提供了完备的融资服务。如英国和欧洲创业公司主要投资者 Index Ventures、Accel Partners、DFJ Esprit 以及 Balderton Capital 均聚集在伦敦科技城周边。不仅如此，硅谷银行也在东伦敦开设分行。谷歌新成立的谷歌欧洲风险投资公司也入驻科技城，宣布为伦敦投入 1 亿美元的创投基金。

除此之外，成立于 2007 年、被称为欧洲最老的"新型"孵化器 Seedcamp 也入驻这里，并设立孵化中心，为伦敦科技城的发展提供服务。在 Startup Genome 发布的《2017 创业生态系统报告》中，伦敦是欧洲创业生态系统绩效最高的城市，且在全球创业生态系统中位居第三，仅次于硅谷和纽约。在 Technation 发布的 2018 年报告《联系与合作：为英国科技提供动力并推动经济发展》中，伦敦的国际科技创业公司数量位居全球第四，仅次于新加坡、柏林和芝加哥，54% 的创业者在英国以外出生。在 2thinknow 的 "2016—2017 年全球创新城市排行榜"中，伦敦全球排名已上升至第一位。

（三）东京全球性创新中心建设

日本政府于 2013 年 6 月发布以创新驱动经济复兴和社会发展为宗旨的国家发展战略——《日本复兴战略》。2014 年 6 月，日本内阁通过新版科技创新综合战略《科学技术创新综合战略 2014——为了创造未来的创新之桥》，提出将日本打造成为"全球领先的创新中心"的宏伟战略。东京是日本首都，也是世界重要的科技中心，其创新综合实力全球领先。

21 世纪以来，日本政府从国家到地方共同明确东京成为全球创新网络枢纽的发展目标，并为进一步优化东京投资环境、加快创新要素集聚、激发创新活力制定了一系列政策与措施。2014 年 3 月，日本政府正式指定东京圈、关西圈、福冈县福冈市、冲绳县四个地区作为国家战略特区。其中，东京圈定位为"国际商务创新中心"，战略任务是促进国际资本、国际人才、国际企业聚集东京，开创具有国际竞争力的东京新产业。

在 2014 年《财富》世界 500 强榜单中，东京上榜企业达到 43 家，丰田公司位于全球第 9 位。汤森路透集团旗下知识产权与科技事业部发布的"2014年全球百强创新机构"中，亚洲46家上榜机构中有39家来自日本，22家总部位于东京。近10年，东京PCT专利申请数量稳居世界第一位，是全球科技创新产出能力最强的城市。在2thinknow的"2016—2017年全球创新城市排行榜"中，东京位居全球第三，仅次于伦敦和纽约，已然成为全球最重要的科技创新枢纽城市。

深圳在建设国家创新型城市过程中，需要以世界眼光加强与国际先进科技型城市的合作。一方面，在政府层面建立伙伴关系，加强与世界先进城市的联系和互动。政府通过多渠道打造科技合作与交流平台，为高新技术企业在更大范围、更高层次上参与国际竞争提供全方位服务。另一方面，在企业层面大力推进实施"走出去"战略。深圳国际合作正向纵深发展，不断为深圳市高新技术产业发展积蓄更强的后劲。企业主动探索在世界先进城市中进行国际科技合作的新布局，开展与世界一流科研机构的交流与合作，出国组团，与日本筑波、韩国首尔和大田、印度班加罗尔、以色列特拉维夫、爱尔兰都柏林、芬兰赫尔辛基等先进的科技型城市建立合作伙伴关系。

第十六章

强化先行引领作用,实现对粤港澳大湾区的带动

第一节 致力于参与深穗港澳科技创新的融合性发展

《广深科技创新走廊规划》依托广深高速、广深沿江高速、珠三环高速东段、穗莞深城际、佛莞城际等复合型的交通,集中穗莞深创新资源,将三市连成一个产业联动、空间联结、功能贯穿、长约180千米的创新经济带。在培育粤港澳大湾区科创土壤方面,深圳需要打破行政地域壁垒,加强与穗港澳的智库交流,实现融合发展。

一 深港联手打造粤港澳大湾区引擎

国家发改委、粤港澳三地政府签署《深化粤港澳合作 推进大湾区建设框架协议》,明确由国家发展和改革委员会征求广东省政府和香港、澳门特别行政区政府,以及国家有关部门意见达成一致后,共同推动落实,这一传闻终于尘埃落定。"粤港澳"称谓主要是一种惯例或约定俗成,"一国两制"的制度安排决定了港澳在粤港澳大湾区中重要而特殊的地位(见图16—1)。

二 粤港澳大湾区的深港竞合关系

在深港发展历史上,深圳和香港到底是竞争关系还是合作关系是一个老问题。但从全球的角度看,承载异质文化的移民对有些国

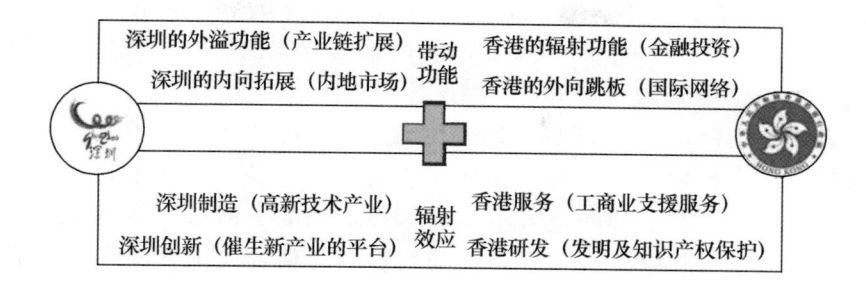

```
深圳的外溢功能（产业链扩展）  带动   香港的辐射功能（金融投资）
深圳的内向拓展（内地市场）    功能   香港的外向跳板（国际网络）
                    ＋
深圳制造（高新技术产业）     辐射   香港服务（工商业支援服务）
深圳创新（催生新产业的平台）  效应   香港研发（发明及知识产权保护）
```

图 16—1　深港合作的带动和辐射效应

资料来源：综合研究院（深圳·中国）。

家和城市的发展起了至关重要的作用。港澳在粤港澳大湾区中具有特殊性，粤港澳大湾区的提出已经考虑到港澳"一国两制"下单独关税区的特点。每个城市都要考虑自己的核心利益，处理好共同利益，深港莫不如此。深港、穗港合作可以互补，并非互相排斥。深港合作着重强调双方的互补性，在合作中维护核心利益，做大共同利益，实现整体利益与个体利益的协同统一。

因此，粤港澳大湾区下的深港关系无非三种：一是竞争关系，二是合作关系，三是竞争与合作关系。理想状态应该是第三种，深港携手同行，同舟共济，但也有一定竞争，保持各自的社会活力和发展动力。

三　深港跨境往来成常态，关系密切

深港跨境往来成为常态，为强化深港合作奠定了坚实的基础，也是深圳较之其他内地城市独有的优势。根据香港特别行政区政府规划署的统计，香港与内地每天有 65 万次跨境交流，相当于一个流动的中型城市。其中，70%往来内地的香港居民以深圳为目的地，约 23 万人次/日；内地赴港游客 60%来自深圳，约 7.5 万人次/日；在内地工作和生活的香港居民，90%在深圳，每天约有 9 万人次。深圳与香港之间每天有多达 40 万人往来，占香港与内地每日跨境交通总量的 60%。世界上没有两个城市像深圳和香港一样，跨境交流已经成为工作和生活的常态，两地居民的活动半径相互覆盖。

深港两地经济往来密切，突出表现为跨境上班和跨境公干人次的变化。过去10年，跨境上班的香港人士大体稳定，而在香港上班的内地人士增长较快，2015年比2007年增加6400人，超过95%的人居住在深圳（见表16—1）。经常跨境公干人士中，香港人士基数较大，内地较小。尽管过去10年总量有所下降，但主要是香港人士下降，赴港公干的内地人士实际上是增加的。两地商务往来趋于双向和均衡，尽管没有深港之间的数据，但估计深港之间经常跨界公干的人士应该不少。虽有边界存在，但深港经济和商务往来密切而活跃，并未受到较大影响和制约。

表16—1　　　　　　　　深港两地经济往来量

类别	2007年		2011年		2017年	
跨界上班人士	总数	比例	总数	比例	总数	比例
	37700	5.7%	49200	7.0%	42600	5.9%
	香港人士	内地人士	香港人士	内地人士	香港人士	内地人士
	18100	19600	21500	27700	17300	25300
经常跨界公干人士	总数	比例	总数	比例	总数	比例
	212800	32.1%	137600	19.6%	111900	15.5%
	香港人士	内地人士	香港人士	内地人士	香港人士	内地人士
	183600	29200	118100	19500	87200	24700

资料来源：香港特区政府规划署《北往南来——2017年跨界旅运统计调查》。

四　深港现代与传统制造业比较

香港制造业的就业人口从2008年的16.57万人下降到2018年的10.32万人，减少了超过三分之一的就业人口，增加值为346.29亿港元。从行业上看，上升幅度大的是食品饮料和烟草制品，下降幅度大的是电器电子光学制品。前者属于传统产业，后者属于具有一定科技含量的产业。香港本地制造业仍以传统产业为主，且呈持续萎缩趋势（见表16—2）。

表 16—2　　香港本地制造业 2005—2018 年比较

行业组别	机构数目（个）		就业人数（个）		增加值（百万港元）	
	2005	2018	2005	2018	2005	2018
食品饮品及烟草制品	651	31470	25779	1554	6527	11062
纺织制品及成衣纸制品、印刷及已储录数据媒体复制	2466	1060	42376	6053	9660	1371
	3372	2221	21849	12661	6356	3749
化学、橡胶、塑料及非金属矿产制品	849	841	9410	10403	3078	6066
金属制品机械及设备	2746	1829	22582	17635	6403	8856
电器电子及光学制品	518	146	13682	1252	5299	1347
其他制造行业	2040	1300	9569	6268	3099	2180
所有制造行业	12643	40855	145247	97385	40422	33114
2005 年和 2018 年比较	28242		−87403		−3773	

资料来源：香港特别行政区政府统计处《香港统计年刊2019年版》。

跨界公干中，从事制造业的香港人士数量近年来是下降的，不足 5 万人，其中经理、行政人员及专业人员仅为万余人，这与数量约为 3.2 万家、雇用员工 450 万人的珠三角港资制造业并不相称，意味着港资珠三角制造业与香港的关联有所弱化（见表 16—3）。

表 16—3　　香港跨界上班和公干人士与港资珠三角制造业的关联

居于香港跨界上班人士中的经理、行政人员及专业人员（万人，%）											
2007		2009		2011		2013		2015		2017	
数量	比例	数量	比例	数量	比例	数量	比例	数量	比例	数量	比例
0.58	33.0%	0.99	50.4%	0.80	38.6%	0.71	42.5%	1.13	53.7%	0.54	33.9%
居于香港经常跨界公干人士中从事制造业人员数量和比例（万人，%）											
2007		2009		2011		2013		2015		2017	
数量	比例	数量	比例	数量	比例	数量	比例	数量	比例	数量	比例
7.00	39.5%	4.73	34.4%	3.72	33.7	4.09	35.9	4.50	34.1%	2.79	34.3%

资料来源：香港特别行政区政府规划署《北往南来——2017年跨界旅运统计调查》。

第二节 以重大项目深化与粤港澳科技合作关系形成

《粤港澳大湾区发展规划纲要》把打造"科创湾区"摆在更加突出位置,提出大湾区五大战略定位,其中第二项就是"建设具有全球影响力的国际科技创新中心,建成全球科技创新高地和新兴产业重要策源地"。国际科技创新中心、全球科技创新高地、全球新兴产业重要策源地等都足以看出粤港澳大湾区把科技创新摆在十分突出的位置。

一 集成电路重大项目合作

深圳与粤港澳形成集成电路重大项目合作,包括提升电路设计水平、发展集成电路制造业、增强产业配套能力、搭建国际一流的集成电路创新服务平台、打造集成电路集聚发展高地(见图16—2)。因此,积极引进国际顶尖半导体设备制造企业,完善深圳集成电路设计产业服务体系,不断完善国家集成电路设计深圳产业化基地等公共服务平台功能,打造具有国际竞争力的集成电路产业集群。

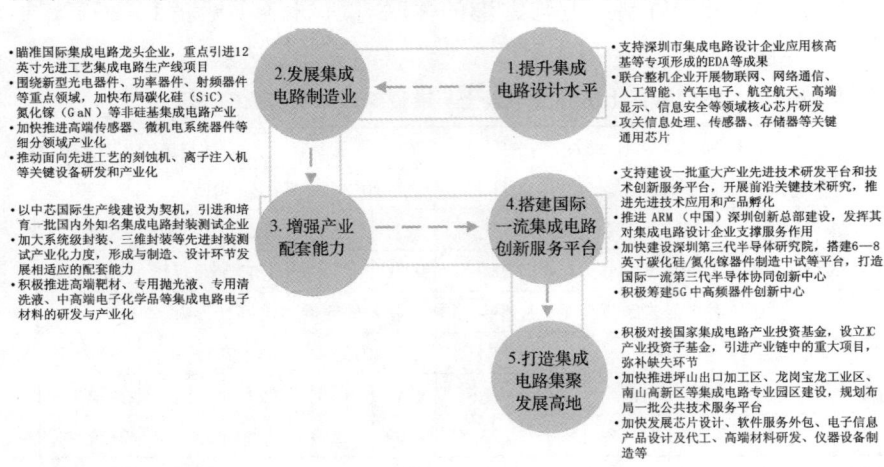

2. 发展集成电路制造业
- 瞄准国际集成电路龙头企业,重点引进12英寸先进工艺集成电路生产线项目
- 围绕新型光电器件、功率器件、射频器件等重点领域,加快布局碳化硅(SiC)、氮化镓(GaN)等非硅基集成电路产业
- 加快推进高端传感器、微机电系统器件等细分领域产业化
- 推动面向先进工艺的刻蚀机、离子注入机等关键设备研发与产业化

3. 增强产业配套能力
- 以中芯国际生产线建设为契机,引进和培育一批国内外知名集成电路封装测试企业
- 加大系统级封装、三维封装等先进封装测试产业化力度,形成与制造、设计环节相适应的配套能力
- 积极推进高端靶材、专用抛光液、专用清洗液、中高端电子化学品等集成电路电子材料的研发与产业化

1. 提升集成电路设计水平
- 支持深圳市集成电路设计企业应用核高基等专项形成的EDA等成果
- 联合整机企业开展物联网、网络通信、人工智能、汽车电子、航空航天、高端显示、信息安全等领域核心芯片研发
- 攻关信息处理、传感器、存储器等关键通用芯片

4. 搭建国际一流集成电路创新服务平台
- 支持建设一批重大产业先进技术研发平台和技术创新服务平台,开展前沿关键技术研究,推进先进技术应用和产品孵化
- 推进ARM(中国)深圳创新总部建设,发挥对集成电路设计企业支撑服务作用
- 加快建设深圳第三代半导体研究院,搭建6—8英寸碳化硅/氮化镓器件制造中试等平台,打造一流第三代半导体协同创新体
- 积极筹建5G中高频器件创新中心

5. 打造集成电路集聚发展高地
- 积极对接国家集成电路产业投资基金,设立IC产业投资子基金,引进产业链中的重大项目,弥补缺失环节
- 加快推进坪山出口加工区、龙岗宝龙工业区、南山高新区等集成电路专业园区建设,规划布局一批公共技术服务平台
- 加快发展芯片设计、软件服务外包、电子信息产品设计及代工、高端材料研发、仪器设备制造等

图16—2 深圳集成电路重大项目合作体系

二 人工智能重大项目合作

在人工智能重大项目，深圳与粤港澳重大项目合作包括突破人工智能核心基础、加快培育人工智能产品、实施人工智能特色应用示范计划、探索建设人工智能社会实验区、打造人工智能新兴产业集群、制定人工智能技术标准和法规（见图16—3）。积极布局面向人工智能应用设计的智能软件，为人工智能产业发展夯实软硬件基础，使人工智能创新产品和服务得到积极培育，推动人工智能技术产业化，启动智慧城市"核心大脑"建设工程，建设人工智能制造业创新中心，争创国家人工智能产业创新中心，并为新技术的快速应用奠定制度保障。

1.突破人工智能核心基础
- 加快研发并应用高精度、低成本的智能传感器
- 突破面向云端训练、终端应用的神经网络、图形处理器、现场可编程逻辑阵列等芯片及配套工具
- 支持人工智能开发框架、算法库、工具集等研发，支持开源开放平台建设

2.加快培育人工智能产品
- 大力发展新一代智能手机、智能家居产品、可穿戴设备等智能终端
- 工业机器人、服务机器人、特种机器人等智能装备
- 视频图像身份识别、视频图像商品识别、语音翻译交互等智能系统

3.实施人工智能特色应用示范计划
- 推进国家超级计算深圳中心（二期）和未来网络试验设施等人工智能基础设施
- 加快建设腾讯医疗影像国家人工智能开放创新平台；推动智能产品在工业、金融、零售、物流、教育、旅游等领域的集成应用
- 遴选有条件的区域，规划建设人工智能特色应用小镇，搭建典型行业应用场景，建设人工智能密集应用项目

4.探索建设人工智能社会实验区
- 依托深港科技创新特别合作区，开展多领域人工智能创新应用试点示范，打造智能经济和智能社会试验区，形成安全便捷的智能化环境
- 探索建设精准化智能服务丰富多样、社会治理水平更高、社会运行更安全更高效、就业岗位质量和舒适度更高的人工智能社会

5.打造人工智能新兴产业集群
- 发挥腾讯、华为、富士康、平安等龙头企业的引领带动作用
- 支持商汤科技、云天励飞、旷视科技、码隆科技等具有核心竞争力的创新型企业做大做强，成为单项领域行业标杆
- 积极引进国内外研究机构和国际一流人才团队落户深圳，培育孵化一大批具有创新活力的初创型人工智能企业

6.制定人工智能技术标准和法规
- 围绕人工智能细分应用领域，鼓励深圳市企事业单位积极参与国家人工智能标准框架体系研制
- 加快研究制定相关安全管理法规，制定人工智能产品研发设计人员的道德规范和行为守则
- 加强大数据商业化开发利用中的个人隐私保护
- 构建人工智能复杂场景下突发事件的解决方案

图16—3　深圳人工智能重大项目合作体系

三 5G移动通信重大项目合作

5G移动通信是未来创新行业的基础。深圳在5G移动通信行业上具有世界先发优势，可以利用既有优势与粤港澳重大项目合作，包括攻关5G核心关键技术、参与5G国际标准制定、创建5G应用示范先导区、实施5G产业化重大专项、建设5G产业集聚区（见图16—4）。因此，需要加快组建一批5G创新载体和功能性服务平

台，强化企业在标准化活动中的主体地位，推动5G业务跨领域垂直融合发展，为深圳争取建设国家5G产业创新中心，突破并带动粤港澳大湾区5G全产业链协同、集群发展。

- 支持深圳市骨干企业和科研机构在3GPP、IMT-2020、ITU等国际标准组织中担任核心职务
- 主导或参与5G网络技术、关键设备、产品等国际标准制定
- 推动中国5G方案成为国际标准，以标准支撑和引领5G产业发展

- 围绕5G芯片、天线、智能终端、网络设备、系统及解决方案、测试仪器仪表、工程样机、5G运营、应用服务等重点领域
- 依托产业链上下游企业，滚动组织实施5G产业化专项

1. 攻关5G核心关键技术
2. 参与5G国际标准制定
3. 创建5G应用示范先导区
4. 实施5G产业化重大专项
5. 建设5G产业集聚区

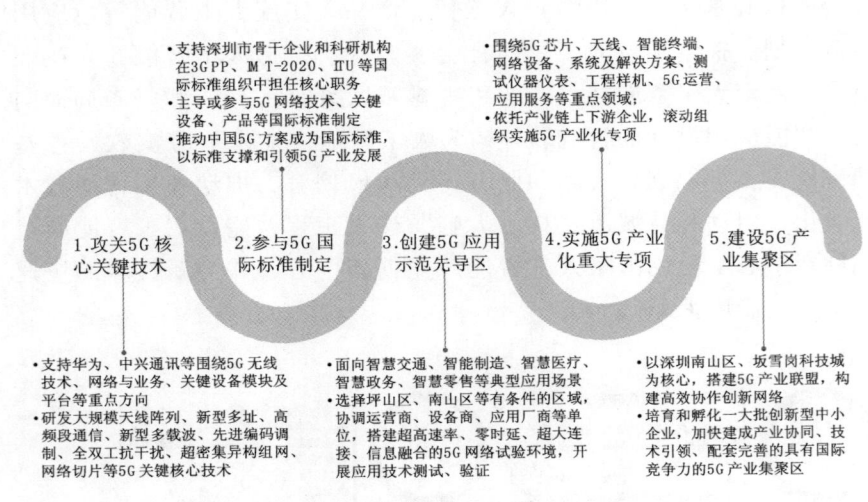

- 支持华为、中兴通讯等围绕5G无线技术、网络与业务、关键设备模块及平台等重点方向
- 研发大规模天线阵列、新型多址、高频段通信、新型多载波、先进编码调制、全双工抗干扰、超密集异构组网、网络切片等5G关键核心技术

- 面向智慧交通、智能制造、智慧医疗、智慧政务、智慧零售等典型应用场景
- 选择坪山区、南山区等有条件的区域，协调运营商、设备商、应用厂商等单位，搭建超高速率、零时延、超大连接、信息融合的5G网络试验环境，开展应用技术测试、验证

- 以深圳南山区、坂雪岗科技城为核心，搭建5G产业联盟，构建高效协作创新网络
- 培育和孵化一大批创新型中小企业，加快形成产业协同、配套完善的具有国际竞争力的5G产业集聚区

图16—4　深圳5G移动通信重大项目合作体系

四　新型显示重大项目合作

在新型显示行业，深圳与粤港澳重大项目合作包括：建设国际柔性显示产业基地、推动激光显示创新发展、实施3D显示培育发展计划、加快建设高世代新型显示项目、引导新型显示产业集聚发展，具体见图16—5。以市场方式引导投资主体集聚，在粤港澳大湾区打造3D显示技术产业高地，加速实现新型显示产业化，进一步增强高世代面板产业发展的国际影响力。

五　物联网重大项目合作

在物联网行业，深圳与粤港澳重大项目合作包括：打造物联网产业"深圳标准"、构建完善的信息基础设施、加快建设公共支撑平台、推动重点领域应用示范，具体见图16—6。未来将充分发挥政府在物联网应用中的组织推动和示范作用，积极引导企业和科研机构加大标准制定力度，提升"深圳标准"的影响力，实现深圳市

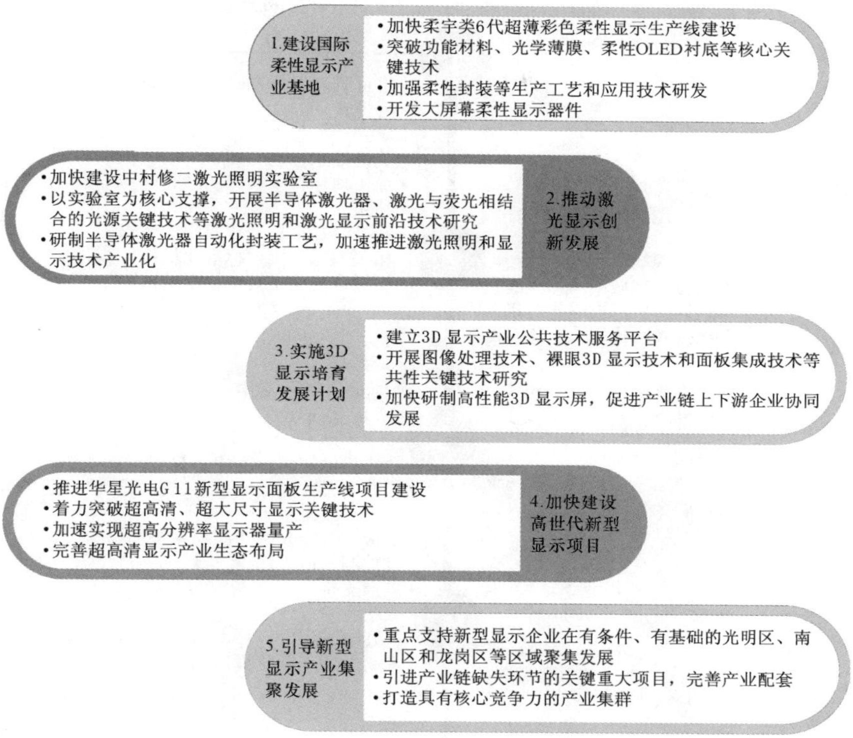

第十六章 强化先行引领作用，实现对粤港澳大湾区的带动

1. 建设国际柔性显示产业基地
- 加快柔宇类6代超薄彩色柔性显示生产线建设
- 突破功能材料、光学薄膜、柔性OLED衬底等核心关键技术
- 加强柔性封装等生产工艺和应用技术研发
- 开发大屏幕柔性显示器件

2. 推动激光显示创新发展
- 加快建设中村修二激光照明实验室
- 以实验室为核心支撑，开展半导体激光器、激光与荧光相结合的光源关键技术等激光照明和激光显示前沿技术研究
- 研制半导体激光器自动化封装工艺，加速推进激光照明和显示技术产业化

3. 实施3D显示培育发展计划
- 建立3D显示产业公共技术服务平台
- 开展图像处理技术、裸眼3D显示技术和面板集成技术等共性关键技术研究
- 加快研制高性能3D显示屏，促进产业链上下游企业协同发展

4. 加快建设高世代新型显示项目
- 推进华星光电G11新型显示面板生产线项目建设
- 着力突破超高清、超大尺寸显示关键技术
- 加速实现超高分辨率显示器量产
- 完善超高清显示产业生态布局

5. 引导新型显示产业集聚发展
- 重点支持新型显示企业在有条件、有基础的光明区、南山区和龙岗区等区域聚集发展
- 引进产业链缺失环节的关键重大项目，完善产业配套
- 打造具有核心竞争力的产业集群

图16—5 深圳新型显示行业重大项目合作体系

互联网接入的无缝覆盖，为物联网快速发展提供信息网络支持，完善物联网产业发展支撑体系，支持发展适应物联网产业发展的可信第三方检测认证服务机构，加快建设新型智慧城市，鼓励企业开展商业模式创新和业务融合创新。

六 智能网联汽车重大项目合作

在智联网联汽车行业，深圳与粤港澳重大项目合作包括：集中力量突破核心技术、搭建智能网联汽车创新服务平台、积极开展技术示范运行验证、加快推进示范应用、构建跨界融合产业生态体系，具体见图16—7。以此形成相关标准支撑高度自动驾驶，依托大型企业、

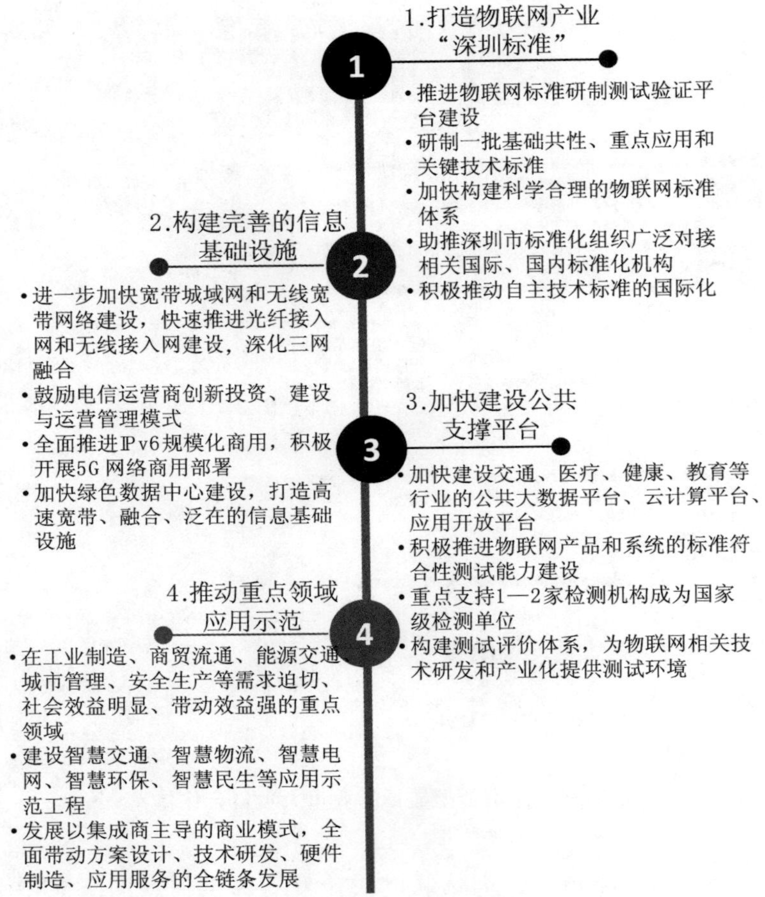

1. 打造物联网产业"深圳标准"
- 推进物联网标准研制测试验证平台建设
- 研制一批基础共性、重点应用和关键技术标准
- 加快构建科学合理的物联网标准体系
- 助推深圳市标准化组织广泛对接相关国际、国内标准化机构
- 积极推动自主技术标准的国际化

2. 构建完善的信息基础设施
- 进一步加快宽带城域网和无线宽带网络建设，快速推进光纤接入网和无线接入网建设，深化三网融合
- 鼓励电信运营商创新投资、建设与运营管理模式
- 全面推进IPv6规模化商用，积极开展5G网络商用部署
- 加快绿色数据中心建设，打造高速宽带、融合、泛在的信息基础设施

3. 加快建设公共支撑平台
- 加快建设交通、医疗、健康、教育等行业的公共大数据平台、云计算平台、应用开放平台
- 积极推进物联网产品和系统的标准符合性测试能力建设
- 重点支持1—2家检测机构成为国家级检测单位
- 构建测试评价体系，为物联网相关技术研发和产业化提供测试环境

4. 推动重点领域应用示范
- 在工业制造、商贸流通、能源交通、城市管理、安全生产等需求迫切、社会效益明显、带动效益强的重点领域
- 建设智慧交通、智慧物流、智慧电网、智慧环保、智慧民生等应用示范工程
- 发展以集成商主导的商业模式，全面带动方案设计、技术研发、硬件制造、应用服务的全链条发展

图16—6 深圳物联网行业重大项目合作体系

高等院校、科研院所及行业协会等多种服务平台，创建智能交通示范区，针对产业链薄弱环节，构建跨界融合产业生态体系。

七 精准医疗重大项目合作

在精准医疗行业，深圳与粤港澳重大项目合作包括：实施基因检测与细胞治疗发展计划、推动精准医疗应用示范、打造数字生命产业高地、建设生命健康科技基础设施和创新载体群、建设先进生

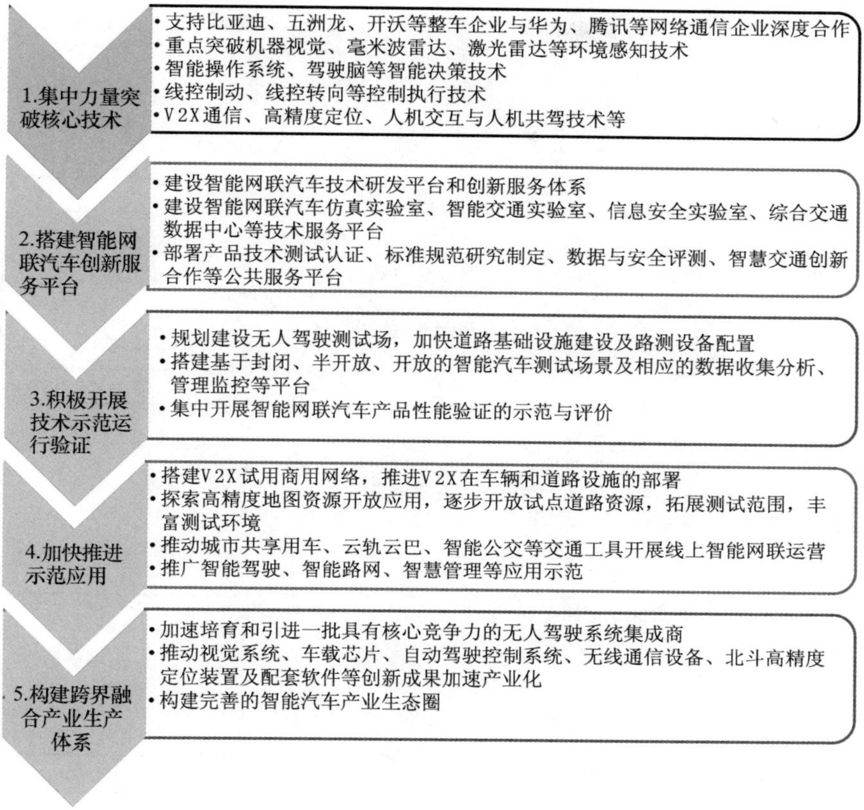

第十六章 强化先行引领作用，实现对粤港澳大湾区的带动

1. 集中力量突破核心技术
- 支持比亚迪、五洲龙、开沃等整车企业与华为、腾讯等网络通信企业深度合作
- 重点突破机器视觉、毫米波雷达、激光雷达等环境感知技术
- 智能操作系统、驾驶脑等智能决策技术
- 线控制动、线控转向等控制执行技术
- V2X通信、高精度定位、人机交互与人机共驾技术等

2. 搭建智能网联汽车创新服务平台
- 建设智能网联汽车技术研发平台和创新服务体系
- 建设智能网联汽车仿真实验室、智能交通实验室、信息安全实验室、综合交通数据中心等技术服务平台
- 部署产品技术测试认证、标准规范研究制定、数据与安全评测、智慧交通创新合作等公共服务平台

3. 积极开展技术示范运行验证
- 规划建设无人驾驶测试场，加快道路基础设施建设及路测设备配置
- 搭建基于封闭、半开放、开放的智能汽车测试场景及相应的数据收集分析、管理监控等平台
- 集中开展智能网联汽车产品性能验证的示范与评价

4. 加快推进示范应用
- 搭建V2X试用商用网络，推进V2X在车辆和道路设施的部署
- 探索高精度地图资源开放应用，逐步开放试点道路资源，拓展测试范围，丰富测试环境
- 推动城市共享用车、云轨云巴、智能公交等交通工具开展线上智能网联运营
- 推广智能驾驶、智能路网、智慧管理等应用示范

5. 构建跨界融合产业生产体系
- 加速培育和引进一批具有核心竞争力的无人驾驶系统集成商
- 推动视觉系统、车载芯片、自动驾驶控制系统、无线通信设备、北斗高精度定位装置及配套软件等创新成果加速产业化
- 构建完善的智能汽车产业生态圈

图 16—7 深圳智联网汽车行业重大项目合作体系

物技术试验区，具体见图16—8。依托深港科技创新特别合作区，鼓励龙头企业联合医院，搭建基因检测公共服务平台，促进个体化治疗标准化和规范化发展，搭建生命健康大数据平台基础设施，持续增强原始创新和源头创新能力。

八　智能装备重大项目合作

在智能装备行业，深圳与粤港澳重大项目合作包括：加强关键共性技术创新、加快机器人和可穿戴设备发展、着力发展航空航天特色领域、建设智能制造标准体系、构筑工业互联网基础、打造智能制造示范区，具体见图16—9。因此，围绕互联互通和多维度协

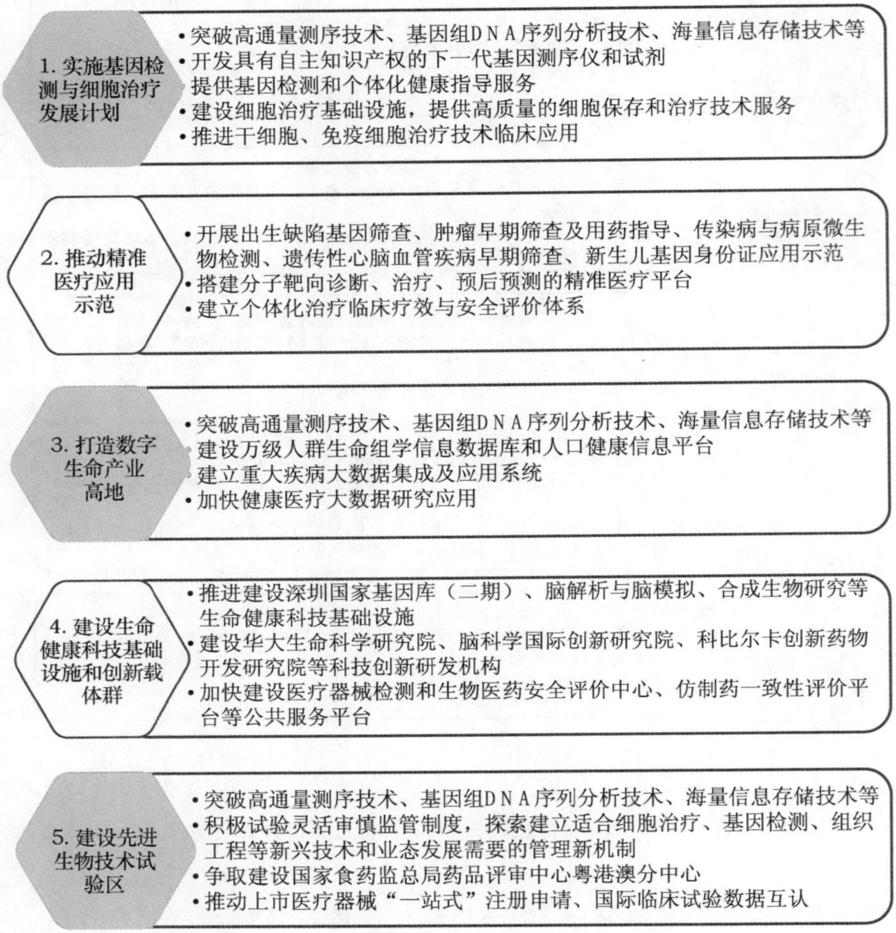

1. 实施基因检测与细胞治疗发展计划
- 突破高通量测序技术、基因组ＤＮＡ序列分析技术、海量信息存储技术等
- 开发具有自主知识产权的下一代基因测序仪和试剂 提供基因检测和个体化健康指导服务
- 建设细胞治疗基础设施,提供高质量的细胞保存和治疗技术服务
- 推进干细胞、免疫细胞治疗技术临床应用

2. 推动精准医疗应用示范
- 开展出生缺陷基因筛查、肿瘤早期筛查及用药指导、传染病与病原微生物检测、遗传性心脑血管疾病早期筛查、新生儿基因身份证应用示范
- 搭建分子靶向诊断、治疗、预后预测的精准医疗平台
- 建立个体化治疗临床疗效与安全评价体系

3. 打造数字生命产业高地
- 突破高通量测序技术、基因组ＤＮＡ序列分析技术、海量信息存储技术等
- 建设万级人群生命组学信息数据库和人口健康信息平台
- 建立重大疾病大数据集成及应用系统
- 加快健康医疗大数据研究应用

4. 建设生命健康科技基础设施和创新载体群
- 推进建设深圳国家基因库(二期)、脑解析与脑模拟、合成生物研究等生命健康科技基础设施
- 建设华大生命科学研究院、脑科学国际创新研究院、科比尔卡创新药物开发研究院等科技创新研发机构
- 加快建设医疗器械检测和生物医药安全评价中心、仿制药一致性评价平台等公共服务平台

5. 建设先进生物技术试验区
- 突破高通量测序技术、基因组ＤＮＡ序列分析技术、海量信息存储技术等
- 积极试验灵活审慎监管制度,探索建立适合细胞治疗、基因检测、组织工程等新兴技术和业态发展需要的管理新机制
- 争取建设国家食药监总局药品审评中心粤港澳分中心
- 推动上市医疗器械"一站式"注册申请、国际临床试验数据互认

图 16—8　深圳精准医疗行业重大项目合作体系

同等瓶颈,实施一批重大技术攻关项目;新建一批智能装备创新载体,推进产学研用联合创新;加快高水平航空航天产业研究机构建设,研发安全可靠的信息安全软硬件产品;制定和实施产业互联网发展行动计划和政策措施,为制造业装备和制造过程智能化提供技术支撑,加快建设一批智能制造集群。

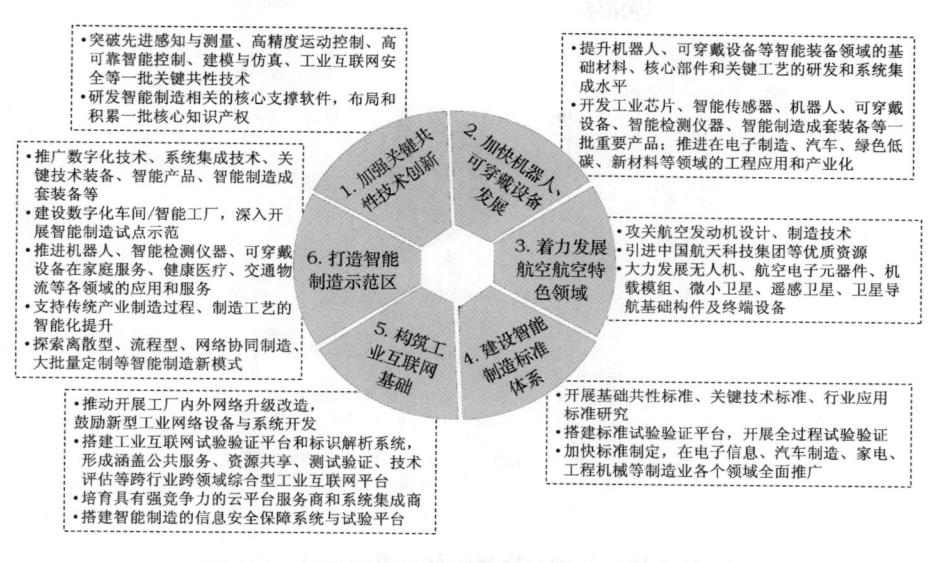

第十六章 强化先行引领作用，实现对粤港澳大湾区的带动

图16—9 深圳智能装备行业重大项目合作体系

九 节能环保重大项目合作

在节能环保行业，深圳与粤港澳重大项目合作包括：提升节能环保装备技术水平、推进节能环保装备产业化、推进节能环保技术系统集成及示范应用，具体见图16—10。因此，加强高水平学科和研究机构建设，积极开展共性、关键及核心技术攻关，组织实施重大工程和产业化项目，显著提升节能环保产业综合竞争力，提高传统行业的工程技术节能水平。

十 增材制造重大项目合作

在增材制造行业，深圳与粤港澳重大项目合作包括：加强3D打印创新能力建设、加快3D打印技术在医疗领域的应用、提升3D打印产业支撑服务能力，具体见图16—11。因此，加快建设3D打印制造业创新中心，面向航空航天和医疗等重点应用领域，积极开展关键技术研发与临床应用服务。

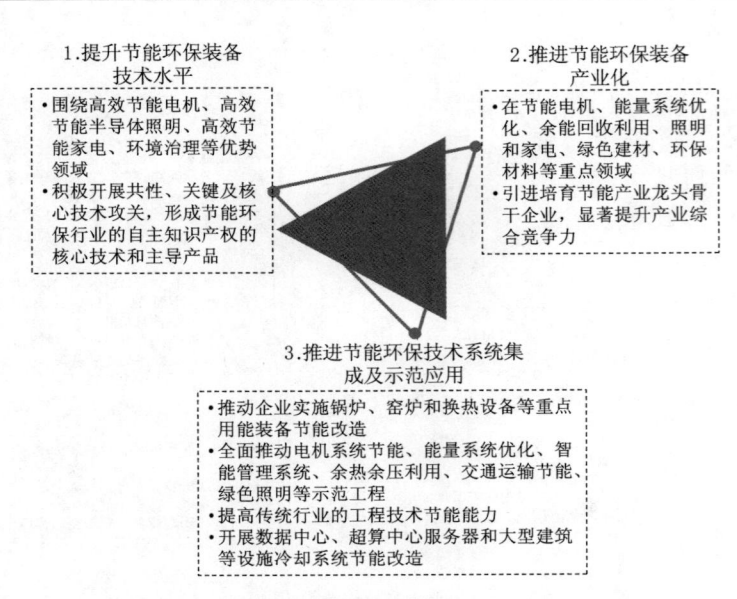

1. 提升节能环保装备技术水平
- 围绕高效节能电机、高效节能半导体照明、高效节能家电、环境治理等优势领域
- 积极开展共性、关键及核心技术攻关,形成节能环保行业的自主知识产权的核心技术和主导产品

2. 推进节能环保装备产业化
- 在节能电机、能量系统优化、余能回收利用、照明和家电、绿色建材、环保材料等重点领域
- 引进培育节能产业龙头骨干企业,显著提升产业综合竞争力

3. 推进节能环保技术系统集成及示范应用
- 推动企业实施锅炉、窑炉和换热设备等重点用能装备节能改造
- 全面推动电机系统节能、能量系统优化、智能管理系统、余热余压利用、交通运输节能、绿色照明等示范工程
- 提高传统行业的工程技术节能能力
- 开展数据中心、超算中心服务器和大型建筑等设施冷却系统节能改造

图 16—10　深圳节能环保行业重大项目合作体系

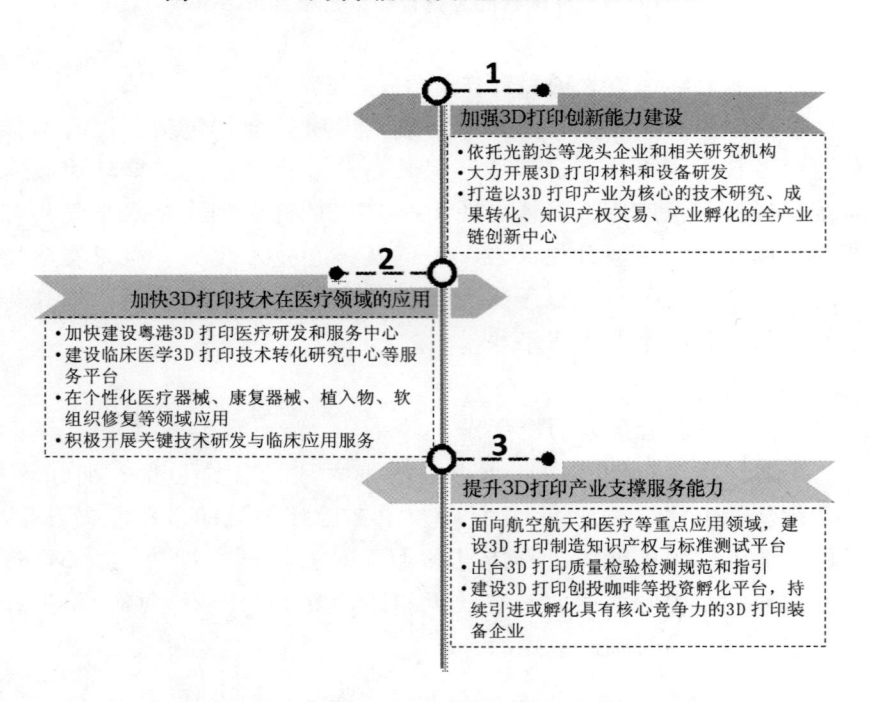

1 加强3D打印创新能力建设
- 依托光韵达等龙头企业和相关研究机构
- 大力开展3D打印材料和设备研发
- 打造以3D打印产业为核心的技术研究、成果转化、知识产权交易、产业孵化的全产业链创新中心

2 加快3D打印技术在医疗领域的应用
- 加快建设粤港3D打印医疗研发和服务中心
- 建设临床医学3D打印技术转化研究中心等服务平台
- 在个性化医疗器械、康复器械、植入物、软组织修复等领域应用
- 积极开展关键技术研发与临床应用服务

3 提升3D打印产业支撑服务能力
- 面向航空航天和医疗等重点应用领域,建设3D打印制造知识产权与标准测试平台
- 出台3D打印质量检验检测规范和指引
- 建设3D打印创投咖啡等投资孵化平台,持续引进或孵化具有核心竞争力的3D打印装备企业

图 16—11　深圳增材制造行业重大项目合作体系

十一　石墨烯重大项目合作

在石墨烯行业，深圳与粤港澳重大项目合作包括：加快搭建高水平科技创新平台、加快建设产业创新平台、大力推进成果转化和应用示范，具体见图16—12。因此，加快推进国际顶尖的石墨烯研究和创新平台，实现一批重大技术突破和成果创新，加速推进石墨烯技术开发及成果转化，加快促进石墨烯应用模式和商业模式的形成。

1. 加快搭建高水平科技创新平台
- 加快推进深圳盖姆石墨烯研究中心建设；打造国际顶尖的石墨烯研究平台
- 开展石墨烯低成本化制备、高附加值应用技术等前沿尖端技术研究
- 突破石墨烯在能源存储与转换、电子信息、先进功能材料等领域的应用技术

2. 加快建设产业创新平台
- 采取市区共建方式，建设石墨烯制造业创新中心示范基地
- 整合全市石墨烯相关研究机构、重点企业及公共服务平台等资源
- 积极创建省级和国家级石墨烯制造业创新中心

3. 大力推进成果转化和应用示范
- 依托贝特瑞等龙头企业，加速石墨烯改性电池材料、石墨烯基功能材料、石墨烯复合结构材料等领域产品研发及产业化
- 在储能电池、发热器件、散热器件、海洋防腐材料等下游应用领域率先开展应用示范
- 加快促进石墨烯应用模式和商业模式的形成

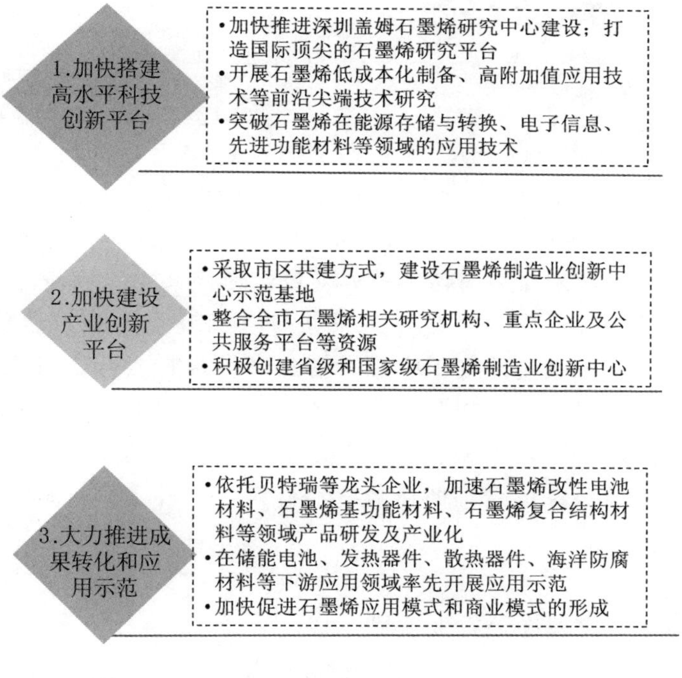

图16—12　深圳石墨烯行业重大项目合作体系

十二　柔性电子重大项目合作

在柔性电子行业，深圳与粤港澳重大项目合作包括：加快突破

柔性电子核心技术、大力开展推广应用、加快打造柔性电子产业集聚区，具体见图16—13。因此，积累和布局一批柔性电子行业核心专利，不断集聚优质资源要素，加快打造柔性电子产业集聚区。

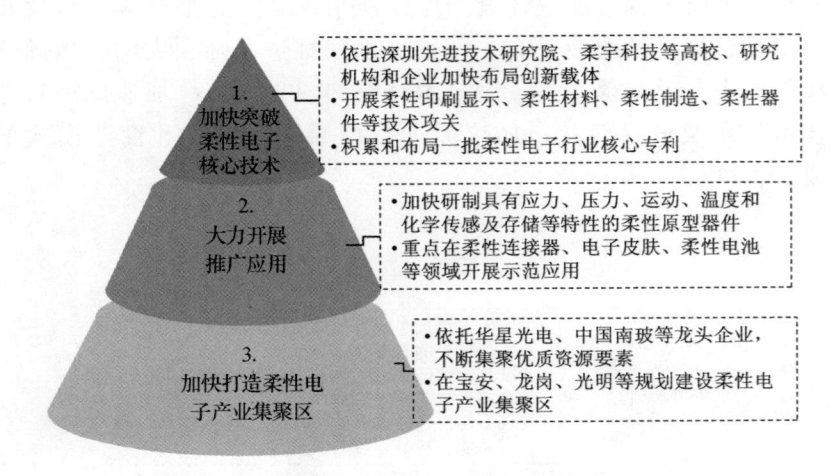

1. 加快突破柔性电子核心技术
- 依托深圳先进技术研究院、柔宇科技等高校、研究机构和企业加快布局创新载体
- 开展柔性印刷显示、柔性材料、柔性制造、柔性器件等技术攻关
- 积累和布局一批柔性电子行业核心专利

2. 大力开展推广应用
- 加快研制具有应力、压力、运动、温度和化学传感及存储等特性的柔性原型器件
- 重点在柔性连接器、电子皮肤、柔性电池等领域开展示范应用

3. 加快打造柔性电子产业集聚区
- 依托华星光电、中国南玻等龙头企业，不断集聚优质资源要素
- 在宝安、龙岗、光明等规划建设柔性电子产业集聚区

图16—13　深圳柔性电子行业重大项目合作体系

十三　微纳米材料与器件重大项目合作

在微纳米材料与器件行业，深圳与粤港澳重大项目合作包括：加快建设中德微纳制造创新中心、搭建微纳米材料与器件发展服务平台、大力推进成果转化和应用示范，具体见图16—14。因此，建设国际先进微纳米加工和表征平台，形成支撑微纳米材料与器件产业发展的重要服务体系，加强微纳米材料与器件在多个领域和应用方向的推广。

十四　氢燃料电池重大项目

在氢燃料电池行业，深圳与粤港澳重大项目合作包括：加快构建氢燃料电池创新体系、加大氢燃料电池推广应用力度，具体见图16—15。因此，支持粤港澳大湾区氢燃料电池学科建设，加快氢燃料电池行业的关键技术攻关，布局和积累一批国际专利，加速氢燃料电动汽车产业化。

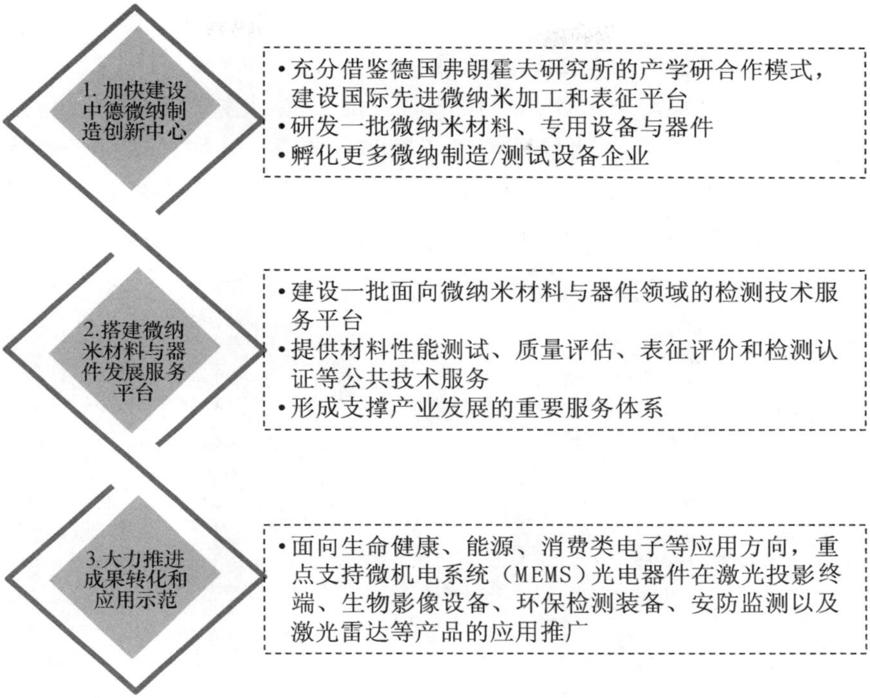

第十六章　强化先行引领作用，实现对粤港澳大湾区的带动

1. 加快建设中德微纳制造创新中心
- 充分借鉴德国弗朗霍夫研究所的产学研合作模式，建设国际先进微纳米加工和表征平台
- 研发一批微纳米材料、专用设备与器件
- 孵化更多微纳制造/测试设备企业

2. 搭建微纳米材料与器件发展服务平台
- 建设一批面向微纳米材料与器件领域的检测技术服务平台
- 提供材料性能测试、质量评估、表征评价和检测认证等公共技术服务
- 形成支撑产业发展的重要服务体系

3. 大力推进成果转化和应用示范
- 面向生命健康、能源、消费类电子等应用方向，重点支持微机电系统（MEMS）光电器件在激光投影终端、生物影像设备、环保检测装备、安防监测以及激光雷达等产品的应用推广

图 16—14　深圳微纳米材料与器件行业重大项目合作体系

1. 构建氢燃料电池创新体系
- 支持氢燃料电池学科建设，加快建设深圳车用燃料电池电堆工程实验室
- 开展氢燃料电池关键材料、电堆制造、系统集成、动力总成、测试诊断等关键技术攻关
- 布局和积累一批专利

2. 加大氢燃料电池推广应用力度
- 支持氢燃料上下游企业深入合作，加速氢燃料电动汽车产业化
- 制定氢燃料电动汽车相关的标准规范和补贴政策
- 规划建设一批加氢站，依托龙岗大运城持续开展氢燃料电动公交试点

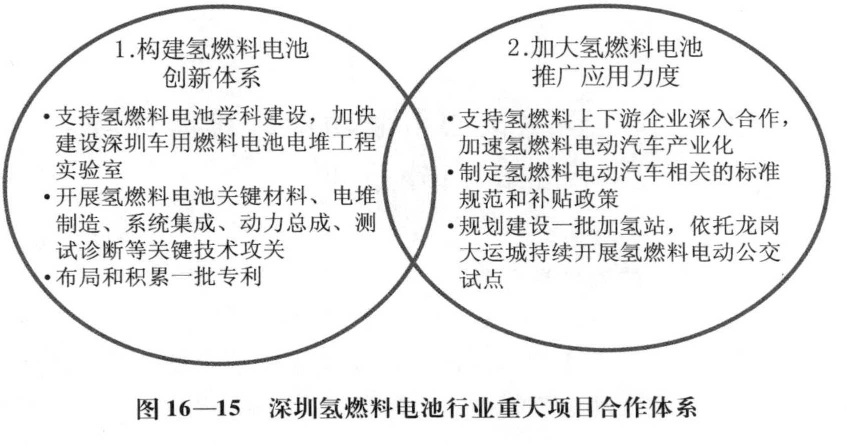

图 16—15　深圳氢燃料电池行业重大项目合作体系

十五 其他前沿领域重大项目

从长远战略需求出发,加强布局一批"黑科技"产业,抓住这些科技产业的战略主动权,实现"弯道超车"。例如,在量子通信与量子计算机、脑科学与类脑研究、合成生物学、人类增强、深海深空、二维材料等行业注重重大技术预警和突破(见图16—16)。

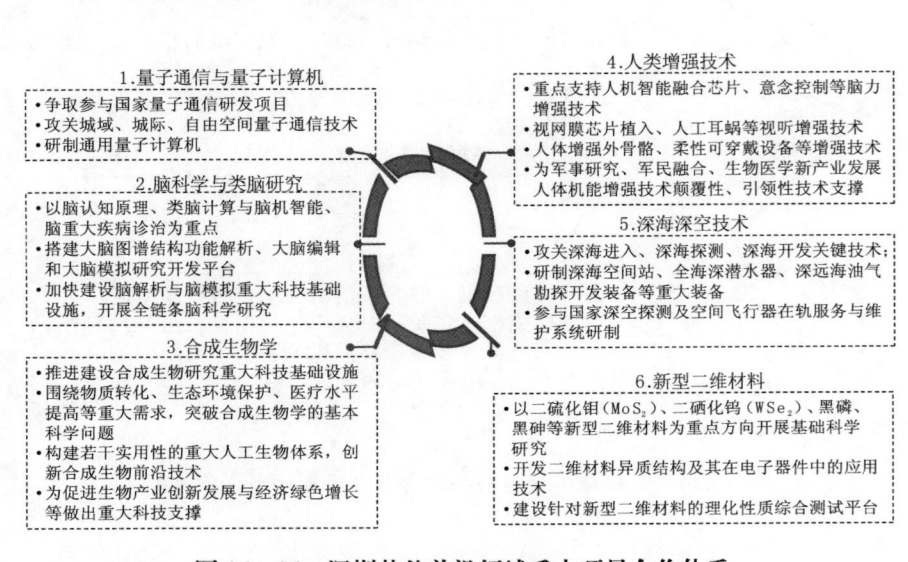

1. 量子通信与量子计算机
- 争取参与国家量子通信研发项目
- 攻关城域、城际、自由空间量子通信技术
- 研制通用量子计算机

2. 脑科学与类脑研究
- 以脑认知原理、类脑计算与脑机智能、脑重大疾病诊治为重点
- 搭建大脑图谱结构功能解析、大脑编辑和大脑模拟研究开发平台
- 加快建设脑解析与脑模拟重大科技基础设施,开展全链条脑科学研究

3. 合成生物学
- 推进建设合成生物研究重大科技基础设施
- 围绕物质转化、生态环境保护、医疗水平提高等重大需求,突破合成生物学的基本科学问题
- 构建若干实用性的重大人工生物体系,创新合成生物前沿技术
- 为促进生物产业创新发展与经济绿色增长等做出重大科技支撑

4. 人类增强技术
- 重点支持人机智能融合芯片、意念控制等脑力增强技术
- 视网膜芯片植入、人工耳蜗等视听增强技术
- 人体增强外骨骼、柔性可穿戴设备等增强技术
- 为军事研究、军民融合、生物医学新产业发展人体机能增强技术颠覆性、引领性技术支撑

5. 深海深空技术
- 攻关深海进入、深海探测、深海开发关键技术;
- 研制深海空间站、全海深深潜水器、深远海油气勘探开发装备等重大装备
- 参与国家深空探测及空间飞行器在轨服务与维护系统研制

6. 新型二维材料
- 以二硫化钼(MoS_2)、二硒化钨(WSe_2)、黑磷、黑砷等新型二维材料为重点方向开展基础科学研究
- 开发二维材料异质结构及其在电子器件中的应用技术
- 建设针对新型二维材料的理化性质综合测试平台

图16—16 深圳其他前沿领域重大项目合作体系

第三节 强化核心引擎功能,推动优势产业的内外循环

一 注重一体化的实质性突破

深圳已经走出一条以产业创新牵引科技创新的路子,未来要充分发挥科技创新的支撑作用,加快现代产业体系建设,促进经济高质量发展,强化推动港澳科技融合的核心引擎功能。首先,要实施历史上"深莞惠一体化"模式的战略切割,坚决打破行政壁垒的藩篱,坚决革除流于形式的陋习,以法律手段确保大都市区建设的

实施。

其次，建立大都市区建设否定列表制度。广东省充分授权，深圳市牵头，关晖河、汕头四市讨论建立五市互动共建共享的负面清单制度，最大限度地放开搞活城际基础设施、科技、经贸交流、投融资活动，允许各种互动进行开放大胆的试验，允许各城市企业在不受政府干预的情况下投资运营。

再次，建立大都市地区的产融联盟，加强各城市企业与金融机构的互动，动员社会资本介入大都市地区的各项建设活动，实现大都市地区产融互动发展的良好效益。

最后，成立城市居民参与的委员会，鼓励公民积极提出意见和建议，监督政府行为和各种联合行为，充分参与大都市区建设，体现五市居民在大都市区建设中的主人翁精神。

总之，深圳城市圈突破常规，努力探索城市圈发展的模式、规律、制度、战略，改革开放，务实高效，讲求效率、品牌，并在未来与香港和珠江河口西岸城市合并成为大都市圈，和香港一同成为全球城市圈发展的典范。

二　注重创新空间载体建设

注重创新空间载体建设，形成科技创新发展空间布局，是《粤港澳大湾区发展规划纲要》的一大亮点。比如，总体上要推进"广州—深圳—香港—澳门"科技创新走廊建设。在城市定位方面，要对科技创新做总体安排，比如香港要大力发展创新及科技事业，培育新兴产业；澳门要促进经济适度多元发展；广州要培育提升科技教育文化中心功能；深圳要努力成为具有世界影响力的创新创意之都。

此外，《粤港澳大湾区发展规划纲要》提出要支持建设一大批重大科技创新空间载体。深圳正举全市之力，推进粤港澳大湾区建设，践行高质量发展要求，全面推动改革开放创新，推动经济社会发展迈上新台阶。比如，推进国家自主创新示范区建设，有序开展国家级高新技术区的扩容，将其打造成为粤港澳大湾区科技创新的重要节点，实现区域产业高端化发展的重要基地。又如，在粤港澳大湾区加快推动珠三角九市的军民融合创新发展，支持创建大湾区的军民融合创新示范区，推进中新广州知识城、南沙庆盛科技创新产业基地等重大创新载体的发展，支持香港科学园、香港数码港建设以及澳门中医药科技产业发展平台的建设。

三　进一步深化拓展"前海模式"

深圳增强核心引擎功能，有着"最浓缩、最精华"赞誉的前海，是先行先试的重要战略平台。2018年10月，习近平总书记视察前海，高度评价前海模式是可行的。前海模式既是大湾区建设的成果，也是大湾区建设的抓手。前海共有6万多户金融企业，税收贡献额占到60%，为前海的快速发展起到积极的拉动作用。前海的制度创新也是其发展的生命线，在制度创新中最核心的是金融创新，是可以重点复制的前海模式之一。

优质的营商环境和统筹构建"2+3+6+N"产业政策体系，加速了现代服务业在前海的集聚。前海已经率先打造深港澳创新合作的优质平台，创新金融业和现代服务业应继续加强深港澳融合创新。未来，前海将成为国际法律服务中心、国际商事争议解决中心、知识产权保护高地，并率先建设先行示范区，深化依法治国实践。

第四节　强化创新动能，实现对大湾区的全面带动辐射

一　都市圈经济要素的流动形态

都市圈的基本逻辑是在不触及城市行政控制边界的前提下，通过城市间市场力量的均衡注入，促进经济资源和人口、资本、物质、工业、信息等要素的合理流动与配置，从而寻求单个城市难以实现的综合经济和社会效益。城市经济成长的实践表明，在中国绝不能低估城市之间合作中行政藩篱的强大阻力。很多优秀合作项目最后就是由于城市行政藩篱的阻隔，流于形式甚至走向失败。

当市场力量在城市间难以形成强大的推动力时，大城市的强势就会向行政权力转移。近年来，许多城市在行政权力的支持下扩大

和强化了城市底盘。以山东省会济南为例，通过兼并实现城市规模的扩大，提高了城市一级水平。深圳作为中国的主要城市，经济总量已超过广州和香港，但面积只有广州的大约四分之一，大大限制了深圳的经济和社会发展。近年来，大量的公司由于经营场地的限制，无法根据公司业务发展需求及时匹配合适的场地，大量企业选择全局或局部退出深圳，如华为的整个手机业务线搬到东莞松山湖。

这种被动局面引发深圳长期以来对于扩容的期盼。从都市圈的视角看，反映的正是深圳的市场力量抵不过行政藩篱的阻隔，被迫寻求行政管辖地域扩容或者行政拆除藩篱的办法来解决深圳发展空间严重不足的问题。

最近，国家重要文件也提出，都市圈是解决一些中心城市发展空间不足问题的重要途径。市区不能因城市的行政管辖边界移动，但可以通过培养一个新的机制，利用受法律保护的市场力量打破行政壁垒，加速流动，合理分配资源促进城市良性发展。深圳都市圈建设要实现这种良性发展并不容易，需要让市场力量发挥决定性作用，突破行政壁垒。

二 各区齐发力构建核心引擎

深圳市各区积极构建具有特色的核心引擎能力，并依据各自经济特色和区位特征加强与大湾区的合作与辐射（见图16—17）。福田区积极开发河套深港科技创新特别合作区，以福田区河套区的"小中轴线"为基础，在大湾区建成"曼哈顿+硅谷""金融+技术+文化"的创新走廊和莞深港"大中轴线"，成为大湾区的核心经济引擎。

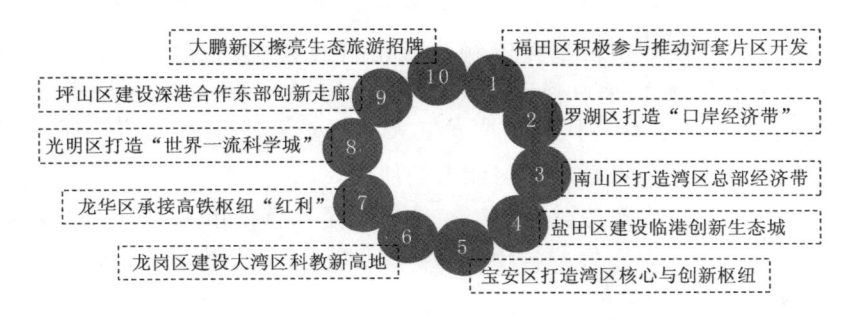

图16—17　深圳10个辖区对大湾区的合作与辐射定位

罗湖区充分利用临港优势，打造港口经济带，以大梧桐新产业带内的一批重要企业和科研机构为载体，为粤港澳大湾区的科技创新和发展做出贡献。

南山区正在建设世界级的创新型沿海中心城市，连接深圳湾超级总部基地、后海金融商务总部基地、蛇口区和前海区，建设湾区总部经济带，将深圳湾中央商务区建设成为世界级的湾区中央商务区。同时，实施人才服务、科技服务、企业政府服务、科技金融服务、大众创业创新服务，构建高质量的综合创新生态系统，为两条创新链提供闭环支撑。

盐田区努力建设临港创新生态城，以盐田河临港产业带充分发挥海港的资源优势，在粤港澳大湾区时空坐标系中输出生态文明建设和改革的经验。

宝安区地处粤港澳大湾区核心地带和珠江口东岸黄金发展轴上，发挥"双走廊"叠加优势，形成大湾区"空间之核、枢纽之核、产业之核、创新之核"的四个核心。

龙岗区以东进战略打造深圳东部中心，建设大湾区科教新高地，拥有坂雪岗科技城核心科技创新平台以及大运新城、国际低碳城、深圳国际大学园等多个创新节点。

龙华区承接高铁枢纽红利，运用高铁运行带来的同城效应拓展发展腹地，发挥"总部+分支、研发+生产、中心+网络"的外溢战略，构建总部+生产基地的区域合作新模式。

光明区将被建设成为一个世界级科学城，未来将成为世界一流科研设施、顶尖科研人才等科技创新要素集聚区，重点发展人工智能、新材料、生命健康等产业基地。

坪山区充分发挥和利用坪山高新区功能，大力发展新能源（汽车）、生物医药、新一代信息技术三大主导产业，承载深圳拓展创新发展空间，增强深圳对外辐射能力的使命。

大鹏新区以生态旅游为招牌，与盐田区和惠州市共同打造粤港澳大湾区最亮丽的生态旅游名片，作为深圳建设全球海洋中心城市的核心突破区域。

参考文献

董志成：《人民币的崛起》，当代世界出版社2011年版。

李静：《人民币区域化对中国经济的影响与对策》，中国金融出版社2010年版。

刘仁伍、刘华：《人民币国际化风险评估与控制》，社会科学文献出版社2009年版。

宋敏、屈宏斌等：《走向全球第三大货币——人民币国际化问题研究》，北京大学出版社2010年版。

孙东升：《人民币跨境流通的理论与实证分析》，对外贸易大学出版社2009年版。

藤田昌久、保罗·克鲁格曼、安东尼·维纳布尔斯：《空间经济学：城市、区域与国际贸易》，中国人民大学出版社2013年版。

魏达志、张显未、裴茜：《未来之路——粤港澳大湾区未来发展研究》，中国社会科学出版社2018年版。

巴曙松：《香港：人民币离岸金融中心》，《改革与理论》2002年第7期。

巴曙松、白海峰、胡文韬：《粤港澳大湾区金融机构协同发展策略》，《开放导报》2019年第4期。

毕夫：《打开湾区经济的中国之门》，《上海企业》2017年第4期。

蔡赤萌：《粤港澳大湾区城市群建设的战略意义和现实挑战》，《广东社会科学》2017年第4期。

曹蕊：《人民币离岸金融中心的建立及其影响》，《北京师范大学学报》2008年第2期。

杜戴：《大湾区经济：粤港澳合作新方位》，《宁波经济》2017年第

4 期。

杜荣耀、朱鲁秀:《跨境贸易人民币结算催生人民币离岸市场》,《经济导刊》2009 年第 11 期。

封大结:《中国周边国家地区流通的人民币国际化问题研究》,《广西大学学报》2008 年第 4 期。

高银燕:《人民币跨境结算的制约因素与推进策略研究》,《复旦大学学报》2010 年第 5 期。

韩民春、袁秀林:《基于贸易视角的人民币区域化研究》,《世界经济》2007 年第 2 期。

赖长强:《粤港澳大湾区城市群全面开放的战略路径研究——基于广州、深圳的开放水平测度》,《产业创新研究》2019 年第 6 期。

雷佳:《湾区经济的分析与研究》,《特区实践与理论》2015 年第 2 期。

李稻葵、刘霖林:《人民币国际化计量研究及政策分析》,《金融研究》2008 年第 11 期。

李红、丁嵩、朱明敏:《多中心跨境合作视角下粤港澳湾区研究综述》,《工业技术经济》2011 年第 8 期。

李睿:《国际著名"湾区"发展经验及启示》,《港口经济》2015 年第 9 期。

李子彪:《大湾区建设是粤港澳再次崛起的引擎》,《新经济》2017 年第 1 期。

林先扬:《港澳大湾区城市群经济外向拓展及其空间支持系统构建》,《岭南学刊》2017 年第 4 期。

刘瑞平:《珠三角地区推进新型城市化的经验借鉴与发展构想》,《特区经济》2014 年第 1 期。

刘艳霞:《国内外湾区经济发展研究与启示》,《城市观察》2014 年第 3 期。

鲁志国、潘凤、闫振坤:《全球湾区经济比较与综合评价研究》,《科技进步与对策》2015 年第 11 期。

逯新红:《关于粤港澳大湾区金融监管合作的几点思考》,《特区经济》2017 年第 5 期。

露口洋介：《人民币国际化的现状与展望》，《国际经济评论》2011年第3期。

马荣华：《人民币境外流通的收益与成本分析》，《石家庄经济学院学报》2006年第2期。

裴茜、魏达志：《深圳40年核心经济动能的培育路径研究》，《深圳社会科学》2020年第5期。

裴茜、朱书尚：《中国股票市场金融传染及渠道——基于行业数据的实证研究》，《管理科学学报》2019年第3卷第22期。

綦鲁明：《深圳发展湾区经济监测指标体系建议》，《全球化》2016年第6期。

丘杉：《粤港澳大湾区城市群发展路向选择的维度分析》，《广东社会科学》2017年第4期。

申勇：《海上丝绸之路背景下深圳湾区经济开放战略》，《特区实践与理论》2015年第1期。

申勇、马忠新：《构筑湾区经济引领的对外开放新格局》，《上海行政学院学报》2017年第1期。

施洁、谢志岿、吴定海：《深圳先行示范区建设进程的量化评价与预测》，《深圳社会科学》2020年第2期。

苏振东、赵文涛：《CEPA：粤港贸易投资自由化"预实验"效应研究》，《世界经济研究》2016年第9期。

索光举：《CEPA条件下"大湾区"经济合作的法律框架建构》，《嘉应学院学报》（哲学社会科学版）2017年第4期。

覃成林、刘丽玲、覃文昊：《粤港澳大湾区城市群发展战略思考》，《区域经济评论》2017年第5期。

唐杰、李珏、戴欣：《打造深圳高质量发展新引擎》，《深圳社会科学》2019年第6期。

唐杰、王东：《深圳创新转型的理论意义》，《深圳社会科学》2018年第1期。

陶士贵：《稳妥推进人民币国际化的新路径》，《财经科学》2009年第6期。

王锐丽：《湾区效应的广东实践》，《珠江水运》2017年第8期。

王馨竹：《创新引擎企业的识别与演化机理研究》，硕士学位论文，华东师范大学，2015年。

王鑫：《深化粤港澳经济合作促进人民币区域化——关于开展跨境人民币结算业务的思考》，《中国城市金融》2009年第8期。

王志远：《人民币国际化问题研究综述》，《北方经贸》2009年第10期。

魏达志：《粤港澳大湾区增强核心引擎功能的深圳路径》，《深圳社会科学》2019年第4期。

魏达志：《重构珠三角创新圈梯度发展格局》，《深圳特区报》2017年8月1日第C1版。

吴丹：《转型社区的空间重构与治理变革——基于深圳三种模式的比较研究》，《深圳大学学报》（人文社会科学版）2019年第2卷第36期。

吴二娇：《深莞惠产业协调发展的国内外经验借鉴及政策分析》，《西部经济管理论坛》2014年第1期。

吴念鲁、杨海平、陈颖：《论人民币可兑换与国际化》，《国际金融研究》2009年第11期。

吴思康：《深圳发展湾区经济的几点思考》，《人民论坛》2015年第6期。

伍凤兰、陶一桃、申勇：《湾区经济演进的动力机制研究》，《科技进步与对策》2015年第23期。

夏泉、王菁：《先行先试：在深圳经济特区设立"高教特区"的探讨》，《深圳大学学报》（人文社会科学版）2018年第3卷第35期。

徐明棋：《从日元国际化的经验教训看人民币国际化与区域化》，《世界经济研究》2005年第12期。

许鲁光：《在粤港澳大湾区建设中深化深港合作创新》，《开放导报》2017年第4期。

许勤：《加快发展湾区经济服务"一带一路"战略》，《人民论坛》2015年第2期。

阳结南：《粤港澳大湾区背景下深莞惠经济圈的创新发展》，《开放导报》2017 年第 4 期。

姚斌：《美国量化宽松货币政策的影响及中国的对策》，《上海金融》2009 年第 7 期。

姚龙华：《科技创新提速升级打造湾区核心引擎》，《深圳特区报》2019 年 4 月 2 日第 A2 版。

余蕾：《粤港澳大湾区物流体系构建及协同发展》，《发展改革理论与实践》2017 年第 7 期。

俞少奇：《国内外发展湾区经济的经验与启示》，《金融实务》2016 年第 6 期。

张纯威：《香港人民币离岸金融市场发展与人民币国际化》，《广东金融学院学报》2009 年第 11 期。

张坚胜、杨冰：《深圳国企奋力探索综合改革 5 家入选国企改革"双百企业" 16 家完成混改立项》，《深圳特区报》2019 年 3 月 11 日第 A1 版。

张倪：《粤港澳大湾区："一国两制"框架下的大棋局》，《中国发展观察》2017 年第 14 期。

张锐：《湾区经济的建设经验与启示》，《中国国情国力》2017 年第 5 期。

张宇燕、张静春：《货币的性质与人民币的未来选择——兼论亚洲货币合作》，《当代亚太》2008 年第 2 期。

张志超：《港币是否高估：一个经验分析》，《世界经济》2001 年第 1 期。

赵祥：《创新产业融合发展机制 强化深圳核心引擎功能》，《深圳特区报》2020 年 1 月 7 日第 B6 版。

中国人民银行货币政策分析小组：《2010 年货币政策报告》，2010 年 8 月 5 日。

钟雅琴：《文化产业升级与城市文化创新——以深圳为个案的研究》，《深圳大学学报》（人文社会科学版）2016 年第 6 卷第 33 期。

周任重：《论粤港澳大湾区的创新生态系统》，《开放导报》2017 年第 3 期。

周盛盈：《粤港澳深度合作下法律制度保障研究》，《岭南学刊》2014年第5期。

周运源、卢扬帆、孔超、张欢：《广东省广佛肇等三大经济圈建设与发展探讨》，《广东经济》2012年第5期。

深圳市统计局：《2019年深圳经济运行情况》（网络版），2020年7月1日，http：//www. sz. gov. cn/sztjj2015/zwgk/zfxxgkml/tjsj/tjfx/202001/t20200122_18991107. htm。

财富中文网：《2019年财富世界500强排行榜》（网络版），2019年7月22日，http：//www. fortunechina. com/fortune500/c/2019-07/22/content_339535. htm。

深圳市人民政府：《深圳市新型智慧城市建设总体方案》（深府〔2018〕47号）（网络版），2019年8月5日，http：//cgj. sz. gov. cn/xsmh/zhcg/zcfg/content/post_2017219. html。

Alex Schafran, "Origins of an Urban Crisis: The Restructuring of the San Francisco Bay Area and the Geography of Foreclosure", *International Journal of Urban and Regional Research*, Vol. 37, No. 2, 2013.

Hiroyuki Oi, Akira Otani, Toyoichiro Shirota, "The Choice of Invoice Currency in International Trade: Implications for the Internationalization of the Yen", *Monetary and Economics Studies*, Vol. 3, 2004.

Jacob A. Frenkel, Richard M. Levich, "Covered Interest Arbitrage: Unexploited Profits?", *Journal of Political Economy*, Vol. 83, No. 2, 1975.

Jelvier Weerkens, "Airline Airport Agreements in the San Francisco Bay Area: Effects on Airline Behavior and Congestion at Airports", *Economics of Transportation*, Vol. 3, No. 1, 2014.

Philippe Bacchetta, Eric V. Wincoop, "A Theory of the Currency Denomination of International Trade", *Journal of International Economics*, Vol. 65, 2005.

Takeshi Arai, Tetsuya Akiyania, "Empirical Analysis for Estimating land Use Transition Potential Functionscase in the Tokyo Metropolitan Region", *Computers, Environment and Nrban Systems*, Vol. 28, No. 1, 2004.

The State Administration of Foreign Exchange (SAFE) Taskforce, "The

Use of Renminbi for Trade and Non – trade Denomination and Settlement", *China Economist*, 2009.

Walker R. , "Industry Builds the City: The Suburbanization of Manufacturing in the San Francisco Bay Area", *Journal of Historical Geography*, Vol. 27, No. 1, 2001.

William H. Branson, "The Minimum Covered Interest Differential Needed for International Arbitrage Activity", *Journal of Political Economy*, Vol. 77, No. 2, 1969.

后　记

深圳核心动能的强化
再造未来可期

2020年是深圳经济特区创建40周年。40年前，深圳担当起为中国改革开放和现代化建设的探路使命；40年后，历史再次选择深圳，赋予深圳"粤港澳大湾区核心引擎城市"和"打造中国特色社会主义先行示范区"的双重使命。深圳凭借敢闯敢拼、改革创新，从"三来一补"到全新的产业构成，从前瞻布局的战略性新兴产业与未来产业到加快建设全球性国际科技与产业创新中心，一直在谋划能够支撑国家崛起与民族复兴的宏观格局，推动产业发展，构建现代经济体系。深圳取得的巨大成就，创造了中国乃至世界城市发展史上的奇迹。

深圳的成长与发展是国家改革开放的缩影，历经40年的高速发展，深圳经济社会发展进入转型期，深圳要实现中共中央和国务院为设立其作为"先行示范区"的三大战略性时段目标，必须清晰新的战略定位，引领新一轮的未来发展，通过深化改革、扩大开放，解决改革开放与未来发展中的问题，实现核心引擎功能的强化与再造。

最近20年，我们一直从事深圳高科技与中国未来之路、深港深化合作在粤港澳发展成为世界级大都会圈战略中的地位和作用、粤港澳大湾区发展等一系列研究，虽然已经前瞻性地关注了深圳和粤港澳地区融合发展与共同发展的问题，获得了广东省哲学社会科学的咨政奖和相关著作奖，但由于全球性的急速变化和国家的快速崛起，我们的目光与视野依然受到一定的局限。

随着时代发展，党中央、国务院再次从全球视野、国家高度关注深圳的发展问题，在中国改革开放40年的时代节点上，面对世界一流的竞争对手，提出中国崛起现实进程中的核心内容、重大抓手和发展路径问题。中国的崛起已受到全世界的关注并引发一系列的竞争博弈，需要重新谋划更加符合当今世界经济格局的大国战略。深圳提升先行示范区科技创新核心动能，是国家宏观战略指引下创造的一种新的模式与结构，代表国家占领全球经济、科技、社会乃至文化艺术的制高点，形成拥有核心竞争力的根本性突破，是粤港澳大湾区和中国未来发展探索的关键。这也是本书讨论的核心问题。

本书总结深圳形成科技创新核心能力的培育路径，探索打造科技创新核心动能的市场力量，提出深圳打造先行示范区科技创新核心引擎功能强化再造的未来发展路径，有助于促进深圳经济转型升级，突出深圳作为粤港澳大湾区核心引擎中心城市的辐射带动作用。同时，更加注重深圳企业、政府和社会中介三方的合作及其市场环境，引导更多社会资本向科技创新投资，实现深圳强化科技创新核心动能再造，为深圳打造中国特色社会主义先行示范区、促进创新驱动发展战略提升和经济结构战略转型奠定了坚实的基础。

我们非常荣幸在深圳经济特区创建40周年之际，开展这样有价值、有创意的研究。从2017年12月深圳完成中共深圳市委宣传部和深圳市社科联委托的《未来之路——粤港澳大湾区发展研究》著作并顺利出版之后，在此基础上，我们马不停蹄地开始了对深圳核心动能、功能再造的前期研究。2018年，在魏达志教授的引导下，我基本梳理并清晰了本书研究的目标锁定、核心内容、特色把握及其写作安排，并承担书稿的撰写工作。其间，魏达志教授积劳成疾，多次因病住院，仍然根据时代与格局变化，对本书从选题到结构进行了不下8次的指导和矫正工作。

魏达志教授以其一贯严谨的工作作风与思想作风，对本书的研究过程与写作规范提出很高的要求。经过我们不断地阅稿、研讨、修改，才有了本书的面世。虽然难以尽如人意，但是魏达志教授的尽心尽责、细致入微与循循善诱，已经让我们非常敬佩。

两年多的时间很快就过去了，怀着一种特殊的感觉，将这部既全力以赴又甚觉匆忙的著作呈现在关注深圳未来发展的人们面前，展现深圳过去与未来波澜壮阔的伟大事业,依然显得意犹未尽、挂一漏万。诚惶诚恐之际,我们都在为崛起中的祖国,为建设中的大湾区,为核心动能的强化再造,为深深热爱的深圳成为全球性创新中心城市,勇于探路,展望辉煌!

裴 茜
2020 年 11 月